Personenbezogene Daten als Entgelt

SCHRIFTENREIHE ZUM IT- UND INFORMATIONSRECHT

Herausgegeben von Thomas Hoeren und Nikolaus Forgó

BAND 2

Franziska Leinemann

Personenbezogene Daten als Entgelt

Eine Untersuchung anhand schuldvertrags-, datenschutz- und kartellrechtlicher Fragestellungen

PETER LANG

Bibliografische Information der Deutschen Nationalbibliothek
Die Deutsche Nationalbibliothek verzeichnet diese Publikation
in der Deutschen Nationalbibliografie; detaillierte bibliografische
Daten sind im Internet über http://dnb.d-nb.de abrufbar.

Zugl.: Münster (Westf.), Univ., Diss. der Rechtswissenschaftlichen Fakultät, 2019

Gedruckt auf alterungsbeständigem,
säurefreiem Papier.

Druck und Bindung: CPI books GmbH, Leck

D 6
ISSN 2567-658X
ISBN 978-3-631-79411-1 (Print)
E-ISBN 978-3-631-81261-7 (E-PDF)
E-ISBN 978-3-631-81262-4 (EPUB)
E-ISBN 978-3-631-81263-1 (MOBI)
DOI 10.3726/b16568

Peter Lang – Berlin · Bern · Bruxelles ·
New York · Oxford · Warszawa · Wien

Diese Publikation wurde begutachtet.

www.peterlang.com

Für meine Familie

Vorwort

Die vorliegende Arbeit wurde im Sommersemester 2018 von der Rechtswissenschaftlichen Fakultät der Westfälischen Wilhelms-Universität Münster als Dissertation angenommen. Sie entstand während meiner Tätigkeit als wissenschaftliche Mitarbeiterin am Institut für Informations-, Telekommunikations- und Medienrecht. Gesetzgebung, Rechtsprechung und Literatur wurden bis September 2018 berücksichtigt.

Zunächst danke ich meinem Doktorvater Herrn Prof. Dr. Thomas Hoeren für seine Unterstützung bei der Entstehung dieser Dissertation. Ihm und meinen Kolleginnen und Kollegen am Institut für Informations-, Telekommunikations- und Medienrecht danke ich auch von Herzen für eine lehrreiche und vor allem unvergessliche Zeit. Bei Herrn Prof. Dr. Johann Kindl bedanke ich mich für die zügige Erstellung des Zweitgutachtens.

Für die sorgfältige Durchsicht dieses Manuskripts und die hilfreichen Anmerkungen danke ich herzlich Dr. Nicola Hegerfeld, LL.M., Dr. Kirsten Krug, Karsten Müller, Armin Strobel sowie Steffen Uphues. Vor allem bedanke ich mich bei Matthias Mörike und Bettina Weik.

Mein größter Dank gilt schließlich meiner Familie, meinen Eltern Sigrid und Benno Leinemann und meinem Bruder Dr. Alexander Leinemann. Sie haben mich jederzeit und uneingeschränkt unterstützt. Für ihren Rückhalt kann ich mich nicht genug bedanken.

Köln, im August 2019
Franziska Leinemann

Inhaltsverzeichnis

Abkürzungsverzeichnis

AEUV	Vertrag über die Arbeitsweise der Europäischen Union, Amtsblatt der Europäischen Union v. 09.05.2008, C 115/47–199, zuletzt geändert durch Amtsblatt der Europäischen Union v. 24.04.2012, L 112/21–34
BDSG a. F.	Bundesdatenschutzgesetz alte Fassung v. 14.01.2003, BGBl. Teil I, 2003, Nr. 3 v. 24.01.2003, S. 66–88, zuletzt geändert durch Gesetz v. 30.10.2017, BGBl. Teil I, Nr. 71 v. 08.11.2017, S. 3618–3624
EWG-Vertrag	Vertrag zur Gründung der Europäischen Wirtschaftsgemeinschaft v. 25.03.1957
GRCh	Charta der Grundrechte der Europäischen Union, Amtsblatt der Europäischen Union v. 26.10.2012, C 326/391–407
Kommission	Europäische Kommission

Weitere nicht gesondert erklärte Abkürzungen folgen:
Kirchner, Hildebert, Abkürzungsverzeichnis der Rechtssprache, 8. Aufl. Berlin 2015.

1. Kapitel: Einleitung

Anfang September 2017 eröffnete Kaspersky Labs in London für zwei Tage den „The Data Dollar Store", in dem exklusive Produkte eines Londoner Straßenkünstlers angeboten wurden. Diese Produkte konnten jedoch nicht mit Geld bezahlt werden. Vielmehr wurde nur der sogenannte Data Dollar akzeptiert, das heißt persönliche Daten.[1]

Der Einzelne „bezahlt" im Alltag oftmals mit seinen persönlichen Daten, ohne sich dessen bewusst zu sein, zum Beispiel bei der Nutzung eines sozialen Netzwerks. Kaspersky Labs wollte untersuchen, wie sich der Einzelne verhält, wenn ihm dies veranschaulicht wird: Ist der Einzelne beispielsweise bereit, eine Tasse mit drei auf seinem Mobiltelefon gespeicherten Fotos oder mit drei Bildschirmfotos seiner Whats-App-Konversationen zu „bezahlen", welche sodann für die Dauer der Öffnung des Geschäfts auf einem Bildschirm in diesem gezeigt werden? Gleichzeitig verfolgte Kaspersky Labs mit dem Pop-up-Store das Ziel, dem Einzelnen den Wert seiner persönlichen Daten zu verdeutlichen.[2]

Schon Anfang 2014 wurde ein Experiment mit vergleichbaren Zielsetzungen in Hamburg durchgeführt. In dem dortigen „Datenmarkt" konnten Lebensmittel mit solchen persönlichen Daten „bezahlt" werden, die bei Facebook zu finden sind.[3]

A. Untersuchungsgegenstand

Viele Geschäftsmodelle, die die Wirtschaftswelt prägen, basieren auf der Verarbeitung personenbezogener Daten.[4] Im Rahmen der vorliegenden Arbeit wird

---

1 Kaspersky Labs GmbH, Persönliche Daten als Zahlungsmittel, 09.10.2017, abrufbar unter: https://www.kaspersky.de/blog/data-dollar-store/14921/ (zuletzt abgerufen am: 15.09.2018).

2 Kaspersky Labs GmbH, Persönliche Daten als Zahlungsmittel, 09.10.2017, abrufbar unter: https://www.kaspersky.de/blog/data-dollar-store/14921/ (zuletzt abgerufen am: 15.09.2018).

3 *Ulrich*, Einmal Früchte? Fünf Fotos – Ortstermin: In Hamburg hat bis Samstag der wohl weltweit erste Datenmarkt geöffnet, taz v. 21.02.2014, abrufbar unter: http://www.taz.de/!390924/ (zuletzt abgerufen am: 15.09.2018).

4 S. an dieser Stelle nur *Schweitzer*, Neue Machtlagen in der digitalen Welt? Das Beispiel unentgeltlicher Leistungen, in: Körber/Kühling, Regulierung – Wettbewerb – Innovation, S. 269 ff.

jenes Geschäftsmodell der datengetriebenen Wirtschaft betrachtet, das für die Inanspruchnahme einer bestimmten Leistung nicht verlangt, dass ein Geldbetrag entrichtet wird. Es ist stattdessen vielmehr eine datenschutzrechtliche Einwilligung zu erteilen. Diese ermöglicht dem Verantwortlichen eine umfangreiche Verarbeitung personenbezogener Daten. Exemplarisch können an dieser Stelle soziale Netzwerke genannt werden, zum Beispiel Facebook. Es handelt sich um ebenjenes Geschäftsmodell, das Kaspersky Labs in seinem soeben vorgestellten Experiment aufgriff. Für das skizzierte Geschäftsmodell finden sich verschiedene Umschreibungen: „Leistungen gegen Daten", „Dienste gegen Daten" oder ähnliches. Im Rahmen der vorliegenden Arbeit wird die Umschreibung „Personenbezogene Daten als Entgelt" gewählt und somit sogleich eine Arbeitsthese formuliert.

I. Ausgangsfrage

Die Ausgangsfrage der vorliegenden Arbeit ist, ob es zutreffend ist, von einer unentgeltlichen Leistung zu sprechen, wenn zwar keine monetäre Gegenleistung zu erbringen ist, aber eine datenschutzrechtliche Einwilligung erteilt wird.

Da eine monetäre Gegenleistung fehlt, drängt sich zunächst auf, die angebotene Leistung als unentgeltlich, gratis, kostenlos oder umsonst zu charakterisieren. Der Einsatz dieser und ähnlicher Begriffe ist ein beliebtes und vor allem wirksames Marketinginstrument.[5] Das Handeln von Wirtschaftsunternehmen wird regelmäßig davon geleitet, Gewinne erzielen zu wollen. Mithilfe unentgeltlicher oder kostenloser Angebote sollen potentielle Kunden angelockt werden – beispielsweise um ihnen sodann ein bestimmtes Angebot unterbreiten zu können:[6] „There's no such thing as a free lunch."[7]

---

5 *Friedman, D.*, 38 N. M. L. Rev. (2008), 49, 68, 72 f., 93, der insbesondere Erkenntnisse aus der Sozial- und kognitiven Psychologie heranzieht. S. auch *Schweitzer*, Neue Machtlagen in der digitalen Welt? Das Beispiel unentgeltlicher Leistungen, in: Körber/Kühling, Regulierung – Wettbewerb – Innovation, S. 276 zum „Sog- und Verdrängungseffekt kostenloser Leistungen" m. Verweis u. a. auf *Gal/Rubinfeld*, 80 Antitrust Law Journal (2016), 521, 521 ff.

6 *Friedman, D.*, 38 N. M. L. Rev. (2008), 49, 49 ff.

7 Diesen Ausdruck prägte maßgeblich *M. Friedman* mit seinem gleichnamigen Buch (*Friedman, M.*, There's no such thing as a free lunch), s. auch *Friedman, D.*, 38 N. M. L. Rev. (2008), 49, 52.

Begriffe sind mit bestimmten Vorstellungen verknüpft. Die wenigsten Begriffe sind jedoch fest umrissen.[8] Im Rahmen eines Kaufvertrags im Sinne des § 433 BGB trifft den Käufer gemäß § 433 Abs. 2 BGB die Pflicht, dem Verkäufer den vereinbarten Kaufpreis zu zahlen. Dass es sich bei einem Kaufvertrag um einen entgeltlichen Vertrag handelt, bezweifelt wohl niemand – denn es „fließt" Geld.[9] Die Frage, ob auch die Erklärung der datenschutzrechtlichen Einwilligung die Entgeltlichkeit eines Vertrags begründet, wird hingegen nicht einhellig beantwortet.[10]

II. Einheit der Rechtsordnung als rechtspolitisches Postulat und Schaffung eines kohärenten Rechtsrahmens

Die Erfassung des Geschäftsmodells „Personenbezogene Daten als Entgelt" wird derzeit in den verschiedensten Zusammenhängen – und somit auch Rechtsgebieten – diskutiert.[11] Stein des Anstoßes ist oftmals die Frage, ob die Erklärung der datenschutzrechtlichen Einwilligung unter ein bestimmtes Tatbestandsmerkmal zu subsumieren ist und somit in den Anwendungsbereich einer Norm fällt. Datengetriebene Geschäftsmodelle geben ganz allgemein Anlass, zu betrachten, wie sich diese zu Begriffen wie „Entgelt", „Kosten", „Leistung" und „Preis" positionieren.

Dies wirft die Frage auf, welche Rolle die sogenannte Einheit der Rechtsordnung spielt. Für die einen ist die Einheit der Rechtsordnung ein „Ideal"[12] und eine „Leitidee"[13], für die anderen bloß ein „schillernde[r]

8 S. hierzu *Heck*, Begriffsbildung und Interessenjurisprudenz, S. 60; *Heck*, AcP 112 (1914), 1, 173. S. auch *Looschelders/Roth*, Juristische Methodik im Prozeß der Rechtsanwendung, S. 23 ff., 134.

9 Vgl. auch *Wendehorst*, in: Säcker et al., MüKo BGB, § 312 Rn. 18.

10 *Specht* setzt sich in ihrer im Jahr 2012 erschienenen Dissertation „Konsequenzen der Ökonomisierung informationeller Selbstbestimmung" mit der zivilrechtlichen Erfassung des Datenhandels auseinander. Im Mittelpunkt steht das Vertragsrecht. Der Begriff des Datenhandels bezeichnet den entgeltlichen Erwerb personenbezogener Daten, der auf einem schuldrechtlichen Vertrag basiert. Vertragspartner ist gerade nicht die betroffene Person, s. *Specht*, Konsequenzen der Ökonomisierung informationeller Selbstbestimmung, S. 3.

11 S. hierzu 8. Kapitel, B. S. auch *Helberger et al.*, 54 Common Market Law Review (2017), 1427, 1427 ff.

12 *Fischer*, FR 1992, 765, 770.

13 *Fischer*, FR 1992, 765, 770.

Begriff“[14]. Hinter ihr verbirgt sich die „Forderung nach Widerspruchsfreiheit der Gesamtrechtsordnung“[15], die ihrerseits unter anderem die „Forderung nach einheitlicher Begrifflichkeit“[16] enthält.[17] Es besteht indes kein verfassungsrechtliches Gebot, das diese Forderung stützt. Insbesondere steht das Gebot der Normenklarheit der „begriffliche[n] Diskontinuität“[18] nicht entgegen.[19] Vielmehr prägen insbesondere Systematik sowie Sinn und Zweck der Vorschrift, die sich eines bestimmten Begriffs bedient, dessen Auslegung. Ein bestimmter Begriff kann unterschiedlich ausgelegt werden. Es herrscht die sogenannte Relativität der Rechtsbegriffe vor.[20] Die Begriffsjurisprudenz wurde von der Interessen- und Wertungsjurisprudenz abgelöst.[21] Diesen Ansatz verfolgt auch das Bundesverfassungsgericht. Für das Bundesverfassungsgericht ist die Relativität der Rechtsbegriffe einer ausdifferenzierten Rechtsordnung immanent.[22] Eine einheitliche Begrifflichkeit ist gleichwohl möglich und kommt der Normenklarheit zu Gute.[23] Das Streben nach Einheit der Rechtsordnung kann insoweit als „rechtspolitisches Postulat“[24] oder „Arbeitshypothese“[25] verstanden werden.[26]

Die Frage nach der Einheit der Rechtsordnung steht in einem engen Zusammenhang mit der Frage der Schaffung eines kohärenten Rechtsrahmens. Jedes Rechtsgebiet hat eine eigene Stoßrichtung und verfolgt spezifische

---

14 *Paeffgen*, Verwaltungsakt-Akzessorietät im Umweltstrafrecht, in: Küper/Welp, Festschrift für Stree und Wessels zum 70. Geburtstag, S. 599. S. auch *Felix*, Einheit der Rechtsordnung, S. 5 ff.

15 *Felix*, Einheit der Rechtsordnung, S. 143.

16 *Felix*, Einheit der Rechtsordnung, S. 157.

17 *Felix*, Einheit der Rechtsordnung, S. 142 ff., 157 ff.

18 *Felix*, Einheit der Rechtsordnung, S. 189.

19 *Felix*, Einheit der Rechtsordnung, S. 189 ff.

20 *Engisch*, Einführung in das juristische Denken, S. 95, 211 f. S. auch *Heck*, Begriffsbildung und Interessenjurisprudenz, S. 60; *Müller-Erzbach*, Die Relativität der Begriffe und ihre Begrenzung durch den Zweck des Gesetzes, in: v. Jhering, Jahrbücher für die Dogmatik des bürgerlichen Rechts, 61. Band, S. 343 ff. Hierzu auch *Felix*, Einheit der Rechtsordnung, S. 158, 189 f., 210 ff.

21 *Felix*, Einheit der Rechtsordnung, S. 227 m. w. N. *Felix*, Einheit der Rechtsordnung, S. 228 weist auch auf Bedenken aus rechtspraktischen Gründen hin.

22 BVerfG, Beschl. v. 27.12.1991 – 2 BvR 72/90, NJW 1992, 1219, 1220; BVerfG, Beschl. v. 18.10.1989 – 1 BvR 1013/89, NJW 1990, 241, 241. S. auch *Felix*, Einheit der Rechtsordnung, S. 211 ff.

23 *Felix*, Einheit der Rechtsordnung, S. 226. S. auch *Noll*, Gesetzgebungslehre, S. 244.

24 *Felix*, Einheit der Rechtsordnung, S. 9. S. auch *Grimm*, AcP 171 (1971), 266, 266.

25 *Grimm*, AcP 171 (1971), 266, 266.

26 *Felix*, Einheit der Rechtsordnung, S. 226; *Grimm*, AcP 171 (1971), 266, 266.

Schutzzwecke.[27] Die digitale Wirtschaft als solche verlangt, dass ein kohärenter Rechtsrahmen geschaffen wird.[28] Dies gilt – als Ausschnitt ebendieser digitalen Wirtschaft –auch für die rechtliche Erfassung des Geschäftsmodells „Personenbezogene Daten als Entgelt“.[29]

Einen Schwerpunkt der vorliegenden Arbeit bildet die Auseinandersetzung mit dem Begriff des Entgelts sowohl im Sinne des Schuldvertragsrechts des BGB als auch im Sinne des Kartellrechts. In der datengetriebenen Wirtschaft begegnen sich insbesondere das Wettbewerbsrecht (im weiteren Sinne) und das Datenschutzrecht.[30] Wettbewerb ist ein wichtiges Schutzinstrument.[31] Aus diesem Grund wird neben dem Schuldvertrags- und Datenschutzrecht gerade auch das Kartellrecht in die Untersuchung einbezogen. Dass eine sinnvolle Verzahnung dieser Rechtsgebiete Antworten auf jene Fragen gibt, die das skizzierte Geschäftsmodell aufwirft, zeigt auch die vorliegende Arbeit auf. Die Grundlage hierfür bildet gerade die Frage, ob die Erklärung der datenschutzrechtlichen Einwilligung in den betrachteten Rechtsgebieten als Entgelt qualifiziert werden kann. Sie ist notwendige Vorfrage.

B. „Personenbezogene Daten als Entgelt“ – Aktuelle Diskussion

Anlass der Arbeit war nicht zuletzt der Vorschlag der Kommission für eine Richtlinie des Europäischen Parlaments und des Rats über bestimmte

---

27 S. auch *Paal/Hennemann*, NJW 2017, 1697, 1697. Vgl. auch *Paal/Hennemann*, Big Data as an Asset – Daten und Kartellrecht, Gutachten im Rahmen des ABIDA-Projekts, S. 11 f.

28 S. auch *Hoffmann-Riem*, Rechtliche Rahmenbedingungen für und regulative Herausforderungen durch Big Data, in: Hoffmann-Riem, Big Data – Regulative Herausforderungen, S. 73; *Paal/Hennemann*, Big Data as an Asset – Daten und Kartellrecht, Gutachten im Rahmen des ABIDA-Projekts, S. 11 f., 86 f. Vgl. auch *Krüger*, ZRP 2016, 190, 190 ff.

29 S. auch *Paal/Hennemann*, NJW 2017, 1697, 1701.

30 S. auch *Hoffmann-Riem*, Rechtliche Rahmenbedingungen für und regulative Herausforderungen durch Big Data, in: Hoffmann-Riem, Big Data – Regulative Herausforderungen, S. 73; *Paal/Hennemann*, NJW 2017, 1697, 1697.

31 S. auch *Paal/Hennemann*, NJW 2017, 1697, 1701; *Schweitzer*, Daten als neue Währung?, FAZ v. 24.02.2017, S. 18. Vgl. auch *Funke*, Dogmatik und Voraussetzungen der datenschutzrechtlichen Einwilligung im Zivilrecht, S. 341; *Hoffmann-Riem*, Rechtliche Rahmenbedingungen für und regulative Herausforderungen durch Big Data, in: Hoffmann-Riem, Big Data – Regulative Herausforderungen, S. 40.

vertragsrechtliche Aspekte der Bereitstellung digitaler Inhalte (COM (2015) 634 final)[32]. Dieser ist Teil der „Strategie für einen digitalen Binnenmarkt für Europa“[33], die die Kommission am 06.05.2015 vorstellte.[34] Er greift als erster Rechtsakt das Konzept des „Bezahlens mit (personenbezogenen) Daten“, das das Geschäftsmodell „Personenbezogene Daten als Entgelt“ abbildet, ausdrücklich auf.[35]

Auch auf nationaler Ebene wird die Diskussion um das Konzept des „Bezahlens mit personenbezogenen Daten“ aufgegriffen. Das Bundesministerium für Verkehr und digitale Infrastruktur (BMVI) fordert ein „Datengesetz“. Neben den Aspekten der Eigentumsfähigkeit, Eigentumszuordnung, Transparenz und Verfügbarkeit wird auch der Aspekt der Wahlfreiheit benannt. In diesem Zusammenhang erkennt das BMVI Daten als Gegenleistung an; es verlangt zugleich, dass Nutzern die Möglichkeit eingeräumt wird, auf eine alternative Zahlungsmethode zurückzugreifen.[36] Auch die Arbeitsgruppe „Digitaler Neustart“ der Konferenz der Justizministerinnen und Justizminister der Länder (Arbeitsgruppe „Digitaler Neustart“) untersucht das Phänomen des „Bezahlens mit personenbezogenen Daten“.[37] Vermehrt wird bereits daran gearbeitet, umfassende Regelungsvorschläge für ein sogenanntes Datenschuldrecht zu formulieren.[38]

Der jüngste Skandal um Facebook hat die Diskussion um ein „Datenrecht“ erneut befeuert.[39] Das Datenanalyse-Unternehmen Cambridge Analytica soll

---

32 Kommission, Vorschlag für eine Richtlinie des Europäischen Parlaments und des Rats über bestimmte vertragsrechtliche Aspekte der Bereitstellung digitaler Inhalte v. 09.12.2015, COM (2015) 634 final.

33 Kommission, Mitteilung der Kommission an das Europäische Parlament, den Rat, den Europäischen Wirtschafts- und Sozialausschuss und den Ausschuss der Regionen v. 06.05.2015, Strategie für einen digitalen Binnenmarkt, COM (2015) 192 final.

34 COM (2015) 634 final, S. 2.

35 S. Art. 3 Abs. 1 COM (2015) 634 final. S. auch *Schmidt-Kessel et al.*, GPR 2016, 54, 57.

36 BMVI, Wir brauchen ein Datengesetz in Deutschland! – Strategiepapier Digitale Souveränität, abrufbar unter: https://www.bmvi.de/SharedDocs/DE/Artikel/DG/datengesetz.html (zuletzt abgerufen am: 15.09.2018).

37 Arbeitsgruppe „Digitaler Neustart“, Bericht v. 15.05.2017, S. 199 ff.

38 S. hierzu jüngst *Langhanke*, Daten als Leistung, passim, die sich insbesondere mit einer Beschränkung des Widerrufsrechts, der Durchsetzbarkeit der Leistungspflicht, der Behandlung von Leistungsstörungen und der Kontrolle von Allgemeinen Geschäftsbedingungen auseinandersetzt; *Specht*, Datenverwertungsverträge zwischen Datenschutz und Vertragsfreiheit, passim.

39 *Delhaes/Neuerer*, Bundesregierung will nach Facebook-Skandal neues Datenrecht, Handelsblatt, 22.03.2018, abrufbar unter: https://www.handelsblatt.com/politik/deutschland/helge-braun-bundesregierung-will-nach-facebook-skandal-neues-

mithilfe illegal erlangter Daten von Millionen Facebook-Nutzern die US-amerikanischen Präsidentschaftswahlen zugunsten Trumps beeinflusst haben.[40] Teilweise wird bereits von einer „Existenzkrise“[41] des sozialen Netzwerks gesprochen.[42] Laut Medienberichten deutete *Zuckerberg* im Rahmen seiner Anhörung im US-amerikanischen Kongress an, zu erwägen, Facebook zukünftig kostenpflichtig – gegen Entrichtung eines Geldbetrags –, aber werbefrei anzubieten. Es werde jedoch auch an der Möglichkeit festgehalten, Facebook „kostenlos“ zu nutzen.[43] Die genannten Pläne für ein optionales Bezahlmodell regen ebenfalls dazu an, das Geschäftsmodell „Personenbezogene Daten als Entgelt“, auf dem das soziale Netzwerk fußt, unter rechtlichen Gesichtspunkten zu betrachten.

C. Gang der Untersuchung

Zunächst wird dargelegt, dass die Möglichkeit, personenbezogene Daten zu verarbeiten, einen wirtschaftlichen Wert verkörpert (2. Kapitel: Wirtschaftlicher Wert personenbezogener Daten).

---

datenrecht/21101366.html (zuletzt abgerufen am: 15.09.2018). S. auch *Knop*, Das Datenschutz-Dilemma – Kommentar, FAZ, 06.04.2018, abrufbar unter: http://www.faz.net/aktuell/wirtschaft/diginomics/kommentar-schaden-neue-datenschutzgesetze-europa-15528246.html (zuletzt abgerufen am: 15.09.2018); *N. N.*, „Persönliche Daten sind der Rohstoff unserer digitalen Zeit“, FAZ, 23.03.2018, abrufbar unter: http://www.faz.net/aktuell/politik/inland/barley-internetnutzer-besser-vor-manipulation-schuetzen-15508960.html (zuletzt abgerufen am: 15.09.2018); *N. N.*, Bundesregierung will schnell neues Datenrecht schaffen, FAZ, 22.03.2018, abrufbar unter: http://www.faz.net/aktuell/wirtschaft/diginomics/kanzleramtschef-helge-braun-kuendigt-neues-datenrecht-an-15507255.html (zuletzt abgerufen am: 15.09.2018).

40 S. z. B. *Schulz*, Außer Kontrolle, DER SPIEGEL v. 24.03.2018, S. 13 ff.

41 *Schulz*, Außer Kontrolle, DER SPIEGEL v. 24.03.2018, S. 13 f.

42 *Schulz*, Außer Kontrolle, DER SPIEGEL v. 24.03.2018, S. 13 f.

43 *N. N.*, Zuckerberg vor dem US-Senat – Facebook deutet Bezahl-Version an, ZDF, 11.04.2018, abrufbar unter: https://www.zdf.de/nachrichten/heute/zuckerberg-vor-dem-us-senat-facebook-deutet-bezahl-version-an-100.html (zuletzt abgerufen am: 15.09.2018); *N. N.*, Zuckerberg: Kostenlose Facebook-Version wird es immer geben – Anhörung im US-Senat, ZEIT ONLINE, 10.04.2018, abrufbar unter: https://www.zeit.de/news/2018-04/10/zuckerberg-kostenlose-facebook-version-wird-es-immer-geben-180410-99-823616 (zuletzt abgerufen am: 15.09.2018). S. auch *N. N.*, Facebook denkt über Bezahlprodukt nach – Zukunft des Netzwerks, FAZ, 06.04.2018, abrufbar unter: http://www.faz.net/aktuell/wirtschaft/diginomics/facebook-denkt-erstmals-ueber-bezahlprodukt-nach-15529029.html (zuletzt abgerufen am: 15.09.2018).

Datengetriebene Geschäftsmodelle leisten der Kommerzialisierung des Rechts auf informationelle Selbstbestimmung Vorschub (3. Kapitel: Kommerzialisierung des Rechts auf informationelle Selbstbestimmung). Aus diesem Grund wird sodann die verfassungsrechtliche Dimension betrachtet. Die dort gewonnenen Erkenntnisse werden im weiteren Verlauf der Arbeit unter anderem im Rahmen der Auseinandersetzung mit der Frage, ob eine Kodifikation des Konzepts des „Bezahlens mit personenbezogenen Daten“ sinnvoll ist, fruchtbar gemacht. Unter Berücksichtigung der im Rahmen dieser Arbeit aufgeworfenen Fragestellungen ist es auch notwendig, zu untersuchen, ob das Recht auf informationelle Selbstbestimmung der Kommerzialisierung überhaupt zugänglich ist und, wenn ja, wie über dieses disponiert werden kann. Hierauf baut die weitere Untersuchung des Geschäftsmodells „Personenbezogene Daten als Entgelt“ auf.

Einen Schwerpunkt der vorliegenden Arbeit bildet sodann die Frage, ob jene Angebote, für deren Inanspruchnahme kein Geldbetrag entrichtet, sondern vielmehr eine datenschutzrechtliche Einwilligung erteilt wird, als entgeltlich oder unentgeltlich zu qualifizieren sind (4. Kapitel: Das Schuldvertragsrecht des BGB und das Geschäftsmodell „Personenbezogene Daten als Entgelt“). Hierzu wird sich eingehend mit dem Begriff der Leistung im Sinne des § 241 Abs. 1 BGB und dem Begriff des Entgelts im Sinne des Schuldvertragsrechts des BGB auseinandergesetzt. Exemplarisch wird das Nutzungsverhältnis bei sozialen Netzwerken analysiert. Einleitend wird die Frage aufgeworfen, ob personenbezogene Daten als Währung oder Geld zu qualifizieren sind.

Im Anschluss wird untersucht, ob ein kartellrechtlich relevanter Markt vorliegt, wenn als Gegenleistung kein Geldbetrag entrichtet wird, sondern die datenschutzrechtliche Einwilligung erklärt wird. Ebenfalls ist zu fragen, ob die datenschutzrechtliche Einwilligung auch im Kartellrecht Entgeltqualität hat (5. Kapitel: Der Begriff des Entgelts im Sinne des Kartellrechts am Beispiel der Diskussion um die Marktqualität).

Im Rahmen der Untersuchung, ob Art. 7 Abs. 4 DS-GVO[44] dem Geschäftsmodell „Personenbezogene Daten als Entgelt“ entgegensteht, wird sodann deutlich, dass eine Verzahnung des Schuldvertrags-, Datenschutz- und Kartellrechts Antworten auf jene Fragen geben kann, die der vorliegende Untersuchungsgegenstand aufwirft (6. Kapitel: DS-GVO und das Geschäftsmodell

44 Verordnung (EU) 2016/679 des Europäischen Parlaments und des Rats v. 27.04.2016 zum Schutz natürlicher Personen bei der Verarbeitung personenbezogener Daten, zum freien Datenverkehr und zur Aufhebung der Richtlinie 95/46/EG (Datenschutz-Grundverordnung), Amtsblatt der Europäischen Union v. 04.05.2016, L 119/1 ff.

„Personenbezogene Daten als Entgelt"). Das Kapitel baut auf den Ergebnissen der Untersuchung auf, ob die Erklärung der datenschutzrechtlichen Einwilligung als Entgelt qualifiziert werden kann – sowohl im Sinne des Schuldvertragsrechts des BGB als auch im Sinne des Kartellrechts.

Nachdem bisher die Erfassung des Geschäftsmodells „Personenbezogene Daten als Entgelt" de lege lata im Mittelpunkt stand, wird sodann untersucht, ob eine Kodifikation des Konzepts des „Bezahlens mit personenbezogenen Daten" sinnvoll ist. In diesem Zusammenhang wird sich eingehender mit den Bestrebungen auf Ebene der Europäischen Union und auf nationaler Ebene auseinandergesetzt (7. Kapitel: Kodifikationsfrage), bevor abschließend die Ergebnisse zusammengefasst werden und ein Ausblick gegeben wird (8. Kapitel: Schlussbetrachtungen).

2. Kapitel: Wirtschaftlicher Wert personenbezogener Daten

Daten treiben die digitale Wirtschaft an. Bereits in seinem Leitfaden zu dem Phänomen Big Data aus dem Jahr 2012 bezeichnete der Bundesverband Informationswirtschaft, Telekommunikation und neue Medien e.V. (BITKOM) Daten „als vierte[n] Produktionsfaktor neben Kapital, Arbeitskraft und Rohstoffe[n]“[45].

A. Anwendungsszenarien von Big Data-Analysen und deren Potential

Eine Definition des Phänomens Big Data, die allgemein anerkannt ist, existiert nicht.[46] Die Anwendungsszenarien von Big Data-Analysen sind vielfältig. Allgemein ermöglicht der Einsatz von Big Data-Analysen sowohl die Verbesserung bereits existierender Geschäftspraktiken als auch die Schaffung neuer Produkt- und Serviceangebote.[47] Insbesondere in den Bereichen Marketing und Vertrieb, Forschung und Entwicklung, Kundenservice, Finanz- und Risikomanagement, IT, Produktion und Logistik können Big Data-Analysen wirksam eingesetzt werden.[48]

Diese Anwendungsszenarien von Big Data-Analysen spiegeln sich in den Datenschutzrichtlinien einschlägiger Unternehmen wider, namentlich Facebook, Google und Uber. Dies veranschaulicht, dass gerade die Möglichkeit, personenbezogene Daten zu verarbeiten, einen wirtschaftlichen Wert verkörpert und somit letztlich den personenbezogenen Daten selbst ein solcher innewohnt.

Facebook und Google verarbeiten personenbezogene Daten nicht zuletzt, um solche Werbung anzeigen zu können, die auf den jeweiligen Nutzer abgestimmt

---

45 BITKOM, Big Data im Praxiseinsatz, S. 7. S. auch *Omri*, in: Dorschel, Praxishandbuch Big Data, S. 104; *Picot/Berchtold/Neuburger*, in: Kolany-Raiser et al., Big Data und Gesellschaft, S. 315.

46 *Dorschel*, in: Dorschel, Praxishandbuch Big Data, S. 1; *Picot/Berchtold/Neuburger*, in: Kolany-Raiser et al., Big Data und Gesellschaft, S. 316.

47 *Omri*, in: Dorschel, Praxishandbuch Big Data, S. 104; *Picot/Berchtold/Neuburger*, in: Kolany-Raiser et al., Big Data und Gesellschaft, S. 333. S. auch BITKOM, Management von Big-Data-Projekten, S. 17 f.

48 *Omri*, in: Dorschel, Praxishandbuch Big Data, S. 104; BITKOM, Big Data im Praxiseinsatz, S. 9. S. auch *King*, Big Data, S. 63 ff.

ist, sogenannte zielgerichtete Werbung (Targeted advertising).[49] Facebook verspricht ein „personalisiertes Erlebnis“[50]. Bei zielgerichteter Werbung handelt es sich gerade auch um eine Säule des Geschäftsmodells „Personenbezogene Daten als Entgelt“.[51]

Im Jahr 2010 betrug der Werbeumsatz von Facebook weltweit 1,868 Milliarden US-Dollar. Im Jahr 2013 belief sich der Werbeumsatz des Unternehmens weltweit auf 6,986 Milliarden US-Dollar. Im Jahr 2017 erzielte Facebook weltweit einen Werbeumsatz von 39,942 Milliarden US-Dollar.[52] Es ist somit ein deutlicher Anstieg des weltweiten Werbeumsatzes von Facebook in den vergangenen Jahren zu beobachten. Für das Jahr 2018 wird Facebook ein Werbeumsatz weltweit von 42,2 Milliarden US-Dollar prognostiziert.[53] Ebenso wie bei Facebook stieg auch der weltweite Werbeumsatz der Google-Websites in den vergangenen Jahren an. Im Jahr 2010 lag der Werbeumsatz der Google-Websites weltweit noch bei 19,44 Milliarden US-Dollar. Dieser steigerte sich im Jahr 2013 auf 37,42 Milliarden US-Dollar. Im Jahr 2017 erzielten die Google-Websites weltweit einen Werbeumsatz von 77,79 Milliarden US-Dollar.[54] Der gemeinsame Anteil

---

49 Facebook Ireland Limited, Datenrichtlinie, „Welche Arten von Informationen erfassen wir?“, „Wie verwenden wir diese Informationen?“, abrufbar unter: https://www.facebook.com/about/privacy/update (zuletzt abgerufen am: 15.09.2018); Google LLC, Datenschutzerklärung, „Gründe für die Datenerhebung durch Google“, abrufbar unter: https://policies.google.com/privacy?hl=de&gl=de#whycollect (zuletzt abgerufen am: 15.09.2018).

50 Facebook Ireland Limited, Nutzungsbedingungen, Ziffer 1, abrufbar unter: https://www.facebook.com/legal/terms/update?ref=old_policy (zuletzt abgerufen am: 15.09.2018).

51 S. z. B. *Buchner*, DuD 2010, 39, 39; *Hoeren*, WuW 2013, 463, 463; *Melan/Wecke*, DStR 2015, 2267, 2268; *Schmidt-Kessel/Grimm*, ZfPW 2017, 84, 84.

52 Statista GmbH, Werbeumsätze von Facebook weltweit in den Jahren 2010 bis 2017 (in Millionen US-Dollar), abrufbar unter: https://de.statista.com/statistik/daten/studie/458825/umfrage/werbeeinnahmen-von-facebook/ (zuletzt abgerufen am: 15.09.2018).

53 Statista GmbH, Werbeumsätze von Facebook weltweit in den Jahren 2012 bis 2015 sowie eine Prognose bis 2018 (in Milliarden US-Dollar), abrufbar unter: https://de.statista.com/statistik/daten/studie/170421/umfrage/werbeeinnahmen-von-facebook-weltweit/ (zuletzt abgerufen am: 15.09.2018).

54 Statista GmbH, Werbeumsätze der Google-Websites weltweit in den Jahren 2001 bis 2017 (in Milliarden US-Dollar), abrufbar unter: https://de.statista.com/statistik/daten/studie/75181/umfrage/werbeumsatz-der-google-websites-seit-2001/ (zuletzt abgerufen am: 15.09.2018).

von Facebook und Google am weltweiten Online-Werbeumsatz wird für das Jahr 2017 auf 61 % geschätzt.[55]

Facebook und Google verarbeiten personenbezogene Daten auch, um bestehende Dienste zu verbessern und neue Dienste zu entwickeln.[56] Dies gilt auch für Uber.[57] Das Ride-Sharing-Konzept des Unternehmens unterstreicht in diesem Zusammenhang, welchen wirtschaftlichen Wert die Möglichkeit, personenbezogene Daten zu verarbeiten, verkörpert.

Uber wird von Venture-Capital-Firmen mit 68 Milliarden US-Dollar bewertet und ist somit gegenwärtig das wertvollste digitale Start-Up.[58] Bemerkenswert ist in diesem Zusammenhang, dem weltweiten Umsatz von Uber dessen weltweiten Nettoverlust gegenüberzustellen. Bei einem weltweiten Umsatz von 6,5 Milliarden US-Dollar im Jahr 2016 betrug der weltweite Nettoverlust von Uber im Jahr 2016 2,8 Milliarden US-Dollar.[59] Bei einem weltweiten Umsatz von 7,4 Milliarden US-Dollar im Jahr 2017 belief sich der Nettoverlust von Uber im Jahr 2017 weltweit auf 4,5 Milliarden US-Dollar.[60] Im Vergleich zum Jahr 2016

---

55 Statista GmbH, Das Werbeduopol – Geschätzter Anteil von Google und Facebook am weltweiten Werbeumsatz, abrufbar unter: https://de.statista.com/infografik/12198/anteil-von-google-und-facebook-am-weltweiten-werbeumsatz/ (zuletzt abgerufen am: 15.09.2018).

56 S. Facebook Ireland Limited, Datenrichtlinie, „Wie verwenden wir diese Informationen?“, abrufbar unter: https://www.facebook.com/about/privacy/update (zuletzt abgerufen am: 15.09.2018); Google LLC, Datenschutzerklärung, „Gründe für die Datenerhebung durch Google“, abrufbar unter: https://policies.google.com/privacy?hl=de&gl=de#whycollect (zuletzt abgerufen am: 15.09.2018). S. auch *Schmidt-Kessel/Grimm*, ZfPW 2017, 84, 84.

57 S. Uber B.V., Datenschutzrichtlinie, „So verwenden wir deine Informationen“, abrufbar unter: https://privacy.uber.com/policy (zuletzt abgerufen am: 15.09.2018).

58 Statista GmbH, Ranking der wertvollsten digitalen Start-Ups nach Bewertungen von Venture-Kapital-Firmen weltweit bis Oktober 2017 (in Milliarden US-Dollar), abrufbar unter: https://de.statista.com/statistik/daten/studie/157889/umfrage/ranking-der-wertvollsten-digitalen-start-ups/ (zuletzt abgerufen am: 15.09.2018).

59 Statista GmbH, Weltweiter Umsatz von Uber im Zeitraum der Jahre 2013 bis 2018* (in Milliarden US-Dollar), abrufbar unter: https://de.statista.com/statistik/daten/studie/652360/umfrage/umsatz-von-uber-weltweit/ (zuletzt abgerufen am: 15.09.2018); Statista GmbH, Weltweiter Nettoverlust von Uber im Zeitraum von 2013 bis 2017 (in Millionen US-Dollar), abrufbar unter: https://de.statista.com/statistik/daten/studie/652405/umfrage/nettoverlust-von-uber-weltweit/ (zuletzt abgerufen am: 15.09.2018).

60 Statista GmbH, Weltweiter Umsatz von Uber im Zeitraum der Jahre 2013 bis 2018* (in Milliarden US-Dollar), abrufbar unter: https://de.statista.com/statistik/

erhöhte sich der weltweite Nettoverlust im Jahr 2017 signifikant, nicht jedoch der weltweite Umsatz. Uber verfolgt das „Prinzip des beschleunigten Wachstums durch Verluste“[61], um sich Wettbewerbsvorteile zu sichern und als disruptive Innovation den Markt zu verändern.[62]

Der Datenschutzrichtlinie des Unternehmens ist zu entnehmen, dass dieses umfassend personenbezogene Daten verarbeitet: Dies sind zunächst unter anderem Name, E-Mail-Adresse, Telefonnummer, Benutzername und Passwort, Adresse, Zahlungs- und Bankinformationen, Personalausweisnummer, Geburtsdatum, Foto und Unterschrift. Des Weiteren verarbeitet Uber Standortdaten, Transaktionsdaten, Nutzungsdaten, Gerätedaten und Kommunikationsdaten. Hinzu treten personenbezogene Daten aus anderen Quellen.[63] Uber verarbeitet die personenbezogenen Daten unter anderem zum Zweck der Bereitstellung von Diensten und Funktionen, der Sicherheit, des Kundensupports, der Forschung und Entwicklung, der Kommunikation unter den Nutzern und der Mitteilungen von Uber. Das Unternehmen betont jedoch, dass die personenbezogenen Daten nicht an Dritte zum Zweck des Direktmarketings übermittelt werden.[64]

Die Zukunft von Uber liegt im autonomen Fahren. Für die Entwicklung selbstfahrender Automobile kooperiert Uber mit Daimler.[65] Aufgrund der Datenmenge, auf die Uber zugreifen kann, ist das Unternehmen bereits gegenwärtig

---

daten/studie/652360/umfrage/umsatz-von-uber-weltweit/ (zuletzt abgerufen am: 15.09.2018); Statista GmbH, Weltweiter Nettoverlust von Uber im Zeitraum von 2013 bis 2017 (in Millionen US-Dollar) abrufbar unter: https://de.statista.com/statistik/daten/studie/652405/umfrage/nettoverlust-von-uber-weltweit/ (zuletzt abgerufen am: 15.09.2018).

61 *Schultz*, Milliardenverlust bei Uber – Das Übel des Knopfdruck-Kapitalismus, SPIEGEL ONLINE, 26.08.2016, abrufbar unter: http://www.spiegel.de/wirtschaft/unternehmen/uber-deshalb-verbrennt-das-unternehmen-milliarden-a-1109596.html (zuletzt abgerufen am: 15.09.2018).

62 *Schulz*, Uber-ambitioniert, DER SPIEGEL v. 17.06.2017, S. 62 ff.; *Schultz*, Milliardenverlust bei Uber – Das Übel des Knopfdruck-Kapitalismus, SPIEGEL ONLINE, 26.08.2016, abrufbar unter: http://www.spiegel.de/wirtschaft/unternehmen/uber-deshalb-verbrennt-das-unternehmen-milliarden-a-1109596.html (zuletzt abgerufen am: 15.09.2018). S. aber jüngst *Knop/Jansen*, Uber will grün werden – und endlich gesetzestreu, FAZ v. 23.01.2018, S. 26.

63 Uber B.V., Datenschutzrichtlinie, „Informationen, die wir erfassen“, abrufbar unter: https://privacy.uber.com/policy (zuletzt abgerufen am: 15.09.2018).

64 Uber B.V., Datenschutzrichtlinie, „So verwenden wir deine Informationen“, abrufbar unter: https://privacy.uber.com/policy (zuletzt abgerufen am: 15.09.2018).

65 *Schulz*, Uber-ambitioniert, DER SPIEGEL v. 17.06.2017, S. 62 ff.

in der Lage, detaillierte Aussagen zur Straßenverkehrsinfrastruktur an den verschiedensten Orten der Erde zu treffen. Wie viel Zeit wird benötigt, um von Ort A zu Ort B zum Zeitpunkt X zu gelangen? Wie wirkt sich die Sperrung der Autobahn Y aus? Diese und weitere Fragen kann Uber für jene Orte beantworten, an denen das Unternehmen tätig ist.[66] Auf diesen Erkenntnissen wird das Ride-Sharing-Konzept des Unternehmens unter Einsatz selbstfahrender Automobile basieren. Sie sind maßgeblich für einen etwaigen Erfolg des Unternehmens.[67]

B. Wertschöpfungskette

Die Organisation für wirtschaftliche Zusammenarbeit und Entwicklung (Organisation for Economic Co-operation and Development (OECD)) beschreibt im Hinblick auf die wirtschaftliche Verwertung personenbezogener Daten eine Wertschöpfungskette, die vier Stufen umfasst: 1. Erhebung/Zugriff (collection/access), 2. Speicherung und Aggregation (storage and aggregation), 3. Analyse und Verteilung (analysis and distribution) und 4. Nutzung (usage).[68]

Die Werthaltigkeit der Zurverfügungstellung personenbezogener Daten im Rahmen des in dieser Arbeit betrachteten Geschäftsmodells wird teilweise damit in Frage gestellt, dass die personenbezogenen Daten eines Einzelnen für den Diensteanbieter „kaum einen messbaren Wert“[69] hätten. Ein solcher resultiere erst aus der Aggregation von Daten oder der Verbindung mit weiteren Daten.[70] Hierdurch könnten sogar solche Informationen über eine Person gewonnen werden, derer sich diese Person selbst nicht bewusst ist.[71] Die personenbezogenen Daten eines Einzelnen könnten für den Diensteanbieter gegebenenfalls auch verzichtbar sein. Zudem sei es für den Diensteanbieter unter Umständen möglich, Erkenntnisse über Dritte zu erlangen, ohne dass diese selbst personenbezogene Daten zur Verfügung gestellt haben.[72] *Weigend*, früherer Chefwissenschaftler

66 *Schulz*, Uber-ambitioniert, DER SPIEGEL v. 17.06.2017, S. 62 ff.

67 Vgl. *Schulz*, Uber-ambitioniert, DER SPIEGEL v. 17.06.2017, S. 62 ff. S. allgemein hierzu EFI, Gutachten zu Forschung, Innovation und technologischer Leistungsfähigkeit Deutschlands, S. 76.

68 OECD, Exploring the Economics of Personal Data: A Survey of Methodologies for Measuring Monetary Value, OECD Digital Economy Papers No. 220, S. 10 ff.

69 *Schweitzer*, Daten als neue Währung?, FAZ v. 24.02.2017, S. 18.

70 *Bisges*, MMR 2017, 301, 302; *Körber*, ZUM 2017, 93, 96; *Schweitzer*, Daten als neue Währung?, FAZ v. 24.02.2017, S. 18.

71 Ausführlicher hierzu *Bisges*, MMR 2017, 301, 302.

72 *Schweitzer*, Daten als neue Währung?, FAZ v. 24.02.2017, S. 18.

von Amazon, bemüht in diesem Zusammenhang das Bild von Daten als „bedeutendste[m] Rohstoff des 21. Jahrhunderts, […] [als] das neue Erdöl“[73]:

> „Rohöl […] kann nicht in seiner Rohform genutzt werden. Es muss […] raffiniert werden. […] In ähnlicher Weise sind Rohdaten für sich genommen ziemlich nutzlos. Der Wert von Daten wird erst von den Raffinerien geschaffen, die sie sammeln, analysieren, vergleichen, filtern und neue Datenprodukte und -dienstleistungen vertreiben.“[74]

Natürlich steigt der wirtschaftliche Wert personenbezogener Daten mit jeder Wertschöpfungsstufe, dennoch wohnt bereits dem Rohstoff „Personenbezogene Daten“ ein wirtschaftlicher Wert inne, denn ohne diesen wäre eine Wertsteigerung auf höherer Wertschöpfungsstufe bereits nicht möglich.[75] Gerade die Möglichkeit, personenbezogene Daten zu verarbeiten, verkörpert einen wirtschaftlichen Wert, der insoweit auch den personenbezogenen Daten als solchen innewohnt.

Gerungen wird jedoch um eine Methode, den Wert personenbezogener Daten zu bestimmen.[76] Dieser Problematik ist sich auch die rechtswissenschaftliche Diskussion bewusst.[77] Ein Ansatzpunkt ist die Marktbewertung, zum Beispiel die Betrachtung der Marktkapitalisierung, des Umsatzes oder des Nettogewinns eines Unternehmens pro Datensatz. Auch ist es möglich, bei der Frage anzusetzen, welchen Wert der Einzelne selbst seinen personenbezogenen Daten zumisst.[78]

---

73 *Weigend*, Data for the People, S. 31.

74 *Weigend*, Data for the People, S. 31.

75 S. auch *Schwartmann*, „Privatheit wird zum Luxus“, brand eins, Ausgabe 06/2017, abrufbar unter: https://www.brandeins.de/archiv/2017/umsonst/rolf-schwartmann-interview-privatheit-wird-zum-luxus/ (zuletzt abgerufen am: 15.09.2018). Auch *Schweitzer*, Daten als neue Währung?, FAZ v. 24.02.2017, S. 18 spricht letztlich von einem „Austausch wirtschaftlich werthaltiger Leistungen“.

76 S. hierzu OECD, Exploring the Economics of Personal Data: A Survey of Methodologies for Measuring Monetary Value, OECD Digital Economy Papers No. 220, passim. Die Untersuchung erfolgt aus einer rein monetären Perspektive, s. OECD, Exploring the Economics of Personal Data: A Survey of Methodologies for Measuring Monetary Value, OECD Digital Economy Papers No. 220, S. 4.

77 S. z. B. *Fezer*, MMR 2017, 3, 5; *Specht*, GRUR Int. 2017, 1040, 1047.

78 OECD, Exploring the Economics of Personal Data: A Survey of Methodologies for Measuring Monetary Value, OECD Digital Economy Papers No. 220, S. 18 ff.

C. Ergebnis

Die Anwendungsszenarien von Big Data-Analysen sind vielfältig. Sie unterstreichen, dass Daten die digitale Wirtschaft antreiben. Gerade die Möglichkeit, personenbezogene Daten zu verarbeiten, verkörpert einen wirtschaftlichen Wert. Dies wird bereits anhand ausgewählter Verarbeitungszwecke deutlich, namentlich der Verarbeitung personenbezogener Daten zum Zweck zielgerichteter Werbung, der Verbesserung bestehender Dienste und der Entwicklung neuer Dienste. Die Betrachtung der weltweiten Werbeumsätze von Facebook und den Google-Websites der vergangenen Jahre veranschaulicht diesen Befund. Welchen wirtschaftlichen Wert die Möglichkeit, personenbezogene Daten zu verarbeiten, verkörpert, zeigt aber auch eindrucksvoll die Bewertung von Uber mit 68 Milliarden US-Dollar, obwohl das somit wertvollste digitale Start-up im Jahr 2017 einen weltweiten Nettoverlust von 4,5 Milliarden US-Dollar verzeichnete. Die Grundlage für den Erfolg des langfristigen Geschäftsmodells von Uber ist gerade die Verarbeitung des größtmöglichen „Datenschatzes". Dies gilt regelmäßig auch für andere datengetriebene Dienste.[79] Für die Unternehmen geht es nicht zuletzt um die Erlangung einer Vormachtstellung.[80]

Die weitere Untersuchung baut nunmehr auf der Feststellung auf, dass die Möglichkeit, personenbezogene Daten zu verarbeiten, einen wirtschaftlichen Wert verkörpert und somit letztlich den personenbezogenen Daten selbst ein solcher innewohnt. Gerungen wird lediglich noch um eine Methode, diesen Wert zu beziffern.

---

79 S. auch *Jungclaussen* (Interview mit *Ferguson*), Soziale Netzwerke – Facebook zerstört die Demokratie, ZEIT ONLINE, 19.12.2017, abrufbar unter: http://www.zeit.de/2017/53/soziale-netzwerke-facebook-macht-niall-ferguson-historiker (zuletzt abgerufen am: 15.09.2018).

80 S. zur Gefahr der Entstehung eines Monopols im Bereich der digitalen Wirtschaft auch EFI, Gutachten zu Forschung, Innovation und technologischer Leistungsfähigkeit Deutschlands, S. 76. S. auch *Jungclaussen* (Interview mit *Ferguson*), Soziale Netzwerke – Facebook zerstört die Demokratie, ZEIT ONLINE, 19.12.2017, abrufbar unter: http://www.zeit.de/2017/53/soziale-netzwerke-facebook-macht-niall-ferguson-historiker (zuletzt abgerufen am: 15.09.2018); *N. N.*, Competition in the digital age – How to tame the tech titans, The Economist, 18.01.2018, abrufbar unter: https://www.economist.com/leaders/2018/01/18/how-to-tame-the-tech-titans (zuletzt abgerufen am: 15.09.2018).

3. Kapitel: Kommerzialisierung des Rechts auf informationelle Selbstbestimmung

Datengetriebene Geschäftsmodelle leisten der Kommerzialisierung des Rechts auf informationelle Selbstbestimmung Vorschub. An dieser Stelle wird zunächst die grundrechtliche Dimension der genannten Geschäftsmodelle betrachtet. Es wird untersucht, welche Grundrechte auf Seiten der betroffenen Person und auf Seiten des Betreibers eines datengetriebenen Geschäftsmodells berührt sind. Einen weiteren Schwerpunkt bildet die grundrechtliche Schutzpflicht des Staats. Sodann wird die Diskussion um die Kommerzialisierung von Persönlichkeitsrechten einschließlich der zur Verfügung stehenden Dispositionsmöglichkeiten aufgegriffen. Angesichts datengetriebener Geschäftsmodelle stellt sich die Frage, ob und, wenn ja, auf welche Art und Weise gerade das Recht auf informationelle Selbstbestimmung der Kommerzialisierung zugänglich ist.

A. Grundrechtliche Einkleidung

Den Ausgangspunkt der nun folgenden Untersuchung bilden die Interessen der betroffenen Person und jene des Betreibers eines datengetriebenen Geschäftsmodells. Aus diesen ergibt sich ein Spannungsfeld. Es wird an jene Erkenntnisse angeknüpft, die im Rahmen der vorherigen Kapitel gewonnen wurden.

I. Spannungsfeld

Der wirtschaftliche Erfolg eines datengetriebenen Geschäftsmodells fußt auf einer umfassenden Verarbeitung personenbezogener Daten. Der Betreiber eines datengetriebenen Geschäftsmodells ist daran interessiert, die größtmögliche Menge an personenbezogenen Daten zu verschiedenen Zwecken verarbeiten zu können.[81]

Diesem Interesse des Betreibers eines datengetriebenen Geschäftsmodells steht einerseits das Interesse der betroffenen Person gegenüber, ihre personenbezogenen Daten zu schützen. Andererseits erlangt die betroffene Person durch die Preisgabe ihrer personenbezogenen Daten aber auch einen Vorteil. Sie kann eine bestimmte Leistung in Anspruch nehmen. Die betroffene Person wird also dazu verleitet, ihre personenbezogenen Daten preiszugeben. Es liegt

---

81 S. auch *Kühnl*, Persönlichkeitsschutz 2.0, S. 45.

somit gerade nicht im Interesse der betroffenen Person, ihre personenbezogenen Daten absolut zu schützen und in keinem Fall preiszugeben. Soziale Netzwerke, welche paradigmatisch für ein datengetriebenes Geschäftsmodell sind, bewegen sich vor diesem Hintergrund im „Spannungsfeld zwischen Ausdruck und Gefährdung informationeller Selbstbestimmung“[82].

II. Grundrechtlicher Schutz der betroffenen Person und des Betreibers eines datengetriebenen Geschäftsmodells

Hiervon ausgehend wird nun betrachtet, welche Grundrechte auf Seiten der betroffenen Person und auf Seiten des Betreibers eines datengetriebenen Geschäftsmodells berührt werden.

1. Grundrechtlicher Schutz der betroffenen Person

a) Art. 2 Abs. 1 GG in Verbindung mit Art. 1 Abs. 1 GG

Im Rahmen des Art. 2 Abs. 1 GG ist zwischen der allgemeinen Handlungsfreiheit und dem allgemeinen Persönlichkeitsrecht zu unterscheiden. Diese Unterscheidung geht auf das Elfes-Urteil[83] des Bundesverfassungsgerichts zurück.[84]

Das allgemeine Persönlichkeitsrecht findet seine Grundlage in Art. 2 Abs. 1 GG in Verbindung mit Art. 1 Abs. 1 GG.[85] Unter Berücksichtigung der Bedeutung des Art. 1 Abs. 1 GG, der die Würde des Menschen für unantastbar erklärt, schützt das allgemeine Persönlichkeitsrecht den „Geltungsanspruch des Menschen in der sozialen Welt“[86]. Es handelt sich um ein sogenanntes unbenanntes Freiheitsrecht.[87] Ihm wird eine ergänzende Funktion im Hinblick auf die speziellen Freiheitsrechte zuteil.[88] Der Schutzbereich ist nicht abschließend

---

82 *Hornung*, in: Hornung/Müller-Terpitz, Rechtshandbuch Social Media, Kap. 4 Rn. 2.

83 BVerfG, Urt. v. 16.01.1957 – 1 BvR 253/56, BVerfGE 6, 32, 32 ff. = NJW 1957, 297, 297 ff.

84 *Kingreen/Poscher*, Grundrechte, Rn. 435.

85 *Di Fabio*, in: Maunz/Dürig, Grundgesetz, 39. Erg.-Lfg., Juli 2001, Art. 2 Abs. 1 Rn. 128 m. w. N.; *Hofmann*, in: Schmidt-Bleibtreu/Klein, GG, Art. 2 Rn. 1, 14; *Kingreen/Poscher*, Grundrechte, Rn. 441.

86 *Di Fabio*, in: Maunz/Dürig, Grundgesetz, 39. Erg.-Lfg., Juli 2001, Art. 2 Abs. 1 Rn. 127. S. auch *Hofmann*, in: Schmidt-Bleibtreu/Klein, GG, Art. 2 Rn. 14.

87 BVerfG, Beschl. v. 13.05.1986 – 1 BvR 1542/84, BVerfGE 72, 155, 170 = DNotZ 1986, 629, 630; *Di Fabio*, in: Maunz/Dürig, Grundgesetz, 39. Erg.-Lfg., Juli 2001, Art. 2 Abs. 1 Rn. 128; *Hofmann*, in: Schmidt-Bleibtreu/Klein, GG, Art. 2 Rn. 14.

88 *Di Fabio*, in: Maunz/Dürig, Grundgesetz, 39. Erg.-Lfg., Juli 2001, Art. 2 Abs. 1 Rn. 127; *Hofmann*, in: Schmidt-Bleibtreu/Klein, GG, Art. 2 Rn. 14.

definiert. Auf diese Weise ist eine Reaktion auf die sich ändernden Bedürfnisse unserer Zeit möglich, insbesondere im Hinblick auf technische Entwicklungen.[89]

Durch die Rechtsprechung des Bundesverfassungsgerichts hat das allgemeine Persönlichkeitsrecht zahlreiche Ausformungen erhalten.[90] Diese lassen sich den Bereichen der Selbstbestimmung, der Selbstbewahrung und der Selbstdarstellung zuordnen.[91] Das Recht der Selbstdarstellung befasst sich mit der Darstellung der eigenen Person, insbesondere im Hinblick auf die Preisgabe persönlicher Informationen.[92] In diesem Kontext hat sich das Recht auf informationelle Selbstbestimmung herausgebildet,[93] auf das angesichts des eingangs skizzierten Spannungsfelds näher einzugehen ist. Auch das Recht auf Gewährleistung der Vertraulichkeit und Integrität informationstechnischer Systeme, bei dem es sich ebenfalls um eine Ausprägung des allgemeinen Persönlichkeitsrechts handelt, ist sogleich genauer zu betrachten.

aa) Das Recht auf informationelle Selbstbestimmung

Das Recht auf informationelle Selbstbestimmung wurde vom Bundesverfassungsgericht im Volkszählungsurteil[94] entwickelt,[95] um jenen Gefahren zu begegnen, die der technische Fortschritt bereits im Jahr 1983 mit sich brachte. Konkret sollte der Erstellung erschöpfender Persönlichkeitsprofile bei Datenverarbeitungsprozessen entgegengewirkt werden.[96] Das Recht auf informationelle Selbstbestimmung „gewährleistet [...] die Befugnis des Einzelnen, grundsätzlich

---

89 *Di Fabio*, in: Maunz/Dürig, Grundgesetz, 39. Erg.-Lfg., Juli 2001, Art. 2 Abs. 1 Rn. 147 m. w. N.

90 *Hofmann*, in: Schmidt-Bleibtreu/Klein, GG, Art. 2 Rn. 1, 14; *Kingreen/Poscher*, Grundrechte, Rn. 441.

91 *Kingreen/Poscher*, Grundrechte, Rn. 441.

92 *Di Fabio*, in: Maunz/Dürig, Grundgesetz, 39. Erg.-Lfg., Juli 2001, Art. 2 Abs. 1 Rn. 166; *Kingreen/Poscher*, Grundrechte, Rn. 447.

93 *Di Fabio*, in: Maunz/Dürig, Grundgesetz, 39. Erg.-Lfg., Juli 2001, Art. 2 Abs. 1 Rn. 166.

94 BVerfG, Urt. v. 15.12.1983 – 1 BvR 209/83, 1 BvR 484/83, 1 BvR 440/83, 1 BvR 420/83, 1 BvR 362/83, 1 BvR 269/83 (Volkszählungsurteil), BVerfGE 65, 1, 1 ff. = NJW 1984, 419, 419 ff.

95 BVerfG, Urt. v. 15.12.1983 – u. a. 1 BvR 209/83 (Volkszählungsurteil), BVerfGE 65, 1, 1 ff. = NJW 1984, 419, 419 ff. S. auch *Hofmann*, in: Schmidt-Bleibtreu/Klein, GG, Art. 2 Rn. 16; *Kingreen/Poscher*, Grundrechte, Rn. 449.

96 BVerfG, Urt. v. 15.12.1983 – u. a. 1 BvR 209/83 (Volkszählungsurteil), BVerfGE 65, 1, 1 = NJW 1984, 419, 419. S. auch *Di Fabio*, in: Maunz/Dürig, Grundgesetz, 39. Erg.-Lfg., Juli 2001, Art. 2 Abs. 1 Rn. 173; *Hofmann*, in: Schmidt-Bleibtreu/Klein, GG, Art. 2 Rn. 16.

selbst über die Preisgabe und Verwendung seiner persönlichen Daten zu bestimmen“[97]. Jedes personenbezogene Datum wird geschützt – gleich welcher Sensibilität.[98]

Datengetriebene Geschäftsmodelle basieren auf der Verarbeitung personenbezogener Daten. Eine Person, die eine Leistung in Anspruch nehmen möchte, der ein datengetriebenes Geschäftsmodell zugrunde liegt, stellt dessen Betreiber ihre personenbezogenen Daten zur Verfügung. Somit ist ihr Recht auf informationelle Selbstbestimmung berührt.[99]

In diesem Zusammenhang kann die Frage aufgeworfen werden, welche Dimension des Rechts auf informationelle Selbstbestimmung angesprochen wird, indem die betroffene Person dem Betreiber eines datengetriebenen Geschäftsmodells ihre personenbezogenen Daten preisgibt. Das Recht auf informationelle Selbstbestimmung überlässt dem Einzelnen die Entscheidungsbefugnis über die Verarbeitung seiner personenbezogenen Daten.[100] Teilweise wird dies so verstanden, dass neben die abwehrrechtliche Dimension (Schutz vor Verarbeitung personenbezogener Daten) auch ein positiver Gewährleistungsgehalt (Preisgabe personenbezogener Daten) trete.[101] Die Preisgabe personenbezogener Daten sei als Grundrechtswahrnehmung zu qualifizieren.[102] Andere klassifizieren die Einwilligung in die Verarbeitung personenbezogener Daten als Grundrechtsverzicht,[103] wobei der Verzicht teilweise wiederum als Grundrechtswahrnehmung verstanden wird.[104] Ein wirksamer Verzicht ist im

97 BVerfG, Urt. v. 15.12.1983 – u. a. 1 BvR 209/83 (Volkszählungsurteil), BVerfGE 65, 1, 1 = NJW 1984, 419, 419.

98 *Di Fabio*, in: Maunz/Dürig, Grundgesetz, 39. Erg.-Lfg., Juli 2001, Art. 2 Abs. 1 Rn. 174; *Hofmann*, in: Schmidt-Bleibtreu/Klein, GG, Art. 2 Rn. 16.

99 S. auch *Müller-Terpitz*, in: Hornung/Müller-Terpitz, Rechtshandbuch Social Media, Kap. 6 Rn. 22; *Hoffmann et al.*, Die digitale Dimension der Grundrechte, S. 69.

100 BVerfG, Urt. v. 15.12.1983 – u. a. 1 BvR 209/83 (Volkszählungsurteil), BVerfGE 65, 1, 1 = NJW 1984, 419, 419.

101 *Geiger*, NVwZ 1989, 35, 36. S. auch *Michael/Morlok*, Grundrechte, S. 218.

102 *Schulz*, in: Gola, DS-GVO, Art. 6 Rn. 10; *Taeger*, in: Taeger/Gabel, BDSG a. F., § 4 Rn. 46; *Sandfuchs*, Privatheit wider Willen?, S. 156 ff.; *Geiger*, NVwZ 1989, 35, 37 für den Fall der Einwilligung, soweit diese auf Freiwilligkeit beruht (ohne Zwang und Täuschung); *Schulz*, DuD 2009, 601, 604. *Geiger*, NVwZ 1989, 35, 36 f. hadert zugleich mit dem Begriff des Grundrechtsverzichts.

103 *Robbers*, JuS 1985, 925, 928. S. auch *Di Fabio*, in: Maunz/Dürig, Grundgesetz, 39. Erg.-Lfg., Juli 2001, Art. 2 Abs. 1 Rn. 229.

104 *Robbers*, JuS 1985, 925, 927.

Einzelfall möglich.[105] Der Einzelne kann auf das allgemeine Persönlichkeitsrecht und somit auch auf das Recht auf informationelle Selbstbestimmung jedoch nicht generell verzichten.[106]

Den Begriffen „Grundrechtsverzicht“ und „Grundrechtswahrnehmung“ fehlt es an Trennschärfe.[107] Grundrechtsverzicht und Grundrechtswahrnehmung müssen nicht stets als Gegenpaar verstanden werden. Vielmehr kann der Grundrechtsverzicht auch als Unterfall der Grundrechtswahrnehmung begriffen werden. Beide Figuren vereint die „Verfügungsbefugnis über die Substanz eines Grundrechts“[108]. Auch die Abgrenzung zwischen Grundrechtsverzicht und sogenannter negativer Freiheit kann Schwierigkeiten bereiten.[109] Hinter der negativen Freiheit verbirgt sich das Recht, von den grundrechtlich gewährleisteten Freiheiten keinen Gebrauch zu machen.[110] *Herzog* attestiert – abgesehen von Art. 6 Abs. 2 GG – jedem Grundrecht ein solches negatives Element,[111] andere verneinen dies für bestimmte Grundrechte.[112] Die negative Freiheit kann auch schlechterdings als Teil der positiven Grundrechtsausübung verstanden werden.[113]

Unter Bezugnahme auf die im Volkszählungsurteil gewählte Formulierung des Bundesverfassungsgerichts („*Befugnis* [jeweils Hervorh. d. Verf.] des Einzelnen, [...] über die *Preisgabe* und Verwendung seiner persönlichen Daten *zu bestimmen*“[114]) wird sich vorliegend der Ansicht angeschlossen, die Preisgabe personenbezogener Daten als Grundrechtswahrnehmung zu qualifizieren. Es spiegelt sich der obige Befund wider, dass datengetriebene Geschäftsmodelle auch Ausdruck des Rechts auf informationelle Selbstbestimmung sind. Hierauf wird im Verlauf der weiteren Untersuchung Bezug genommen.

---

105 *Di Fabio*, in: Maunz/Dürig, Grundgesetz, 39. Erg.-Lfg., Juli 2001, Art. 2 Abs. 1 Rn. 229; *Robbers*, JuS 1985, 925, 926.

106 *Di Fabio*, in: Maunz/Dürig, Grundgesetz, 39. Erg.-Lfg., Juli 2001, Art. 2 Abs. 1 Rn. 229.

107 *Bethge*, in: Isensee/Kirchhof, Handbuch des Staatsrechts IX, § 203 Rn. 1, 91.

108 *Bethge*, in: Isensee/Kirchhof, Handbuch des Staatsrechts IX, § 203 Rn. 6.

109 *Bethge*, in: Isensee/Kirchhof, Handbuch des Staatsrechts, § 203 Rn. 4, 96. S. auch *Robbers*, JuS 1985, 925, 925 f.

110 *Herzog*, in: Maunz/Dürig, Grundgesetz, 27. Erg.-Lfg., November 1988, Art. 4 Rn. 54.

111 *Herzog*, in: Maunz/Dürig, Grundgesetz, 27. Erg.-Lfg., November 1988, Art. 4 Rn. 54.

112 *Bethge*, in: Isensee/Kirchhof, Handbuch des Staatsrechts IX, § 203 Rn. 132.

113 *Bethge*, in: Isensee/Kirchhof, Handbuch des Staatsrechts IX, § 203 Rn. 4.

114 BVerfG, Urt. v. 15.12.1983 – u. a. 1 BvR 209/83 (Volkszählungsurteil), BVerfGE 65, 1, 1 = NJW 1984, 419, 419. In BVerfG, Beschl. v. 23.10.2006 – 1 BvR 2027/02, MMR 2007, 93, 93 betonte das Gericht nicht zuletzt auch, dass „die *Freiheit* [jeweils Hervorh. d. Verf.], persönliche Informationen *zu offenbaren*, [...] grundrechtlich geschützt [ist]“.

bb) Das Recht auf Gewährleistung der Vertraulichkeit und Integrität informationstechnischer Systeme

Das Recht auf Gewährleistung der Vertraulichkeit und Integrität informationstechnischer Systeme wurde vom Bundesverfassungsgericht im Jahr 2008 entwickelt.[115] Gegenstand der dem Urteil zugrunde liegenden Verfassungsbeschwerden waren Vorschriften des Verfassungsschutzgesetzes des Landes Nordrhein-Westfalen zur Online-Durchsuchung.[116]

Das Recht auf Gewährleistung der Vertraulichkeit und Integrität informationstechnischer Systeme schützt den Einzelnen vor Eingriffen in informationstechnische Systeme, soweit nicht andere Grundrechte Schutz gewähren, insbesondere das Recht auf informationelle Selbstbestimmung, das Telekommunikationsgeheimnis gemäß Art. 10 GG und das Recht auf Unverletzlichkeit der Wohnung gemäß Art. 13 GG.[117] Es wurde herausgebildet, um eine Schutzlücke zu schließen, die sich unter Berücksichtigung des Schutzbereichs des Rechts auf informationelle Selbstbestimmung, des Telekommunikationsgeheimnisses und des Rechts auf Unverletzlichkeit der Wohnung ergebe.[118]

Fraglich ist bereits, ob der Schutzbereich des Rechts auf informationelle Selbstbestimmung eine Schutzlücke aufweist, die das Recht auf Gewährleistung der Vertraulichkeit und Integrität informationstechnischer Systeme schließt. Dem Urteil des Bundesverfassungsgerichts ist zu entnehmen, dass das Recht auf informationelle Selbstbestimmung lediglich vor „einzelne[n] Datenerhebungen“[119] schütze, während sich der Schutz durch das Recht auf Gewährleistung der Vertraulichkeit und Integrität informationstechnischer Systeme auch auf „einen potenziell äußerst großen und aussagekräftigen Datenbestand“[120] erstrecke.[121]

---

115 BVerfG, Urt. v. 27.02.2008 – 1 BvR 370/07, 1 BvR 595/07, BVerfGE 120, 274, 274 ff. = NJW 2008, 822, 822 ff.

116 BVerfG, Urt. v. 27.02.2008 – 1 BvR 370/07, 1 BvR 595/07, BVerfGE 120, 274, 275 = NJW 2008, 822, 822.

117 BVerfG, Urt. v. 27.02.2008 – 1 BvR 370/07, 1 BvR 595/07, BVerfGE 120, 274, 302 = NJW 2008, 822, 824.

118 BVerfG, Urt. v. 27.02.2008 – 1 BvR 370/07, 1 BvR 595/07, BVerfGE 120, 274, 306 ff. = NJW 2008, 822, 825 ff. Insgesamt kritisch hierzu *Hoeren*, MMR 2008, 365, 365 f.

119 BVerfG, Urt. v. 27.02.2008 – 1 BvR 370/07, 1 BvR 595/07, BVerfGE 120, 274, 313 = NJW 2008, 822, 827.

120 BVerfG, Urt. v. 27.02.2008 – 1 BvR 370/07, 1 BvR 595/07, BVerfGE 120, 274, 313 = NJW 2008, 822, 827.

121 BVerfG, Urt. v. 27.02.2008 – 1 BvR 370/07, 1 BvR 595/07, BVerfGE 120, 274, 312 f. = NJW 2008, 822, 827.

Das Recht auf informationelle Selbstbestimmung gewährt indes nicht nur Schutz vor einzelnen Datenerhebungen. Eine Beschränkung des Schutzbereichs des Rechts auf informationelle Selbstbestimmung in quantitativer Hinsicht existiert nicht.[122] Im Volkszählungsurteil wird gerade darauf verwiesen, dass das Recht auf informationelle Selbstbestimmung den Einzelnen vor einer „unbegrenzten Erhebung, Speicherung, Verwendung und Weitergabe seiner persönlichen Daten“[123] schützt.[124]

Das Recht auf Gewährleistung der Vertraulichkeit und Integrität informationstechnischer Systeme schützt allerdings die Integrität informationstechnischer Systeme als solche – unabhängig davon, ob sodann ein Zugriff auf personenbezogene Daten erfolgt.[125] Der Schutzbereich ist jedoch nur eröffnet, soweit der Einzelne ein informationstechnisches System „als eigenes nutzt und [...] über das informationstechnische System selbstbestimmt verfügt“[126]. Nur dann darf er die Vertraulichkeit und Integrität des informationstechnischen Systems berechtigterweise erwarten.[127]

Im Anwendungsbereich datengetriebener Geschäftsmodelle ist diese zuletzt genannte Voraussetzung regelmäßig nicht erfüllt. Server, die der Betreiber eines datengetriebenen Geschäftsmodells nutzt, sind zwar informationstechnische Systeme. Weder nutzt die betroffene Person diese informationstechnischen Systeme aber als eigene noch kann sie über diese selbstbestimmt verfügen. Ein Vertrauenstatbestand kann insoweit nicht erwachsen.[128] Eine andere Bewertung

---

122 *Gersdorf*, in: Gersdorf/Paal, Beck'scher OK Informations- und Medienrecht, Art. 2 GG Rn. 23 (Stand: 01.05.2017); *Kutscha/Thomé*, Grundrechtsschutz im Internet?, S. 56 f.; *Hoeren*, MMR 2008, 365, 366.

123 BVerfG, Urt. v. 15.12.1983 – u. a. 1 BvR 209/83 (Volkszählungsurteil), BVerfGE 65, 1, 43 = NJW 1984, 419, 422.

124 BVerfG, Urt. v. 15.12.1983 – u. a. 1 BvR 209/83 (Volkszählungsurteil), BVerfGE 65, 1, 43 = NJW 1984, 419, 422. S. auch *Hoeren*, MMR 2008, 365, 366.

125 BVerfG, Urt. v. 27.02.2008 – 1 BvR 370/07, 1 BvR 595/07, BVerfGE 120, 274, 314 f. = NJW 2008, 822, 827; *Gersdorf*, in: Gersdorf/Paal, Beck'scher OK Informations- und Medienrecht, Art. 2 GG Rn. 28 (Stand: 01.05.2017); *Hoffmann et al.*, Die digitale Dimension der Grundrechte, S. 70; *Roßnagel/Schnabel*, NJW 2008, 3534, 3535.

126 BVerfG, Urt. v. 27.02.2008 – 1 BvR 370/07, 1 BvR 595/07, BVerfGE 120, 274, 315 = NJW 2008, 822, 827.

127 BVerfG, Urt. v. 27.02.2008 – 1 BvR 370/07, 1 BvR 595/07, BVerfGE 120, 274, 315 = NJW 2008, 822, 827.

128 S. auch *Hornung*, in: Hornung/Müller-Terpitz, Rechtshandbuch Social Media, Kap. 4 Rn. 9; *Kühnl*, Persönlichkeitsschutz 2.0, S. 99.

kann gerechtfertigt sein, soweit die betroffene Person bestimmte Applikationen auf einem eigenen Endgerät nutzt.[129]

b) Art. 8 Abs. 1 EMRK

Auch die EMRK schützt die betroffene Person. In Art. 8 Abs. 1 EMRK ist das Recht jeder Person auf Achtung ihres Privatlebens verankert. Es schützt jenen Bereich, in dem der Einzelne seine Persönlichkeit entfaltet.[130] Eine allgemeine Definition des Begriffs des Privatlebens existiert nicht. Der bisherigen Entscheidungspraxis zu Art. 8 Abs. 1 EMRK ist jedoch zu entnehmen, dass er umfassend zu verstehen ist.[131] Das Recht jeder Person auf Achtung ihres Privatlebens umfasst insbesondere das Recht auf informationelle Selbstbestimmung.[132]

c) Art. 7 GRCh

Den Schutz der Privatsphäre gewährleistet auch die GRCh.[133] Art. 7 GRCh geht auf den soeben erwähnten Art. 8 Abs. 1 EMRK zurück. Die genannten Artikel sind nahezu wortgleich. Vor dem Hintergrund der fortschreitenden technischen Entwicklung wurde in Art. 7 GRCh der Begriff „Korrespondenz", der in Art. 8 Abs. 1 EMRK genannt wird, durch den Begriff „Kommunikation"

---

129 S. hierzu *Hornung*, in: Hornung/Müller-Terpitz, Rechtshandbuch Social Media, Kap. 4 Rn. 9.

130 *Gersdorf*, in: Gersdorf/Paal, Beck'scher OK Informations- und Medienrecht, Art. 8 EMRK Rn. 18 f. (Stand: 01.05.2017); *Meyer-Ladewig/Nettesheim*, in: Meyer-Ladewig/Nettesheim/v. Raumer, EMRK, Art. 8 Rn. 7.

131 *Gersdorf*, in: Gersdorf/Paal, Beck'scher OK Informations- und Medienrecht, Art. 8 EMRK Rn. 17 (Stand: 01.05.2017); *Pätzold*, in: Karpenstein/Mayer, EMRK, Art. 8 Rn. 5; *Meyer-Ladewig/Nettesheim*, in: Meyer-Ladewig/Nettesheim/v. Raumer, EMRK, Art. 8 Rn. 7.

132 *Gersdorf*, in: Gersdorf/Paal, Beck'scher OK Informations- und Medienrecht, Art. 8 EMRK Rn. 29 (Stand: 01.05.2017); *Meyer-Ladewig/Nettesheim*, in: Meyer-Ladewig/Nettesheim/v. Raumer, EMRK, Art. 8 Rn. 32. S. auch *Pätzold*, in: Karpenstein/Mayer, EMRK, Art. 8 Rn. 28 ff.

133 *Kingreen*, in: Calliess/Ruffert, EUV/AEUV, Art. 7 EU-GRCharta Rn. 1, Art. 8 EU-GRCharta Rn. 1; *Gersdorf*, in: Gersdorf/Paal, Beck'scher OK Informations- und Medienrecht, Art. 7 EU-GRCharta Rn. 8, 16 (Stand: 01.05.2017); *Bernsdorff*, in: Meyer, GRCh, Art. 7 Rn. 1; *Weber*, in: Stern/Sachs, GRCh, Art. 7 Rn. 1.

ersetzt.[134] Der Schutzbereich des Art. 7 GRCh korrespondiert mit jenem des Art. 8 Abs. 1 EMRK (siehe auch Art. 52 Abs. 3 S. 1 GRCh).[135]

d) Art. 8 Abs. 1 GRCh

Im Gegensatz zum GG und der EMRK enthält die GRCh mit ihrem Art. 8 Abs. 1 ein eigenes Grundrecht, das den Schutz personenbezogener Daten betrifft. Die GRCh trägt insoweit der Bedeutung des Datenschutzes in der Informationsgesellschaft Rechnung.[136] Der Europäische Gerichtshof bringt Art. 7, 8 GRCh nebeneinander zur Anwendung.[137] Auch Art. 8 EMRK gewährleistet – wie gesehen – den Schutz personenbezogener Daten. Bei Art. 8 GRCh handelt es sich jedoch um keine Entsprechung des Art. 8 EMRK im Sinne des Art. 52 Abs. 3 S. 1 GRCh, da Art. 8 EMRK das Recht auf informationelle Selbstbestimmung lediglich als Teil des Rechts auf Achtung des Privatlebens umfasst. Gleichwohl orientiert sich der Europäische Gerichtshof an der Entscheidungspraxis des Europäischen Gerichtshofs für Menschenrechte zu Art. 8 EMRK.[138]

---

134 *Gersdorf*, in: Gersdorf/Paal, Beck'scher OK Informations- und Medienrecht, Art. 7 EU-GRCharta Rn. 1 (Stand: 01.05.2017); *Jarass*, GRCh, Art. 7 Rn. 1; *Weber*, in: Stern/Sachs, GRCh, Art. 7 Rn. 3.

135 *Kingreen*, in: Calliess/Ruffert, EUV/AEUV, Art. 7 EU-GRCharta Rn. 2; *Gersdorf*, in: Gersdorf/Paal, Beck'scher OK Informations- und Medienrecht, Art. 7 EU-GRCharta Rn. 7 (Stand: 01.05.2017); *Jarass*, GRCh, Art. 7 Rn. 1; *Bernsdorff*, in: Meyer, GRCh, Art. 7 Rn. 1; *Folz*, in: Vedder/Heintschel v. Heinegg, Europäisches Unionsrecht, Art. 7 GR-Charta Rn. 2. S. auch *Tettinger*, in: Tettinger/Stern, GRCh, Art. 7 Rn. 7. S. auch *Kingreen*, in: Calliess/Ruffert, EUV/AEUV, Art. 7 EU-GRCharta Rn. 2; *Gersdorf*, in: Gersdorf/Paal, Beck'scher OK Informations- und Medienrecht, Art. 7 EU-GRCharta Rn. 7 (Stand: 01.05.2017); *Jarass*, GRCh, Art. 7 Rn. 1; *Folz*, in: Vedder/Heintschel v. Heinegg, Europäisches Unionsrecht, Art. 7 GR-Charta Rn. 2.

136 *Jarass*, GRCh, Art. 8 Rn. 2. S. auch *Bernsdorff*, in: Meyer, GRCh, Art. 8 Rn. 1; *Weber*, in: Stern/Sachs, GRCh, Art. 8 Rn. 1; *Johlen*, in: Tettinger/Stern, GRCh, Art. 8 Rn. 1 ff.

137 EuGH, Urt. v. 17.10.2013 – C-291/12, NVwZ 2014, 435, 435 ff. S. auch *Kingreen*, in: Calliess/Ruffert, EUV/AEUV, Art. 7 EU-GRCharta Rn. 1, Art. 8 EU-GRCharta Rn. 1.

138 *Gersdorf*, in: Gersdorf/Paal, Beck'scher OK Informations- und Medienrecht, Art. 8 EU-GRCharta Rn. 2 f. (Stand: 01.05.2017).

2. *Grundrechtlicher Schutz des Betreibers eines datengetriebenen Geschäftsmodells*

a) Art. 12 Abs. 1 GG

Art. 12 Abs. 1 GG beinhaltet das Grundrecht der Berufsfreiheit. Die Berufswahl und die Berufsausübung bilden eine Einheit.[139] Beruf ist jede auf Dauer angelegte Tätigkeit, um eine Lebensgrundlage zu schaffen und zu erhalten.[140] Der Begriff ist weit zu verstehen.[141] Auch der Betreiber eines datengetriebenen Geschäftsmodells kann sich in der Regel auf Art. 12 Abs. 1 GG berufen.[142]

Der Anwendbarkeit des Art. 12 Abs. 1 GG steht nicht entgegen, dass es sich bei dem Betreiber eines datengetriebenen Geschäftsmodells in den meisten Fällen nicht um eine natürliche Person handeln wird. Art. 12 Abs. 1 GG ist seinem Wesen nach im Sinne des Art. 19 Abs. 3 GG auf juristische Personen anwendbar.[143] Betreiber datengetriebener Geschäftsmodelle haben ihren Sitz allerdings nicht immer in Deutschland, wenigstens aber innerhalb der Europäischen Union. Die Dienste von Facebook werden beispielsweise von der Facebook Ireland Limited mit Sitz in Dublin (Irland) angeboten.[144] Trotz des Wortlauts des Art. 19 Abs. 3 GG („inländische juristische Personen") können sich auch juristische Personen, die ihren Sitz zwar nicht innerhalb Deutschlands, aber innerhalb der Europäischen Union haben, auf solche Grundrechte berufen, die ihrem Wesen nach auf sie anwendbar sind. Dies gebieten das in Art. 18 AEUV verankerte allgemeine Diskriminierungsverbot und die gemäß Art. 26 Abs. 2 AEUV Anwendungsvorrang genießenden Grundfreiheiten.[145]

---

139 BVerfG, Beschl. v. 26.02.1997 – 1 BvR 1864/94, 1 BvR 1102/95, BVerfGE 95, 193, 214 = BeckRS 1997, 14568 Rn. 94. S. auch *Ruffert*, in: Epping/Hillgruber, Beck'scher OK GG, Art. 12 Rn. 16, 18, 47 (Stand: 15.05.2018).

140 S. statt vieler BVerfG, Beschl. v. 26.06.2002 – 1 BvR 558/91, 1 BvR 1428/91, BVerfGE 105, 252, 265 = NJW 2002, 2621, 2622; *Jarass*, in: Jarass/Pieroth, GG, Art. 12 Rn. 5.

141 *Ruffert*, in: Epping/Hillgruber, Beck'scher OK GG, Art. 12 Rn. 41 (Stand: 15.05.2018).

142 S. auch *Müller-Terpitz*, in: Hornung/Müller-Terpitz, Rechtshandbuch Social Media, Kap. 6 Rn. 69; *Hoffmann et al.*, Die digitale Dimension der Grundrechte, S. 69; *Kühnl*, Persönlichkeitsschutz 2.0, S. 77; *Schuler-Harms*, Die kommerzielle Nutzung statistischer Persönlichkeitsprofile als Herausforderung für den Datenschutz, in: Sokol, Living by numbers, S. 15 f.

143 *Ruffert*, in: Epping/Hillgruber, Beck'scher OK GG, Art. 12 Rn. 38 (Stand: 15.05.2018).

144 Facebook Ireland Limited, Impressum, abrufbar unter: https://www.facebook.com/legal/terms/update?ref=old_policy (zuletzt abgerufen am: 15.09.2018).

145 BVerfG, Beschl. v. 04.11.2015 – 2 BvR 282/13, 2 BvQ 56/12, NJW 2016, 1436, 1436; *Enders*, in: Epping/Hillgruber, Beck'scher OK GG, Art. 19 Rn. 37 (Stand: 15.05.2018).

Zu berücksichtigen ist jedoch, dass Art. 12 Abs. 1 GG ein sogenanntes Deutschengrundrecht ist. Dies bedeutet, dass sich alle Deutschen im Sinne des Art. 116 Abs. 1 GG auf Art. 12 Abs. 1 GG berufen können.[146] Unter erneuter Bezugnahme auf das in Art. 18 AEUV verankerte allgemeine Diskriminierungsverbot und die gemäß Art. 26 Abs. 2 AEUV Anwendungsvorrang genießenden Grundfreiheiten ist im Hinblick auf die Bürger anderer Mitgliedstaaten der Europäischen Union umstritten, ob sich diese auf Art. 12 Abs. 1 GG berufen können oder ob ihnen Schutz unter Rückgriff auf das Recht auf allgemeine Handlungsfreiheit gemäß Art. 2 Abs. 1 GG gewährt wird.[147] Diese Frage stellt sich gleichermaßen für juristische Personen, die ihren Sitz nicht innerhalb Deutschlands, jedoch innerhalb der Europäischen Union haben.[148] Auch unter Rückgriff auf Art. 2 Abs. 1 GG ist den Bürgern anderer Mitgliedstaaten der Europäischen Union und juristischen Personen mit Sitz innerhalb der Europäischen Union jedoch ein solcher Schutz zu gewähren, der jenem entspricht, den Art. 12 Abs. 1 GG gewährt.[149]

b) Art. 14 Abs. 1 GG

Fraglich ist, ob sich der Betreiber eines datengetriebenen Geschäftsmodells im Hinblick auf seine wirtschaftlichen Interessen auch auf Art. 14 Abs. 1 S. 1 GG berufen kann, demgemäß das Eigentum und das Erbrecht gewährleistet werden. Die Eigentumsgarantie gemäß Art. 14 Abs. 1 GG erstreckt sich auf alle vermögenswerten Rechte, die dem Berechtigten von der Rechtsordnung derart zugewiesen sind, dass er von den aus den Rechten resultierenden Befugnissen zu seinem Nutzen eigenverantwortlich Gebrauch machen kann.[150]

Umstritten ist, ob das Recht am eingerichteten und ausgeübten Gewerbebetreib, das ein sonstiges Recht im Sinne des § 823 Abs. 1 BGB ist,[151] in den Schutzbereich des Art. 14 GG fällt.[152] Das Bundesverfassungsgericht lässt diese Frage

---

146 *Ruffert*, in: Epping/Hillgruber, Beck'scher OK GG, Art. 12 Rn. 33 (Stand: 15.05.2018).

147 S. BVerfG, Beschl. v. 04.11.2015 – 2 BvR 282/13, 2 BvQ 56/12, NJW 2016, 1436, 1436 f.; *Ruffert*, in: Epping/Hillgruber, Beck'scher OK GG, Art. 12 Rn. 35 f. (Stand: 15.05.2018).

148 BVerfG, Beschl. v. 04.11.2015 – 2 BvR 282/13, 2 BvQ 56/12, NJW 2016, 1436, 1436 f.

149 BVerfG, Beschl. v. 04.11.2015 – 2 BvR 282/13, 2 BvQ 56/12, NJW 2016, 1436, 1437 m. w. N.

150 BVerfG, Beschl. v. 08.05.2012 – 1 BvR 1065/03, 1 BvR 1082/03, BVerfGE 131, 66, 79 = NVwZ 2012, 1463, 1464; *Jarass*, in: Jarass/Pieroth, GG, Art. 14 Rn. 5.

151 *Förster*, in: Bamberger et al., Beck'scher OK BGB, § 823 Rn. 177 (Stand: 01.05.2018) m. w. N.

152 Instruktiv *Jarass*, in: Jarass/Pieroth, GG, Art. 14 Rn. 9 m. w. N.

unbeantwortet.[153] Art. 14 Abs. 1 GG schützt aber jedenfalls nur „den konkreten Bestand an vermögenswerten Gütern“[154]. Aus ihm resultiert keine „allgemeine Wertgarantie vermögenswerter Rechtspositionen“[155]. Zukünftige „Chancen und Verdienstmöglichkeiten“[156] werden nicht geschützt.[157] Ein etwaiges Recht am eingerichteten und ausgeübten Gewerbebetrieb vermag somit die Tätigkeit eines Unternehmens und die diese ermöglichenden Marktvoraussetzungen nicht zu schützen.[158] Der Betreiber eines datengetriebenen Geschäftsmodells kann sich aus diesen Gründen im Hinblick auf seine wirtschaftlichen Interessen nicht auf Art. 14 Abs. 1 S. 1 GG berufen.[159] Vielmehr ist insoweit Art. 12 Abs. 1 GG einschlägig.[160] Art. 12 Abs. 1 GG schützt den Erwerb, Art. 14 Abs. 1 GG hingegen das Erworbene.[161]

c) Art. 15, 16, 17 GRCh

Auch auf Seiten des Betreibers eines datengetriebenen Geschäftsmodells sind die Gewährleistungen der GRCh zu berücksichtigen. Als zentrale Wirtschaftsgrundrechte ist insoweit auf Art. 15, 16, 17 GRCh Bezug zu nehmen.[162]

Art. 15 GRCh gewährleistet die Berufsfreiheit, Art. 16 GRCh die unternehmerische Freiheit. Das Verhältnis von Art. 15 GRCh und Art. 16 GRCh ist nicht abschließend geklärt.[163] Teilweise wird vertreten, dass Art. 15 GRCh

---

153 S. jüngst BVerfG, Urt. v. 06.12.2016 – 1 BvR 2821/11, 1 BvR 321/12, 1 BvR 1456/12, BVerfGE 143, 246, 331 f. = NJW 2017, 217, 223 f.; BVerfG, Urt. v. 10.06.2009 – u. a. 1 BvR 706/08, BVerfGE 123, 186, 259 = NJW 2009, 2033, 2043.

154 BVerfG, Beschl. v. 10.06.2009 – 1 BvR 198/08, NVwZ 2009, 1426, 1428.

155 BVerfG, Beschl. v. 10.06.2009 – 1 BvR 198/08, NVwZ 2009, 1426, 1428.

156 BVerfG, Beschl. v. 10.06.2009 – 1 BvR 198/08, NVwZ 2009, 1426, 1428.

157 BVerfG, Beschl. v. 10.06.2009 – 1 BvR 198/08, NVwZ 2009, 1426, 1428; *Jarass*, in: Jarass/Pieroth, GG, Art. 14 Rn. 21.

158 *Badura*, Das Unternehmenseigentum, in: Durner/Peine/Shirvani, Festschrift für Papier zum 70. Geburtstag, S. 207.

159 S. auch *Kühnl*, Persönlichkeitsschutz 2.0, S. 81; *Weigl*, Meinungsfreiheit contra Persönlichkeitsschutz am Beispiel von Web 2.0-Applikationen, S. 91; *Schuler-Harms*, Die kommerzielle Nutzung statistischer Persönlichkeitsprofile als Herausforderung für den Datenschutz, in: Sokol, Living by numbers, S. 21 f.

160 S. auch *Jarass*, in: Jarass/Pieroth, GG, Art. 12 Rn. 3, Art. 14 Rn. 9; *Badura*, Das Unternehmenseigentum, in: Durner/Peine/Shirvani, Festschrift für Papier zum 70. Geburtstag, S. 207 f.

161 S. statt vieler BVerfG, Urt. v. 24.04.1991 – 1 BvR 1341/90, BVerfGE 84, 133, 157 = NJW 1991, 1667, 1670; *Jarass*, in: Jarass/Pieroth, Art. 12 Rn. 3.

162 *Jarass*, GRCh, Art. 16 Rn. 2; *Bernsdorff*, in: Meyer, GRCh, Art. 16 Rn. 1, 9.

163 *Jarass*, GRCh, Art. 16 Rn. 4 f.

lediglich unselbstständige Tätigkeiten schütze, nicht hingegen selbstständige Tätigkeiten.[164] Andere beschränken den Schutzbereich des Art. 15 GRCh nicht auf unselbstständige Tätigkeiten.[165] Im ersteren Fall könnten sich juristische Personen nicht auf Art. 15 GRCh berufen.[166] Der Europäische Gerichtshof hat sich - soweit ersichtlich - noch nicht positioniert.[167] Eine strenge Differenzierung zwischen den in Art. 15, 16 GRCh erfassten Lebenssachverhalten ist der Rechtsprechung des Europäischen Gerichtshofs vor Inkrafttreten der GRCh nicht zu entnehmen.[168] In einem Urteil aus dem Jahr 2004 trennte der Europäische Gerichtshof allerdings zwischen der freien Berufsausübung und der unternehmerischen Freiheit. Er stellte jedoch zugleich fest, dass die Gewährleistungsgehalte der freien Berufsausübung und der unternehmerischen Freiheit Überschneidungen aufwiesen.[169] Unter Berücksichtigung dessen drängt sich eine Beschränkung des Schutzbereichs des Art. 15 GRCh auf unselbstständige Tätigkeiten nicht auf. Naheliegend erscheint es vielmehr, Art. 16 GRCh als lex specialis zu begreifen.[170]

Art. 17 Abs. 1 GRCh beinhaltet das Eigentumsrecht. Auch im Rahmen des Art. 17 Abs. 1 GRCh ist fraglich, ob das Recht am eingerichteten und ausgeübten Gewerbebetrieb in dessen Schutzbereich einbezogen ist.[171] Der Schutzbereich des Art. 17 Abs. 1 GRCh erstreckt sich nach der Rechtsprechung des Europäischen Gerichtshofs allerdings nicht auf „bloße kaufmännische Interessen oder Aussichten, deren Ungewissheit zum Wesen der wirtschaftlichen Tätigkeit gehört"[172]. Insofern kann auf die soeben bezüglich Art. 14 Abs. 1 GG getroffenen Feststellungen verwiesen und die Einschlägigkeit des Art. 17 Abs. 1 GRCh verneint werden.

---

164 *Ruffert*, in: Callies/Ruffert, EUV/AEUV, Art. 15 EU-GRCharta Rn. 7.

165 *Bernsdorff*, in: Meyer, GRCh, Art. 15 Rn. 13; *Schwarze*, in: Schwarze et al., EU-Kommentar, Art. 15 GRCh Rn. 3. S. auch *Folz*, in: Vedder/Heintschel v. Heinegg, Europäisches Unionsrecht, Art. 15 GR-Charta Rn. 5.

166 *Bernsdorff*, in: Meyer, GRCh, Art. 15 Rn. 13.

167 *Jarass*, GRCh, Art. 16 Rn. 4a.

168 *Jarass*, GRCh, Art. 16 Rn. 4.

169 EuGH, Urt. v. 09.09.2004 - C-184/02, C-223/02, EuZW 2004, 660, 662 Rn. 51.

170 *Jarass*, GRCh, Art. 16 Rn. 4 f. *Folz*, in: Vedder/Heintschel v. Heinegg, Europäisches Unionsrecht, Art. 16 GR-Charta Rn. 3 versteht Art. 16 GRCh als Auffanggrundrecht, das eingreife, falls weder Art. 15 GRCh noch Art. 17 GRCH einschlägig sind.

171 S. *Callies*, in: Callies/Ruffert, EUV/AEUV, Art. 17 EU-GRCharta Rn. 10 m. w. N.; *Vosgerau*, in: Stern/Sachs, GRCh, Art. 17 Rn. 35.

172 EuGH, Urt. v. 22.01.2013 - C-283/11, EuZW 2013, 347, 348.

3. *Zwischenergebnis*

Sowohl die betroffene Person als auch der Betreiber eines datengetriebenen Geschäftsmodells genießen grundrechtlichen Schutz. Auf Seiten der betroffenen Person sind im Anwendungsbereich datengetriebener Geschäftsmodelle jedenfalls das Recht auf informationelle Selbstbestimmung als Ausprägung des allgemeinen Persönlichkeitsrechts gemäß Art. 2 Abs. 1 GG in Verbindung mit Art. 1 Abs. 1 GG, Art. 8 Abs. 1 EMRK und Art. 7, 8 Abs. 1 GRCh berührt. Art. 12 Abs. 1 GG und – nach hier vertretener Auffassung – Art. 16 GRCh gewähren ihrerseits dem Betreiber eines datengetriebenen Geschäftsmodells Schutz. Dieses Ergebnis dient als Grundlage, um die (widerstreitenden) Interessen im Rahmen der folgenden Untersuchung sachgerecht würdigen zu können.

III. Grundrechtliche Schutzpflicht des Staats

An dieser Stelle sei noch einmal darauf rekurriert, dass datengetriebene Geschäftsmodelle Ausdruck des Rechts auf informationelle Selbstbestimmung sind, dieses aber zugleich gefährden. Dieser Aspekt stellt die grundrechtliche Schutzpflicht des Staats in den Mittelpunkt, die nunmehr betrachtet wird.

1. *Grundrechtsfunktionen*

Die Grundrechte beanspruchen umfassenden Einfluss auf die Rechtsordnung. Die Herausbildung des gegenwärtigen Grundrechtsverständnisses geht maßgeblich auf die Rechtsprechung des Bundesverfassungsgerichts zurück, insbesondere die Ausformung der Grundrechtsfunktionen.[173] Insoweit wird auch von einer „Dimensionserweiterung“[174] gesprochen.[175]

a) *Subjektiv-rechtliche Wirkungen, insbesondere Abwehrrecht*

Die subjektiv-rechtlichen Wirkungen der Grundrechte begründen einen Anspruch des Grundrechtsberechtigten gegen den Staat.[176] Die Grundrechte sind zunächst „Abwehrrechte des Bürgers gegen den Staat“[177], nach *Jellinek* der

---

173 *Dreier*, in: Dreier, GG, Vorb. v. Art. 1 Rn. 23; *Müller-Franken*, in: Schmidt-Bleibtreu/Klein, GG, Vorb. v. Art. 1 Rn. 5.

174 *Dreier*, in: Dreier, GG, Vorb. v. Art. 1 Rn. 23.

175 *Dreier*, in: Dreier, GG, Vorb. v. Art. 1 Rn. 23.

176 S. an dieser Stelle nur *Dreier*, in: Dreier, GG, Vorb. v. Art. 1 Rn. 83.

177 BVerfG, Beschl. v. 15.01.1958 – 1 BvR 400/51 (Lüth), BVerfGE 7, 198, 198 = NJW 1958, 254, 254. S. auch *Dreier*, in: Dreier, GG, Vorb. v. Art. 1 Rn. 84; *Herdegen*, in: Maunz/

sogenannte status negativus.[178] Der Staat hat Eingriffe in den Schutzbereich eines Grundrechts, die einer verfassungsrechtlichen Rechtfertigung nicht zugänglich sind, zu unterlassen. Insoweit steht dem Grundrechtsberechtigten ein Abwehranspruch zu.[179]

b) *Objektiv-rechtliche Wirkungen, insbesondere grundrechtliche Schutzpflicht des Staats*

In seinem Lüth-Urteil[180] benannte das Bundesverfassungsgericht, dass die Grundrechte auch eine „objektive Wertordnung"[181] verkörperten, welche für die gesamte Rechtsordnung verbindlich sei.[182]

Die objektiv-rechtlichen Wirkungen manifestieren sich insbesondere in der grundrechtlichen Schutzpflicht des Staats. Die Grundrechte begründen eine Schutzpflicht des Staats. Dieser hat Beeinträchtigungen der grundrechtlichen Gewährleistungsgehalte durch Dritte entgegenzuwirken.[183] Ausgangspunkt der grundrechtlichen Schutzpflicht des Staats ist neben den generell in den Grundrechten verkörperten Wertentscheidungen Art. 1 Abs. 1 S. 2 GG, demgemäß den Staat die Pflicht trifft, die Würde des Menschen zu achten und zu schützen.[184] Für die Ausformung der staatlichen Schutzpflicht war Art. 2 Abs. 2 GG maßgeblich,

---

Dürig, Grundgesetz, 44. Erg.-Lfg., Februar 2005, Art. 1 Abs. 3 Rn. 13; *Klein*, NJW 1989, 1633, 1633.

178 *Isensee*, in: Isensee/Kirchhof, Handbuch des Staatsrechts IX, § 191 Rn. 2; *Herdegen*, in: Maunz/Dürig, Grundgesetz, 44. Erg.-Lfg., Februar 2005, Art. 1 Abs. 3 Rn. 15; *Jarass*, in: Merten/Papier, Handbuch der Grundrechte II, § 38 Rn. 16.

179 *Dreier*, in: Dreier, GG, Vorb. v. Art. 1 Rn. 84. S. auch *Müller*-Franken, in: Schmidt-Bleibtreu/Klein, GG, Vorb. v. Art. 1 Rn. 17.

180 BVerfG, Urt. v. 15.01.1958 – 1 BvR 400/51 (Lüth), BVerfGE, 7, 198, 198 ff. = NJW 1958, 254, 254 ff.

181 BVerfG, Urt. v. 15.01.1958 – 1 BvR 400/51 (Lüth), BVerfGE, 7, 198, 205 = NJW 1958, 254, 255.

182 BVerfG, Urt. v. 15.01.1958 – 1 BvR 400/51 (Lüth), BVerfGE, 7, 198, 205 = NJW 1958, 254, 255. S. auch *Jarass*, in: Jarass/Pieroth, GG, Vorb. v. Art. 1 Rn. 6; *Herdegen*, in: Maunz/Dürig, Grundgesetz, 44. Erg.-Lfg., Februar 2005, Art. 1 Abs. 3 Rn. 19; *Müller*-Franken, in: Schmidt-Bleibtreu/Klein, GG, Vorb. v. Art. 1 Rn. 20; *Klein*, NJW 1989, 1633, 1633.

183 *Dreier*, in: Dreier, GG, Vorb. v. Art. 1 Rn. 101; *Di Fabio*, in: Maunz/Dürig, Grundgesetz, 39. Erg.-Lfg., Juli 2001, Art. 2 Abs. 1 Rn. 135 f.; *Müller-Franken*, in: Schmidt-Bleibtreu/Klein, GG, Vorb. v. Art. 1 Rn. 23; *Stern*, in: Stern/Becker, GG, Einl. Rn. 47.

184 *Müller-Franken*, in: Schmidt-Bleibtreu/Klein, GG, Vorb. v. Art. 1 Rn. 23; *Stern*, in: Stern/Becker, GG, Einl. Rn. 52.

also der Schutz von Leben und körperlicher Unversehrtheit.[185] Die Annahme einer grundrechtlichen Schutzpflicht des Staats ist jedoch nicht auf ausgewählte Freiheitsgrundrechte begrenzt, sondern gilt uneingeschränkt.[186]

Bei der Wahrnehmung seiner grundrechtlichen Schutzpflicht hat der Staat einen weiten Einschätzungs-, Wertungs- und Gestaltungsspielraum.[187] Insbesondere der Gesetzgeber ist angesprochen.[188] Der Staat wird seiner grundrechtlichen Schutzpflicht gerecht, soweit er einen wirksamen Schutz gewährleistet, der den widerstreitenden Interessen Rechnung trägt. Es besteht ein Untermaßverbot. Der Staat kann in normativer oder in tatsächlicher Hinsicht tätig werden.[189] Eine Verletzung der grundrechtlichen Schutzpflicht durch den Staat kann das Bundesverfassungsgericht nur im Rahmen enger Voraussetzungen feststellen. Der Staat erfüllt seine grundrechtliche Schutzpflicht zunächst dann nicht, wenn er überhaupt nicht tätig wird. Des Weiteren kann das Bundesverfassungsgericht eine Verletzung der grundrechtlichen Schutzpflicht durch den Staat feststellen, wenn dieser Maßnahmen ergreift, die offenkundig ungeeignet sind, einen angemessenen Schutz zu gewährleisten. Schließlich liegt eine Verletzung der grundrechtlichen Schutzpflicht durch den Staat auch dann vor, wenn eine große Diskrepanz zwischen einem an sich angemessenen Schutzniveau und jenem Schutzniveau, das tatsächlich erreicht wurde, besteht.[190]

---

185 *Müller-Franken*, in: Schmidt-Bleibtreu/Klein, GG, Vorb. v. Art. 1 Rn. 23; *Stern*, in: Stern/Becker, GG, Einl. Rn. 58. S. zur Rechtsprechung des BVerfG *Klein*, NJW 1989, 1633, 1634 f.

186 *Dreier*, in: Dreier, GG, Vorb. v. Art. 1 Rn. 104; *Müller-Franken*, in: Schmidt-Bleibtreu/Klein, GG, Vorb. v. Art. 1 Rn. 23; *Stern*, in: Stern/Becker, GG, Einl. Rn. 65.

187 BVerfG, Urt. v. 01.12.2009 – u. a. 1 BvR 2857/07, BVerfGE 125, 39, 78 f. = NVwZ 2010, 570, 572; *Dreier*, in: Dreier, GG, Vorb. v. Art. 1 Rn. 103; *Herdegen*, in: Maunz/Dürig, Grundgesetz, 44. Erg.-Lfg., Februar 2005, Art. 1 Abs. 3 Rn. 23; *Di Fabio*, in: Maunz/Dürig, Grundgesetz, 39. Erg.-Lfg., Juli 2001, Art. 2 Abs. 1 Rn. 135; *Müller-Franken*, in: Schmidt-Bleibtreu/Klein, GG, Vorb. v. Art. 1 Rn. 23; *Sandfuchs*, Privatheit wider Willen?, S. 133.

188 BVerfG, Urt. v. 01.12.2009 – u. a. 1 BvR 2857/07, BVerfGE 125, 39, 78 = NVwZ 2010, 570, 572; *Dreier*, in: Dreier, GG, Vorb. v. Art. 1 Rn. 102.

189 BVerfG, Urt. v. 28.05.1993 – 2 BvF 2/90, 2 BvF 4/92, 2 BvF 5/92, BVerfGE 88, 203, 203 = NJW 1993, 1751, 1751. S. auch *Di Fabio*, in: Maunz/Dürig, Grundgesetz, 39. Erg.-Lfg., Juli 2001, Art. 2 Abs. 1 Rn. 135 Fn. 4.

190 BVerfG, Urt. v. 01.12.2009 – u. a. 1 BvR 2857/07, BVerfGE 125, 39, 78 f. = NVwZ 2010, 570, 572; *Stern*, in: Stern/Becker, GG, Einl. Rn. 61.

2. *Auswirkungen der Informationsgesellschaft*

Im Volkszählungsurteil führte das Bundesverfassungsgericht aus, dass „mit dem Recht auf informationelle Selbstbestimmung [...] eine Gesellschaftsordnung und eine diese ermöglichende Rechtsordnung nicht vereinbar [wären], in der Bürger nicht mehr wissen können, wer was wann und bei welcher Gelegenheit über sie weiß“[191]. Die Vorstellung, dies verhindern zu können, ist für *Bull* damals wie heute Utopie.[192] Die fortschreitende technische Entwicklung ermöglicht es, immer mehr personenbezogene Daten zu verarbeiten.[193]

Das Recht auf informationelle Selbstbestimmung wurde im Volkszählungsurteil herausgebildet, um sich gegen staatliches Handeln erwehren zu können.[194] Da Datenverarbeitungen aber – und vor allem – auch von Privaten durchgeführt werden, gehen Gefahren für das Recht auf informationelle Selbstbestimmung gerade auch von Privaten aus,[195] zum Beispiel von sozialen Netzwerken.[196]

---

191 BVerfG, Urt. v. 15.12.1983 – u. a. 1 BvR 209/83 (Volkszählungsurteil), BVerfGE 65, 1, 43 = NJW 1984, 419, 422.

192 *Bull*, Sinn und Unsinn des Datenschutzes, S. 20 f. Vgl. auch *Veil*, NVwZ 2018, 686, 687 f.

193 *Kühling*, Datenschutz und die Rolle des Rechts, in: Stiftung Datenschutz, Zukunft der informationellen Selbstbestimmung, S. 49 f.; *Leutheusser-Schnarrenberger*, Verantwortung der Internet-Giganten – Algorithmen und Selbstbestimmung, in: Stiftung Datenschutz, Zukunft der informationellen Selbstbestimmung, S. 63. Vgl. auch *Hoffmann et al.*, Die digitale Dimension der Grundrechte, S. 45 f.

194 BVerfG, Urt. v. 15.12.1983 – u. a. 1 BvR 209/83 (Volkszählungsurteil), BVerfGE 65, 1, 1 ff. = NJW 1984, 419, 419 ff.

195 *Di Fabio*, in: Maunz/Dürig, Grundgesetz, 39. Erg.-Lfg., Juli 2001, Art. 2 Abs. 1 Rn. 173; *Hoffmann et al.*, Die digitale Dimension der Grundrechte, S. 67 ff.; *Kühling*, Datenschutz und die Rolle des Rechts, in: Stiftung Datenschutz, Zukunft der informationellen Selbstbestimmung, S. 50 f.; *Gurlit*, NJW 2010, 1035, 1039 f.; *Hoffmann/Schulz/Borchers*, MMR 2014, 89, 89; *Masing*, NJW 2012, 2305, 2308; *Papier*, NJW 2017, 3025, 3025 ff. S. auch *Hoffmann-Riem*, Rechtliche Rahmenbedingungen für und regulative Herausforderungen durch Big Data, in: Hoffmann-Riem, Big Data – Regulative Herausforderungen, S. 27 ff.; *Stinner*, Informationelle Selbstbestimmung und Grenzen rechtlicher Regulierung, in: Stiftung Datenschutz, Zukunft der informationellen Selbstbestimmung, S. 153 f.; *Maurer*, Informatik-Spektrum 2007, 273, 273 ff., der die Gefahren durch Google skizziert.

196 *Hofmann et al.*, Die digitale Dimension der Grundrechte, S. 67 ff.; *Schramm*, Im Zeitalter von Post-Privacy, in: Stiftung Datenschutz, Zukunft der informationellen Selbstbestimmung, S. 106 f.

Private sind an sich keine Grundrechtsverpflichteten.[197] Um dem Gewährleistungsgehalt des Rechts auf informationelle Selbstbestimmung gerecht zu werden, kann nicht mehr allein dessen Funktion als Abwehrrecht gegen den Staat im Mittelpunkt stehen.[198] Vielmehr rückt die grundrechtliche Schutzpflicht des Staats, Beeinträchtigungen des Gewährleistungsgehalts des Rechts auf informationelle Selbstbestimmung durch Dritte entgegenzuwirken, in den Fokus.[199]

Auch aus Art. 8 Abs. 1 EMRK und Art. 7, 8 Abs. 1 GRCh können Schutzpflichten erwachsen.[200]

3. *Selbstbestimmung oder Selbstgefährdung?*

Von Münch prägte den Begriff des sogenannten Grundrechtsschutzes gegen sich selbst.[201] Dieser umschreibt die Frage, ob der Staat – angesprochen sind alle drei

---

197 S. an dieser Stelle nur *Herdegen*, in: Maunz/Dürig, Grundgesetz, 44. Erg.-Lfg., Februar 2005, Art. 1 Abs. 3 Rn. 99. Grundrechten wird jedoch eine sogenannte mittelbare Drittwirkung attestiert, s. statt vieler *Rüfner*, in: Isensee/Kirchhof, Handbuch des Staatsrechts IX, § 197 Rn. 83 ff. Teilweise wird die mittelbare Drittwirkung als Ausdruck der grundrechtlichen Schutzpflichten des Staats verstanden, s. z. B. *Herdegen*, in: Maunz/Dürig, Grundgesetz, 44. Erg.-Lfg., Februar 2005, Art. 1 Abs. 3 Rn. 20, 64. *Dreier*, in: Dreier, GG, Vorb. v. Art. 1 Rn. 99 benennt insoweit Abgrenzungsschwierigkeiten. *Funke*, Dogmatik und Voraussetzungen der datenschutzrechtlichen Einwilligung im Zivilrecht, S. 31 ff. setzt sich mit dem Vorstoß auseinander, Facebook, Google, Apple, Microsoft u. a. einer unmittelbaren Grundrechtsbindung zu unterwerfen.

198 S. auch *Di Fabio*, Grundrechtsgeltung in digitalen Systemen, S. 25 f.; *Funke*, Dogmatik und Voraussetzungen der datenschutzrechtlichen Einwilligung im Zivilrecht, S. 24 f.; *Kühling*, Datenschutz und die Rolle des Rechts, in: Stiftung Datenschutz, Zukunft der informationellen Selbstbestimmung, S. 50 ff.

199 *Di Fabio*, Grundrechtsgeltung in digitalen Systemen, S. 90 f.; *Papier*, NJW 2017, 3025, 3030.

200 *Gersdorf*, in: Gersdorf/Paal, Beck'scher OK Informations- und Medienrecht, Art. 8 EMRK Rn. 5 ff., Art. 7 EU-GRCharta Rn. 11, 19, Art. 8 EU-GRCharta Rn. 12 (Stand: 01.05.2017); *Pätzold*, in: Karpenstein/Mayer, EMRK, Art. 8 Rn. 4; *Meyer-Ladewig/Nettesheim*, in: Meyer-Ladewig/Nettesheim/v. Raumer, EMRK, Art. 8 Rn. 2; *Jarass*, GRCh, Art. 7 Rn. 7, Art. 8 Rn. 2, 10; *Tettinger*, in: Tettinger/Stern, GRCh, Art. 7 Rn. 6.

201 *v. Münch*, Grundrechtsschutz gegen sich selbst?, in: Stödter/Thieme, Festschrift für Ipsen zum 70. Geburtstag, S. 113 ff. S. auch *Bethge*, in: Isensee/Kirchhof, Handbuch des Staatsrechts IX, § 203 Rn. 149. Es ist umstritten, ob die Gefährdung durch den Grundrechtsträger selbst der Fallgruppe der grundrechtlichen Schutzpflicht des Staats zuzuschreiben ist. Dies verneint *Isensee*, in: Isensee/Kirchhof, Handbuch des Staatsrechts IX, § 191 Rn. 244. A. A. *Di Fabio*, in: Maunz/Dürig, Grundgesetz, 43. Erg.-Lfg., Februar 2004, Art. 2 Abs. 2 S. 1 Rn. 47; *Stern*, Staatsrecht III/1, S. 736.

Gewalten: Exekutive, Judikative und Legislative – den Grundrechtsträger gegen dessen Willen in seinen Grundrechten schützen muss oder darf.[202]

Der Einzelne ist nicht vor jeder Preisgabe personenbezogener Daten zu schützen.[203] Vielmehr obliegt es dem Grundrechtsträger, nach persönlichen Gesichtspunkten das Für und Wider der Preisgabe personenbezogener Daten abzuwägen.[204] Bereits die Frage, welche personenbezogenen Daten im Privaten zu halten sind und nicht mit der Öffentlichkeit geteilt werden sollten, wird unterschiedlich beantwortet. Nicht objektive Kriterien, sondern subjektive Maßstäbe prägen diese Materie.[205] Ein absoluter Schutz widerspricht nicht zuletzt dem Konzept der Einbindung des Einzelnen als „eine sich innerhalb der sozialen Gemeinschaft entfaltende, auf Kommunikation ausgerichtete Persönlichkeit“[206].

Handelt der Grundrechtsträger selbstbestimmt, scheidet die Annahme einer grundrechtlichen Schutzpflicht des Staats aus. Ein etwaiges staatliches Handeln griffe gerade in den Gewährleistungsgehalt des Art. 1 Abs. 1 GG ein.[207] Um seine grundrechtliche Schutzpflicht zu erfüllen, hat der Staat allerdings jene Maßnahmen zu treffen, die ein selbstbestimmtes Handeln des Grundrechtsträgers gewährleisten.[208] Auch derjenige, der nicht selbstbestimmt über die Preisgabe seiner personenbezogenen Daten entscheiden kann, ist vom Staat zu schützen.[209]

---

202 *v. Münch*, Grundrechtsschutz gegen sich selbst?, in: Stödter/Thieme, Festschrift für Ipsen zum 70. Geburtstag, S. 114. Die Frage nach dem Grundrechtsschutz gegen sich selbst wird typischerweise dann thematisiert, wenn die Rechtsgüter Leben oder körperliche Unversehrtheit berührt sind, s. *v. Münch*, Grundrechtsschutz gegen sich selbst?, in: Stödter/Thieme, Festschrift für Ipsen zum 70. Geburtstag, S. 124 f.

203 *Bull*, NVwZ 2011, 257, 258; *Masing*, NJW 2012, 2305, 2308; *Schulz*, DuD 2009, 601, 604. S. auch *Sandfuchs*, Privatheit wider Willen?, S. 168; *Heckmann*, K&R 2010, 770, 772.

204 *Sandfuchs*, Privatheit wider Willen?, S. 158.

205 *Masing*, NJW 2012, 2305, 2308; *Nebel*, ZD 2015, 517, 517 f.

206 BVerfG, Urt. v. 15.12.1983 – u. a. 1 BvR 209/83 (Volkszählungsurteil), BVerfGE 65, 1, 44 = NJW 1984, 419, 422. S. auch *Stinner*, Informationelle Selbstbestimmung und Grenzen rechtlicher Regulierung, in: Stiftung Datenschutz, Zukunft der informationellen Selbstbestimmung, S. 154.

207 *Sandfuchs*, Privatheit wider Willen?, S. 128 ff.

208 BVerfG, Beschl. v. 23.10.2006 – 1 BvR 2027/02, MMR 2007, 93, 93: „Die aus dem allgemeinen Persönlichkeitsrecht folgende Schutzpflicht gebietet den zuständigen staatlichen Stellen […], die rechtlichen Voraussetzungen eines wirkungsvollen informationellen Selbstschutzes bereitzustellen.“ S. auch *Kutscha/Thomé*, Grundrechtsschutz im Internet?, S. 47 f.; *Sandfuchs*, Privatheit wider Willen?, S. 131 ff.; *Kutscha*, DuD 2011, 461, 463 f.; *Masing*, NJW 2012, 2305, 2308.

209 *Sandfuchs*, Privatheit wider Willen?, S. 135 ff.

Die grundrechtliche Schutzpflicht des Staats spricht insbesondere den Gesetzgeber an, sodass sich gerade eine Modifizierung des einfachen Rechts anbieten kann.[210] Aus diesem Grund dient die grundrechtliche Schutzpflicht des Staats im Verlauf der weiteren Untersuchung als Anknüpfungspunkt, um sich zu der Frage zu positionieren, ob eine Kodifikation des Konzepts des „Bezahlens mit personenbezogenen Daten“ sinnvoll ist. Letztlich geht es um die Frage, ob eine Kodifikation des Konzepts des „Bezahlens mit personenbezogenen Daten“ selbstbestimmtes Handeln des Grundrechtsträgers fördert.[211]

IV. Ergebnis

Im Rahmen der Auseinandersetzung mit datengetriebenen Geschäftsmodellen ist zu berücksichtigen, dass sowohl die Interessen der betroffenen Person als auch jene des Betreibers eines datengetriebenen Geschäftsmodells grundrechtlichen Schutz genießen. Die betroffene Person wird jedenfalls durch das Recht auf informationelle Selbstbestimmung als Ausprägung des allgemeinen Persönlichkeitsrechts gemäß Art. 2 Abs. 1 GG in Verbindung mit Art. 1 Abs. 1 GG, Art. 8 Abs. 1 EMRK und Art. 7, 8 Abs. 1 GRCh geschützt, der Betreiber eines datengetriebenen Geschäftsmodells durch Art. 12 Abs. 1 GG und Art. 16 GRCh.

Gibt die betroffene Person personenbezogene Daten preis, nimmt sie ihr Recht auf informationelle Selbstbestimmung wahr. Datenverarbeitungsprozesse, insbesondere solche durch Private, bergen zugleich aber auch Gefahren für das Recht auf informationelle Selbstbestimmung. Aus diesem Grund kann nicht mehr allein dessen Funktion als Abwehrrecht gegen den Staat Beachtung finden. Vielmehr gewinnt in diesem Zusammenhang die grundrechtliche Schutzpflicht des Staats an Bedeutung. Der Staat hat Beeinträchtigungen grundrechtlicher Gewährleistungsgehalte durch Dritte entgegenzuwirken. Im Hinblick auf das Recht auf informationelle Selbstbestimmung bedeutet dies nicht zuletzt, dass er jene Voraussetzungen zu schaffen hat, die ein selbstbestimmtes Handeln des Grundrechtsträgers gewährleisten. Insbesondere der Gesetzgeber ist angesprochen.

Die grundrechtliche Schutzpflicht des Staats dient im Rahmen der weiteren Untersuchung als Anknüpfungspunkt, um zu bewerten, ob eine Kodifikation des Konzepts des „Bezahlens mit personenbezogenen Daten“ sinnvoll ist. Es ist

---

210 *Di Fabio*, in: Maunz/Dürig, Grundgesetz, 39. Erg.-Lfg., Juli 2001, Art. 2 Abs. 1 Rn. 189; *Gurlit*, NJW 2010, 1035, 1040. Vgl. auch *Schliesky et al.*, Schutzpflichten und Drittwirkung im Internet, S. 152.

211 S. 7. Kapitel, B.

der Frage nachzugehen, ob eine solche Kodifikation selbstbestimmtes Handeln des Grundrechtsträgers fördert.

B. Kommerzialisierung von Persönlichkeitsrechten

Die rechtliche Erfassung des in dieser Arbeit betrachteten Geschäftsmodells kann nicht ernsthaft untersucht werden, ohne zuvor der Frage nachgegangen zu sein, ob das Recht auf informationelle Selbstbestimmung der Kommerzialisierung zugänglich ist und, wenn ja, wie über dieses disponiert werden kann. Aus diesem Grund wird an dieser Stelle die Diskussion um die Kommerzialisierung von Persönlichkeitsrechten einschließlich der zur Verfügung stehenden Dispositionsmöglichkeiten aufgegriffen. Diese knüpft daran an, dass die Ausrichtung von Persönlichkeitsrechten – wurzelnd in der Naturrechtslehre, insbesondere in den Ansätzen *Kants* – dem Schutz ideeller Interessen galt.[212] Wenngleich Persönlichkeitsrechte immer noch maßgeblich und zunächst dem Schutz ideeller Interessen dienen, hat der Schutz kommerzieller Interessen an Bedeutung gewonnen.[213]

Einleitend wird nachgezeichnet, wie sich die Rechtsprechung zur Kommerzialisierung von Persönlichkeitsrechten positioniert. Gerade die Rechtsprechung des Bundesgerichtshofs hat ihren Teil dazu beigetragen, dass nunmehr die Bedeutung des Schutzes kommerzieller Interessen zugenommen hat.[214]

I. Ausformung des zivilrechtlichen allgemeinen Persönlichkeitsrechts durch den Bundesgerichtshof

Im Mittelpunkt der folgenden Betrachtung steht das zivilrechtliche allgemeine Persönlichkeitsrecht. Es ist zwischen dem verfassungsrechtlichen allgemeinen Persönlichkeitsrecht und dem zivilrechtlichen allgemeinen Persönlichkeitsrecht zu differenzieren.[215] Auch das zivilrechtliche allgemeine Persönlichkeitsrecht findet seine Grundlage in Art. 2 Abs. 1 GG in Verbindung mit Art. 1 Abs. 1 GG.[216]

---

212 *Götting*, Persönlichkeitsrechte als Vermögensrechte, S. 4 f. S. auch *Specht*, in: Artz et al., beck-online.GK BGB, § 823 Rn. 1087 (Stand: 01.02.2018); *Specht*, Konsequenzen der Ökonomisierung informationeller Selbstbestimmung, Rn. 251.

213 *Unseld*, GRUR 2011, 982, 982.

214 *Unseld*, GRUR 2011, 982, 982.

215 BVerfG, Beschl. v. 22.08.2006 – 1 BvR 1168/06 (Werbekampagne mit blauem Engel), GRUR 2006, 1049, 1050; *Götting*, in: Götting/Schertz/Seitz, Handbuch des Persönlichkeitsrechts, § 3 Rn. 6; *Sprau*, in: Palandt, BGB, § 823 Rn. 84.

216 *Götting*, in: Götting/Schertz/Seitz, Handbuch des Persönlichkeitsrechts, § 3 Rn. 1.

An dieser Stelle sei vorweggenommen, dass die vermögenswerten Bestandteile des allgemeinen Persönlichkeitsrechts nicht in den Schutzbereich des verfassungsrechtlichen allgemeinen Persönlichkeitsrechts fallen und nur einfachgesetzlichen Schutz genießen.[217] Die ideellen Bestandteile des allgemeinen Persönlichkeitsrechts orientieren sich am Schutzbereich des verfassungsrechtlichen allgemeinen Persönlichkeitsrechts.[218]

In seinem Mephisto-Urteil[219] erkannte der Bundesgerichtshof ausdrücklich an, dass das allgemeine Persönlichkeitsrecht auch vermögenswerte Bestandteile enthalte.[220] Lediglich für die die ideellen Interessen schützenden Bestandteile des allgemeinen Persönlichkeitsrechts wurde umgehend betont, dass diese unübertragbar und unvererblich seien.[221] Schon in seinem Paul-Dahlke-Urteil[222] bezeichnete der Bundesgerichtshof das Recht am eigenen Bild als „vermögenswertes Ausschließlichkeitsrecht"[223].

In seinem NENA-Urteil[224] verzichtete der Bundesgerichtshof darauf, die – von ihm jedoch ausdrücklich als umstritten bezeichnete – Frage zu beantworten, ob das Recht am eigenen Bild als Ausprägung des allgemeinen Persönlichkeitsrechts

---

217 BVerfG, Beschl. v. 22.08.2006 – 1 BvR 1168/06 (Werbekampagne mit blauem Engel), GRUR 2006, 1049, 1050; BGH, Urt. v. 31.05.2012 – I ZR 234/10, NJW 2013, 793, 796; *Sprau*, in: Palandt, BGB, § 823 Rn. 84; *Specht*, Konsequenzen der Ökonomisierung informationeller Selbstbestimmung, Rn. 257. Zur Frage des grundrechtlichen Schutzes vermögenswerter Bestandteile des allgemeinen Persönlichkeitsrechts, s. *Specht*, Konsequenzen der Ökonomisierung informationeller Selbstbestimmung, Rn. 256 f., 275 ff.

218 *Specht*, Konsequenzen der Ökonomisierung informationeller Selbstbestimmung, Rn. 251.

219 BGH, Urt. v. 20.03.1968 – I ZR 44/66 (Mephisto), BGHZ 50, 133, 133 ff. = GRUR 1968, 552, 552 ff.

220 BGH, Urt. v. 20.03.1968 – I ZR 44/66 (Mephisto), BGHZ 50, 133, 137 = GRUR 1968, 552, 554.

221 BGH, Urt. v. 20.03.1968, I ZR 44/66 (Mephisto), BGHZ 50, 133, 137 = GRUR 1968, 552, 554. S. auch BGH, Urt. v. 01.12.1999 – I ZR 49/97 (Marlene Dietrich), BGHZ 143, 214, 221 = GRUR 2000, 709, 712.

222 BGH, Urt. v. 08.05.1956 – I ZR 62/54 (Paul Dahlke), BGHZ 20, 345, 345 ff. = GRUR 1956, 427, 427 ff.

223 BGH, Urt. v. 08.05.1956 – I ZR 62/54 (Paul Dahlke), BGHZ 20, 345, 353 = GRUR 1956, 427, 429. S. auch *Specht*, in: Artz et al., beck-online.GK BGB, § 823 Rn. 1089 ff. (Stand: 01.02.2018); *Specht*, Konsequenzen der Ökonomisierung informationeller Selbstbestimmung, Rn. 254.

224 BGH, Urt. v. 14.10.1986 – VI ZR 10/86 (NENA), GRUR 1987, 128, 128 f.

übertragbar ist oder nicht.[225] NENA hatte der klagenden Verwertungsgesellschaft in einem Vertrag jene Rechte übertragen, die kommerziell verwertbar sind, unter anderem das Recht am eigenen Bild. Die Beklagte bot Produkte mit dem Abbild von NENA an, ohne dass diese Verwertung gestattet war. Der Bundesgerichtshof sah in dem Vertrag eine Generalermächtigung durch NENA im Hinblick auf eine Verwertung, durch die jedenfalls auch etwaige Vergütungsansprüche der Verwertungsgesellschaft zustehen sollten. Die Richter sprachen der klagenden Verwertungsgesellschaft einen bereicherungsrechtlichen Anspruch in Höhe der ersparten Lizenzgebühr gegenüber der Beklagten zu.[226]

In seinem Marlene-Dietrich-Urteil[227] knüpfte der Bundesgerichtshof erneut daran an, dass das allgemeine Persönlichkeitsrecht sowohl ideelle als auch kommerzielle Interessen schütze. Dies gelte auch für die weiteren Ausformungen des allgemeinen Persönlichkeitsrechts, zum Beispiel das Recht am eigenen Bild und das Namensrecht. Zwar sei der Schutz ideeller Interessen vorrangig, Persönlichkeitsmerkmalen von Personen des öffentlichen Lebens könne jedoch ein nicht unerheblicher wirtschaftlicher Wert innewohnen. Durch deren Verwertung sei die betreffende Person in der Lage, Einnahmen zu generieren, insbesondere durch Werbung für Produkte und ähnliches.[228]

In der vorliegenden Entscheidung wurden die vermögenswerten Bestandteile sodann für vererblich erklärt. Die Frage der Übertragbarkeit unter Lebenden und der Einräumung von Nutzungsrechten konnte das Gericht unbeantwortet lassen. Es sei jedoch denkbar, dass die vermögenswerten Bestandteile des Persönlichkeitsrechts nicht gleichermaßen wie diejenigen Bestandteile, die auf den Schutz ideeller Interessen gerichtet sind, in einer „unauflöslich[en]"[229] Beziehung zum Träger stünden.[230] Der Bundesgerichtshof erkannte die teilweise in der Literatur geäußerten Vorbehalte gegenüber der Kommerzialisierung von Persönlichkeitsmerkmalen an, sah durch die Vererblichkeit vermögenswerter Bestandteile

225 BGH, Urt. v. 14.10.1986 – VI ZR 10/86 (NENA), GRUR 1987, 128, 128. S. auch *Specht*, Konsequenzen der Ökonomisierung informationeller Selbstbestimmung, Rn. 259 ff.

226 BGH, Urt. v. 14.10.1986 – VI ZR 10/86 (NENA), GRUR 1987, 128, 128 f.

227 BGH, Urt. v. 01.12.1999 – I ZR 49/97 (Marlene Dietrich), BGHZ 143, 214, 214 ff. = GRUR 2000, 709, 709 ff.

228 BGH, Urt. v. 01.12.1999 – I ZR 49/97 (Marlene Dietrich), BGHZ 143, 214, 219 = GRUR 2000, 709, 712.

229 BGH, Urt. v. 01.12.1999 – I ZR 49/97 (Marlene Dietrich), BGHZ 143, 214, 221 = GRUR 2000, 709, 712.

230 BGH, Urt. v. 01.12.1999 – I ZR 49/97 (Marlene Dietrich), BGHZ 143, 214, 221 = GRUR 2000, 709, 712 ff.

des Persönlichkeitsrechts dessen Schutz jedoch gestärkt.[231] Das Gericht unterstrich in diesem Zusammenhang, dass sich die Charakterisierung eines Rechts durch die Rechtsordnung wandeln könne. Technische, wirtschaftliche und/oder gesellschaftliche Veränderungen verlangten eine solche Entwicklungsoffenheit. Der Bundesgerichtshof prägte die Formulierung, dass die Rechtsordnung „kein starres System bildet, an dem sich die Wirklichkeit orientieren müßte“[232]. Die Rechtsordnung habe – unter Achtung der in ihr verkörperten Wertordnung – vielmehr „auch eine dienende Funktion“[233]. Dies gelte insbesondere im Hinblick auf neue Formen der Vermarktung rechtlich geschützter Positionen. Insoweit müsse ein Rechtsrahmen zur Verfügung gestellt werden, der den (widerstreitenden) Interessen der beteiligten Personen gerecht wird.[234]

Das Bundesverfassungsgericht bestätigte in seinem Werbekampagne-mit-blauem-Engel-Beschluss[235], dass die richterliche Rechtsfortbildung im Hinblick auf die Vererblichkeit vermögenswerter Bestandteile des allgemeinen Persönlichkeitsrechts nicht gegen Verfassungsrecht verstoße. Zwar falle der bloße Schutz vor „kommerzielle[r] Ausbeutung“[236] ohne eine damit einhergehende Verletzung der Menschenwürde nicht in den Schutzbereich des grundgesetzlichen postmortalen Persönlichkeitsrechts, der Ausformung eines solchen

231 BGH, Urt. v. 01.12.1999 – I ZR 49/97 (Marlene Dietrich), BGHZ 143, 214, 224 f. = GRUR 2000, 709, 713 m. Verweis auf *Schack*, AcP 195 (1995), 594, 594 f.

232 BGH, Urt. v. 01.12.1999 – I ZR 49/97 (Marlene Dietrich), BGHZ 143, 214, 225 = GRUR 2000, 709, 713.

233 BGH, Urt. v. 01.12.1999 – I ZR 49/97 (Marlene Dietrich), BGHZ 143, 214, 225 = GRUR 2000, 709, 713.

234 BGH, Urt. v. 01.12.1999 – I ZR 49/97 (Marlene Dietrich), BGHZ 143, 214, 225 = GRUR 2000, 709, 712 f. *Götting*, in: Götting/Schertz/Seitz, Handbuch des Persönlichkeitsrechts, § 45 Rn. 5 betont die Wechselwirkungen zwischen wirtschaftlichen Zusammenhängen und der Rechtsordnung: „Ob ein Recht einen Vermögenswert besitzt und deshalb als Vermögensrecht anzuerkennen ist, ist nicht in erster Linie eine rechtliche, sondern eine faktische Frage, über die der Marktmechanismus entscheidet, da kein Recht an und für sich einen‚abstrakten wirtschaftlichen Wert‘ hat, sondern diesen erst zugewiesen bekommt. An diese ökonomische Wertentscheidung ist die Rechtsordnung grundsätzlich gebunden.“

235 BVerfG, Beschl. v. 22.08.2006 – 1 BvR 1168/06 (Werbekampagne mit blauem Engel), GRUR 2006, 1049, 1049 ff. Dem Beschluss liegt BGH, Urt. v. 01.12.1999 – I ZR 226/97 (Der blaue Engel), GRUR 2000, 715, 715 ff. zugrunde.

236 BVerfG, Beschl. v. 22.08.2006 – 1 BvR 1168/06 (Werbekampagne mit blauem Engel), GRUR 2006, 1049, 1050.

Schutzes durch das einfache Recht widerspreche dies aber nicht.[237] Es wurde vom Bundesverfassungsgericht schließlich als maßgeblich erachtet, dass „der verfassungsrechtlich gewährleistete Kern der Persönlichkeitsentfaltung“[238] nicht vom Träger des allgemeinen Persönlichkeitsrechts abgelöst werde. Indem die ideellen Bestandteile des allgemeinen Persönlichkeitsrechts für unverzichtbar und unveräußerlich erklärt werden, werde dieser Voraussetzung Rechnung getragen. Die Frage, ob und, wenn ja, wie eine Übertragung im Übrigen möglich ist, habe das einfache Recht zu beantworten.[239]

Durch die Anerkennung vermögenswerter Bestandteile des allgemeinen Persönlichkeitsrechts durch den Bundesgerichtshof gab dieser zu erkennen, dass er der Kommerzialisierung von Persönlichkeitsrechten tendenziell offen gegenübersteht. Indem der Bundesgerichtshof zudem feststellte, dass lediglich die die ideellen Interessen schützenden Bestandteile des allgemeinen Persönlichkeitsrechts unübertragbar und unvererblich seien, verfestigt sich dieser Befund. Schließlich erklärte der Bundesgerichtshof die vermögenswerten Bestandteile sogar für vererblich. Die Ausführungen des Bundesverfassungsgerichts zur Rechtsfortbildung durch den Bundesgerichtshof zeigen auf, wann dieses der Kommerzialisierung von Persönlichkeitsrechten Grenzen setzt, nämlich dann, wenn der Persönlichkeitskern angetastet wird.

II. Übertragbarkeit der Grundsätze auf die Kommerzialisierung des Rechts auf informationelle Selbstbestimmung

Der Bundesgerichtshof befasste sich in den soeben angeführten Entscheidungen mit solchen Erscheinungsformen des allgemeinen Persönlichkeitsrechts, deren Kommerzialisierung seit jeher propagiert wird, namentlich dem Recht am eigenen Bild und dem Namensrecht.[240] Zudem ging es um bekannte Persönlichkeiten. Die Verwertung von Persönlichkeitsrechten von Personen des öffentlichen Lebens ist üblich, zum Beispiel im Rahmen des sogenannten Personality Merchandisings und von Exklusivberichterstattungen.[241] Nicht zuletzt durch das

---

237 BVerfG, Beschl. v. 22.08.2006 – 1 BvR 1168/06 (Werbekampagne mit blauem Engel), GRUR 2006, 1049, 1050.

238 BVerfG, Beschl. v. 22.08.2006 – 1 BvR 1168/06 (Werbekampagne mit blauem Engel), GRUR 2006, 1049, 1051.

239 BVerfG, Beschl. v. 22.08.2006 – 1 BvR 1168/06 (Werbekampagne mit blauem Engel), GRUR 2006, 1049, 1051.

240 S. auch *Buchner*, DuD 2010, 39, 43; *Weichert*, NJW 2001, 1463, 1463 ff.

241 *Unseld*, GRUR 2011, 982, 982. S. auch *Castendyk et al.*, in: Götting/Schertz/Seitz, Handbuch des Persönlichkeitsrechts, §§ 41 ff.; *Wandtke*, MMR 2017, 6, 7 f.

Aufkommen datengetriebener Geschäftsmodelle haben aber die personenbezogenen Daten eines jeden Einzelnen in wirtschaftlicher Hinsicht an Bedeutung gewonnen,[242] sodass sich die Frage stellt, ob und, wenn ja, wie das Recht auf informationelle Selbstbestimmung der Kommerzialisierung zugänglich ist.[243]

Die Grundsätze, die für jene Erscheinungsformen des allgemeinen Persönlichkeitsrechts gelten, deren Kommerzialisierung seit jeher propagiert wird, sind auch für das Recht auf informationelle Selbstbestimmung fruchtbar zu machen und verallgemeinerungsfähig. Dies gilt insbesondere für die in den soeben betrachteten Entscheidungen getroffenen Aussagen.[244] Das Recht am eigenen Bild, das Namensrecht und das Recht auf informationelle Selbstbestimmung sind in demselben rechtlichen Fundament verankert, nämlich Art. 2 Abs. 1 GG in Verbindung mit Art. 1 Abs. 1 GG. Dies gilt im Übrigen für alle Erscheinungsformen des allgemeinen Persönlichkeitsrechts. Bildaufnahmen von natürlichen Personen sind regelmäßig personenbezogene Daten.[245] Auch der Name einer natürlichen Person ist ein personenbezogenes Datum. Hinter dem Recht am eigenen Bild und dem Namensrecht verbergen sich somit letztlich auch Rechte, die dem Schutz personenbezogener Daten dienen.[246]

In seinem Marlene-Dietrich-Urteil war der Bundesgerichtshof unter anderem von der Erwägung geleitet, dass Persönlichkeitsmerkmalen von Personen des öffentlichen Lebens ein nicht unerheblicher wirtschaftlicher Wert innewohnen könne.[247] Auch die personenbezogenen Daten eines jeden Einzelnen verkörpern einen wirtschaftlichen Wert.[248] Gerade auch eine Differenzierung zwischen den

---

242 *Specht*, in: Artz et al., beck-online.GK BGB, § 823 Rn. 1225 (Stand: 01.02.2018); *Unseld*, GRUR 2011, 982, 982; *Weichert*, NJW 2001, 1463, 1463 f. S. zur fortschreitenden Kommerzialisierung auch *Sattler*, JZ 2017, 1036, 1045, der insbesondere auf die Entwicklung des Urheberpersönlichkeitsrechts, des Rechts am eigenen Bild und des Namensrechts Bezug nimmt.

243 S. *Funke*, Dogmatik und Voraussetzungen der datenschutzrechtlichen Einwilligung im Zivilrecht, S. 44 ff.; *Unseld*, GRUR 2011, 982, 987 f.

244 S. auch *Specht*, Konsequenzen der Ökonomisierung informationeller Selbstbestimmung, Rn. 253; *Specht*, CR 2016, 288, 292. Vgl. auch *Funke*, Dogmatik und Voraussetzungen der datenschutzrechtlichen Einwilligung im Zivilrecht, S. 55 f.; *Wandtke*, MMR 2017, 6, 9.

245 S. hierzu ausführlich *Klein*, Personenbilder im Spannungsfeld von Datenschutzgrundverordnung und Kunsturhebergesetz, S. 5 ff.

246 *Funke*, Dogmatik und Voraussetzungen der datenschutzrechtlichen Einwilligung im Zivilrecht, S. 55; *Wandtke*, MMR 2017, 6, 9.

247 BGH, Urt. v. 01.12.1999 – I ZR 49/97 (Marlene Dietrich), BGHZ 143, 214, 219 = GRUR 2000, 709, 712.

248 S. 2. Kapitel.

Persönlichkeitsrechten bekannter Persönlichkeiten und den Persönlichkeitsrechten eines jeden Einzelnen ist somit nicht angezeigt.[249]

Soweit die verfassungsrechtlichen Grenzen beachtet werden, auf die auch das Bundesverfassungsgericht in seinem soeben angeführten Beschluss (Werbekampagne mit blauer Engel) Bezug nimmt, ist auch das Recht auf informationelle Selbstbestimmung der Kommerzialisierung zugänglich.[250] Bereits im Jahr 1988 nannte *Forkel* neben Erscheinungsbild, Lebensbild, Charakterbild, Geheimnissen der Person, gesprochenem und geschriebenen Wort und Namen sonstige persönliche Daten als mögliche Kommerzialisierungsgegenstände.[251]

III. Dispositionsmöglichkeiten über Persönlichkeitsrechte

Die Frage, welche Dispositionsmöglichkeiten über Persönlichkeitsrechte zur Verfügung stehen,[252] knüpft daran an, dass Persönlichkeitsrechte zunächst dem Schutz ideeller Interessen dienen. Wird die Frage der Übertragbarkeit von Persönlichkeitsrechten diskutiert, steht allein die Übertragbarkeit von „materialisierten [...] Persönlichkeitsgüter[n]"[253] zur Diskussion, also solche, die gerade von dem Persönlichkeitsrechtsträger ablösbar sind.[254] Die in Art. 1 Abs. 1 GG verankerte Unantastbarkeit der Würde des Menschen verbietet es, Persönlichkeitsrechte derart zu übertragen, dass diese zum Objekt der Willensbildung einer

---

249 S. auch *Buchner*, DuD 2010, 39, 43; *Langhanke/Schmidt-Kessel*, EuCML 2015, 218, 219; *Weichert*, NJW 2001, 1463, 1466 f.

250 S. auch *Sattler*, JZ 2016, 1036, 1042, der davon spricht, dass die Befürworter der Kommerzialisierung des Rechts auf informationelle Selbstbestimmung nicht als „Tabubrecher oder Totengräber" gebrandmarkt werden sollten und ausdrücklich auf das grundrechtliche Untermaßverbot Bezug nimmt.

251 *Forkel*, GRUR 1988, 491, 498 f.

252 S. hierzu grundlegend *Funke*, Dogmatik und Voraussetzungen der datenschutzrechtlichen Einwilligung im Zivilrecht, S. 44 ff., der die von *Ohly*, „Volenti non fit iniuria", S. 141 ff. entwickelte „Stufenleiter der Gestattungen" zugrunde legt (s. *Funke*, Dogmatik und Voraussetzungen der datenschutzrechtlichen Einwilligung im Zivilrecht, S. 41 ff.); *Specht*, Konsequenzen der Ökonomisierung informationeller Selbstbestimmung, Rn. 246 ff. S. auch *Buchner*, Informationelle Selbstbestimmung im Privatrecht, S. 279 ff.

253 *Specht*, Konsequenzen der Ökonomisierung informationeller Selbstbestimmung, Rn. 247.

254 *Specht*, Konsequenzen der Ökonomisierung informationeller Selbstbestimmung, Rn. 247; *Unseld*, GRUR 2011, 982, 984.

anderen Person als jener des Trägers des Persönlichkeitsrechts selbst werden.[255] Das Bundesverfassungsgericht benennt, dass „der verfassungsrechtlich gewährleistete Kern der Persönlichkeitsentfaltung“[256] nicht berührt werden dürfe.

Unstreitig ist, dass über Persönlichkeitsrechte jedenfalls unter Rückgriff auf eine widerrufliche Einwilligung disponiert werden kann.[257] Für das Recht auf informationelle Selbstbestimmung ergibt sich dies bereits aus dem Gesetz (siehe Art. 6 Abs. 1 Buchstabe a) DS-GVO). Es besteht des Weiteren Einigkeit darüber, dass Persönlichkeitsrechte zumindest durch schuldrechtliche Rechtsgeschäfte wirtschaftlich verwertet werden können.[258] Dies gilt insbesondere für das Recht auf informationelle Selbstbestimmung.[259]

1. Problemaufriss

Die Diskussion, ob auch Dispositionsmöglichkeiten über Persönlichkeitsrechte zur Verfügung stehen, die hingegen eine bindende Übertragbarkeit erlauben, setzt bei den begrenzten Wirkungen der widerruflichen Einwilligung und schuldrechtlicher Vereinbarungen an. Als nicht interessensgerecht wird erachtet, dass dem Vertragspartner keine Rechtsposition mit absoluter Wirkung eingeräumt werden kann, die somit auch gegenüber Dritten wirksam ist. Der Vertragspartner kann andere Personen nicht von der Nutzung ausschließen. Des Weiteren kann er die ihm eingeräumte Rechtsposition nicht auf Dritte übertragen.[260]

Von den Ansätzen, insoweit den Rechtsrahmen für personenbezogene Daten weiterzuentwickeln, ist die gegenwärtige Diskussion um Ausschließlichkeitsrechte an Daten als solchen, an „Rohdaten“ oder „syntaktischen Informationen“ abzugrenzen. Sie wird unabhängig davon geführt, ob gegebenenfalls

---

255 *Specht*, Konsequenzen der Ökonomisierung informationeller Selbstbestimmung, Rn. 327; *Peukert*, ZUM 2000, 710, 715.

256 BVerfG, Beschl. v. 22.08.2006 – 1 BvR 1168/06 (Werbekampagne mit blauem Engel), GRUR 2006, 1049, 1051.

257 *Funke*, Dogmatik und Voraussetzungen der datenschutzrechtlichen Einwilligung im Zivilrecht, S. 73; *Langhanke*, Daten als Leistung, S. 153 f.

258 *Funke*, Dogmatik und Voraussetzungen der datenschutzrechtlichen Einwilligung im Zivilrecht, S. 48; *Zech*, GRUR 2015, 1151, 1154 f. m. w. N. S. auch *Specht*, Konsequenzen der Ökonomisierung informationeller Selbstbestimmung, Rn. 27.

259 *Funke*, Dogmatik und Voraussetzungen der datenschutzrechtlichen Einwilligung im Zivilrecht, S. 72 f.; *Zech*, GRUR 2015, 1151, 1154 f. S. auch *Specht*, Konsequenzen der Ökonomisierung informationeller Selbstbestimmung, passim.

260 S. hierzu *Langhanke*, Daten als Leistung, S. 151, 159; *Specht*, Konsequenzen der Ökonomisierung informationeller Selbstbestimmung, Rn. 259 ff.

Sacheigentum am Speichermedium besteht, Datenschutzrecht einschlägig ist oder Immaterialgüterrechte an Dateninhalten existieren.[261]

Translative Übertragungen von Persönlichkeitsrechten – insbesondere des Rechts auf informationelle Selbstbestimmung – sind nicht möglich.[262] Es handelt sich hierbei um solche Übertragungen, bei denen der Veräußerer ein Recht vollständig auf den Erwerber überträgt. Der Veräußerer gibt seine Rechtsposition auf, der Erwerber tritt in diese ein.[263] Der Persönlichkeitsrechtsträger begäbe sich gerade seiner Selbstbestimmung.[264]

Zu einem anderen Ergebnis kommen jene, die ein dualistisches Konzept verfolgen. Dieses zeichnet sich dadurch aus, dass die vermögenswerten Bestandteile des Persönlichkeitsrechts von dessen ideellen Bestandteilen getrennt werden. Die vermögenswerten Bestandteile des Persönlichkeitsrechts sind vollständig übertragbar.[265] Dieses Konzept liegt dem US-amerikanischen Recht zugrunde, das zwischen dem sogenannten Right of Privacy und dem sogenannten Right

---

261 Instruktiv *Steinrötter*, MMR 2017, 731, 731 f. S. statt vieler auch *Grützmacher*, CR 2016, 485, 485 ff.; *Specht*, CR 2016, 288, 288 ff.; *Zech*, GRUR 2015, 1151, 1151 ff. Die Arbeitsgruppe „Digitaler Neustart", Bericht v. 15.05.2017, S. 88 f. spricht sich gegen die Schaffung eines absoluten Rechts an Daten aus. S. auch *Hugenholtz*, Data Property in the System of Intellectual Property Law, in: Lohsse/Schulze/Staudenmayer, Trading Data in the Digital Economy, S. 75 ff.

262 *Buchner*, Informationelle Selbstbestimmung im Privatrecht, S. 286; *Funke*, Dogmatik und Voraussetzungen der datenschutzrechtlichen Einwilligung im Zivilrecht, S. 44 f.; *Langhanke*, Daten als Leistung, S. 159 f.; *Specht*, Konsequenzen der Ökonomisierung informationeller Selbstbestimmung, Rn. 247, 327, 331. S. auch *Unseld*, GRUR 2011, 982, 985. Obwohl Persönlichkeitsrechte dem Schutz ideeller *und* kommerzieller Interessen dienen, halten manche daran fest, dass Persönlichkeitsrechte nicht bindend übertragen werden können, s. *Peifer*, GRUR 2002, 495, 499; *Schack*, AcP 195 (1995), 594, 594 f. Sie begreifen die fortschreitende Kommerzialisierung als Fehlentwicklung, die die Rechtsordnung nicht abbilden und fördern solle.

263 *Funke*, Dogmatik und Voraussetzungen der datenschutzrechtlichen Einwilligung im Zivilrecht, S. 45; *Langhanke*, Daten als Leistung, S. 156; *Specht*, Konsequenzen der Ökonomisierung informationeller Selbstbestimmung, Rn. 329.

264 *Specht*, Konsequenzen der Ökonomisierung informationeller Selbstbestimmung, Rn. 327.

265 S. *Funke*, Dogmatik und Voraussetzungen der datenschutzrechtlichen Einwilligung im Zivilrecht, S. 50; *Specht*, Konsequenzen der Ökonomisierung informationeller Selbstbestimmung, Rn. 314; *Unseld*, Die Kommerzialisierung personenbezogener Daten, S. 137. In diese Richtung sind zu verstehen *Beuthien*, NJW 2003, 1220, 1220 ff.; *Ladeur*, ZUM 2000, 879, 879 ff.; *Ullmann*, AfP 1999, 209, 209 ff.

of Publicity trennt.[266] Das Right of Privacy schützt die ideellen Bestandteile des Persönlichkeitsrechts. Es ist unübertragbar und unvererblich. Das Right of Publicity schützt hingegen die vermögenswerten Bestandteile des Persönlichkeitsrechts. Das Right of Publicity ist übertragbar und vererblich. Es ermöglicht dem Persönlichkeitsrechtsträger, über die kommerzielle Nutzung seines Persönlichkeitsrechts zu entscheiden.[267]

Fraglich ist bereits, ob es überhaupt sinnvoll ist, eine mit dem US-amerikanischen Recht vergleichbare Trennung der vermögenswerten Bestandteile des Persönlichkeitsrechts von dessen ideellen Bestandteilen anzustreben. Oftmals werden beide Schutzrichtungen des Persönlichkeitsrechts angesprochen sein.[268] Das deutsche Recht ist zudem von einer Verknüpfung der ideellen und vermögenswerten Bestandteile des Persönlichkeitsrechts geprägt.[269] Auch dem Urheberrecht liegt ein monistisches Verständnis – im Gegensatz zum soeben erörterten dualistischen Verständnis – zugrunde.[270] Das urheberrechtlich geschützte Werk lässt sich deutlicher von dessen Urheber abgrenzen als ein Bestandteil eines Persönlichkeitsrechts von dessen Träger. Umso fraglicher ist es, dem Persönlichkeitsrecht ein dualistisches Verständnis zugrunde zu legen.[271] Auch in der Rechtsprechung des Bundesgerichtshofs bildet sich ein monistisches Verständnis des Persönlichkeitsrechts ab. In seinem Marlene-Dietrich-Urteil, in dem der Bundesgerichtshof die vermögenswerten Bestandteile des allgemeinen Persönlichkeitsrechts für vererblich erklärte,[272] betonte

266 *Funke*, Dogmatik und Voraussetzungen der datenschutzrechtlichen Einwilligung im Zivilrecht, S. 50; *Specht*, Konsequenzen der Ökonomisierung informationeller Selbstbestimmung, Rn. 304 ff. m. w. N.; *Unseld*, Die Kommerzialisierung personenbezogener Daten, S. 137.

267 *Specht*, Konsequenzen der Ökonomisierung informationeller Selbstbestimmung, Rn. 306, 309 ff.; *Unseld*, Die Kommerzialisierung personenbezogener Daten, S. 137.

268 *Specht*, Konsequenzen der Ökonomisierung informationeller Selbstbestimmung, Rn. 317. S. auch *Funke*, Dogmatik und Voraussetzungen der datenschutzrechtlichen Einwilligung im Zivilrecht, S. 54; *Unseld*, GRUR 2011, 982, 985 f.

269 *Buchner*, Informationelle Selbstbestimmung im Privatrecht, S. 214 f. m. w. N.; *Funke*, Dogmatik und Voraussetzungen der datenschutzrechtlichen Einwilligung im Zivilrecht, S. 54.

270 *Funke*, Dogmatik und Voraussetzungen der datenschutzrechtlichen Einwilligung im Zivilrecht, S. 54; *Specht*, Konsequenzen der Ökonomisierung informationeller Selbstbestimmung, Rn. 318. S. auch *Unseld*, GRUR 2011, 982, 986.

271 *Specht*, Konsequenzen der Ökonomisierung informationeller Selbstbestimmung, Rn. 318.

272 BGH, Urt. v. 01.12.1999 – I ZR 49/97 (Marlene Dietrich), BGHZ 143, 214, 226 = GRUR 2000, 709, 712 ff.

das Gericht die fortbestehende Verbindung zwischen ideellen und vermögenswerten Bestandteilen des allgemeinen Persönlichkeitsrechts, auch wenn letztere vererbt werden.[273]

Schließlich wird vorgeschlagen, mithilfe konstitutiver Übertragungen über Persönlichkeitsrechte zu disponieren.[274] Durch konstitutive Übertragungen wird lediglich ein Teilrecht, ein sogenanntes Tochterrecht, übertragen. Das sogenannte Mutterrecht steht weiterhin dem Veräußerer zu. Dieser verliert seine Rechtszuständigkeit insoweit nicht.[275] Unter Bezugnahme auf das Urheberrecht wird zwischen der Einräumung einfacher und ausschließlicher Nutzungsrechte differenziert.[276] Dem Inhaber eines einfachen Nutzungsrechts steht gemäß § 31 Abs. 2 UrhG ein positives Nutzungsrecht zu. Ein negatives Verbotsrecht hat er hingegen nicht. Er kann Dritten keine Nutzungsrechte einräumen.[277] Um das Nutzungsrecht zu übertragen, ist gemäß § 34 Abs. 1 S. 1 UrhG außerdem die Zustimmung des Urhebers erforderlich.

Der Einräumung einfacher Nutzungsrechte steht Art. 1 Abs. 1 GG zwar nicht entgegen. Jene Vorteile, die aus der Möglichkeit bindender Übertragungen resultieren sollen, gehen mit der Einräumung einfacher Nutzungsrechte aber gerade nicht einher. Der Inhaber eines einfachen Nutzungsrechts kann andere nicht von der Nutzung ausschließen. Des Weiteren kann er weder Nutzungsrechte einräumen noch das Nutzungsrecht ohne Zustimmung des Inhabers des Mutterrechts übertragen.[278]

Etwas anderes gilt, wenn es möglich ist, ausschließliche Nutzungsrechte einzuräumen. Der Inhaber eines ausschließlichen Nutzungsrechts hat gemäß § 31 Abs. 3 S. 1 UrhG sowohl ein positives Nutzungs- als auch ein negatives

---

273 BGH, Urt. v. 01.12.1999 – I ZR 49/97 (Marlene Dietrich), BGHZ 143, 214, 226 f. = GRUR 2000, 709, 714. S. auch *Funke*, Dogmatik und Voraussetzungen der datenschutzrechtlichen Einwilligung im Zivilrecht, S. 53; *Specht*, Konsequenzen der Ökonomisierung informationeller Selbstbestimmung, Rn. 318.

274 S. hierzu z. B. *Langhanke*, Daten als Leistung, S. 156 f.; *Specht*, Konsequenzen der Ökonomisierung informationeller Selbstbestimmung, Rn. 329 ff.

275 *Funke*, Dogmatik und Voraussetzungen der datenschutzrechtlichen Einwilligung im Zivilrecht, S. 44 f.; *Langhanke*, Daten als Leistung, S. 156; *Specht*, Konsequenzen der Ökonomisierung informationeller Selbstbestimmung, Rn. 329.

276 *Langhanke*, Daten als Leistung, S. 160; *Specht*, Konsequenzen der Ökonomisierung informationeller Selbstbestimmung, Rn. 330.

277 *Langhanke*, Daten als Leistung, S. 160; *Specht*, Konsequenzen der Ökonomisierung informationeller Selbstbestimmung, Rn. 330. S. auch *Soppe*, in: Ahlberg/Götting, Beck'scher OK UrhG, § 31 Rn. 65 (Stand: 04.06.2018).

278 *Langhanke*, Daten als Leistung, S. 160 f.; *Specht*, Konsequenzen der Ökonomisierung informationeller Selbstbestimmung, Rn. 333 f.

Verbotsrecht.[279] Zwar kann der Inhaber eines ausschließlichen Nutzungsrechts weitere Nutzungsrechte einräumen, allerdings ist hierfür regelmäßig gemäß § 35 Abs. 1 S. 1 UrhG die Zustimmung des Urhebers erforderlich. Dies gilt – wie bei der Einräumung einfacher Nutzungsrechte – gemäß § 34 Abs. 1 UrhG auch für die Übertragung von Nutzungsrechten. Durch die Einräumung eines ausschließlichen Nutzungsrechts hat dessen Inhaber also die Möglichkeit, Dritte von der Nutzung auszuschließen und weitere Nutzungsrechte einzuräumen oder sein Nutzungsrecht zu übertragen – wenn auch nur mit Zustimmung des Inhabers des Mutterrechts.

Die Einräumung eines ausschließlichen Nutzungsrechts gerät aber mit Art. 1 Abs. 1 GG in Konflikt. Das positive Nutzungs- und negative Verbotsrecht des Inhabers eines ausschließlichen Nutzungsrechts unterwirft die vermögenswerten Bestandteile des Persönlichkeitsrechts ebenso der Willensbildung einer anderen Person, wie dies bei einer translativen Übertragung der Fall ist.[280] Im Anwendungsbereich des Rechts auf informationelle Selbstbestimmung steht der Einräumung eines ausschließlichen Nutzungsrechts des Weiteren entgegen, dass die betroffene Person, also der Inhaber des Mutterrechts, bereits rein tatsächlich nicht darauf verzichten kann, seine personenbezogenen Daten zu nutzen.[281] Auch wenn dem Inhaber des Mutterrechts die Nutzung vorbehalten werden kann (§ 31 Abs. 3 S. 2 UrhG), liegt es angesichts der Vielzahl an Leistungen, denen das in dieser Arbeit betrachtete Geschäftsmodell zugrunde liegt, auch gerade nicht im Interesse des Inhabers des Mutterrechts, dass er einem Betreiber eines datengetriebenen Geschäftsmodells ein ausschließliches Nutzungsrecht einräumt. Der Inhaber des Mutterrechts begibt sich dann der Möglichkeit, auch andere Leistungen, denen das skizzierte Geschäftsmodell zugrunde liegt, in Anspruch nehmen zu können.[282]

Im Hinblick auf das Geschäftsmodell „Personenbezogene Daten als Entgelt" treten die genannten Diskussionsansätze somit in den Hintergrund. Bevor weitere

---

279 *Langhanke*, Daten als Leistung, S. 160 f.; *Specht*, Konsequenzen der Ökonomisierung informationeller Selbstbestimmung, Rn. 330. S. auch *Soppe*, in: Ahlberg/Götting, Beck'scher OK UrhG, § 31 Rn. 66 f. (Stand: 04.06.2018); *Schulze*, in: Dreier/Schulze, UrhG, § 31 Rn. 56 ff.

280 *Buchner*, Informationelle Selbstbestimmung im Privatrecht, S. 288; *Langhanke*, Daten als Leistung, S. 161; *Specht*, Konsequenzen der Ökonomisierung informationeller Selbstbestimmung, Rn. 332. A. A. *Unseld*, GRUR 2011, 982, 987.

281 *Buchner*, Informationelle Selbstbestimmung im Privatrecht, S. 288; *Specht*, Konsequenzen der Ökonomisierung informationeller Selbstbestimmung, Rn. 331. S. auch *Langhanke*, Daten als Leistung, S. 161.

282 *Langhanke*, Daten als Leistung, S. 161 f.

Ansätze verfolgt werden, die eine eigentumsrechtliche Ausgestaltung vorschlagen,[283] ist vielmehr zunächst das Vertragsrecht, insbesondere die Ausgestaltung eines interessengerechten Datenschuldrechts, in den Vordergrund zu stellen.[284]

2. Zwischenergebnis

Die soeben betrachteten Ansätze weisen bereits nicht jene Charakteristika auf, die gerade Anlass dazu geben, über bindende Dispositionsmöglichkeiten nachzudenken.[285] Die konstitutive Übertragung von Persönlichkeitsrechten in Form der Einräumung eines einfachen Nutzungsrechts leistet bezüglich der vorgebrachten Defizite der bereits zur Verfügung stehenden Dispositionsmöglichkeiten keine Abhilfe. Gerade im Anwendungsbereich des Rechts auf informationelle Selbstbestimmung zeichnet sich ab, dass die Möglichkeit, durch widerrufliche Einwilligung und schuldrechtliche Vereinbarungen über Persönlichkeitsrechte zu disponieren, die Interessenlage der betroffenen Person abbildet.

IV. Ergebnis

Das zivilrechtliche allgemeine Persönlichkeitsrecht schützt sowohl ideelle als auch kommerzielle Interessen. Lediglich diejenigen Bestandteile des allgemeinen Persönlichkeitsrechts, die dem Schutz ideeller Interessen dienen, sind unübertragbar und unveräußerlich. Der Bundesgerichtshof erklärte die vermögenswerten Bestandteile des allgemeinen Persönlichkeitsrechts mittlerweile für vererblich. Die Frage, ob diese auch unter Lebenden übertragbar sind, konnte er bisher unbeantwortet lassen; er verschließt sich dieser Frage allerdings auch nicht. Soweit die verfassungsrechtlichen Grenzen beachtet werden, ist auch das Recht auf informationelle Selbstbestimmung der Kommerzialisierung zugänglich.

Die Diskussion, welche Dispositionsmöglichkeiten über Persönlichkeitsrechte zur Verfügung stehen, wurzelt darin, dass Persönlichkeitsrechte zunächst dem Schutz ideeller Interessen dienen. Persönlichkeitsrechte dürfen nicht dem

---

283 S. z. B. *Fezer*, MMR 2017, 3, 3 ff., der das Fundament eines „immaterialgüterrechtlichen Eigentumsrechts an verhaltensgenerierten Personendaten der Nutzer als Datenproduzenten" beschreibt.

284 S. auch *Langhanke*, Daten als Leistung, S. 161 f.; Arbeitsgruppe „Digitaler Neustart", Bericht v. 15.05.2017, S. 92 f.

285 S. auch *Funke*, Dogmatik und Voraussetzungen der datenschutzrechtlichen Einwilligung im Zivilrecht, S. 66; *Specht*, Konsequenzen der Ökonomisierung informationeller Selbstbestimmung, Rn. 271.

Willen einer anderen Person als jener des Persönlichkeitsrechtsträgers unterworfen werden. Dies verbietet Art. 1 Abs. 1 GG.

Einigkeit besteht darüber, dass Persönlichkeitsrechte mithilfe einer widerruflichen Einwilligung und durch schuldrechtliche Rechtsgeschäfte wirtschaftlich verwertet werden können. Gerade im Anwendungsbereich des Rechts auf informationelle Selbstbestimmung kann hierauf aufgebaut werden. Dieses Ergebnis dient als Grundlage, im Folgenden ein Geschäftsmodell zu untersuchen, das auf der Erteilung der datenschutzrechtlichen Einwilligung basiert, die – dies wird sogleich eingehend betrachtet – Gegenstand eines schuldrechtlichen Vertrags ist.

4. Kapitel: Das Schuldvertragsrecht des BGB und das Geschäftsmodell „Personenbezogene Daten als Entgelt“

„Daten als Währung im Web“[286], „Datum[] als Leistungswährung und somit Entgeltsurrogat“[287], „Daten als kommerzielles Gut[, die] die Gegenleistung darstellen“[288], „Hingabe von Daten [...] [als] eine[] Art Ersatzwährung“[289]: Die Anzahl an bildhaften Umschreibungen, die sich um den dieser Arbeit zugrunde liegenden Untersuchungsgegenstand ranken, scheint unbegrenzt. An dieser Stelle werden ebendiese bildhaften Umschreibungen an rechtlichen Kriterien gemessen.

Zunächst wird untersucht, ob personenbezogene Daten als Währung oder Geld zu qualifizieren sind. Im Mittelpunkt steht sodann der Begriff der Leistung im Sinne des § 241 Abs. 1 BGB und der Begriff des Entgelts im Sinne des Schuldvertragsrechts des BGB. Es wird die Frage beantwortet, ob jene Angebote, für deren Inanspruchnahme keine monetäre Gegenleistung zu erbringen ist, sondern eine datenschutzrechtliche Einwilligung zu erteilen ist, als entgeltlich oder unentgeltlich zu qualifizieren sind. Exemplarisch wird das Nutzungsverhältnis bei sozialen Netzwerken betrachtet.

A. Personenbezogene Daten als Währung oder Geld?

Dass die Umschreibung „Daten als Währung im Web“[290] lediglich bildlich zu verstehen ist, liegt auf der Hand. Vereinzelt wird jedoch bereits zum gegenwärtigen Zeitpunkt die Frage aufgeworfen, ob es noch von Bedeutung sein kann, ob Euro, Dollar, Bitcoins oder Daten als Gegenleistung fungieren.[291] Daher wird

286 *Wintermeier*, ZD 2012, 210, 212.
287 *Wintermeier*, ZD 2012, 210, 211.
288 *Bräutigam*, MMR 2012, 635, 635.
289 *Brönneke/Schmidt*, VuR 2014, 3, 3.
290 *Wintermeier*, ZD 2012, 210, 212.
291 So *Dietsch*, MwStR 2017, 868, 874. Ähnlich *Druschel*, Die Behandlung digitaler Inhalte im Gemeinsamen Europäischen Kaufrecht, S. 86. Auch *Schmidt-Kessel*, K&R 2014, 475, 479 stellt sich die Frage, ob personenbezogene Daten als Geld qualifiziert werden können und ob die „gewöhnlichen Vertragstypen“ anwendbar sind.

an dieser Stelle in der gebotenen Kürze betrachtet, wie sich personenbezogene Daten zu den Begriffen „Währung“ und „Geld“ verhalten.

I. Personenbezogene Daten als Währung?

Hinter dem Begriff der Währung verbirgt sich die Geldverfassung eines Staats oder jene mehrerer Staaten, die sich zu einem gemeinsamen Währungsraum zusammengeschlossen haben.[292] Auf personenbezogene Daten trifft dies (offensichtlich) nicht zu.

II. Personenbezogene Daten als Geld?

Geld dient aus wirtschaftswissenschaftlicher Sicht als allgemeines Tausch- und Zahlungsmittel, als Wertaufbewahrungsmittel sowie als Rechnungseinheit. Diese Funktionen sind charakteristisch.[293]

Es ist zwischen dem wirtschaftlichen und dem juristischen Geldbegriff zu unterscheiden.[294] Letzterer ist relativ und verlangt eine normspezifische Auslegung.[295] Gleichwohl orientiert sich der juristische Geldbegriff an den aus wirtschaftswissenschaftlicher Sicht für Geld charakteristischen Funktionen.[296] Als Tausch- und Zahlungsmittel wird Geld von allen Vertragspartnern akzeptiert. Als Wertaufbewahrungsmittel verkörpert Geld dauerhaft einen Wert. Als Rechnungseinheit schließlich fungiert Geld als Bezugsgröße. Wert und Preis einer Ware, einer Dienstleistung oder sonstigem können auf diese Weise bemessen werden.[297]

Personenbezogene Daten können als Tausch- und Zahlungsmittel dienen.[298] Es handelt sich bei ihnen gegenwärtig jedoch nicht um ein solches allgemeines Tausch- und Zahlungsmittel, das von allen Vertragspartnern akzeptiert wird.[299] Gegen die Funktion personenbezogener Daten als Wertaufbewahrungsmittel spricht, dass für den Verantwortlichen in der Regel aktuelle personenbezogene

---

292 *Omlor*, in: v. Staudinger, BGB, Vorb. zu §§ 244 Rn. A193. S. auch *Hahn/Häde*, Währungsrecht, § 2 Rn. 1 ff.

293 S. ausführlich *Hahn/Häde*, Währungsrecht, § 1 Rn. 34 ff. m. w. N.; *Schlichting*, Inkohärenzen im Geldschuldrecht, S. 70 ff.

294 *Hahn/Häde*, Währungsrecht, § 1 Rn. 34 ff., § 3. S. zum juristischen Geldbegriff *Hahn/Häde*, Währungsrecht, § 3; *Schlichting*, Inkohärenzen im Geldschuldrecht, S. 11 ff.

295 *Hahn/Häde*, Währungsrecht, § 3 Rn. 6 ff. m. w. N.

296 *Hahn/Häde*, Währungsrecht, § 3 Rn. 10; *Schlichting*, Inkohärenzen im Geldschuldrecht, S. 67, 81 ff.

297 *Hahn/Häde*, Währungsrecht, § 1 Rn. 35 ff.

298 *Körber*, ZUM 2017, 93, 96.

299 *Schmidt-Kessel*, K&R 2014, 475, 479.

Daten von besonderem Interesse sind und der Wert eines personenbezogenen Datums mit fortschreitender Zeit fallen kann.[300] Vor allem aber dienen personenbezogene Daten gegenwärtig nicht als Bezugsgröße. Es wird gerade um eine Methode gerungen, mit deren Hilfe der Wert personenbezogener Daten gemessen werden kann.[301] Der Einzelne kann den Wert seiner personenbezogenen Daten schwerlich beziffern.[302] Solange keine allgemein anerkannte und gleichermaßen verbindliche Methode festgelegt wird, kann einem personenbezogenen Datum nicht zuletzt von verschiedener Seite ein unterschiedlicher Wert beigemessen werden. Personenbezogene Daten können somit nicht als Rechnungseinheit fungieren. Unter Berücksichtigung des status quo sind personenbezogene Daten nicht als Geld zu qualifizieren.[303]

Die „*Kommerzialisierung* [Hervorh. im Original] der Lebenswelt“[304] ist mit der Entstehung des Gelds verknüpft. Sie schreitet noch immer voran.[305] Es ist nicht ausgeschlossen, dass die soeben untersuchte Fragestellung in der Zukunft zu einem anderen Ergebnis führt. Zum gegenwärtigen Zeitpunkt – und in absehbarer Zukunft – ist es verfehlt, jedenfalls aber verfrüht, zu verneinen, dass es einen Unterschied macht, ob Euro, Dollar, Bitcoins oder Daten als Gegenleistung fungieren.

III. Ergebnis

Der Ausdruck „Daten als Währung im Web“[306] ist lediglich bildlich zu verstehen. Es handelt sich bei personenbezogenen Daten nicht um eine Währung. Personenbezogene Daten sind auch nicht als Geld zu qualifizieren. Im Hinblick auf die aus wirtschaftswissenschaftlicher Sicht für Geld charakteristischen Funktionen

---

300 *Körber*, ZUM 2017, 93, 96.

301 S. 2. Kapitel, B.

302 *Schweitzer*, Neue Machtlagen in der digitalen Welt? Das Beispiel unentgeltlicher Leistungen, in: Körber/Kühling, Regulierung – Wettbewerb – Innovation, S. 276; *Schweitzer*, Daten als neue Währung?, FAZ v. 24.02.2017, S. 18. S. auch *Körber*, ZUM 2017, 93, 96.

303 Im Ergebnis so auch *Schweitzer*, Daten als neue Währung?, FAZ v. 24.02.2017, S. 18. S. auch *Schmidt-Kessel*, K&R 2014, 475, 479, der die Schaffung eines Datenschuldrechts fordert; Europäischer Datenschutzbeauftragter, Stellungnahme 4/2017 zu dem Vorschlag für eine Richtlinie über bestimmte vertragsrechtliche Aspekte der Bereitstellung digitaler Inhalte, S. 9 ff.

304 *Ernst*, Geld, in: Ebner et al., JBTh XXI, S. 16.

305 *Ernst*, Geld, in: Ebner et al., JBTh XXI, S. 16.

306 *Wintermeier*, ZD 2012, 210, 212.

zeigen die Funktion von Geld als Wertaufbewahrungsmittel und als Rechnungseinheit diesem Versuch seine Grenzen auf.

Körber versteht die Beschreibung von Daten als „‚Währung des Internets'"[307] dahingehend, dass in der datengetriebenen Wirtschaft Leistungen nicht verschenkt werden.[308] Die Feststellung, dass es sich bei personenbezogenen Daten weder um eine Währung noch um Geld handelt, bedeutet in der Tat nicht, dass die Erklärung der datenschutzrechtlichen Einwilligung nicht gleichwohl ein Entgelt im Sinne des Schuldvertragsrechts des BGB ist. Dies gilt es nun eingehend zu analysieren.

B. Leistungsgegenstand

Bevor sogleich der Schwerpunkt der Untersuchung auf der Auseinandersetzung mit dem Begriff des Entgelts im Sinne des Schuldvertragsrechts des BGB und den sich hieran anknüpfenden Fragestellungen liegt, ist zunächst zu beurteilen, ob das Geschäftsmodell „Personenbezogene Daten als Entgelt" überhaupt auf einer tauglichen (Gegen-)Leistung basiert. Hierzu ist herauszuarbeiten, was unter dem Begriff der Leistung im Sinne des § 241 Abs. 1 BGB zu verstehen ist.

I. Begriff des Schuldverhältnisses im Sinne des § 241 Abs. 1 BGB

Gemäß § 241 Abs. 1 S. 1 BGB kann der Gläubiger aufgrund des Schuldverhältnisses von dem Schuldner eine Leistung fordern. Zwar ist in § 241 Abs. 1 S. 1 BGB das Schuldverhältnis nicht definiert. Es wird jedoch dessen Wirkungsweise benannt.[309] Auch der Begriff der Leistung ist von zentraler Bedeutung. Aus diesem Grund wird sich dem Begriff der Leistung über den Begriff des Schuldverhältnisses im Sinne des § 241 Abs. 1 BGB genähert.

Die Erarbeitung einer Definition des Schuldverhältnisses überantwortete der historische Gesetzgeber bewusst der Rechtswissenschaft.[310] Aus den Vorlagen der Redaktoren für die erste Kommission zur Ausarbeitung des Entwurfs eines Bürgerlichen Gesetzbuchs als auch aus den sogenannten Motiven geht jedoch hervor, dass der Begriff des Schuldverhältnisses als Äquivalent der

---

307 *Körber*, ZUM 2017, 93, 95.

308 *Körber*, ZUM 2017, 93, 95.

309 *Bachmann*, in: Säcker et al., MüKo BGB, § 241 Rn. 1; *Olzen*, in: v. Staudinger, BGB, § 241 Rn. 1.

310 *Mugdan*, Materialien II, S. 1. S. auch *Bachmann*, in: Säcker et al., MüKo BGB, § 241 Rn. 1, 4; *Olzen*, in: v. Staudinger, BGB, § 241 Rn. 1; *Windscheid/Kipp*, Lehrbuch des Pandektenrechts II – Vergleich, S. 7.

deutschen Sprache für den römischen Begriff der obligatio fungiere.[311] Der Begriff der obligatio erfasse sowohl Forderung und Verbindlichkeit als solche als auch das Gesamtrechtsverhältnis. In der Tradition dieses zuletzt genannten, weiten Verständnisses wollte der historische Gesetzgeber den Begriff des Schuldverhältnisses verstanden wissen.[312] Dies erklärt, dass gemeinhin zwischen dem Schuldverhältnis im engeren Sinne und dem Schuldverhältnis im weiteren Sinne differenziert wird. Das Schuldverhältnis im engeren Sinne bezeichnet die einzelne Leistungsbeziehung, das Schuldverhältnis im weiteren Sinne das Gesamtrechtsverhältnis, also die Gesamtheit der Rechtsbeziehungen zwischen Gläubiger und Schuldner.[313]

Das Recht der Schuldverhältnisse, das sich von §§ 241–853 BGB erstreckt, enthält zunächst eine detaillierte Vertragsordnung und gibt dem rechtsgeschäftlichen Verkehr somit einen Rahmen.[314] Durch die §§ 812–822 BGB bezweckt das Schuldrecht den Ausgleich ungerechtfertigter Vermögensverschiebungen.[315] Schließlich dient das Schuldrecht mit den §§ 823–853 BGB dem Schadensausgleich bei unerlaubter Handlung.[316] Hieran anknüpfend können Schuldverhältnisse rechtsgeschäftlicher oder gesetzlicher Art sein.[317] Für den Fortgang der Untersuchung interessieren jene Schuldverhältnisse, die auf einem Vertrag beruhen. Diese prägt der Grundsatz der Vertragsfreiheit.[318]

Der Grundsatz der Vertragsfreiheit beruht auf Art. 2 Abs. 1 GG.[319] Der Vertragsfreiheit unterfallen – unter Berücksichtigung der existierenden

311 *Mugdan*, Materialien II, S. 1; *v. Kübel*, in: Schubert, Vorlagen der Redaktoren, Recht der Schuldverhältnisse I, S. 3 Fn. 1. S. auch *Planck*, Bürgerliches Gesetzbuch, S. 3.

312 *v. Kübel*, in: Schubert, Vorlagen der Redaktoren, Recht der Schuldverhältnisse I, S. 3 Fn. 1. S. auch *Olzen*, in: v. Staudinger, BGB, § 241 Rn. 4.

313 S. statt vieler *Sutschet*, in: Bamberger et al., Beck'scher OK BGB, § 241 Rn. 3 (Stand: 01.05.2018); *Mansel*, in: Jauernig, BGB, § 241 Rn. 1 f.; *Bachmann*, in: Säcker et al., MüKo BGB, § 241 Rn. 4.

314 *Mansel*, in: Jauernig, BGB, Vorb. zu §§ 241–292 Rn. 1 f.

315 *v. Sachsen Gessaphe*, in: Dauner-Lieb/Langen, BGB, Vorb. zu §§ 812 ff. Rn. 1; *Mansel*, in: Jauernig, BGB, Vorb. zu §§ 241–292 Rn. 4; *Schulze/Wiese*, in: Schulze, BGB, Vorb. zu §§ 812–822 Rn. 1.

316 *Förster*, in: Bamberger et al., Beck'scher OK BGB, § 823 Rn. 7 (Stand: 01.05.2018); *Mansel*, in: Jauernig, BGB, Vorb. zu §§ 241–292 Rn. 2 f.

317 *Mansel*, in: Jauernig, BGB, § 241 Rn. 3; *Bachmann*, in: Säcker et al., MüKo BGB, § 241 Rn. 3.

318 *Stadler*, in: Jauernig, BGB, § 311 Rn. 1 ff.; *Busche*, in: Säcker et al., MüKo BGB, Vorb. § 145 Rn. 2 ff.; *Schulze*, in: Schulze, BGB, Vorb. zu §§ 311–319 Rn. 6.

319 *Lang*, in: Epping/Hillgruber, Beck'scher OK GG, Art. 2 Rn. 5a (Stand: 15.05.2018); *Stadler*, in: Jauernig, BGB, § 311 Rn. 2; *Di Fabio*, in: Maunz/Dürig, GG, Art. 2 Abs. 1

Schranken – die sogenannte Abschluss- und die sogenannte Gestaltungsfreiheit. Der Einzelne entscheidet, ob er einen Vertrag abschließt. Die Vertragsparteien bestimmen auch über den Inhalt des Vertrags, insbesondere über den Leistungsgegenstand.[320] Im Schuldrecht existiert kein Typenzwang[321] – anders als beispielsweise im Sachenrecht.[322] Dies bedeutet, dass es keinen numerus clausus vertraglicher Schuldverhältnisse gibt.[323] Es können also auch solche Schuldverträge geschlossen werden, die keinem gesetzlich geregelten Vertragstypen entsprechen.[324] Schranken sind insbesondere die §§ 134, 138 BGB.[325]

II. Begriff der Leistung im Sinne des § 241 Abs. 1 BGB

An diese Feststellungen wird nun im Rahmen der Untersuchung des Begriffs der Leistung im Sinne des § 241 Abs. 1 BGB angeknüpft.

1. Weites Begriffsverständnis

Der Vorschrift des § 241 Abs. 1 BGB kann lediglich entnommen werden, dass die Leistung auch in einem Unterlassen liegen kann. Eine nähere Beschreibung des Leistungsbegriffs findet sich in § 241 Abs. 1 BGB nicht.[326]

In seinem Lehrbuch des Pandektenrechts aus dem Jahr 1891 beschrieb *Windscheid* einen vielfältigen Leistungsbegriff (positive/negative Leistung, vorübergehende/dauernde Leistung, einfache/zusammengesetzte Leistung). Die größte Bedeutung werde jenen Leistungen zuteil, die auf ein positives Tun gerichtet sind. Neben der Eigentumsverschaffung nannte *Windscheid* die „Verschaffung irgend eines andern Rechts, Befreiung von einer dinglichen oder obligatorischen

---

Rn. 19; *Busche*, in: Säcker et al., MüKo BGB, Vorb. § 145 Rn. 3; *Schulze*, in: Schulze, BGB, Vorb. zu §§ 311–319 Rn. 6.

320 *Stadler*, in: Jauernig, BGB, § 311 Rn. 2 ff.; *Busche*, in: Säcker et al., MüKo BGB, Vorb. § 145 Rn. 2, 10 ff.; *Schulze*, in: Schulze, BGB, Vorb. zu §§ 311–319 Rn. 6.

321 *Stadler*, in: Jauernig, BGB, § 311 Rn. 5; *Busche*, in: Säcker et al., MüKo BGB, Vorb. § 145 Rn. 24; *Schulze*, in: Schulze, BGB, Vorb. zu §§ 311–319 Rn. 6.

322 *Busche*, in: Säcker et al., MüKo BGB, Vorb. § 145 Rn. 24.

323 *Mansel*, in: Jauernig, BGB, Vorb. zu §§ 241–292 Rn. 2; *Busche*, in: Säcker et al., MüKo BGB, Vorb. § 145 Rn. 24.

324 *Busche*, in: Säcker et al., MüKo BGB, Vorb. § 145 Rn. 24; *Schulze*, in: Schulze, BGB, Vorb. zu §§ 311–319 Rn. 6.

325 *Mansel*, in: Jauernig, BGB, Vorb. zu §§ 145–157 Rn. 15, Vorb. zu §§ 241–292 Rn. 2; *Busche*, in: Säcker et al., MüKo BGB, Vorb. § 145 Rn. 25.

326 *Mansel*, in: Jauernig, BGB, § 241 Rn. 7; *Bachmann*, in: Säcker et al., MüKo BGB, § 241 Rn. 17; *Olzen*, in: v. Staudinger, BGB, § 241 Rn. 1.

Last, Hingabe einer Sache zum bloß factischen Haben oder zum Gebrauch oder zur Benützung, irgend eine andere Thätigkeit"[327].

Dem Begriff der Leistung stellte *Dernburg* noch im Jahr 1903 jenes Verständnis vom Inhalt einer Obligation gegenüber, das im Römischen Reich zu finden war. Dort habe man sich der Begriffe „dare", „facere" und „praestare" bedient. Die Übereignung körperlicher Sachen und die Bestellung dinglicher Rechte an solchen fielen unter den Begriff „dare". „Facere" diente als Auffangtatbestand und erfasste alle sonstigen Handlungen hinsichtlich körperlicher Sachen. Unter den Begriff „praestare" wurden unter anderem bestimmte Dienste zusammengefasst, wobei eine strenge Differenzierung zum Begriff „facere" unterblieb.[328]

Kuhlenbeck betonte ausdrücklich die Fortgeltung dieser begrifflichen Prägung, wobei „dare" das „Verschaffen des Rechts an einer Sache"[329] umfasse, „facere" „irgend welches positives Thun"[330] und „praestare" das „Einstehen dafür, dass etwas geschieht oder nicht geschieht"[331].

Der Begriff der Leistung steht – wie bereits erwähnt – in einem engen systematischen und teleologischen Zusammenhang zum Begriff des Schuldverhältnisses, denn gerade aufgrund des Schuldverhältnisses kann der Gläubiger vom Schuldner eine Leistung fordern. Schuldverhältnisse, die auf einem Vertrag beruhen, werden durch die Vertragsfreiheit geprägt, insbesondere durch die Gestaltungsfreiheit. Die Vertragsfreiheit verlangt somit nach einem Begriff der Leistung, der denkbar weit zu verstehen ist. Auch unter systematischen und teleologischen Gesichtspunkten gilt das weite Begriffsverständnis fort.

Es kann ein Verhalten oder ein Erfolg geschuldet sein.[332] Inhalt der Leistung kann ein positives Tun und/oder ein Unterlassen sein,[333] ein tatsächliches oder rechtsgeschäftliches Verhalten.[334] Insbesondere der Begriff des positiven Tuns

---

327 *Windscheid*, Lehrbuch des Pandektenrechts II, S. 8. S. insgesamt *Windscheid*, Lehrbuch des Pandektenrechts II, S. 8 f.

328 *Dernburg*, Pandekten II, S. 66 f.

329 *Kuhlenbeck*, Von den Pandekten zum BGB II, S. 5.

330 *Kuhlenbeck*, Von den Pandekten zum BGB II, S. 5.

331 *Kuhlenbeck*, Von den Pandekten zum BGB II, S. 5.

332 *Bachmann*, in: Säcker et al., MüKo BGB, § 241 Rn. 18. S. auch *Olzen*, in: v. Staudinger, BGB, § 241 Rn. 135.

333 *Sutschet*, in: Bamberger et al., Beck'scher OK BGB, § 241 Rn. 33 (Stand: 01.05.2018); *Mansel*, in: Jauernig, BGB, § 241 Rn. 7 f.; *Bachmann*, in: Säcker et al., MüKo BGB, § 241 Rn. 19.

334 *Mansel*, in: Jauernig, BGB, § 241 Rn. 7 f. *Olzen*, in: v. Staudinger, BGB, § 241 Rn. 133 benennt explizit die Einwilligung als tatbestandsmäßige Leistung.

ist äußerst weit zu verstehen („Verschaffen, Hingeben, Befreien oder irgendeine andere Tätigkeit“[335]). Das Unterlassen umfasst auch das Dulden.[336] Letztlich wird der Parteivereinbarung, der ergänzenden Vertragsauslegung und dem (dispositiven) Gesetzesrecht große Bedeutung zuteil. Die im BGB normierten verschiedenen Vertragsarten zeichnen sich dadurch aus, dass sie die Leistung näher benennen.[337]

2. *Kein Erfordernis eines Vermögenswerts der Leistung*

Hiermit steht die Feststellung in Einklang, dass der Leistung kein Erfordernis eines Vermögenswerts innewohnt.[338] Zur Entstehungszeit des BGB wurde hierüber gestritten. Diese Fragestellung war somit auch für die Auslegung des 1900 in Kraft getretenen BGB von Bedeutung.[339]

Aufgrund der bisherigen Ausführungen in dieser Arbeit steht nicht in Frage, dass die Möglichkeit, personenbezogene Daten umfassend zu verarbeiten, einen Vermögenswert verkörpert. Vor diesem Hintergrund würde auch das Erfordernis eines Vermögenswerts der Leistung der Qualifikation der Erklärung der datenschutzrechtlichen Einwilligung als Leistungsgegenstand nicht entgegenstehen. Die damalige Diskussion um das Erfordernis eines Vermögenswerts der Leistung verdeutlicht jedoch noch einmal eindrücklich, an welchen Kriterien eine taugliche Leistung letztlich zu messen ist.

Für *Dernburg* waren Obligationen Rechtsverhältnisse, in deren Rahmen der Schuldner an den Gläubiger eine „vermögenswerte[] Leistung“[340] erbringt.[341] Zwar müsse kein direkter Vermögenszuwachs beim Leistungsempfänger eintreten, die Leistung müsse im Verkehr jedoch im Austausch gegen Geld zu erhalten sein.[342] Strenger als *Dernburg* verlangte *Neuner* noch, dass die Leistung einen Vermögenswert für den Gläubiger habe.[343] *Dernburg* übertrug das Erfordernis

335 *Bachmann*, in: Säcker et al., MüKo BGB, § 241 Rn. 19.

336 *Mansel*, in: Jauernig, BGB, § 241 Rn. 8; *Bachmann*, in: Säcker et al., MüKo BGB, § 241 Rn. 19. S. auch *Mugdan*, Materialien II, S. 3 (1*).

337 *Bachmann*, in: Säcker et al., MüKo BGB, § 241 Rn. 17.

338 S. an dieser Stelle nur *Mansel*, in: Jauernig, BGB, § 241 Rn. 7; *Bachmann*, in: Säcker et al., MüKo BGB, § 241 Rn. 1, 6; *Olzen*, in: v. Staudinger, BGB, § 241 Rn. 13 ff.

339 S. auch *Olzen*, in: v. Staudinger, BGB, § 241 Rn. 13 ff.

340 *Dernburg*, Pandekten II, S. 1.

341 *Dernburg*, Pandekten II, S. 1 f. S. auch *Windscheid*, Lehrbuch des Pandektenrechts II, S. 3 Fn. 3 für weitere Nachweise.

342 *Dernburg*, Pandekten II, S. 50 f.

343 *Neuner*, Wesen und Arten der Privatrechtsverhältnisse, S. 64.

eines Vermögenswerts der Leistung ausdrücklich auf das BGB.[344] Er wurde maßgeblich von der Erwägung geleitet, dass das Erfordernis eines Vermögenswerts der Leistung notwendig sei, um eine Verbindlichkeit, die auf dem Klageweg geltend gemacht werden kann, von einer „bloß ethische[n] Pflicht oder gar nur Höflichkeit“[345] abgrenzen zu können.[346]

Vermehrt wurde das Erfordernis eines Vermögenswerts der Leistung jedoch auch verneint.[347] Ein solcher liege zwar regelmäßig vor, er sei aber keinesfalls zwingend.[348] Die Behauptung, dass die Leistung einen Vermögenswert haben müsse, beruhe insbesondere auf dem aufgegebenen Prinzip der Geldkondemnation und sei deshalb überkommen.[349] Die Gegner des Erfordernisses eines Vermögenswerts der Leistung einte mehrheitlich die Überlegung, dass vielmehr entscheidend sei, ob der Gläubiger ein nach objektiven Kriterien zu beurteilendes berechtigtes Interesse verfolgt.[350] Sie betonten die

---

344 *Dernburg*, Das bürgerliche Recht des Deutschen Reichs und Preußens II, S. 204; *Dernburg*, Pandekten II, S. 51.

345 *Dernburg*, Pandekten II, S. 51. S. auch *Dernburg*, Pandekten II, S. 50 Fn. 4, der „Versprechen, die bloß dem geselligen Verkehr angehören, [...] solche, die das persönliche Familienrecht, [...] diejenigen, welche die Ausübung politischer Rechte betreffen“ aus dem Anwendungsbereich des Obligationenrechts ausschloss.

346 *Dernburg*, Pandekten II, S. 51.

347 *Planck*, Bürgerliches Gesetzbuch II, S. 5 f.; *Stammler*, Das Recht der Schuldverhältnisse, S. 1 ff.; *Windscheid*, Lehrbuch des Pandektenrechts II, S. 2 f.; *Windscheid/Kipp*, Lehrbuch des Pandektenrechts II – Vergleich, S. 9 f.; *v. Jhering*, Ein Rechtsgutachten, in: v. Jhering, Jahrbücher für die Dogmatik des heutigen römischen und deutschen Privatrechts, 18. Band, S. 41 ff. S. auch *Dernburg*, Pandekten II, S. 51 Fn. 6 für weitere Nachweise.

348 *Planck*, Bürgerliches Gesetzbuch II, S. 5 f.

349 *Windscheid*, Lehrbuch des Pandektenrechts II, S. 3 Fn. 3. Das Prinzip der Geldkondemnation lag dem römischen Recht zugrunde. Es erlaubte nur Urteile, die die Zahlung eines Geldbetrags verlangten. Hatte die ursprüngliche Verpflichtung einen anderen Leistungsinhalt und stellte der Anspruch auf Zahlung eines Geldbetrags somit nicht bereits den Streitgegenstand dar, musste für letzteren ein Geldbetrag durch den Richter festgesetzt werden, s. *Gottwald*, in: Säcker et al., MüKo BGB, Vorb. §§ 336–345 Rn. 4. Im gegenwärtigen deutschen Recht gilt das Prinzip der Naturalkondemnation (Naturalerfüllung). Von dem Prinzip der Geldkondemnation wurde abgelassen, s. *Gottwald*, in: Säcker et al., MüKo BGB, Vorb. §§ 336–345 Rn. 5; *Medicus/Lorenz*, Schuldrecht I, § 3 Rn. 18.

350 *Kuhlenbeck*, Von den Pandekten zum BGB II, S. 15; *Stammler*, Das Recht der Schuldverhältnisse, S. 3; *Windscheid*, Lehrbuch des Pandektenrechts II, S. 3 Fn. 3; *Windscheid/Kipp*, Lehrbuch des Pandektenrechts II – Vergleich, S. 10.

Vertragsfreiheit.[351] Als deren Grenzen wurden ein gesetzliches Verbot[352] und ein Verstoß gegen die guten Sitten (§ 138 BGB)[353] benannt. Um die Frage beantworten zu können, ob es sich um ein rechtsverbindliches Versprechen handelt, sei darauf abzustellen, ob ein hinreichender Rechtsbindungswille vorliegt oder nicht.[354] Auch die Verfasser des BGB schlossen sich derjenigen Ansicht an, die das Erfordernis eines Vermögenswerts der Leistung verneinte.[355] Nicht entscheidend sei zudem, ob der Gläubiger überhaupt ein schutzwürdiges Interesse an der Leistung hat. Maßgeblich sei einzig, dass ein hinreichender Verpflichtungswille vorliegt und kein Verstoß gegen die guten Sitten oder die öffentliche Ordnung gegeben ist.[356]

3. Zwischenergebnis

Der Begriff der Leistung im Sinne des § 241 Abs. 1 BGB ist äußerst weit zu verstehen. Dieses Begriffsverständnis trägt dem Grundsatz der Vertragsfreiheit Rechnung. Dieser umfasst insbesondere die Gestaltungsfreiheit und somit die Freiheit der Vertragsparteien, auch über den Leistungsgegenstand zu bestimmen. Die Leistung im Besonderen und das Schuldverhältnis im Allgemeinen sind maßgeblich an dem Vorliegen eines hinreichenden Rechtsbindungswillens und den §§ 134, 138 BGB zu messen.

III. Geschäftsmodell „Personenbezogene Daten als Entgelt"

Der Begriff der Leistung ist nicht auf traditionelle Wirtschaftsgüter beschränkt. Er ist denkbar weit zu verstehen. Aus diesem Grund steht an dieser Stelle nicht mehr die Frage im Mittelpunkt, ob das im Rahmen der vorliegenden Arbeit betrachtete Geschäftsmodell auf einer tauglichen (Gegen-)Leistung basiert, sondern vielmehr die Frage, was genau als (Gegen-)Leistung zu qualifizieren ist.

Das im Rahmen der vorliegenden Arbeit betrachtete Geschäftsmodell zeichnet sich dadurch aus, dass für die Inanspruchnahme einer Leistung kein Geldbetrag entrichtet werden muss. Vielmehr ist eine datenschutzrechtliche

---

351 *Planck*, Bürgerliches Gesetzbuch II, S. 6; *Stammler*, Das Recht der Schuldverhältnisse, S. 3.

352 *Stammler*, Das Recht der Schuldverhältnisse, S. 3.

353 *Planck*, Bürgerliches Gesetzbuch II, S. 6; *Stammler*, Das Recht der Schuldverhältnisse, S. 3; *Windscheid/Kipp*, Lehrbuch des Pandektenrechts II – Vergleich, S. 10.

354 *Windscheid/Kipp*, Lehrbuch des Pandektenrechts II – Vergleich, S. 10.

355 *Mugdan*, Materialien II, S. 3 (1*).

356 *Mugdan*, Materialien II, S. 2.

Einwilligung zu erteilen, die es dem Verantwortlichen ermöglicht, personenbezogene Daten zu den verschiedensten Zwecken zu verarbeiten.[357]

Es reicht nicht, dass dem Verantwortlichen die personenbezogenen Daten lediglich *rein tatsächlich* zur Verfügung gestellt werden. Gemäß Art. 5 Abs. 1 Buchstabe a) DS-GVO müssen personenbezogene Daten rechtmäßig verarbeitet werden. Hinter diesem Grundsatz verbirgt sich das Verbot mit Erlaubnisvorbehalt, das in Art. 6 Abs. 1 DS-GVO konkretisiert wird.[358] Die Verarbeitung personenbezogener Daten muss entweder auf eine Einwilligung der betroffenen Person gestützt werden können oder auf einem gesetzlichen Erlaubnistatbestand beruhen. Für den Verantwortlichen ist gerade entscheidend, die personenbezogenen Daten *rechtmäßig* verarbeiten zu können. Dass gerade jene Verarbeitung personenbezogener Daten, die für den Verantwortlichen einen wirtschaftlichen Wert verkörpert, auf die Erklärung der datenschutzrechtlichen Einwilligung und nicht auf einen gesetzlichen Erlaubnistatbestand gestützt wird, wird im Fortgang der Arbeit noch eingehend erläutert.[359] Als Hauptpflicht ist aus diesen Gründen die Erklärung der datenschutzrechtlichen Einwilligung zu identifizieren.[360]

IV. Ergebnis

Der Begriff der Leistung im Sinne des § 241 Abs. 1 BGB ist sehr weit zu verstehen. Da dem Datenschutzrecht das Verbot mit Erlaubnisvorbehalt zugrunde liegt, ist im Rahmen des oben skizzierten Geschäftsmodells nicht ausreichend, dass dem Verantwortlichen die personenbezogenen Daten lediglich *rein tatsächlich* zur Verfügung gestellt werden. Entscheidend ist vielmehr, dass eine datenschutzrechtliche Einwilligung erteilt wird, die dem Verantwortlichen die Möglichkeit eröffnet, die personenbezogenen Daten *rechtmäßig* für seine Zwecke zu verarbeiten. Bei der Erklärung der datenschutzrechtlichen Einwilligung

---

357 S. auch 4. Kapitel, C. III. 2. a).

358 Erwägungsgrund 40 DS-GVO; *Schulz*, in: Gola, DS-GVO, Art. 6 Rn. 1 f.; *Plath*, in: Plath, DSGVO/BDSG, Art. 6 DSGVO Rn. 2; *Schantz*, in: Wolff/Brink, Beck'scher OK Datenschutzrecht, Art. 5 DS-GVO Rn. 5 (Stand: 01.02.2017). Das BDSG a. F. bildete diesen Grundsatz in § 4a Abs. 1 ab.

359 S. 6. Kapitel, B. II.

360 S. auch *Langhanke*, Daten als Leistung, S. 99 ff., 123 ff.; *Langhanke/Schmidt-Kessel*, EuCML 2015, 218, 220; *Schmidt-Kessel/Grimm*, ZfPW 2017, 84, 89 f.; *Schmidt-Kessel et al.*, GPR 2016, 54, 58 f.; *Specht*, JZ 2017, 763, 768; *Specht*, Ordnung der Wissenschaft 2017, 121, 122; Arbeitsgruppe „Digitaler Neustart", Bericht v. 15.05.2017, S. 204; *Specht*, Datenverwertungsverträge zwischen Datenschutz und Vertragsfreiheit, S. 6.

handelt es sich somit um die (Gegen-)Leistung, die dem Begriff der Leistung im Sinne des § 241 Abs. 1 BGB gerecht wird. Es kann sich also die Untersuchung anschließen, ob das genannte Geschäftsmodell als entgeltlich oder unentgeltlich zu qualifizieren ist.

C. Entgeltqualität

Leistungen, für deren Inanspruchnahme kein Geldbetrag zu entrichten, sondern eine datenschutzrechtliche Einwilligung zu erteilen ist, werden oftmals als kostenlos, gratis oder unentgeltlich charakterisiert. Vermehrt wird diese „Kostenloskultur im Internet"[361] nun aber in Frage gestellt.[362] An dieser Stelle wird untersucht, was das Schuldvertragsrecht des BGB unter dem Begriff „Entgelt" versteht, um sodann das Geschäftsmodell „Personenbezogene Daten als Entgelt" hieran zu messen.

I. Begriff des Entgelts im BGB

Die Begriffe „unentgeltlich", „entgeltlich" und „Entgelt" werden im BGB vielfach verwendet. Bereits dem BGB liegt kein einheitliches Verständnis des Begriffs des Entgelts zugrunde.[363]

Da eine Kernfrage der vorliegenden Arbeit ist, ob ein entgeltlicher Schuldvertrag vorliegt, wenn keine monetäre Gegenleistung erbracht, aber eine datenschutzrechtliche Einwilligung erteilt wird, konzentrieren sich die folgenden Ausführung auf den Begriff des Entgelts im Sinne des Schuldvertragsrechts. Wenngleich das BGB den Begriff des Entgelts nicht einheitlich versteht, beansprucht gerade der Begriff des Entgelts im Sinne des Schuldvertragsrechts einen besonderen Stellenwert für sich. Dies zeigt sich im Bereicherungs- und Familienrecht.

Im Bereicherungsrecht findet sich der Begriff „unentgeltlich" in den §§ 816 Abs. 1 S. 2, 822 BGB. Sowohl § 816 Abs. 1 S. 2 BGB als auch § 822 BGB ermöglichen es, denjenigen in Anspruch zu nehmen, der etwas unentgeltlich erlangt hat.[364] Die Verfügung erfolgt unentgeltlich im Sinne des

361 *Metzger*, AcP 216 (2016), 817, 818.

362 S. an dieser Stelle nur *Metzger*, AcP 216 (2016), 817, 818, der ebendiese lediglich für eine Kulisse hält.

363 *Fischer*, Die Unentgeltlichkeit im Zivilrecht, passim. *Fischer* spricht zwar nicht von dem Begriff des Entgelts, sondern von jenem der Unentgeltlichkeit. Da der eine das Gegenstück des anderen ist, ergeben sich hieraus aber keine inhaltlichen Unterschiede.

364 S. statt vieler *Wiese/Schulze*, in: Schulze, BGB, § 816 Rn. 10, § 822 Rn. 1.

§ 816 Abs. 1 S. 2 BGB, soweit sie unabhängig von einer Gegenleistung ist.[365] Insoweit wird auf § 516 Abs. 1 BGB verwiesen.[366] Gleiches gilt für § 822 BGB.[367] Auch für das Familienrecht zeichnet sich ab, dass der Begriff des Entgelts im Sinne des Schuldvertragsrechts als Ausgangspunkt dient.[368] Dies gilt exemplarisch für §§ 1375 Abs. 2 S. 1 Nr. 1, 1390 Abs. 1 S. 1 BGB.[369]

Fischer spricht sich unter Berücksichtigung von Wortlaut, Entstehungsgeschichte, Systematik und Sinn und Zweck letztlich sogar dafür aus, den Begriff des Entgelts im Zivilrecht einheitlich im Sinne des Schuldvertragsrechts zu verstehen.[370] Angesichts der besonderen Relevanz des Begriffs des Entgelts im Sinne des Schuldvertragsrechts kann die sogleich folgende Untersuchung als Ausgangspunkt dienen, um auch in anderen Bereichen datengetriebene Geschäftsmodelle rechtlich zu erfassen.

Ein anderes Bild zeigt sich im Hinblick auf §§ 2113 Abs. 2 S. 1, 2205 S. 3 BGB. Diesen Vorschriften des Erbrechts wird überwiegend ein eigenständiges Begriffsverständnis zugrunde gelegt.[371] § 2113 BGB beschränkt das in § 2112 BGB verankerte Verfügungsrecht des Vorerben,[372] § 2205 S. 3 BGB jenes des Testamentsvollstreckers.[373] Das eigenständige Begriffsverständnis trägt den besonderen Interessen des Nacherben und Erben Rechnung.[374] Die §§ 2113 Abs. 2 S. 1, 2205 S. 3 BGB stehen insoweit beispielhaft für den Grundsatz der Relativität der Rechtsbegriffe, auf den bereits in der Einleitung Bezug genommen wurde und

365 *v. Sachsen Gessaphe*, in: Dauner-Lieb/Langen, BGB, § 816 Rn. 28; *Buck-Heeb*, in: Erman, BGB, § 816 Rn. 12; *Schwab*, in: Säcker et al., MüKo BGB, § 816 Rn. 66; *Wiese/Schulze*, in: Schulze, BGB, § 816 Rn. 10.

366 *v. Sachsen Gessaphe*, in: Dauner-Lieb/Langen, BGB, § 816 Rn. 28; *Stadler*, in: Jauernig, § 816 Rn. 21; *Sprau*, in: Palandt, BGB, § 816 Rn. 14; *Schwab*, in: Säcker et al., MüKo BGB, § 816 Rn. 66 Fn. 166.

367 *v. Sachsen Gessaphe*, in: Dauner-Lieb/Langen, BGB, § 822 Rn. 4, der auf seine Ausführungen zu § 816 Abs. 1 S. 2 BGB verweist; *Buck-Heeb*, in: Erman, BGB, § 822 Rn. 3; *Stadler*, in: Jauernig, § 822 Rn. 1; *Sprau*, in: Palandt, BGB, § 822 Rn. 6. S. insgesamt auch *Fischer*, Die Unentgeltlichkeit im Zivilrecht, S. 99, 301.

368 *Fischer*, Die Unentgeltlichkeit im Zivilrecht, S. 318.

369 *Budzikiewicz*, in: Erman, BGB, § 1375 Rn. 8, § 1390 Rn. 3; *Koch*, in: Säcker et al., MüKo BGB, § 1375 Rn. 37, § 1390 Rn. 8; *Häcker*, in: Schulz/Hauß, Familienrecht, § 1375 Rn. 18; *Kemper*, in: Schulze, BGB, § 1375 Rn. 5, § 1390 Rn. 4.

370 *Fischer*, Die Unentgeltlichkeit im Zivilrecht, S. 399 ff.

371 S. hierzu *Fischer*, Die Unentgeltlich im Zivilrecht, S. 323 ff., 335 ff.

372 *Hoeren*, in Schulze, BGB, § 2113 Rn. 1.

373 S. *Stürner*, in: Jauernig, BGB, § 2205 Rn. 10.

374 *Fischer*, Die Unentgeltlich im Zivilrecht, S. 361.

der sogleich im Rahmen der Untersuchung des Begriffs des Entgelts im Sinne des Kartellrechts an Bedeutung gewinnen wird.

II. Begriff des Entgelts im Sinne des Schuldvertragsrechts des BGB

Das BGB unterscheidet zwischen entgeltlichen und unentgeltlichen Schuldverträgen.[375] Hinter der Frage, was das Schuldvertragsrecht des BGB unter dem Begriff „Entgelt" versteht, verbirgt sich insoweit letztlich die Frage, wann ein entgeltlicher Schuldvertrag vorliegt. Die Unterscheidung zwischen entgeltlichen und unentgeltlichen Verträgen bildet somit den Ausgangspunkt der nun folgenden Untersuchung.

1. Typische entgeltliche Schuldverträge

Beispiele für typische entgeltliche Schuldverträge sind der Kaufvertrag im Sinne des § 433 BGB, der Mietvertrag im Sinne des § 535 BGB, der Dienstvertrag im Sinne des § 611 BGB und der Werkvertrag im Sinne des § 631 BGB.[376]

a) Leistungsaustausch

Im Rahmen entgeltlicher Schuldverträge steht der Leistungsaustausch im Mittelpunkt.[377] Aufgrund des Kaufvertrags hat der Verkäufer dem Käufer die Sache zu übergeben und das Eigentum an dieser zu verschaffen (§ 433 Abs. 1 S. 1 BGB). Der Käufer ist seinerseits zur Zahlung des Kaufpreises verpflichtet (§ 433 Abs. 2 Hs. 1 BGB). Aufgrund des Mietvertrags hat der Vermieter dem Mieter den Gebrauch der Mietsache zu gewähren (§ 535 Abs. 1 S. 1 BGB). Der Mieter muss die vereinbarte Miete leisten (§ 535 Abs. 2 BGB). Aufgrund des Dienstvertrags ist der eine Teil zur Dienstleistung verpflichtet, der andere Teil zur Entrichtung der vereinbarten Vergütung (§ 611 Abs. 1 BGB). Aufgrund

---

375 *Herresthal*, in: Artz et al., beck-online.GK BGB, § 311 Rn. 41 f. (Stand: 01.08.2018); *Gehrlein*, in: Bamberger et al., Beck'scher OK BGB, § 311 Rn. 10 (Stand: 01.05.2018); *Becker*, in: Dauner-Lieb/Langen, BGB, § 311 Rn. 20; *Emmerich*, in: Säcker et al., MüKo BGB, § 311 Rn. 7.

376 *Schmidt*, in: Artz et al., beck-online.GK BGB, § 535 Rn. 1 (Stand: 01.07.2018); *Becker*, in: Dauner-Lieb/Langen, BGB, § 311 Rn. 20; *Müller-Glöge*, in: Säcker et al., MüKo BGB, § 611 Rn. 34.

377 *Herresthal*, in: Artz et al., beck-online.GK BGB, § 311 Rn. 41 (Stand: 01.08.2018); *Gehrlein*, in: Bamberger et al., Beck'scher OK BGB, § 311 Rn. 10 (Stand: 01.05.2018); *Becker*, in: Dauner-Lieb/Langen, BGB, § 311 Rn. 20; *Emmerich*, in: Säcker et al., MüKo BGB, § 311 Rn. 7.

des Werkvertrags schließlich hat der Unternehmer das Werk herzustellen. Der Besteller muss die vereinbarte Vergütung entrichten (§ 631 Abs. 1 BGB).

b) Rechtliche Verknüpfung von Leistung und Gegenleistung

Entgeltliche Schuldverträge zeichnen sich dadurch aus, dass die Leistungspflichten der Vertragsparteien rechtlich miteinander verknüpft sind.[378] Kaufvertrag, Mietvertrag, Dienstvertrag und Werkvertrag sind gegenseitige Verträge im Sinne der §§ 320–326 BGB.[379] Den gegenseitigen Vertrag zeichnet eine synallagmatische Verknüpfung der Hauptleistungspflichten aus.[380] Ein entgeltlicher Vertrag liegt aber nicht nur dann vor, wenn eine synallagmatische Verknüpfung von Leistung und Gegenleistung gegeben ist.[381] Vielmehr zeichnet einen entgeltlichen Vertrag eine synallagmatische, kausale oder konditionale Verknüpfung von Leistung und Gegenleistung aus.[382]

aa) Synallagmatische Verknüpfung

Die synallagmatische Verknüpfung der Hauptleistungspflichten prägt – wie bereits kurz erwähnt – den gegenseitigen Vertrag im Sinne der §§ 320–326 BGB. Für diesen ist charakteristisch, dass „jede Leistung deshalb geschuldet wird, weil die andere geschuldet wird“[383]. Es gilt der Grundsatz „do ut des“. Die

378 *Herresthal*, in: Artz et al., beck-online.GK BGB, § 311 Rn. 41 (Stand: 01.08.2018); *Gehrlein*, in: Bamberger et al., Beck'scher OK BGB, § 311 Rn. 10 (Stand: 01.05.2018); *Becker*, in: Dauner-Lieb/Langen, BGB, § 311 Rn. 20; *Emmerich*, in: Säcker et al., MüKo BGB, § 311 Rn. 7.

379 *Berger*, in: Jauernig, BGB, § 433 Rn. 3; *Scheuch/Ebert*, in: Schulze, BGB, § 535 Rn. 6; *Schreiber*, in: Schulze, BGB, § 611 Rn. 1; *Raab*, in: Dauner-Lieb/Langen, BGB, § 631 Rn. 1.

380 *Herresthal*, in: Artz et al., beck-online.GK BGB, § 311 Rn. 41 (Stand: 01.08.2018); *Grüneberg*, in: Palandt, BGB, Einf. v. § 320 Rn. 5; *Brox/Walker*, Allgemeines Schuldrecht, § 3 Rn. 2; *Looschelders*, Schuldrecht AT, Rn. 307.

381 S. ausdrücklich BGH, Urt. v. 16.06.2010 – VIII ZR 259/09, NJW 2010, 3226, 3227: „Der Begriff der Entgeltlichkeit ist nicht mit dem Begriff des Synallagmas gleichzusetzen.“

382 *Herresthal*, in: Artz et al., beck-online.GK BGB, § 311 Rn. 41 (Stand: 01.08.2018); *Becker*, in: Dauner-Lieb/Langen, BGB, § 311 Rn. 20. S. auch *Gehrlein*, in: Bamberger et al., Beck'scher OK BGB, § 311 Rn. 10 (Stand: 01.05.2018). Diese Ansicht geht maßgeblich auf *Oertmann*, Entgeltliche Geschäfte, S. 15 ff. zurück. S. auch *Fischer*, Die Unentgeltlichkeit im Zivilrecht, S. 42 ff. *Harke*, in: Artz et al., beck-online.GK BGB, § 516 Rn. 68 ff. (Stand: 01.08.2018) verlangt eine synallagmatische Verknüpfung. So auch *Simson*, Der Begriff des Entgeltes, S. 48 ff. im Jahr 1909.

383 RG, Urt. v. 05.04.1935 – II 327/34, RGZ 147, 340, 342.

Hauptleistungspflichten der Vertragsparteien verhalten sich zueinander wie Leistung und Gegenleistung. Sie stehen in einem Austauschverhältnis.[384]

Für den Bundesgerichtshof liegt dem gegenseitigen Vertrag im Sinne der §§ 320–326 BGB die Annahme des jeweiligen Vertragspartners zugrunde, dass die Leistung des Vertragspartners und die eigene Leistung zumindest gleichwertig sind.[385] Zwingend ist dies indes nicht. Leistung und Gegenleistung können hinsichtlich ihres Werts auseinanderfallen – objektiv oder subjektiv.[386] Es gilt der Grundsatz der Vertragsfreiheit. Die Grenze bildet schließlich § 138 BGB.[387] Der Wille der Vertragsparteien und somit der Grundsatz der Vertragsfreiheit erklären auch, dass solche Verträge, die an sich nicht als gegenseitige Verträge im Sinne der §§ 320–326 BGB zu qualifizieren sind, als ebensolche ausgestaltet werden können.[388]

bb) Kausale Verknüpfung

Im Rahmen einer kausalen Verknüpfung erbringt die eine Partei eine Leistung, ohne hierzu verpflichtet zu sein. Der Leistungsempfänger soll auf diese Weise zur Erbringung der Gegenleistung veranlasst werden, ohne dass er seinerseits hierzu verpflichtet ist. Der bezweckte Erfolg – also die Erbringung der Gegenleistung durch den Leistungsempfänger – bildet die Geschäftsgrundlage. Tritt der bezweckte Erfolg nicht ein, ist § 812 Abs. 1 S. 2 Alt. 2 BGB der einschlägige Kondiktionstatbestand.[389]

---

384 BGH, Urt. v. 21.10.1954 – IV ZR 128/54, BGHZ 15, 102, 105 = NJW 1954, 1883, 1884; *Herresthal*, in: Artz et al., beck-online.GK BGB, § 311 Rn. 41 (Stand: 01.08.2018); *Emmerich*, in: Säcker et al., MüKo BGB, Vorb. zu § 320, Rn. 2 f.; *Grüneberg*, in: Palandt, BGB, Einf. v. § 320 Rn. 5; *Brox/Walker*, Allgemeines Schuldrecht, § 3 Rn. 2; *Looschelders*, Schuldrecht AT, Rn. 307.

385 BGH, Urt. v. 13.06.1980 – V ZR 11/79, BGHZ 77, 359, 363 = NJW 1980, 2304, 2305; BGH, Urt. v. 02.11.1961 – II ZR 126/59, NJW 1962, 250, 251; *Grüneberg*, in: Palandt, BGB, Einf. v. § 320 Rn. 8.

386 BGH, Urt. v. 28.05.2009 – Xa ZR 9/08, NJW 2009, 2737, 2737; *Emmerich*, in: Säcker et al., MüKo BGB, Vorb. zu § 320 Rn. 6; *Grüneberg*, in: Palandt, BGB, Einf. v. § 320 Rn. 8; *Fischer*, Die Unentgeltlichkeit im Zivilrecht, S. 50 ff.

387 *Emmerich*, in: Säcker et al., MüKo BGB, Vorb. zu § 320 Rn. 6; *Grüneberg*, in: Palandt, BGB, Einf. v. § 320 Rn. 8.

388 *Grüneberg*, in: Palandt, BGB, Einf. v. § 320 Rn. 10. S. RG, Urt. v. 28.10.1907 – Rep. VI 80/07, RGZ 66, 425, 425 ff. zur Übernahme einer Bürgschaft als Bestandteil eines gegenseitigen Vertrags.

389 *Herresthal*, in: Artz et al., beck-online.GK BGB, § 311 Rn. 41 (Stand: 01.08.2018); *Emmerich*, in: Säcker et al., MüKo BGB, Vorb. zu § 320 Rn. 9; *Koch*, in: Säcker et al.,

cc) Konditionale Verknüpfung

Eine konditionale Verknüpfung der Leistungspflichten der Vertragsparteien liegt vor, wenn die eine Vertragspartei ihre Leistung erbringt und hierdurch die Verpflichtung der anderen Vertragspartei entsteht, ihrerseits zu leisten. Die Entstehung der Verpflichtung der einen Vertragspartei, zu leisten, steht also unter der Bedingung, dass die andere Vertragspartei ihre Leistung erbringt.[390]

2. *Typische unentgeltliche Schuldverträge*

Bei unentgeltlichen Schuldverträgen fehlt es im Umkehrschluss an der soeben beschriebenen rechtlichen Verknüpfung. Der Leistung der einen Vertragspartei steht keine synallagmatisch, kausal oder konditional mit dieser in Zusammenhang stehenden Gegenleistung der anderen Vertragspartei gegenüber.[391] Dies verdeutlicht die Betrachtung typischer unentgeltlicher Schuldverträge.

Typische unentgeltliche Schuldverträge sind die Schenkung im Sinne des § 516 BGB, die Leihe im Sinne des § 598 BGB, der Auftrag im Sinne des § 662 BGB und die unentgeltliche Verwahrung im Sinne des § 690 BGB.[392]

a) Schenkung im Sinne des § 516 BGB

Innerhalb der unentgeltlichen Rechtsgeschäfte wird der Schenkung im Sinne des § 516 BGB in Rechtsprechung und Literatur ein besonderer Stellenwert zuteil.[393]

MüKo BGB, § 516 Rn. 28; *Grüneberg*, in: Palandt, BGB, Einf. v. § 320 Rn. 7; *Chiusi*, in: v. Staudinger, BGB, § 516 Rn. 47.

390 *Herresthal*, in: Artz et al., beck-online.GK BGB, § 311 Rn. 41 (Stand: 01.08.2018); *Gehrlein*, in: Bamberger et al., Beck'scher OK BGB, § 311 Rn. 10 (Stand: 01.05.2018); *Emmerich*, in: Säcker et al., MüKo BGB, Vorb. zu § 320 Rn. 8. S. auch BGH, Urt. v. 16.06.2010 – VIII ZR 259/09, NJW 2010, 3226, 3227, der allerdings von einer „*konditionelle[n]* [Herv. d. Verf.] Verknüpfung" spricht.

391 *Herresthal*, in: Artz et al., beck-online.GK BGB, § 311 Rn. 42 (Stand: 01.08.2018). Vgl. auch *Gehrlein*, in: Bamberger et al., Beck'scher OK BGB, § 311 Rn. 10 (Stand: 01.05.2018); *Becker*, in: Dauner-Lieb/Langen, BGB, § 311 Rn. 20; *Emmerich*, in: Säcker et al., MüKo BGB, § 311 Rn. 7; *Fischer*, Die Unentgeltlichkeit im Zivilrecht, S. 98.

392 *Herresthal*, in: Artz et al., beck-online.GK BGB, § 311 Rn. 42 (Stand: 01.08.2018); *Gehrlein*, in: Bamberger et al., Beck'scher OK BGB, § 311 Rn. 10 (Stand: 01.05.2018). S. auch *Becker*, in: Dauner-Lieb/Langen, BGB, § 311 Rn. 20; *Emmerich*, in: Säcker et al., MüKo BGB, § 311 Rn. 7. Es kann insoweit auch von Gefälligkeitsverträgen gesprochen werden, s. *Sprau*, in: Palandt, BGB, Einf. v. § 662 Rn. 1, 5.

393 S. *Fischer*, Die Unentgeltlichkeit im Zivilrecht, S. 9, 16, 98 f.

Bei der Schenkung handelt es sich um einen einseitig verpflichtenden Vertrag. Einseitig verpflichtende Verträge zeichnen sich dadurch aus, dass lediglich eine Vertragspartei eine Leistungspflicht trifft.[394]

Die Schenkung setzt eine Zuwendung aus dem Vermögen des Schenkers, eine Entreicherung des Schenkers, eine Bereicherung des Beschenkten und eine Einigung über die Unentgeltlichkeit der Zuwendung voraus.[395]

aa) Einigung über die Unentgeltlichkeit der Zuwendung

(1) Unentgeltlichkeit der Zuwendung

Die Zuwendung ist nicht unentgeltlich, wenn sie rechtlich mit einer Gegenleistung verknüpft ist.[396] Bei Vorliegen einer synallagmatischen, kausalen oder konditionalen Verknüpfung ist die Unentgeltlichkeit des Rechtsgeschäfts zu verneinen.[397] Ein bloß tatsächlicher, wirtschaftlicher Zusammenhang genügt indes nicht.[398] Als Ausgangspunkt dient die objektive Sachlage.[399] Die Unentgeltlichkeit des Rechtsgeschäfts wird nicht dadurch ausgeschlossen, dass der Beschenkte Aufwendungen tätigen muss. Ein typisches Beispiel ist die Entrichtung von Anwaltsgebühren. „Unentgeltlich" ist nicht mit „kostenlos" gleichzusetzen.[400]

Ob eine synallagmatische, kausale oder konditionale Verknüpfung vorliegt, kann gegebenenfalls schwierig zu bestimmen sein. Je größer das Interesse des Zuwendenden an der Gegenleistung ist, desto eher liegt ein entgeltliches Geschäft vor. Der Grad des Interesses des Zuwendenden an der Leistung des Zuwendungsempfängers dient als Abgrenzungshilfe.[401]

---

394 *Emmerich*, in: Säcker et al., MüKo BGB, Vorb. zu § 320 Rn. 2; *Grüneberg*, in: Palandt, BGB, Einf. v. § 320 Rn. 4.

395 S. zu den Tatbestandsmerkmalen der Schenkung *Koch*, in: Säcker et al., MüKo BGB, § 516 Rn. 5 ff.

396 *Chiusi*, in: v. Staudinger, BGB, § 516 Rn. 44.

397 *Koch*, in: Säcker et al., MüKo BGB, § 516 Rn. 27 f.; *Weidenkaff*, in: Palandt, BGB, § 516 Rn. 8; *Chiusi*, in: v. Staudinger, BGB, § 516 Rn. 44.

398 *Mezger*, in: BGB, RGRK, § 516 Rn. 9. S. auch *Chiusi*, in: v. Staudinger, BGB, § 516 Rn. 44.

399 OLG Hamm, Urt. v. 11.12.1992 – 29 U 214/91, NJW-RR 1993, 1412, 1412; *Weidenkaff*, in: Palandt, BGB, § 516 Rn. 8.

400 *Koch*, in: Säcker et al., MüKo BGB, § 516 Rn. 26; *Weidenkaff*, in: Palandt, BGB, § 516 Rn. 8; *Chiusi*, in: v. Staudinger, BGB, § 516 Rn. 39.

401 *Chiusi*, in: v. Staudinger, BGB, § 516 Rn. 44.

(2) Einigung

Es besteht auch ein subjektives Erfordernis. Die Parteien müssen sich über die Unentgeltlichkeit der Zuwendung einig sein. Diese Einigung, auf die die §§ 145–157 BGB Anwendung finden, wird als sogenannte Schenkungsabrede bezeichnet.[402] Das Vorliegen einer solchen ist widerlegbar zu vermuten, wenn ein auffallendes Missverhältnis zwischen dem Wert der Zuwendung und dem Wert der Gegenleistung existiert.[403]

bb) Abgrenzung

Die Schenkung ist auch deshalb von besonderem Interesse, da eine solche rechtliche Verknüpfung von Leistung und Gegenleistung, bei deren Vorliegen die Entgeltlichkeit des Vertrags zu bejahen ist, von der Schenkung unter Auflage gemäß § 525 BGB, der sogenannten gemischten Schenkung und der Zweckschenkung abzugrenzen ist.

(1) Schenkung unter Auflage (§ 525 BGB)

Liegt eine Schenkung unter Auflage im Sinne des § 525 BGB vor, hat auch der Beschenkte eine Leistung zu erbringen. Dies beruht auf einer Verpflichtung durch vertragliche Nebenabrede.[404] Die Leistung des Beschenkten basiert auf der Zuwendung und deren Wert.[405] Sie ist nicht als Gegenleistung zu qualifizieren.[406] Es besteht kein wechselseitiges Abhängigkeitsverhältnis von Leistung und Gegenleistung.[407] Den Schenker trifft eine Vorleistungspflicht.[408]

---

402 BGH, Versäumnisurt. v. 25.11.2009 – XII ZR 92/06, BGHZ 183, 242, 247 = NJW 2010, 998, 1001 m. w. N.; OLG Hamm, Urt. v. 11.12.1992 – 29 U 214/91, NJW-RR 1993, 1412, 1412; *Koch*, in: MüKo BGB, § 516 Rn. 14 f., 24; *Weidenkaff*, in: Palandt, BGB, § 516 Rn. 1, 8, 11.

403 BGH, Urt. v. 18.10.2011 – X ZR 45/10, NJW 2012, 605, 606 Rn. 19 m. w. N. S. auch *Chiusi*, in: v. Staudinger, BGB, § 516 Rn. 38.

404 *Koch*, in: Säcker et al., MüKo BGB, § 525 Rn. 1; *Chiusi*, in: v. Staudinger, BGB, § 516 Rn. 44. Notwendigerweise muss das Rechtsgeschäft als solches als Schenkung zu qualifizieren sein, s. *Koch*, in: Säcker et al., MüKo BGB, § 525 Rn. 4.

405 BGH, Urt. v. 02.10.1981 – V ZR 134/80, NJW 1982, 818, 819; *Koch*, in: Säcker et al., MüKo BGB, § 525 Rn. 2; *Weidenkaff*, in: Palandt, BGB, § 525 Rn. 1, 7.

406 *Koch*, in: Säcker et al., MüKo BGB, § 525 Rn. 7.

407 RG, Urt. v. 10.12.1925 – IV 374/25, RGZ 112, 210, 211.

408 *Weidenkaff*, in: Palandt, BGB, § 525 Rn. 12.

(2) Gemischte Schenkung
Die gemischte Schenkung zeichnet sich durch eine Wertdifferenz zugunsten des Beschenkten aus. Der unentgeltliche Charakter muss nicht dominieren. Die Vertragsparteien sind sich der Wertdifferenz bewusst und sich einig, dass eine Vertragspartei nur teilweise unentgeltlich leistet.[409] Ist die Leistung real teilbar, ist bei der rechtlichen Behandlung zugrunde zu legen, dass es sich um zwei selbstständige Verträge handelt – einen entgeltlichen und einen unentgeltlichen Vertrag. Ist die Leistung real unteilbar, wird vermehrt auf die sogenannte Zweckwürdigungstheorie abgestellt. Es kommen sodann jene Normen zur Anwendung, die dem Vertragszweck und somit dem Parteiwillen am gerechtesten werden.[410]

(3) Zweckschenkung
Es ist auch zwischen kausaler Verknüpfung und Zweckschenkung zu differenzieren. Sowohl bei der kausalen Verknüpfung als auch bei der Zweckschenkung soll der Empfänger der Leistung seinerseits zu einer Leistung bewegt werden. Bei der Zweckschenkung ist die Leistung des Empfängers jedoch nicht als Gegenleistung zu qualifizieren. Die Leistung des Empfängers beruht vielmehr auf einer tatsächlichen Willensübereinstimmung der Parteien. Ob eine kausale Verknüpfung oder Zweckschenkung vorliegt, hängt maßgeblich vom Willen der Parteien ab. Von entscheidender Bedeutung ist insoweit insbesondere das Interesse der anderen Vertragspartei an der Leistung des Empfängers.[411]

b) Weitere typische unentgeltliche Verträge

Leihe, Auftrag und unentgeltliche Verwahrung sind als unvollkommen zweiseitige Verträge zu qualifizieren.[412] Nur eine Partei ist bei diesen Verträgen zu einer für den Vertragstypen charakteristischen Leistung verpflichtet.[413]

---

409 *Gehrlein*, in: Bamberger et al., Beck'scher OK BGB, § 516 Rn. 12 (Stand: 01.11.2017); *Koch*, in: Säcker et al., MüKo BGB, § 516 Rn. 34 f.; *Weidenkaff*, in: Palandt, BGB, § 516 Rn. 13.

410 *Koch*, in: Säcker et al., MüKo BGB, § 516 Rn. 34, 38 f., der nur dann von einer gemischten Schenkung spricht, wenn die Leistung real unteilbar ist. S. auch *Gehrlein*, in: Bamberger et al., Beck'scher OK BGB, § 516 Rn. 13 (Stand: 01.11.2017).

411 *Koch*, in: Säcker et al., MüKo BGB, § 516 Rn. 29.

412 *Emmerich*, in: Säcker et al., MüKo BGB, Vorb. zu § 320 Rn. 2; *Häublein*, in: Säcker et al., MüKo BGB, § 598 Rn. 2; *Grüneberg*, in: Palandt, BGB, Einf. v. § 320 Rn. 4a; *Weidenkaff*, in: Palandt, BGB, Einf. v. § 598 Rn. 1; *Sprau*, in: Palandt, BGB, Einf. v. § 662 Rn. 1.

413 *Grüneberg*, in: Palandt, BGB, Einf. v. § 320 Rn. 4a.

3. *Zwischenergebnis*

Prägend für entgeltliche Schuldverträge ist der Leistungsaustausch. Zwischen den Leistungspflichten der Vertragsparteien besteht eine rechtliche Verknüpfung. Leistung und Gegenleistung müssen synallagmatisch, kausal oder konditional miteinander verknüpft sein. Ein bloß tatsächlicher, wirtschaftlicher Zusammenhang genügt nicht. Bei unentgeltlichen Schuldverträgen fehlt es an der beschriebenen rechtlichen Verknüpfung von Leistung und Gegenleistung.

4. *Notwendigkeit einer monetären Gegenleistung?*

Hieran anknüpfend drängt sich angesichts des im Rahmen der vorliegenden Arbeit betrachteten Geschäftsmodells die Frage auf, ob im Rahmen eines entgeltlichen Schuldvertrags eine monetäre Gegenleistung erbracht werden muss.

a) Ausgangspunkt

Gemäß § 433 Abs. 2 Hs. 1 BGB ist der Käufer zur Zahlung des Kaufpreises an den Verkäufer verpflichtet. § 433 Abs. 2 Hs. 1 BGB normiert die Hauptleistungspflicht des Käufers.[414] Gemeinhin weist der Begriff „Kauf*preis*" darauf hin, dass die Gegenleistung des Käufers in der Entrichtung eines Geldbetrags besteht. Dieser Befund verfestigt sich, indem dem Kaufvertrag im Sinne des § 433 BGB der Tauschvertrag im Sinne des § 480 BGB gegenübergestellt wird. Auf den Tauschvertrag werden gemäß § 480 BGB die Vorschriften über den Kauf entsprechend angewandt. Der Tauschvertrag zeichnet sich dadurch aus, dass beide Vertragsparteien Gegenstände schulden. Die Gegenleistung einer Vertragspartei besteht gerade nicht in der Zahlung eines Geldbetrags. Hierdurch grenzen sich Kauf- und Tauschvertrag voneinander ab.[415] Kaufpreis im Sinne des § 433 Abs. 2 BGB ist somit nur Geld.[416] Der Kaufvertrag im Sinne des § 433 BGB verlangt das Vorliegen einer monetären Gegenleistung.

Auch bei der gemäß § 535 Abs. 2 BGB zu entrichtenden Miete und der sowohl gemäß § 611 Abs. 1 BGB als auch gemäß § 631 Abs. 1 BGB zu gewährenden

---

414 *Faust*, in: Bamberger et al., Beck'scher OK BGB, § 433 Rn. 52 (Stand: 01.05.2018); *Büdenbender*, in: Dauner-Lieb/Langen, BGB, § 433 Rn. 44.

415 *Faust*, in: Bamberger et al., Beck'scher OK BGB, § 433 Rn. 14 (Stand: 01.05.2018); *Büdenbender*, in: Dauner-Lieb/Langen, BGB, § 480 Rn. 1; *Westermann*, in: Säcker et al., MüKo BGB, § 433 Rn. 16.

416 *Westermann*, in: Säcker et al., MüKo BGB, § 433 Rn. 16. S. auch *Faust*, in: Bamberger et al., Beck'scher OK BGB, § 433 Rn. 53 ff. (Stand: 01.05.2018); *Büdenbender*, in: Dauner-Lieb/Langen, BGB, § 433 Rn. 45 f.

Vergütung handelt es sich regelmäßig um einen Geldbetrag.[417] Es geht aus den Vorschriften jedoch nicht hervor, dass zwingend ein Geldbetrag gezahlt werden muss.[418] Der Begriff „Preis" wird nicht aufgegriffen. Bis zum 31.08.2001 fand sich in § 535 Abs. 2 BGB anstelle des Begriffs „Miete" noch der Begriff „Mietzins".[419] Der Begriff „Miet*zins*" legte nahe, dass die Entrichtung eines Geldbetrags geschuldet ist. Im Vergleich dazu erscheint der Begriff „Miete" weiter. Auch der Begriff „Vergütung" kann weit verstanden werden. Mit § 480 BGB vergleichbare Vorschriften, aus denen hervorgeht, dass eine monetäre Gegenleistung erforderlich ist, existieren nicht.

Eine Gegenleistung, die das Vorliegen einer Schenkung im Sinne des § 516 Abs. 1 BGB ausschließt, kann gerade sowohl vermögensrechtlicher als auch immaterieller Art sein.[420] Es liegt dann kein unentgeltlicher Vertrag vor. Auch dies spricht dagegen, dass ein entgeltlicher Vertrag eine monetäre Gegenleistung voraussetzt.

Das BGB kennt solche typischen Schuldverträge, die entweder entgeltlich oder unentgeltlich ausgestaltet sind. Dies gilt beispielweise für die Verwahrung (§§ 688–700 BGB).[421] Diese Besonderheit führt dazu, dass sich in den §§ 689, 690 BGB die Begriffe „Vergütung" und „unentgeltlich" gegenüberstehen.

Auch für die unentgeltliche Verwahrung im Sinne des § 690 BGB wird zunächst betont, dass der Leistung keine Gegenleistung gegenüberstehen dürfe.[422] Entgeltlichkeit sei nicht bloß bei Vorliegen einer synallagmatischen

---

417 Für § 535 Abs. 2 BGB: *Klein-Blenkers*, in: Dauner-Lieb/Langen, BGB, § 535 Rn. 94; *Häublein*, in: Säcker et al., MüKo BGB, § 535 Rn. 153. Für § 611 Abs. 1 BGB: *Fuchs*, in: Bamberger et al., Beck'scher OK BGB, § 611 Rn. 41 (Stand: 01.05.2018); *Mansel*, in: Jauernig, BGB, § 611 Rn. 30. Für § 631 Abs. 1 BGB: *Merkle*, in: Artz et al., beck-online.GK BGB, § 631 Rn. 516 (Stand: 01.07.2018).

418 Für § 611 Abs. 1 BGB: *Maties*, in: Artz et al., beck-online.GK BGB, § 611 Rn. 261 (Stand: 15.05.2018); *Fuchs*, in: Bamberger et al., Beck'scher OK BGB, § 611 Rn. 40 (Stand: 01.05.2018); *Mansel*, in: Jauernig, BGB, § 611 Rn. 30 ff. Für § 631 Abs. 1 BGB: *Merkle*, in: Artz et al., beck-online.GK BGB, § 631 Rn. 516 (Stand: 01.07.2018); *Voit*, in: Bamberger et al., Beck'scher OK BGB, § 631 Rn. 72 (Stand: 01.05.2018); *Busche*, in: Säcker et al., MüKo BGB, § 631 Rn. 89.

419 S. Gesetz zur Neugliederung, Vereinfachung und Reform des Mietrechts (Mietrechtsreformgesetz) v. 19.06.2001, BGBl. Teil I, Nr. 28 v. 25.06.2001, S. 1149.

420 BGH, Urt. v. 17.01.1990 – XII ZR 1/89, NJW-RR 1990, 386, 386; *Koch*, in: Säcker et al., MüKo BGB, § 516 Rn. 25; *Weidenkaff*, in: Palandt, BGB, § 516 Rn. 8; *Chiusi*, in: v. Staudinger, BGB, § 516 Rn. 39 f.

421 *Becker*, in: Dauner-Lieb/Langen, BGB, § 311 Rn. 20; *Emmerich*, in: Säcker et al., MüKo BGB, § 311 Rn. 7.

422 *Henssler*, in: Säcker et al., MüKo BGB, § 690 Rn. 4.

Verknüpfung zu bejahen. Es reiche auch aus, dass ein solcher wirtschaftlicher Vorteil erlangt werden soll, der außerhalb des Vertrags liegt.[423] Diese Feststellungen spiegeln die bereits gefundenen Ergebnisse wider.

Teilweise wird in diesem Zusammenhang der Begriff „Vergütung" mit der Entrichtung eines Geldbetrags gleichgesetzt. Indem sich § 690 BGB des Begriffs „unentgeltlich" bedient, werde deutlich, dass eine Gegenleistung nicht nur in Geld bestehen kann.[424] Zwar ist dem Ergebnis, dass eine Gegenleistung nicht nur in der Zahlung eines Geldbetrags zu sehen ist, zuzustimmen. Dies gilt jedoch nicht für die Überlegungen, auf denen dieses Ergebnis beruht. Die §§ 689, 690 BGB ermöglichen keine Rückschlüsse darauf, dass der Begriff „Vergütung" voraussetzt, dass ein Geldbetrag gezahlt wird. Aus der Systematik des Schuldvertragsrechts geht hervor, dass der Begriff „Preis" mit der Zahlung eines Geldbetrags verknüpft ist (§§ 433, 480 BGB). Es liegt vielmehr nahe, dass der Begriff „Vergütung" nicht in diesem engen Sinne zu verstehen ist.

b) Rechtsstellung der Beteiligten im Rahmen von Gefälligkeitsverträgen

Die Rechtsstellung der Beteiligten im Rahmen von Gefälligkeitsverträgen bestätigt schließlich, dass bei entgeltlichen Verträgen nicht die Erbringung einer monetären Gegenleistung entscheidend sein kann, sondern vielmehr die Erbringung einer Gegenleistung als solcher.

aa) Ausdruck fremdnützigen Verhaltens

Der entgeltliche Leistungsaustausch ist regelmäßig das Mittel, dessen sich Rechtsträger bedienen, um ihre Interessen zu befriedigen.[425] Unentgeltlichen Leistungen liegt fremdnütziges Verhalten zugrunde.[426] Der unentgeltlich Leistende erbringt ein „Opfer"[427]. Es handelt sich für ihn um ein „unwirtschaftliches Rechtsgeschäft"[428]. Sein Verhalten ist besonders verdienstvoll.[429]

---

423 *Schlinker*, in: Artz et al., beck-online.GK BGB, § 690 Rn. 10 (Stand: 01.09.2018); *Gehrlein*, in: Bamberger et al., Beck'scher OK BGB, § 690 Rn. 1 (Stand: 01.05.2018); *Henssler*, in: Säcker et al., MüKo BGB, § 690 Rn. 4.

424 *Schlinker*, in: Artz et al., beck-online.GK BGB, § 690 Rn. 10 (Stand: 01.09.2018); *Henssler*, in: Säcker et al., MüKo BGB, § 690 Rn. 4.

425 *Grigoleit*, VersR 2018, 769, 776.

426 *Grigoleit*, VersR 2018, 769, 776. S. auch *Koch*, in: Säcker et al., MüKo BGB, § 516 Rn. 3, 24.

427 *Koch*, in: Säcker et al., MüKo BGB, § 516 Rn. 3.

428 *Fischer*, Die Unentgeltlichkeit im Zivilrecht, S. 17.

429 *Grigoleit*, VersR 2018, 769, 776, 784 f.

Um dem fremdnützigen Verhalten des unentgeltlich Leistenden Rechnung zu tragen, wird dieser – zumindest mehrheitlich – privilegiert.[430] Der Leistungsempfänger ist weniger schutzwürdig.[431] Er kann insbesondere nicht voraussetzen, den unentgeltlich Leistenden in gleicher Weise in Anspruch nehmen zu können wie im Fall eines entgeltlichen Leistungsaustauschs, in dessen Rahmen er eine Gegenleistung erbringt.[432]

bb) Positivrechtliche Regelungen

Die – zumindest mehrheitlich – charakteristische Privilegierung des unentgeltlich Leistenden und geringere Schutzwürdigkeit des Leistungsempfängers spiegelt sich in den positivrechtlichen Regelungen wider.

(1) Privilegierung des unentgeltlich Leistenden

Der Schenker haftet gemäß § 521 BGB nur für Vorsatz und grobe Fahrlässigkeit. Für Rechts- und Sachmängel haftet der Schenker gemäß §§ 523 Abs. 1, 524 Abs. 1 BGB nur, wenn er einen Fehler der verschenkten Sache arglistig verschweigt. Etwas anderes gilt dann, wenn der Schenker den Gegenstand erst noch erwerben musste. In diesem Fall haftet er gemäß §§ 523 Abs. 2 S. 1, 524 Abs. 2 S. 1 BGB für einen Rechts- und Sachmangel auch bei Kenntnis oder grob fahrlässiger Unkenntnis.

Neben diesen Haftungsbeschränkungen wird der Schenker auch an anderer Stelle privilegiert. Gemäß § 522 BGB hat er keine Verzugszinsen zu zahlen. In § 519 Abs. 1 BGB ist des Weiteren eine Notbedarfseinrede verankert.[433] Hiernach kann der Schenker die Erfüllung verweigern, soweit er nicht in der Lage ist, das Versprechen zu erfüllen, ohne beispielsweise seinen angemessenen Unterhalt zu gefährden. § 528 BGB erfasst jene Fälle, in denen sich ein Notbedarf erst realisiert, wenn die Schenkung schon vollzogen ist. Der Schenker hat in diesen Fällen einen Rückforderungsanspruch.[434] In § 530 Abs. 1 BGB ist schließlich ein Widerrufsrecht bei einer schweren Verfehlung des Beschenkten normiert.

Mit §§ 521, 523, 524 BGB vergleichbare Vorschriften finden sich auch im Recht der Leihe und jenem der unentgeltlichen Verwahrung. Auch der Verleiher

---

430 *Weidenkaff*, in: Palandt, BGB, § 599 Rn. 1, § 600 Rn. 1; *Koch*, in: Säcker et al., MüKo BGB, § 516 Rn. 3; *Henssler*, in: Säcker et al., MüKo, § 690 Rn. 1; *Chiusi*, in: v. Staudinger, BGB, § 516 Rn. 7. S. auch *Grigoleit*, VersR 2018, 769, 776.

431 *Grigoleit*, VersR 2018, 769, 776.

432 *Grigoleit*, VersR 2018, 769, 776.

433 *Saenger*, in: Schulze, BGB, § 519 Rn. 2.

434 *Gehrlein*, in: Bamberger et al., Beck'scher OK BGB, § 528 Rn. 1 ff. (Stand: 01.05.2018).

haftet gemäß § 599 BGB nur für Vorsatz und grobe Fahrlässigkeit. Für Rechts- und Sachmängel haftet der Verleiher gemäß § 600 BGB ebenfalls nur in Fällen des arglistigen Verschweigens. Den unentgeltlich Verwahrende trifft gemäß § 690 BGB nur jene Sorgfalt, welche er in eigenen Angelegenheiten anzuwenden pflegt.

(2) Geringere Schutzwürdigkeit des Leistungsempfängers
Spiegelbildlich zur Privilegierung des unentgeltlich Leistenden ist die Rechtsstellung des Leistungsempfängers geschwächt.[435] Da der Leistungsempfänger als weniger schutzwürdig angesehen wird, ist auch dessen Rechtsstellung gegenüber Dritten geschwächt (siehe insbesondere §§ 816 Abs. 1 S. 2, 822, 988, 1390, 2287, 2329 BGB; §§ 39 Abs. 1 Nr. 4, 134, 143 Abs. 2 InsO; §§ 4, 11 Abs. 2 AnfG).[436]

(3) Sonderfall: Auftrag (§§ 662–674 BGB)
Nicht jeder Gefälligkeitsvertrag beinhaltet Haftungsprivilegierungen für den unentgeltlich Leistenden. Der Gesetzgeber hat insoweit keine generelle Entscheidung getroffen. Im Auftragsrecht finden sich keine Haftungsprivilegierungen.[437] Dies ist nicht unumstritten. Teilweise wird gefordert, auch dem Beauftragten eine Haftungsbeschränkung zugute kommen zu lassen.[438] Auch die Vorschriften des Auftragsrechts tragen aber dem fremdnützigen Verhalten des Beauftragten Rechnung, insbesondere die §§ 667, 670 BGB.[439]

cc) Einträglichkeit des Rechtsgeschäfts

Nur wenn der Leistende aus altruistischen Motiven handelt, ist es sachgerecht, ihn zu privilegieren und die Rechte des Leistungsempfängers zu schwächen. Dies gilt nicht, wenn der Leistende einen Vorteil erlangt und sich das Rechtsgeschäft für ihn als einträglich erweist. Hierfür ist es nicht zwingend, dass eine monetäre Gegenleistung erbracht wird. Vielmehr muss entscheidend sein, ob überhaupt eine Gegenleistung vorliegt. Gerade in der datengetriebenen Wirtschaft kann

---

435 *Koch*, in: Säcker et al., MüKo BGB, § 516 Rn. 3 f.

436 *Weidenkaff*, in: Palandt, BGB, § 516 Rn. 4; *Koch*, in: Säcker et al., MüKo BGB, § 516 Rn. 4; *Chiusi*, in: v. Staudinger, BGB, § 516 Rn. 7.

437 S. auch *Schwab*, in: Dauner-Lieb/Langen, BGB, § 662 Rn. 24.

438 So jüngst *Grigoleit*, VersR 2018, 769, 773 m. w. N. Darstellungen auch bei *Fischer*, in: Bamberger et al., Beck'scher OK BGB, § 662 Rn. 14 m. w. N. (Stand: 01.05.2018); *Schwab*, in: Dauner-Lieb/Langen, BGB, § 662 Rn. 24 f.

439 *Mansel*, in: Jauernig, BGB, § 667 Rn. 1, § 670 Rn. 1; *Wiese/Schulze*, in: Schulze, BGB,§ 667 Rn. 1, § 670 Rn. 1. S. hierzu auch sogleich.

von dem Vorliegen eines einträglichen Rechtsgeschäfts nicht nur dann gesprochen werden, wenn eine monetäre Gegenleistung erlangt wird.[440]

5. *Zwischenergebnis*

Als Zwischenergebnis im Hinblick auf die weitere Untersuchung ist vorliegend festzuhalten, dass eine unentgeltliche Leistung im Sinne des Schuldvertragsrechts ausscheidet, wenn eine synallagmatische, kausale oder konditionale Verknüpfung von Leistung und Gegenleistung gegeben ist. Gerade unter Berücksichtigung der Rechtsstellung der Beteiligten im Rahmen von Gefälligkeitsverträgen muss die Gegenleistung nicht in der Entrichtung eines Geldbetrags bestehen. Sie kann vielmehr sowohl vermögensrechtlicher als auch immaterieller Art sein.

Ob im Rahmen des Geschäftsmodells, das Untersuchungsgegenstand der vorliegenden Arbeit ist, eine synallagmatische, kausale oder konditionale Verknüpfung von Leistung und Gegenleistung vorliegt, gilt es sogleich eingehend zu analysieren. Die Beantwortung der Frage, ob ein Vertrag entgeltlich oder unentgeltlich ist, bedarf vor allem im Hinblick auf gesetzlich nicht geregelte Schuldverträge einer eingehenden Betrachtung.[441]

III. Beispiel: Das Nutzungsverhältnis bei sozialen Netzwerken

Am Beispiel des Nutzungsverhältnisses bei sozialen Netzwerken wird nun untersucht, ob im Rahmen des Geschäftsmodells „Personenbezogene Daten als Entgelt" eine synallagmatische, kausale oder konditionale Verknüpfung von Leistung und Gegenleistung vorliegt. Das Nutzungsverhältnis bei sozialen Netzwerken ist beispielhaft für das Geschäftsmodell, in dessen Rahmen für die Inanspruchnahme einer Leistung zwar keine monetäre Gegenleistung zu erbringen, aber eine datenschutzrechtliche Einwilligung zu erteilen ist.

LinkedIn und XING bieten auch sogenannte Premium-Mitgliedschaften an. Nutzer, die sich für eine solche Mitgliedschaft entscheiden, zahlen einen Geldbetrag und können dafür auf weitere Funktionen zugreifen.[442] Da im Rahmen der

---

440 S. auch *Grigoleit*, VersR 2018, 769, 776, 786. Vgl. auch *Spindler*, Privatrechtsdogmatik und Herausforderungen der ‚IT-Revolution', in: Auer et al., Privatrechtsdogmatik im 21. Jahrhundert, S. 719 f.

441 Vgl. auch *Ernst*, Entgeltlichkeit, in: Lobinger, Festschrift für Picker zum 70. Geburtstag, S. 149.

442 S. LinkedIn Ireland Unlimited Company, https://www.linkedin.com/help/linkedin/topics/6156/6157/1412 (zuletzt abgerufen am: 15.09.2018); XING SE, https://www.xing.com/upsell/premium_offers?reagent=uplt_98 (zuletzt abgerufen am: 15.09.2018).

vorliegenden Arbeit ein Geschäftsmodell betrachtet wird, das nicht auf der Entrichtung eines Geldbetrags basiert, wird das Konzept der Premium-Mitgliedschaft aus der Untersuchung ausgeklammert.

An dieser Stelle wird der Frage nachgegangen, ob bereits eine synallagmatische Verknüpfung von Leistung und Gegenleistung bejaht werden kann. Das Vorliegen einer unentgeltlichen Leistung im Sinne des Schuldvertragsrechts ist dann zu verneinen.

Bevor die Ausgestaltung der vertraglichen Beziehung näher untersucht werden kann, ist zunächst zu fragen, ob der Nutzung eines sozialen Netzwerks überhaupt eine vertragliche Beziehung zugrunde liegt.

1. Vorliegen überhaupt einer vertraglichen Beziehung

Um ein soziales Netzwerk nutzen zu können, ist eine Registrierung erforderlich. Im Rahmen dieser Registrierung ist das künftige Mitglied gehalten, seinen richtigen Namen anzugeben. Die Verwendung von Pseudonymen ist verboten. Gleiches gilt für die Angabe weiterer Daten.[443] Der Nutzung eines sozialen Netzwerks liegen umfassende Bedingungswerke zugrunde.[444] LinkedIn spricht explizit von dem Abschluss eines „rechtsverbindlichen Vertrag[s]“[445] durch die Registrierung, XING von einem „Vertragsverhältnis zwischen dem Nutzer und XING“[446]. Auch in den Nutzungsbedingungen von Facebook finden sich die

443 Facebook Ireland Limited, Nutzungsbedingungen, Ziffer 3. 1, abrufbar unter: https://www.facebook.com/legal/terms/update?ref=old_policy (zuletzt abgerufen am: 15.09.2018); XING SE, AGB, A. 2. 3, abrufbar unter: https://www.xing.com/terms (zuletzt abgerufen am: 15.09.2018). S. zur Klarnamenpflicht bei Facebook jüngst LG Berlin, Urt. v. 16.01.2018 – 16 O 341/15, GRUR-RS 2018, 1060, 1060. Das Urteil ist nicht rechtskräftig. S. auch sogleich.

444 S. Facebook Ireland Limited, Nutzungsbedingungen, abrufbar unter: https://www.facebook.com/legal/terms/update?ref=old_policy (zuletzt abgerufen am: 15.09.2018); LinkedIn Ireland Unlimited Company, Nutzervereinbarung, abrufbar unter: https://www.linkedin.com/legal/user-agreement?trk=hb_ft_userag (zuletzt abgerufen am: 15.09.2018); XING SE, AGB, abrufbar unter: https://www.xing.com/terms (zuletzt abgerufen am: 15.09.2018).

445 LinkedIn Ireland Unlimited Company, Nutzervereinbarung, Ziffer 1. 1, abrufbar unter: https://www.linkedin.com/legal/user-agreement?trk=hb_ft_userag (zuletzt abgerufen am: 15.09.2018).

446 XING SE, AGB, A., abrufbar unter: https://www.xing.com/terms (zuletzt abgerufen am: 15.09.2018).

Begriffe „Verpflichtungen“ und „Vereinbarung“.[447] Unter Berücksichtigung der Gesamtumstände muss die Frage, ob der Nutzung eines sozialen Netzwerks eine vertragliche Beziehung zugrunde liegt, bejaht werden.[448]

2. *Ausgestaltung der vertraglichen Beziehung*

Hieran schließt sich die Untersuchung an, wie diese vertragliche Beziehung ausgestaltet ist.

a) *Synallagmatischer Austauschvertrag*

Das Vorliegen einer unentgeltlichen Leistung im Sinne des Schuldvertragsrechts scheidet aus, wenn eine synallagmatische Verknüpfung von Leistung und Gegenleistung gegeben ist. Diese zeichnet sich dadurch aus, dass jede Leistung um der anderen Leistung willen erbracht wird.[449] Um zu untersuchen, ob ein synallagmatisches Austauschverhältnis vorliegt, sind die Hauptleistungspflichten zu identifizieren. Es ist zu betrachten, was dem Vertrag sein spezifisches Gepräge gibt.[450]

Die Widerruflichkeit der datenschutzrechtlichen Einwilligung steht der Annahme eines gegenseitigen Vertrags nicht bereits per se entgegen. Ein gegenseitiger Vertrag kann auch dann vorliegen, wenn das Schicksal des Vertrags von der Willkür einer Vertragspartei abhängt.[451]

---

447 Facebook Ireland Limited, Nutzungsbedingungen, passim, abrufbar unter: https://www.facebook.com/legal/terms/update?ref=old_policy (zuletzt abgerufen am: 15.09.2018).

448 S. auch *Redeker*, in: Hoeren/Sieber/Holznagel, Handbuch Multimedia-Recht, Teil 12, Rn. 422 (Stand: Januar 2018); *Bräutigam/v. Sonnleithner*, in: Hornung/Müller-Terpitz, Rechtshandbuch Social Media, Kap. 3 Rn. 3; *Metzger*, AcP 216 (2016), 817, 834, 838 f., der betont, dass es sich aus diesen Gründen nicht um eine bloße Gefälligkeit handeln könne; *Specht*, Datenverwertungsverträge zwischen Datenschutz und Vertragsfreiheit, S. 6.

449 S. 4. Kapitel, C. II. 1. b) aa). Sind Rechtsbeziehungen als Dauerschuldverhältnisse ausgestaltet, erschwere dies die Qualifikation als synallagmatischer Austauschvertrag, so *Körber*, ZUM 2017, 93, 97. Dies erschließt sich nicht, s. nur *Klappstein*, in: Dauner-Lieb/Langen, BGB, § 611 Rn. 2 f.

450 *Buchner*, Informationelle Selbstbestimmung im Privatrecht, S. 268; *Specht*, JZ 2017, 763, 764.

451 *Langhanke*, Daten als Leistung, S. 119; *Metzger*, AcP 216 (2016), 817, 834 f. m. Verweis auf *Westermann*, in: Erman, BGB, Vorb. § 320 Rn. 8. Vgl. auch Arbeitsgruppe „Digitaler Neustart“, Bericht v. 15.05.2017, S. 207 ff.

Um die Frage zu beantworten, ob es sich bei dem sogenannten Social Media-Vertrag, also dem Vertrag zwischen dem Betreiber eines sozialen Netzwerks und dessen Nutzer,[452] um einen synallagmatischen Austauschvertrag handelt, werden an dieser Stelle exemplarisch die Bedingungswerke von Facebook betrachtet.

In Ziffer 3. 3. 2 der Nutzungsbedingungen heißt es:

> „Dein Name und dein Profilbild sowie Informationen über Handlungen, die du auf Facebook vorgenommen hast, können neben oder in Verbindung mit Werbeanzeigen, Angeboten und sonstigen gesponserten Inhalten verwendet werden, die wir in unseren Produkten anzeigen, ohne dass du hierfür einen Ausgleich erhältst."[453]

Um ein vollständiges Bild zu erlangen, ist auch die zugehörige Datenrichtlinie in die Untersuchung einzubeziehen. Facebook erfasst zunächst die von einem selbst bereitgestellten Informationen und Inhalte, Informationen über eigene Netzwerke und Verbindungen, Informationen über das eigene Nutzungsverhalten, Informationen über mithilfe von Facebook-Produkten durchgeführte Transaktionen und Aktivitäten anderer Nutzer und von diesen über einen selbst bereitgestellte Informationen. Weiter erfasst Facebook Geräteinformationen, nämlich Geräteattribute, Vorgänge auf dem Gerät, Identifikatoren, Gerätesignale, Informationen aus den Geräteeinstellungen, Netzwerk und Verbindungen und Cookie-Daten. Schließlich erfasst Facebook Informationen von Partnern.[454] Diese Informationen verwendet Facebook zur „Bereitstellung, Personalisierung und Verbesserung [...] [seiner] Produkte"[455], zur „Bereitstellung

---

452 *Bräutigam/v. Sonnleithner*, in: Hornung/Müller-Terpitz, Rechtshandbuch Social Media, Kap. 3 Rn. 7.

453 Facebook Ireland Limited, Nutzungsbedingungen, Ziffer 3. 3. 2, abrufbar unter: https://www.facebook.com/legal/terms/update?ref=old_policy (zuletzt abgerufen am: 15.09.2018). Überdies ist auch Ziffer 3. 3. 1 der Nutzungsbedingungen zu beachten: „Insbesondere wenn du Inhalte, die durch geistige Eigentumsrechte geschützt sind (wie Fotos und Videos), auf oder in Verbindung mit unseren Produkten teilst, postest oder hochlädst, gewährst du uns eine nicht-exklusive, übertragbare, unterlizenzierbare und weltweite Lizenz, deine Inhalte [...] zu hosten, zu verwenden, zu verbreiten, zu modifizieren, auszuführen, zu kopieren, öffentlich vorzuführen oder anzuzeigen, zu übersetzen und abgeleitete Werke davon zu erstellen. Diese Lizenz dient nur dem Zweck, dir unsere Produkte bereitzustellen."

454 Facebook Ireland Limited, Datenrichtlinie, „Welche Arten von Informationen erfassen wir?", abrufbar unter: https://www.facebook.com/about/privacy/update (zuletzt abgerufen am: 15.09.2018).

455 Facebook Ireland Limited, Datenrichtlinie, „Wie verwenden wir diese Informationen?", abrufbar unter: https://www.facebook.com/about/privacy/update (zuletzt abgerufen am: 15.09.2018).

von Messungen, Analysen und sonstigen Unternehmens-Services“[456], zur „Förderung von Schutz, Integrität und Sicherheit“[457], zur Kommunikation mit dem Nutzer und für „Forschung und Innovation für soziale Zwecke“[458]. Ohne nach dem jeweiligen Verarbeitungszweck zu differenzieren, benennt Facebook als mögliche Rechtsgrundlagen für die Verarbeitung der personenbezogenen Daten alle in Art. 6 Abs. 1 DS-GVO normierten Erlaubnistatbestände.[459]

Hauptleistungspflicht von Facebook ist die dauerhafte Zurverfügungstellung einer technischen Plattform.[460] Die Betrachtung der Bedingungswerke von Facebook verdeutlicht, dass Facebook seine Infrastruktur gerade deshalb zur Verfügung stellt, um die personenbezogenen Daten seiner Nutzer umfassend verarbeiten zu können – und somit deren wirtschaftlichen Wert für sich zu nutzen. Wenngleich in der Datenrichtlinie von Facebook auf den gesamten Art. 6 Abs. 1 DS-GVO Bezug genommen wird, verkörpert gerade jene Verarbeitung personenbezogener Daten für den Verantwortlichen einen wirtschaftlichen Wert, die auf die datenschutzrechtliche Einwilligung und nicht auf einen gesetzlichen Erlaubnistatbestand gestützt wird.[461] Es ist gerade die Erklärung der datenschutzrechtlichen Einwilligung, die als Gegenleistung des Nutzers zu qualifizieren ist.[462] Bereits diese Feststellungen sprechen dafür, von einer synallagmatischen Verknüpfung der dauerhaften Zurverfügungstellung einer technischen Plattform und der Erklärung der datenschutzrechtlichen Einwilligung auszugehen. Da sich die schon mehrfach hervorgehobenen wirtschaftlichen Zusammenhänge, auf denen das Geschäftsmodell „Personenbezogene Daten

---

456 Facebook Ireland Limited, Datenrichtlinie, „Wie verwenden wir diese Informationen?“, abrufbar unter: https://www.facebook.com/about/privacy/update (zuletzt abgerufen am: 15.09.2018).

457 Facebook Ireland Limited, Datenrichtlinie, „Wie verwenden wir diese Informationen?“, abrufbar unter: https://www.facebook.com/about/privacy/update (zuletzt abgerufen am: 15.09.2018).

458 Facebook Ireland Limited, Datenrichtlinie, „Wie verwenden wir diese Informationen?“, abrufbar unter: https://www.facebook.com/about/privacy/update (zuletzt abgerufen am: 15.09.2018).

459 Facebook Ireland Limited, Datenrichtlinie, „Was ist unsere Rechtsgrundlage für die Verarbeitung von Daten?“, abrufbar unter: https://www.facebook.com/about/privacy/update (zuletzt abgerufen am: 15.09.2018).

460 *Redeker*, in: Hoeren/Sieber/Holznagel, Handbuch Multimedia-Recht, Teil 12, Rn. 420 (Stand: Januar 2018); *Bräutigam/v. Sonnleithner*, in: Hornung/Müller-Terpitz, Rechtshandbuch Social Media, Kap. 3 Rn. 9; *Redeker*, IT-Recht, Rn. 1173.

461 S. 6. Kapitel, B. II.

462 S. schon 4. Kapitel, B. III.

als Entgelt" basiert, in den Bedingungswerken maßgeblich widerspiegeln, geht die vorliegende Verknüpfung von Leistung und Gegenleistung auch gerade über einen bloß tatsächlichen, wirtschaftlichen Zusammenhang hinaus.

Dass eine synallagmatische Verknüpfung der dauerhaften Zurverfügungstellung einer technischen Plattform und der Erklärung der datenschutzrechtlichen Einwilligung vorliegt, veranschaulicht auch der folgende Vergleich: Wie bereits erwähnt, erwägt Facebook laut Medienberichten, ein optionales Bezahlmodell einzuführen. Dieses wäre wohl so ausgestaltet, dass Nutzer einen Geldbetrag entrichten, ihre personenbezogenen Daten dann aber nicht für den Zweck zielgerichteter Werbung verarbeitet werden.[463] Der Nutzer bezahlte also, um die Dienste von Facebook in Anspruch nehmen zu können. Vertragstypolgisch läge vorrangig ein Werkvertrag vor.[464] Bei einem Werkvertrag handelt es sich um einen entgeltlichen Vertrag, in dessen Rahmen Leistung und Gegenleistung synallagmatisch miteinander verknüpft sind.[465] Facebook ist für jene Verarbeitungen personenbezogener Daten, durch die es sich finanziert, auf die Erklärung der datenschutzrechtlichen Einwilligung angewiesen. Dies gilt gerade auch für die umfassende Verarbeitung personenbezogener Daten zu Werbezwecken.[466] Im Rahmen des skizzierten optionalen Bezahlmodells tritt anstelle der Erklärung der datenschutzrechtlichen Einwilligung die Entrichtung eines Geldbetrags. Der Begriff des Entgelts im Sinne des Schuldvertragsrecht setzt nicht die Erbringung einer monetären Gegenleistung voraus, sondern stellt vielmehr die rechtliche Verknüpfung von Leistung und Gegenleistung in den Mittelpunkt. Es ist daher nicht ersichtlich, warum bei Erklärung der datenschutzrechtlichen Einwilligung kein entgeltlicher Vertrag vorliegen sollte, bei Entrichtung eines Geldbetrags hingegen schon.

Das untersuchte Nutzungsverhältnis basiert also auf der synallagmatischen Verknüpfung der dauerhaften Zurverfügungstellung einer technischen Plattform und der Erklärung der datenschutzrechtlichen Einwilligung.[467]

---

463 *N. N.*, Facebook-Managerin Sandberg denkt über ein Bezahlmodell nach, Handelsblatt, 06.04.2018, abrufbar unter: https://www.handelsblatt.com/unternehmen/it-medien/datenskandal-facebook-managerin-sandberg-denkt-ueber-ein-bezahlmodell-nach/21147482.html?ticket=ST-2628156-sRhHZfhsYcUdBoArr6PB-ap4 (zuletzt abgerufen am: 15.09.2018). S. auch schon 1. Kapitel, B.

464 Vgl. *Redeker*, in: Hoeren/Sieber/Holznagel, Handbuch Multimedia-Recht, Teil 12, Rn. 421 (Stand: Januar 2018).

465 S. nur *Mansel*, in: Jauernig, BGB, § 631 Rn. 1.

466 S. 6. Kapitel, B. II. 3.

467 Im Ergebnis so auch *Specht*, in: Artz et al., beck-online.GK BGB, § 823 Rn. 1226 (Stand: 01.02.2018); *Müller-Riemenschneider*, in: Bräutigam/Rücker, E-Commerce

Auch *Redeker*, der das Nutzungsverhältnis teilt,[468] gesteht zu, dass es sich unter tatsächlichen Gesichtspunkten bei den Daten der Mitglieder um die Gegenleistung für die Nutzung des sozialen Netzwerks handele und ein Austauschvertrag angenommen werden müsste. Es fehle jedoch an den notwendigen Willenserklärungen der Nutzer. Der Nutzer wisse nicht, dass seine personenbezogenen Daten von sozialen Netzwerken kommerziell verwertet werden. Zumindest werde für den Nutzer im Rahmen der Registrierung nicht deutlich, dass die Nutzung des sozialen Netzwerks von der Erklärung der datenschutzrechtlichen Einwilligung abhängt. Für ihn stelle sich die Nutzung des sozialen Netzwerks als unentgeltlich dar.[469]

Diesem Einwand ist zunächst entgegenzuhalten, dass sich bereits pauschalisierende Ergebnisse bezüglich aller Nutzer verbieten.[470] Zudem wird im Rahmen der Registrierung bei Facebook explizit auf die Nutzungsbedingungen und die Datenrichtlinie hingewiesen.[471]

Ferner ist auch auf die DS-GVO Bezug zu nehmen. Art. 4 Nr. 11 DS-GVO beinhaltet eine Legaldefinition des Begriffs „Einwilligung". Art. 4 Nr. 11 DS-GVO verlangt insbesondere eine *unmissverständlich* abgegebene Willensbekundung in Form einer *eindeutigen* bestätigenden Handlung. Dieses Erfordernis wird in Erwägungsgrund 32 S. 2 und 3 DS-GVO konkretisiert. Beispielhaft werden in Erwägungsgrund 32 S. 2 DS-GVO das Anklicken eines Kästchens beim Besuch einer Internetseite und die Auswahl technischer Einstellungen für Dienste der Informationsgesellschaft genannt. Stillschweigen, bereits angekreuzte Kästchen

---

Rechtshandbuch, 7. Teil Rn. 14 ff., der gleichwohl von einem „von Unentgeltlichkeit geprägte[n] Geschäftsmodell" spricht; *Kutscher*, Der Digitale Nachlass, S. 46; *Bräutigam*, MMR 2012, 635, 639 f.; *Luch/Schulz/Kuhlmann*, EuR 2014, 698, 715; *Specht*, Ordnung der Wissenschaft 2017, 121, 123; Arbeitsgruppe „Digitaler Neustart", Bericht v. 15.05.2017, S. 201 ff. S. auch *Bräutigam/v. Sonnleithner*, in: Hornung/Müller-Terpitz, Rechtshandbuch Social Media, Kap. 3 Rn. 18 f.; *Benninghoff*, VuR 2013, 361, 361 f.

468 S. hierzu sogleich.

469 *Redeker*, in: Hoeren/Sieber/Holznagel, Handbuch Multimedia-Recht, Teil 12, Rn. 428 (Stand: Januar 2018); Redeker, IT-Recht, Rn. 1174 f.

470 DIVSI, Studie: Daten – Ware und Währung, S. 16. Eine Klausel, die das Geschäftsmodell „Personenbezogene Daten als Entgelt" zum Ausdruck bringt, kann aus diesem Grund auch nicht ohne Weiteres als überraschende Klausel im Sinne des § 305c Abs. 1 BGB qualifiziert werden, s. Arbeitsgruppe „Digitaler Neustart", Bericht v. 15.05.2017, S. 199.

471 S. Facebook Ireland Limited, https://www.facebook.com/ (zuletzt abgerufen am: 15.09.2018). S. auch *Metzger*, AcP 216 (2016), 817, 834, 838. Vgl. auch Arbeitsgruppe „Digitaler Neustart", Bericht v. 15.05.2017, S. 199.

oder Untätigkeit werden in Erwägungsgrund 32 S. 3 DS-GVO als Gegenbeispiele aufgeführt. Der Rückgriff auf sogenannte Opt-out-Lösungen ist nicht mehr möglich. Opt-out-Lösungen setzen ein aktives Handeln der betroffenen Person voraus, damit *keine* Verarbeitung personenbezogener Daten erfolgt.[472] Die Rechtsprechung ließ im Hinblick auf §§ 4 Abs. 1, 4a Abs. 1 BDSG a. F. Opt-out-Lösungen bisher zu.[473] In Art. 4 Nr. 11 DS-GVO ist somit das Erfordernis verankert, dass sich die betroffene Person bewusst ist, eine Einwilligung abzugeben.[474]

Gewisse Parallelen können an dieser Stelle zur allgemeinen Rechtsgeschäftslehre des BGB gezogen werden, namentlich zum sogenannten Erklärungsbewusstsein. Hierunter ist das Bewusstsein des Erklärenden zu verstehen, eine rechtserhebliche Erklärung abzugeben. Nach herrschender Meinung in Rechtsprechung und Literatur liegt eine dem Erklärenden zurechenbare Willenserklärung auch bei fehlendem Erklärungsbewusstsein vor. Dies setzt jedoch voraus, dass der Erklärende unter Berücksichtigung der im Verkehr erforderlichen Sorgfalt hätte erkennen und vermeiden können, dass sein Handeln als Willenserklärung begriffen werden darf und letztlich auch als eine solche verstanden wurde, sogenanntes potentielles Erklärungsbewusstsein.[475] Mit dem Begriff der Unmissverständlichkeit wird auch in Art. 4 Nr. 11 DS-GVO auf den Empfängerhorizont Bezug genommen. Ein Missverständnis liegt gemeinhin dann vor, wenn jemand das Verhalten eines anderen falsch deutet.[476] Um den Anforderungen gerecht zu werden, die die DS-GVO an eine wirksame Einwilligung stellt, muss also eine unmissverständliche Willensbekundung vorliegen. Auch dies ist dem oben genannten Einwand entgegenzuhalten.

Des Weiteren erfordert Art. 4 Nr. 11 DS-GVO eine in informierter Weise abgegebene Willensbekundung. Die betroffene Person muss überschauen können,

---

472 *Buchner/Kühling*, in: Kühling/Buchner, DS-GVO/BDSG, Art. 7 DS-GVO Rn. 57 f.; *Stemmer*, in: Wolff/Brink, Beck'scher OK Datenschutzrecht, Art. 7 DS-GVO Rn. 83 (Stand: 01.05.2018); *Albrecht/Jotzo*, Das neue Datenschutzrecht der EU, Teil 3 Rn. 39; *Wolff*, in: Schantz/Wolff, Das neue Datenschutzrecht, Rn. 492; *Kühling/Martini*, EuZW 2016, 448, 451.

473 *Buchner/Kühling*, in: Kühling/Buchner, DS-GVO/BDSG, Art. 7 DS-GVO Rn. 58; *Stemmer*, in: Wolff/Brink, Beck'scher OK Datenschutzrecht, Art. 7 DS-GVO Rn. 83 (Stand: 01.05.2018); *Wolff*, in: Schantz/Wolff, Das neue Datenschutzrecht, Rn. 492 f.

474 *Buchner/Kühling*, in: Kühling/Buchner, DS-GVO/BDSG, Art. 7 DS-GVO Rn. 56 f.

475 *Wendtland*, in: Bamberger et al., Beck'scher OK BGB, § 133 Rn. 6 (Stand: 01.05.2018); *Feuerborn*, in: Heidel et al., BGB, Vorb. zu §§ 116–144 Rn. 7.

476 S. auch *Ingold*, in: Sydow, DS-GVO, Art. 4 Rn. 172. Vgl. auch *Buchner/Kühling*, in: Kühling/Buchner, DS-GVO/BDSG, Art. 7 DS-GVO Rn. 56; *Albrecht/Jotzo*, Das neue Datenschutzrecht der EU, Teil 3 Rn. 39.

was die Erklärung der Einwilligung für sie bedeutet. Ihr sind vom Verantwortlichen alle entscheidungserheblichen Informationen mitzuteilen, insbesondere sein Name und seine Kontaktdaten, die Zwecke, für die die personenbezogenen Daten verarbeitet werden sollen, gegebenenfalls die Empfänger oder Kategorien von Empfängern der personenbezogenen Daten und die Dauer, für die die personenbezogenen Daten gespeichert werden (siehe auch Art. 13, 14 DS-GVO).[477] Die DS-GVO setzt somit voraus, dass die betroffene Person insbesondere über die Zwecke informiert wird, für die ihre personenbezogenen Daten verarbeitet werden. Dies bedeutet, dass sie über jene Verarbeitungszwecke zu informieren ist, die die tragenden Säulen datengetriebener Geschäftsmodelle sind. Der von *Redeker* vorgebrachte Einwand gegen die Annahme eines synallagmatischen Austauschvertrags dringt somit nicht durch.

Auch die Rechtsprechung ist bereits vereinzelt der Frage nachgegangen, ob die Erklärung der datenschutzrechtlichen Einwilligung die Entgeltlichkeit eines Vertrags begründet.[478] Im Hinblick auf das Nutzungsverhältnis bei sozialen Netzwerken ist insoweit insbesondere auf das Landgericht Berlin Bezug zu nehmen.

Im Jahr 2015 urteilte das Landgericht Berlin zur Frage des Zugangs eines Erben zu einem Facebook-Account – ein Urteil, das nicht nur in Fachkreisen beachtet wurde. In diesem Zusammenhang qualifizierte es das Nutzungsverhältnis als schuldrechtlichen Vertrag mit miet-, werk- und dienstvertraglichen Elementen. Es verwies insoweit auf Stimmen in der Literatur, die in der Möglichkeit des Verantwortlichen, personenbezogene Daten zu verarbeiten, eine die Entgeltlichkeit des Vertrags begründende Gegenleistung des Nutzers erblicken.[479] Genauer qualifiziert *Bräutigam* die „lizenzähnliche[] Einräumung der Nutzung personenbezogener Daten für Werbezwecke“[480] als Gegenleistung.[481] *Brinkert/Stolze/Heidrich* beziehen sich auf die Zustimmung des Nutzers zu den Nutzungs- und Datenschutzbestimmungen.[482] Das Kammergericht Berlin als Berufungsinstanz schloss sich insoweit an.[483] Der Bundesgerichtshof, der jüngst als

---

477 *Buchner/Kühling*, in: Kühling/Buchner, DS-GVO/BDSG, Art. 7 DS-GVO Rn. 59; *Ernst*, in: Paal/Pauly, DS-GVO/BDSG, Art. 4 DS-GVO Rn. 83; *Ingold*, in: Sydow, DS-GVO, Art. 4 Rn 176.

478 S. dazu sogleich.

479 LG Berlin, Urt. v. 17.12.2015 – 20 O 172/15, ZD 2016, 182, 183 m. Verweis auf *Bräutigam*, MMR 2012, 635, *640* – wohl versehentlich wird auf *Bräutigam*, MMR 2012, 635, *649* verwiesen – und *Brinkert/Stolze/Heidrich*, ZD 2013, 153, 154.

480 *Bräutigam*, MMR 2012, 635, 640.

481 *Bräutigam*, MMR 2012, 635, 640.

482 *Brinkert/Stolze/Heidrich*, ZD 2013, 153, 154.

483 KG Berlin, Urt. v. 31.05.2017 – 21 U 9/16, ZD 2017, 386, 387.

Revisionsinstanz entschied, bestätigte, dass dem Nutzungsverhältnis ein schuldrechtlicher Vertrag zugrunde liege. Welche Rechtsnatur dieser Vertrag hat, ließ er allerdings unbeantwortet. Diese Frage sei im vorliegenden Fall nicht entscheidungserheblich.[484] Die Ausführungen des Land- und des Kammergerichts Berlin stützen das soeben gefundene Ergebnis.

Das Landgericht Berlin entschied auch einen Rechtsstreit zwischen dem Bundesverband der Verbraucherzentralen und Verbraucherverbände – Verbraucherzentrale Bundesverband e. V. (vzbv) als Kläger und Facebook als Beklagter.[485] Dieses Urteil wird teilweise dahingehend verstanden, dass das Landgericht Berlin (nunmehr) die Entgeltqualität der Erteilung der datenschutzrechtlichen Einwilligung verneint.[486] Ausgangspunkt des Urteils des Landgerichts Berlin ist der Begriff der Kosten im Sinne der Nr. 21 des Anhangs zu § 3 Abs. 3 UWG. Das sogleich näher betrachtete Urteil ist in zweifacher Hinsicht von Bedeutung: Auf der einen Seite betrifft es die Frage, ob die Erklärung der datenschutzrechtlichen Einwilligung Entgeltqualität hat. Auf der anderen Seite unterstreicht es, dass sich in verschiedenen Rechtsgebieten – hier dem Wettbewerbsrecht – mit der rechtlichen Erfassung des in dieser Arbeit betrachteten Geschäftsmodells auseinanderzusetzen ist.

Mit Urteil vom 16.01.2018 erkannte das Gericht für Recht, dass die Beklagte mit Angaben auf ihren Internetseiten, Voreinstellungen der Benutzerkonten und Teilen ihrer Bedingungswerke gegen deutsches Recht verstoße, insbesondere gegen Bestimmungen des Datenschutzrechts. Der Umstand, dass die Beklagte Voreinstellungen der Benutzerkonten trifft, führe beispielweise zur Unwirksamkeit der datenschutzrechtlichen Einwilligung. Denn aus diesem Grund liege keine informierte Einwilligung seitens des Nutzers vor. Unzulässig sei insbesondere auch das sogenannte Klarnamenprinzip. Das Gericht sah 14 der insgesamt 26 von dem vzvb geltend gemachten Unterlassungsanträgen als begründet an.[487]

---

484 BGH, Urt. v. 12.07.2018 – III ZR 183/17, BeckRS 2018, 16463 Rn. 19.

485 LG Berlin, Urt. v. 16.01.2018 – 16 O 341/15, GRUR-RS 2018, 1060, 1060.

486 *Heldt*, MMR 2018, 328, 333.

487 LG Berlin, Urt. v. 16.01.2018 – 16 O 341/15, GRUR-RS 2018, 1060, 1060. Der vzbv kündigte an, Berufung einzulegen, soweit das LG Berlin die Klage abgewiesen hat, s. vzbv, Facebook verstößt gegen deutsches Datenschutzrecht, Pressemitteilung v. 12.02.2018, abrufbar unter: https://www.vzbv.de/pressemitteilung/facebook-verstoesst-gegen-deutsches-datenschutzrecht (zuletzt abgerufen am: 15.09.2018). Laut Medienberichten legte Facebook Berufung ein, s. *N. N.*, Landgericht Berlin untersagt Voreinstellungen von Facebook, ZEIT ONLINE, 12.02.2018, abrufbar unter: https://www.zeit.de/news/2018-02/12/landgericht-berlin-untersagt-voreinstellungen-von-facebook-180212-99-35613#!top-of-overscroll (zuletzt abgerufen am: 15.09.2018).

Als unbegründet erachtete das Landgericht Berlin unter anderem den Antrag des Klägers, die Beklagte zu verurteilen, es zu unterlassen, im Rahmen geschäftlicher Handlungen gegenüber Verbrauchern, die ihren ständigen Wohnsitz in Deutschland haben, auf ihrer Internetseite zu erklären, dass Facebook kostenlos sei und bleibe („Facebook ist und bleibt kostenlos.“).[488] Aus Sicht des vzbv verstoße diese Erklärung gegen § 3 Abs. 3 UWG in Verbindung mit Nr. 21 des Anhangs zu § 3 Abs. 3 UWG. Zudem sei sie irreführend gemäß § 5 Abs. 1 S. 2 Nr. 1 UWG.[489] Nr. 21 des Anhangs zu § 3 Abs. 3 UWG verbietet es, Waren oder Dienstleistungen beispielweise als „gratis“, „umsonst“ oder „kostenfrei“ anzubieten, obwohl für diese Kosten zu tragen sind. Der vzbv stellte heraus, dass der Nutzer Facebook seine personenbezogenen Daten bereitstelle. Hierin sei eine Gegenleistung zu sehen, sodass der Nutzer „Kosten“ im Sinne der Nr. 21 des Anhangs zu § 3 Abs. 3 UWG zu tragen habe. Facebook täusche seine Nutzer über Vorteile und Leistungen.[490] Facebook argumentierte hingegen, dass Nr. 21 des Anhangs zu § 3 Abs. 3 UWG nur greife, wenn eine Geldzahlung getätigt werden müsse. Dies sei jedoch nicht der Fall.[491]

Für das Landgericht Berlin unterfielen Nr. 21 des Anhangs zu § 3 Abs. 3 UWG nur solche „Sachverhalte, in denen tatsächlich versteckte ‚Kosten‘ im Sinne mittel- oder unmittelbarer Zahlungspflichten bzw. ‚pekuniäre Belastungen‘ für den Verbraucher entstehen“[492]. Wenngleich der Begriff der Kosten im Sinne der Nr. 21 des Anhangs zu § 3 Abs. 3 UWG zwar weit auszulegen sei, müssten jedoch zumindest „wirtschaftliche Belastungen des Verbrauchers im Sinne einer echten Vermögensbeeinträchtigung“[493] vorliegen. Es sei nicht ausreichend, dass „ein irgendwie gestaltetes ‚Entgelt‘ oder eine Gegenleistung anderer Art“[494] erbracht werde. Die Erteilung einer datenschutzrechtlichen Einwilligung berühre den Nutzer alleinig in seinem Recht auf informationelle Selbstbestimmung und somit in „rein immateriellen Interessen“[495]; hieraus resultierten keine „unmittelbaren

---

488 LG Berlin, Urt. v. 16.01.2018 – 16 O 341/15, GRUR-RS 2018, 1060, 1060 Rn. 7, 29.

489 LG Berlin, Urt. v. 16.01.2018 – 16 O 341/15, GRUR-RS 2018, 1060, 1060 Rn. 6. Im Urteil wird wohl versehentlich auf § 3 *Abs. 2* UWG Bezug genommen. Auch wird lediglich § 5 Abs. 1 Nr. 1 UWG benannt und nicht § 5 Abs. 1 *S. 2* Nr. 1 UWG zitiert. In diesem Zusammenhang stellt sich bereits die Frage, ob nicht vielmehr auf § 5 Abs. 1 S. 2 *Nr. 2* UWG abzustellen ist.

490 LG Berlin, Urt. v. 16.01.2018 – 16 O 341/15, GRUR-RS 2018, 1060, 1060 Rn. 6.

491 LG Berlin, Urt. v. 16.01.2018 – 16 O 341/15, GRUR-RS 2018, 1060, 1060 Rn. 9.

492 LG Berlin, Urt. v. 16.01.2018 – 16 O 341/15, GRUR-RS 2018, 1060, 1060 Rn. 30.

493 LG Berlin, Urt. v. 16.01.2018 – 16 O 341/15, GRUR-RS 2018, 1060, 1060 Rn. 30.

494 LG Berlin, Urt. v. 16.01.2018 – 16 O 341/15, GRUR-RS 2018, 1060, 1060 Rn. 30.

495 LG Berlin, Urt. v. 16.01.2018 – 16 O 341/15, GRUR-RS 2018, 1060, 1060 Rn. 30.

finanziellen Einbußen“[496]. Zu einer solchen Auslegung komme schließlich auch der durchschnittlich informierte und verständige Verbraucher.[497]

Jenen, die das Urteil des Landgerichts Berlin nun dahingehend verstehen, dass dieses die Entgeltqualität der Erklärung der datenschutzrechtlichen Einwilligung verneint, ist zuzugestehen, dass das Gericht erklärte, es liege höchstens eine „Gegenleistung anderer Art“[498] vor – und nicht „ein irgendwie gestaltetes ‚Entgelt‘“[499]. Das Gericht setzte sich jedoch nicht eingehender mit dem Begriff des Entgelts im Sinne des Schuldvertragsrechts des BGB auseinander. Es konzentrierte sich – unter Berücksichtigung des Antrags des Klägers zu Recht – auf den Begriff der Kosten im Sinne der Nr. 21 des Anhangs zu § 3 Abs. 3 UWG. Die Ausführungen des Gerichts sind aus diesem Grund dahingehend zu verstehen, dass es finanzielle Belastungen von sonstigen Belastungen abgrenzen wollte. Auch wenn das Gericht verneinte, dass es sich bei der Erteilung einer datenschutzrechtlichen Einwilligung um „Kosten“ im Sinne der Nr. 21 des Anhangs zu § 3 Abs. 3 UWG handelt, bedeutet dies nicht, dass es – bei eingehender Betrachtung – auch die Entgeltlichkeit im Sinne des Schuldvertragsrechts des BGB verneinen muss. Schließlich erklärte das Landgericht Berlin zumindest, dass eine „Gegenleistung anderer Art“[500] vorliegen könne.[501]

Es stellte sodann auch klar, dass es der Erklärung der Beklagten auf ihrer Internetseite nicht die Behauptung entnehme, dass überhaupt keine Gegenleistung des Nutzers vorliegt. Es verneinte aus diesem Grund eine Irreführung des Verbrauchers.[502] Der zuletzt genannte Aspekt verweist auf die Feststellung, dass den entgeltlichen Vertrag (lediglich) das Vorliegen einer rechtlichen Verknüpfung von Leistung und Gegenleistung auszeichnet. Maßgeblich ist gerade nicht, dass es sich um eine monetäre Gegenleistung handelt.

Nachdem soeben herausgearbeitet wurde, dass dem Nutzungsverhältnis bei sozialen Netzwerken ein synallagmatischer Austauschvertrag zugrunde liegt, kann gefragt werden, ob dieser einem gesetzlichen Vorbild folgt und, wenn ja, welchem.

---

496 LG Berlin, Urt. v. 16.01.2018 – 16 O 341/15, GRUR-RS 2018, 1060, 1060 Rn. 30. Der vzbv nahm wohl auch auf *Art. 2* Nr. 5 RL 2011/83/EU Bezug (im Urteil wird auf *Ziffer 5* RL 2011/83/EU abgestellt), s. hierzu auch 4. Kapitel, C. V.

497 LG Berlin, Urt. v. 16.01.2018 – 16 O 341/15, GRUR-RS 2018, 1060, 1060 Rn. 31.

498 LG Berlin, Urt. v. 16.01.2018 – 16 O 341/15, GRUR-RS 2018, 1060, 1060 Rn. 30.

499 LG Berlin, Urt. v. 16.01.2018 – 16 O 341/15, GRUR-RS 2018, 1060, 1060 Rn. 30.

500 LG Berlin, Urt. v. 16.01.2018 – 16 O 341/15, GRUR-RS 2018, 1060, 1060 Rn. 30.

501 LG Berlin, Urt. v. 16.01.2018 – 16 O 341/15, GRUR-RS 2018, 1060, 1060 Rn. 30.

502 LG Berlin, Urt. v. 16.01.2018 – 16 O 341/15, GRUR-RS 2018, 1060, 1060 Rn. 31.

Die Gegenleistung des Nutzers wird teilweise als „lizenzähnliche[] Einräumung der Nutzung personenbezogener Daten für Werbezwecke“[503] begriffen. Abhängig von den Umständen des Einzelfalls sei Miet- oder Kaufrecht anwendbar. Die Zurverfügungstellung der technischen Plattform sei ihrerseits anhand von Miet- und Dienstvertragsrecht zu messen. Es liege ein doppeltypischer Vertrag vor.[504] Auch andere qualifizieren die Erklärung der datenschutzrechtlichen Einwilligung – sowohl im Rahmen der punktuellen, endgültigen Überlassung digitaler Inhalte als auch bei der dauerschuldvertraglichen Nutzungsmöglichkeit digitaler Netzwerke – ihrerseits ebenfalls als lizenzähnlich und vergleichen sie mit der Einräumung von Nutzungsrechten an Persönlichkeitsgütern, zum Beispiel dem eigenen Bild. Auf diese sei Miet- und Pachtvertragsrecht anzuwenden, sodass letztlich ein doppeltypischer Vertrag vorliege.[505]

Das im Rahmen der vorliegenden Arbeit betrachtete Geschäftsmodell basiert auf der Kommerzialisierung des Rechts auf informationelle Selbstbestimmung als Ausprägung des allgemeinen Persönlichkeitsrechts.[506] Es bietet sich insoweit an, Anleihen bei der Einräumung von Nutzungsrechten an Persönlichkeitsgütern zu nehmen, deren Kommerzialisierung seit jeher propagiert wird.

b) Teilung des Nutzungsverhältnisses

Häufig wird bei der vertragsrechtlichen Einordnung der Nutzung eines sozialen Netzwerks (noch) eine Teilung vorgenommen. Es wird zwischen der unentgeltlichen Zurverfügungstellung einer technischen Plattform und der datenschutzrechtlichen Einwilligung als Grundlage der Verarbeitung personenbezogener Daten getrennt.[507]

Da die Hauptleistungspflicht des Betreibers eines sozialen Netzwerks in der dauerhaften Zurverfügungstellung einer technischen Plattform besteht, sei bei Entgeltlichkeit in der Regel ein Werkvertrag anzunehmen. Zur Schließung rechtlicher Lücken sei auf das Mietvertragsrecht zurückzugreifen.[508] Im Falle eines

503 *Bräutigam*, MMR 2012, 635, 640.

504 *Bräutigam*, MMR 2012, 635, 639 f. So auch *Müller-Riemenschneider*, in: Bräutigam/Rücker, E-Commerce Rechtshandbuch, 7. Teil Rn. 17.

505 *Specht*, JZ 2017, 763, 764 ff. S. hierzu auch *Metzger*, AcP 216 (2016), 817, 837 f.

506 S. 3. Kapitel, B. II.

507 S. hierzu *Müller-Riemenschneider*, in: Bräutigam/Rücker, E-Commerce Rechtshandbuch, 7. Teil Rn. 2 ff.; *Bräutigam*, MMR 2012, 635, 635 ff.

508 *Müller-Riemenschneider*, in: Bräutigam/Rücker, E-Commerce Rechtshandbuch, 7. Teil Rn. 8; *Redeker*, in: Hoeren/Sieber/Holznagel, Handbuch Multimedia-Recht, Teil 12 Rn. 420 f. (Stand: Januar 2018); *Bräutigam/v. Sonnleithner*, in: Hornung/Müller-Terpitz, Rechtshandbuch Social Media, Kap. 3 Rn. 28 f.; *Redeker*, IT-Recht, Rn. 1773, der u. U. auch auf Dienstvertragsrecht zurückgreifen will.

Werkvertrags im Sinne des § 631 BGB liegt bei Unentgeltlichkeit ein Auftrag im Sinne des § 662 BGB vor, im Falle eines Mietvertrags im Sinne des § 535 BGB eine Leihe im Sinne des § 598 BGB.[509]

Die Teilung des Nutzungsverhältnisses – und die damit einhergehende Verneinung eines synallagmatischen Austauschvertrags – bildet bereits das einem sozialen Netzwerk zugrunde liegende Geschäftsmodell, das sich gerade in den exemplarisch betrachteten Bedingungswerken von Facebook widerspiegelt, nicht hinreichend ab. Sie verwehrt sich geradezu jenen wirtschaftlichen Zusammenhängen, auf denen das Geschäftsmodell von Facebook und anderen sozialen Netzwerken basiert. Aus diesem Grund ist sie als künstlich zu charakterisieren.[510]

Zudem wirft die Einordnung als Auftrag maßgebliche Probleme auf. Auch diese stehen der Richtigkeit dieser Einordnung entgegen.[511] Im Rahmen eines Auftrags im Sinne des § 662 BGB wird der Beauftragte im fremden Interessenskreis tätig.[512] Der Betreiber eines sozialen Netzwerks stellt eine technische Plattform zur Verfügung, damit die Nutzer miteinander kommunizieren können. Die Verarbeitung personenbezogener Daten, die erforderlich ist, um dieses zu ermöglichen, liegt im Interesse des Nutzers, also des Auftraggebers.[513] Die umfangreiche Verarbeitung personenbezogener Daten, die hierüber hinausgeht und die sich Facebook gerade in seiner Datenrichtlinie vorbehält, liegt jedoch vornehmlich im Interesse des Betreibers des sozialen Netzwerks, hier also des Beauftragten.[514] Es ist zu vernachlässigen, dass insbesondere personalisierte

509 *Weidenkaff*, in: Palandt, BGB, Einf. v. § 535 Rn. 17; *Sprau*, in: Palandt, BGB, Einf. v. § 631 Rn. 13.

510 So auch *Specht*, in: Artz et al., beck-online.GK BGB, § 823 Rn. 1226 (Stand: 01.02.2018); *Bräutigam*, MMR 2012, 635, 635 ff.; *Metzger*, AcP 216 (2016), 817, 817 ff., bei dem die Qualifikation als synallagmatischer Austauschvertrag jedoch zugleich als Prämisse im Hinblick auf COM (2015) 634 final zu verstehen ist; *Specht*, Ordnung der Wissenschaft 2017, 121, 123; Arbeitsgruppe „Digitaler Neustart", Bericht v. 15.05.2017, S. 201. S. auch *Bräutigam/v. Sonnleithner*, in: Hornung/Müller-Terpitz, Rechtshandbuch Social Media, Kap. 3 Rn. 18; *Rogosch*, Die Einwilligung im Datenschutzrecht, S. 41 m. w. N.; *Specht*, Datenverwertungsverträge zwischen Datenschutz und Vertragsfreiheit, S. 5 f.

511 *Bräutigam*, MMR 2012, 635, 636 ff. S. hierzu auch *Müller-Riemenschneider*, in: Bräutigam/Rücker, E-Commerce Rechtshandbuch, 7. Teil Rn. 4 f.; *Specht*, Ordnung der Wissenschaft 2017, 121, 123. Auch *Redeker*, in: Hoeren/Sieber/Holznagel, Handbuch Multimedia-Recht, Teil 12 Rn. 424 ff. (Stand: Januar 2018) benennt Unstimmigkeiten.

512 *Mansel*, in: Jauernig, BGB, § 662 Rn. 9 f.

513 Diese Verarbeitung personenbezogener Daten kann aber bereits auf Art. 6 Abs. 1 Buchstabe b) DS-GVO gestützt werden.

514 S. auch *Bräutigam*, MMR 2012, 635, 636; *Brinkert/Stolze/Heidrich*, ZD 2013, 153, 154.

Werbung auch im Interesse des Nutzers sein kann.[515] Es ist zwar unschädlich, wenn der Beauftragte auch eigene Interessen verfolgt.[516] Unter Berücksichtigung derjenigen wirtschaftlichen Zusammenhänge, die dem Geschäftsmodell „Personenbezogene Daten als Entgelt“ zugrunde liegen, ist das Nutzungsverhältnis bei sozialen Netzwerken jedoch maßgeblich davon geprägt, dass der Betreiber des sozialen Netzwerks eigene Interessen verfolgt.[517]

Diese Problemstellung steht in engem Zusammenhang mit der Tatsache, dass Gefälligkeitsverträge von dem Gedanken der Fremdnützigkeit geprägt sind. Sie verschärft sich bei der Betrachtung der im Auftragsrecht normierten gegenseitigen Pflichten des Beauftragten und des Auftraggebers. Gemäß § 667 BGB trifft den Beauftragten die Pflicht, dem Auftraggeber alles, was er zur Ausführung des Auftrags erhält und was er aus der Geschäftsbesorgung erlangt, herauszugeben. Die Ausdrücke „zur Ausführung des Auftrags erhält“ und „aus der Geschäftsbesorgung erlangt“ sind sehr weit zu verstehen.[518] Die Herausgabepflicht ist Ausdruck der Fremdnützigkeit des Auftrags.[519] Der Auftrag soll sich für den Beauftragten weder vor- noch nachteilig auswirken.[520] Die Herausgabepflicht des Beauftragten steht in einem engen Zusammenhang mit der Vorschrift des § 670 BGB, die einen Anspruch auf Aufwendungsersatz beinhaltet und wiederum der Fremdnützigkeit des Verhaltens des Beauftragten Rechnung trägt.[521] Hiernach ist der Auftraggeber zum Ersatz von Aufwendungen verpflichtet, wenn der Beauftragte zum Zwecke der Ausführung des Auftrags Aufwendungen macht, die er den Umständen nach für erforderlich halten darf.

Die Anwendung dieser Vorschriften auf das Nutzungsverhältnis bei sozialen Netzwerken erweist sich als nicht sachgerecht. Zunächst erlangt der Betreiber des sozialen Netzwerks als Beauftragter Zugriff auf zahlreiche Daten des Nutzers, die der Herausgabepflicht des § 667 BGB unterfallen.[522] Des Weiteren führt die Frage, welche Auswirkungen § 667 BGB auf die von dem Betreiber des sozialen Netzwerks mit den Daten des Nutzers erzielten Werbeeinnahmen hat, zu Unstimmigkeiten. Einer Herausgabepflicht der Werbeeinahmen gemäß § 667 BGB wird

---

515 Vgl. auch DIVSI, Studie: Daten – Ware und Währung, S. 20 f.

516 *Mansel*, in: Jauernig, BGB, § 662 Rn. 10.

517 S. auch *Bräutigam*, MMR 2012, 635, 636; *Brinkert/Stolze/Heidrich*, ZD 2013, 153, 154.

518 *Sprau*, in: Palandt, BGB, § 667 Rn. 2 f.

519 *Mansel*, in: Jauernig, BGB, § 667 Rn. 1; *Wiese/Schulze*, in: Schulze, BGB,§ 667 Rn. 1.

520 *Mansel*, in: Jauernig, BGB, § 667 Rn. 1.

521 *Mansel*, in: Jauernig, BGB, § 670 Rn. 1; *Wiese/Schulze*, in: Schulze, BGB,§ 670 Rn. 1.

522 *Redeker*, in: Hoeren/Sieber/Holznagel, Handbuch Multimedia-Recht, Teil 12, Rn. 424 f. (Stand: Januar 2018).

entgegengehalten, dass die Werbeeinnahmen nicht aus der Verarbeitung personenbezogener Daten eines einzelnen Nutzers, sondern aus der Verarbeitung personenbezogener Daten einer Vielzahl von Nutzern resultieren. Zudem basiere die Finanzierung des sozialen Netzwerks auf den Werbeeinnahmen, sodass diese verbraucht seien. Schließlich könne mit einem Aufwendungsersatzanspruch aus § 670 BGB aufgerechnet werden.[523] Unter Berücksichtigung dieses Argumentationsmusters ist es zunächst erforderlich, aufzuschlüsseln, welchen Anteil die Verarbeitung der personenbezogenen Daten eines bestimmten Nutzers an den Werbeeinnahmen hat. Zudem ist darzulegen, ob die Werbeeinnahmen lediglich die Kosten decken oder ob auch ein Gewinn abgeschöpft werden kann. Im Jahr 2017 erwirtschaftete Facebook einen Gewinn von 15,934 Milliarden US-Dollar.[524] Auch muss der mögliche Aufwendungsersatzanspruch gemäß § 670 BGB beziffert werden. Schließlich erwarten die Nutzer eines sozialen Netzwerks weder an dem Gewinn des sozialen Netzwerks beteiligt zu werden noch Aufwendungen ersetzen zu müssen.[525] Die Anwendung der §§ 667, 670 BGB auf das Nutzungsverhältnis bei sozialen Netzwerken zeigt somit deutlich auf, dass diese auf dem Gedanken der Fremdnützigkeit basierenden Vorschriften des Auftragsrechts datengetriebenen Geschäftsmodellen nicht gerecht werden.[526]

Neben jenen soeben betrachteten Fragestellungen, die mit der Qualifikation als Auftrag einhergehen, führt gerade auch die Teilung des Nutzungsverhältnisses als solche, also die Trennung der Zurverfügungstellung der technischen Plattform von der Erklärung der datenschutzrechtlichen Einwilligung, zu Folgeproblemen. Die Einwilligung ist gemäß Art. 7 Abs. 3 S. 1 DS-GVO jederzeit widerrufbar. Dies entspricht nicht den Interessen des Betreibers des sozialen Netzwerks.[527]

Es handelt sich hierbei um einen Problemkreis, der auch bereits von jenen identifiziert wurde, die sich der Ausarbeitung eines Datenschuldrechts widmen.

---

523 *Redeker*, in: Hoeren/Sieber/Holznagel, Handbuch Multimedia-Recht, Teil 12, Rn. 426 (Stand: Januar 2018).

524 Statista GmbH, Gewinn bzw. Verlust von Facebook weltweit in den Jahren 2008 bis 2017 (in Millionen US-Dollar), abrufbar unter: https://de.statista.com/statistik/daten/studie/458817/umfrage/gewinn-von-facebook-weltweit/ (zuletzt abgerufen am: 15.09.2018).

525 *Redeker*, in: Hoeren/Sieber/Holznagel, Handbuch Multimedia-Recht, Teil 12, Rn. 427 (Stand: Januar 2018).

526 Kritisch auch *Bräutigam*, MMR 2012, 635, 636.

527 S. hierzu *Bräutigam*, MMR 2012, 635, 636, der noch auf die Rechtslage vor Geltung der DS-GVO Bezug nimmt.

Ausgehend von einem synallagmatischen Austauschverhältnis sind insoweit interessensgerechte Lösungsansätze möglich.[528] Im Falle des Widerrufs der Einwilligung durch die betroffen Person, wird dem Verantwortlichen von verschiedenen Stimmen in der Literatur ein außerordentliches Kündigungsrecht gemäß § 543 Abs. 2 S. 1 Nr. 1 BGB zugestanden.[529] Auch wird eine Schadensersatzpflicht vorgeschlagen, falls der Widerruf der datenschutzrechtlichen Einwilligung zur Unzeit erfolgt. Um dem Recht auf informationelle Selbstbestimmung Rechnung zu tragen, sei diese auf das negative Interesse zu beschränken.[530]

Im Hinblick auf die Rechtslage vor Geltung der DS-GVO wurde teilweise vertreten, dass das in § 28 Abs. 3b BDSG a. F. und § 95 Abs. 5 TKG verankerte Kopplungsverbot dem Vorliegen einer wirksamen Einwilligung bei Teilung des Nutzungsverhältnisses entgegenstehe.[531] Nunmehr verlangt Art. 7 Abs. 4 DS-GVO, sich damit auseinanderzusetzen, ob die DS-GVO ein Kopplungsverbot beinhaltet und, wenn ja, welche Auswirkungen dies auf das Geschäftsmodell „Personenbezogene Daten als Entgelt" hat. Im Rahmen der vorliegenden Untersuchung wird noch herausgearbeitet werden, dass Art. 7 Abs. 4 DS-GVO dem Geschäftsmodell „Personenbezogene Daten als Entgelt" gerade nicht entgegensteht, soweit die Erklärung der datenschutzrechtlichen Einwilligung im Rahmen eines einheitlichen Austauschverhältnisses als Leistungsgegenstand qualifiziert wird.[532]

c) Vorliegen eines Dienstvertrags im Sinne des § 611 BGB

Teilweise wird auch das Vorliegen eines Dienstvertrags im Sinne des § 611 BGB bejaht.[533] Der Betreiber eines sozialen Netzwerks stelle ein „kostenlose[s]

---

528 S. auch *Langhanke/Schmidt-Kessel*, EuCML 2015, 218, 222.

529 *Metzger*, AcP 216 (2016), 817, 864; *Specht*, JZ 2017, 763, 768; *Specht*, Datenverwertungsverträge zwischen Datenschutz und Vertragsfreiheit, S. 17. Wohl versehentlich zitieren die Autoren lediglich § 543 Abs. 2 Nr. 1 BGB.

530 *Langhanke*, Daten als Leistung, S. 138; *Langhanke/Schmidt-Kessel*, EuCML 2015, 218, 222.

531 S. hierzu *Bräutigam*, MMR 2012, 635, 636.

532 S. hierzu 6. Kapitel, B. I. 3. Überdies betrachtet *Bräutigam*, MMR 2012, 635, 637 f. auch Fragestellungen, die sich im Hinblick auf das Minderjährigenrecht stellen. Diese stellen sich jedoch nicht nur dann, wenn man von der Teilung des Nutzungsverhältnisses ausgeht, sondern auch bei Annahme eines synallagmatischen Austauschverhältnisses. S. dazu auch *Faust*, Digitale Wirtschaft – Analoges Recht, in: Ständige Deputation des Deutschen Juristentages, Verhandlungen des 71. Deutschen Juristentages I, S. A. 19 ff.

533 *Jandt/Roßnagel*, MMR 2011, 637, 639.

Diensteangebot“[534] zur Verfügung. Ohne weitere Begründung wird angenommen, dass die Unentgeltlichkeit der Qualifikation als Dienstvertrag nicht entgegenstehe.[535] Inhalt der Leistungspflicht des Nutzers eines sozialen Netzwerks sei der „Verzicht auf eine immaterielle Rechtsposition“[536]. Der Nutzer mache von seinem Recht auf informationelle Selbstbestimmung Gebrauch und nehme insoweit Beschränkungen in Kauf. Gegenstand der Leistungspflicht seien aber keine Vermögenswerte.[537]

Es erschließt sich bereits nicht, auch bei Unentgeltlichkeit von dem Vorliegen eines Dienstvertrags im Sinne des § 611 BGB auszugehen, denn dann handelt es sich – wie soeben festgestellt – um einen Auftrag im Sinne des § 662 BGB. Die Qualifikation als Auftrag wirft wiederum die oben genannten Probleme auf. Letztlich fehlt es vorliegend gerade an einer Auseinandersetzung mit der Frage, ob die benannte Leistungspflicht („Verzicht auf eine immaterielle Rechtsposition“[538]) die Entgeltlichkeit des Vertrags begründet.

d) Vorliegen eines Werkvertrags im Sinne des § 631 BGB und eines Dienstvertrags im Sinne des § 611 BGB

Andere nehmen eine Trennung zwischen Anmeldevorgang und Nutzung vor. Es sei von zwei Vertragsschlüssen auszugehen. Im Hinblick auf den Anmeldevorgang, bei dem der Betreiber des Netzwerks dem Nutzer Zugang eröffnet, sei ein Werkvertrag im Sinne des § 631 BGB anzunehmen. Die sich daran anschließende Nutzung sei als Dienstvertrag im Sinne des § 611 BGB einzuordnen.[539]

Unter Verweis auf jene Quelle, der soeben eine fehlende Auseinandersetzung mit der Frage, ob die Zurverfügungstellung der Plattform entgeltlich ist, vorgeworfen wurde, wird „die Unentgeltlichkeit des sozialen Netzwerks [als] [...] unschädlich“[540] bezeichnet. Dies wird sodann mit „der These des Datums als Leistungswährung und somit Entgeltsurrogat“[541] begründet.[542] Hauptleistungspflicht des Nutzers eines sozialen Netzwerks sei die „Datenpreisgabe“[543]. Die

---

534 *Jandt/Roßnagel*, MMR 2011, 637, 639.
535 *Jandt/Roßnagel*, MMR 2011, 637, 639 Fn. 24.
536 *Jandt/Roßnagel*, MMR 2011, 637, 640.
537 *Jandt/Roßnagel*, MMR 2011, 637, 639 f.
538 *Jandt/Roßnagel*, MMR 2011, 637, 640.
539 *Wintermeier*, ZD 2012, 210, 211 f.
540 *Wintermeier*, ZD 2012, 210, 211.
541 *Wintermeier*, ZD 2012, 210, 211.
542 *Wintermeier*, ZD 2012, 210, 211. *Wintermeier*, ZD 2012, 210, 212 spricht des Weiteren von „Daten als Währung im Web“.
543 *Wintermeier*, ZD 2012, 210, 211.

Zurverfügungstellung von Daten führe zu einem „‚Vermögensverlust' im weiteren Sinne“[544]. Um einen „Vermögenswert im engeren Sinne“[545] handele es sich jedoch nicht.[546]

Auch an dieser Stelle ist zunächst festzustellen, dass bei Unentgeltlichkeit vielmehr erneut von einem Auftrag im Sinne des § 662 BGB auszugehen ist, was wiederum nicht sachgerecht ist. Des Weiteren werden gerade jene Argumente benannt, die unter Berücksichtigung der Erkenntnisse, die im Rahmen der Betrachtung des Begriffs des Entgelts im Sinne des Schuldvertragsrechts gewonnen wurden, für die Annahme eines synallagmatischen Austauschverhältnisses und somit die Entgeltlichkeit der Zurverfügungstellung der technischen Plattform streiten.

e) Zwischenergebnis

Die Untersuchung des Nutzungsverhältnisses bei sozialen Netzwerken führt vorliegend – unter exemplarischer Bezugnahme auf die Bedingungswerke von Facebook – zu dem Ergebnis, dass eine synallagmatische Verknüpfung von Leistung (dauerhafte Zurverfügungstellung einer technischen Plattform) und Gegenleistung (Erklärung der datenschutzrechtlichen Einwilligung) vorliegt und somit auch die Entgeltlichkeit des Vertrags zu bejahen ist. Die Annahme eines synallagmatischen Austauschverhältnisses bildet jene wirtschaftlichen Zusammenhänge ab, auf denen das Geschäftsmodell „Personenbezogene Daten als Entgelt“ basiert.

IV. Verallgemeinerungsfähigkeit der Ergebnisse?

Soeben wurde das Nutzungsverhältnis bei sozialen Netzwerken betrachtet. Es schließt sich die Frage an, inwieweit die gewonnenen Ergebnisse verallgemeinerungsfähig sind.

Den Ausgangspunkt einer jeden rechtlichen Bewertung bilden in diesem Zusammenhang freilich die jeweils vereinbarten Leistungspflichten. Gerade in der datengetriebenen Wirtschaft verändern sich Geschäftsmodelle fortwährend.[547] Soweit für die Inanspruchnahme einer Leistung zwar keine monetäre

---

544 *Wintermeier*, ZD 2012, 210, 212.

545 *Wintermeier*, ZD 2012, 210, 213.

546 *Wintermeier*, ZD 2012, 210, 211 ff.

547 S. für soziale Netzwerke Arbeitsgruppe „Digitaler Neustart“, Bericht v. 15.05.2017, S. 196 f., die insbesondere eine vertragstypologische Einordnung für schwer möglich hält. S. auch *Hohlfeld/Godulla*, in: Hornung/Müller-Terpitz, Rechtshandbuch Social Media, Kap. 2 Rn. 8; *Grigoleit*, VersR 2018, 769, 786.

Gegenleistung zu erbringen, jedoch eine datenschutzrechtliche Einwilligung zu erteilen ist, die dem Verantwortlichen eine umfangreiche Verarbeitung der personenbezogenen Daten ermöglicht, sind die gewonnenen Erkenntnisse aber verallgemeinerungsfähig. Eine wirklichkeitsnahe Betrachtung, die auch die wirtschaftlichen Zusammenhänge berücksichtigt, verlangt dann, eine synallagmatische Verknüpfung von Leistung und Gegenleistung anzunehmen. Diese begründet die Entgeltlichkeit des Vertrags.

Im Rahmen der Untersuchung des Nutzungsverhältnisses bei sozialen Netzwerken wurde deutlich, dass der Auftrag im Sinne des § 662 BGB diesem nicht gerecht wird. Dieses Ergebnis ist im Hinblick auf Gefälligkeitsverträge als solche verallgemeinerungsfähig.

Gefälligkeitsverträge sind von dem Gedanken der Fremdnützigkeit geprägt. Die Möglichkeit, aufgrund der Erklärung der datenschutzrechtlichen Einwilligung personenbezogene Daten für die verschiedensten Zwecke zu verarbeiten, verkörpert für den Verantwortlichen einen signifikanten Vorteil. Erbringt der Verantwortliche eine Leistung, ohne dass die betroffene Person einen Geldbetrag entrichtet, aber eine datenschutzrechtliche Einwilligung erteilt, handelt es sich für den Verantwortlichen um ein einträgliches Geschäft. Die Rechtsstellung der Beteiligten im Rahmen von Gefälligkeitsverträgen bildet dies nicht ab. Es ist nicht sachgerecht, den Betreiber zu privilegieren und die Rechtsstellung des Leistungsempfängers zu schwächen. Anknüpfungspunkt für die Privilegierung des unentgeltlich Leistenden und die geringere Schutzwürdigkeit des Leistungsempfängers ist ein fremdnütziges Verhalten, das dem Geschäftsmodell „Personenbezogene Daten als Entgelt" gerade nicht zugrunde liegt.[548]

Das Ergebnis, dass die gewonnenen Ergebnisse verallgemeinerungsfähig sind, wird auch von der Rechtsprechung gestützt. Diese ging der Frage, ob die Erteilung einer datenschutzrechtlichen Einwilligung die Entgeltlichkeit eines Vertrags begründet, bisher nicht nur im Hinblick auf das Nutzungsverhältnis bei Facebook nach. Sie entschied vielmehr auch zu weiteren Fallgestaltungen, nämlich dem Betrieb einer Download-Plattform für Freeware, der Zurverfügungstellung von Diensten durch Google und dem Betrieb eines Kundenbindungs- und Rabattsystems.

Im Jahr 2017 setzte sich der Bundesgerichtshof mit dem Versand von Werbe-E-Mails und der Frage des Vorliegens einer wirksamen Einwilligung auseinander.[549] Im Rahmen dessen erachtete es das Gericht für möglich, dass zwischen

548 S. auch schon 4. Kapitel, C. II. 4. b).

549 BGH, Urt. v. 14.03.2017 – VI ZR 721/15, GRUR 2017, 748, 748 ff.

dem Betreiber einer Download-Plattform für Freeware und demjenigen, der dieses Angebot in Anspruch nimmt, ein entgeltlicher Vertrag vorliege. Die Zurverfügungstellung der Freeware durch Download und die sich daran anschließende Nutzungsmöglichkeit sei die Leistung des Plattformbetreibers. Die Gegenleistung der anderen Vertragspartei sei in der Erteilung einer Einwilligung in den Empfang von Werbe-E-Mails des Plattformbetreibers und Dritter, „also in der Zurverfügungstellung von personenbezogenen Daten für Werbezwecke, ‚einem Bezahlen mit Daten'"[550] zu sehen.[551] Zwar stellte der Bundesgerichtshof im vorliegenden Urteil insoweit nur eine Hypothese auf und positionierte sich nicht eindeutig. Dennoch ließ das Gericht gerade erkennen, der Annahme eines synallagmatischen Austauschvertrags offen gegenüber zu stehen.[552]

Im Jahr 2013 beschäftigte sich das Landgericht Berlin mit der Überprüfbarkeit der Bedingungswerke von Google.[553] In diesem Zusammenhang ordnete es die Zurverfügungstellung von Diensten durch Google – zumindest bei Erstellung eines Benutzerkontos – nicht als Schenkung im Sinne des § 516 BGB ein. Die Erklärung der datenschutzrechtlichen Einwilligung durch den Nutzer, durch die Google dessen personenbezogene Daten verarbeiten kann, begründe ein Gegenseitigkeitsverhältnis.[554]

Das Landgericht München I betrachtete Klauseln in den Allgemeinen Geschäftsbedingungen eines Betreibers eines Kundenbindungs- und Rabattsystems.[555] In diesem Zusammenhang führte das Gericht aus, dass es dem Betreiber eines Kundenbindungs- und Rabattsystems nicht zuletzt darum gehe, die größtmögliche Zahl an Kundendaten zu Zwecken der Marktforschung verarbeiten zu können. Das Landgericht München I qualifizierte aus diesem Grund schon im Jahr 2006 die Einwilligung der Kunden in die Verarbeitung ihrer personenbezogenen Daten „als eine Art Gegenleistung"[556].

Anlässlich des 71. Deutschen Juristentags setzte sich auch *Faust* im Hinblick auf Verträge über digitale Inhalte im Sinne des § 312f Abs. 3 BGB mit dem Thema

---

550 BGH, Urt. v. 14.03.2017 – VI ZR 721/15, GRUR 2017, 748, 750.

551 BGH, Urt. v. 14.03.2017 – VI ZR 721/15, GRUR 2017, 748, 750.

552 S. auch *Podszun*, GWR 2017, 244, 244: „Interessant ist, dass der Senat Sympathie dafür erkennen lässt, die Bezahlung mit Daten als Gegenleistung in einem Austauschvertrag anzusehen. Willkommen im BGB4.0!"

553 LG Berlin, Urt. v. 19.11.2013 – 15 O 402/12, MMR 2014, 563, 563 ff.

554 LG Berlin, Urt. v. 19.11.2013 – 15 O 402/12, MMR 2014, 563, 564.

555 LG München I, Urt. v. 09.03.2006 – 12 O 12679/05, BeckRS 2011, 12089.

556 LG München I, Urt. v. 09.03.2006 – 12 O 12679/05, BeckRS 2011, 12089.

„Daten als Entgelt" auseinander.[557] Auch in seinen Überlegungen und den daran anknüpfenden Beschlüssen der Abteilung Zivilrecht des Deutschen Juristentags spiegelt sich die Verallgemeinerungsfähigkeit der Ergebnisse wider. Um die Frage der Entgeltlichkeit eines Vertrags zu beantworten, sei zu differenzieren, ob die Zurverfügungstellung personenbezogener Daten für die gewünschte Leistungserbringung erforderlich ist oder nicht. Ist letzteres der Fall, liege ein entgeltlicher Vertrag vor. Es könne dann nämlich davon gesprochen werden, dass der Nutzer eine Gegenleistung erbringt. Dies gelte auch, falls der Anbieter die Einräumung solcher Rechte an den Daten verlangt, die dasjenige übersteigen, was für die Erbringung der Leistung erforderlich ist.[558]

Die erwogene Differenzierung ist folgendermaßen zu verstehen – und entspricht insoweit weiteren Literaturstimmen: Eine Gegenleistung liege nicht vor, soweit die Datenverarbeitung auf gesetzliche Erlaubnistatbestände gestützt werden kann. Die Erklärung der datenschutzrechtlichen Einwilligung sei der Leistungsgegenstand und begründe somit auch die Entgeltlichkeit des Vertrags.[559]

Mithilfe der genannten Differenzierung könne beurteilt werden, ob es sich bei einem Rechtsgeschäft um eine Schenkung oder Leihe handelt. Wird eine datenschutzrechtliche Einwilligung erteilt, könne insbesondere keine Schenkung unter Auflage gemäß § 525 BGB vorliegen. Ebenso sei eine gemischte Schenkung oder gemischte Leihe zu verneinen.[560]

---

557 *Faust*, Digitale Wirtschaft – Analoges Recht, in: Ständige Deputation des Deutschen Juristentages, Verhandlungen des 71. Deutschen Juristentages I, S. A 16 ff. Zunächst bleibt offen, ob lediglich personenbezogene Daten oder auch andere Daten Gegenstand der Untersuchung sind. Die folgende Argumentation streitet jedoch eindeutig für eine Begrenzung auf personenbezogene Daten.

558 *Faust*, Digitale Wirtschaft – Analoges Recht, in: Ständige Deputation des Deutschen Juristentages, Verhandlungen des 71. Deutschen Juristentages I, S. A 17 f.

559 *Buchmann*, K&R 2014, 369, 369. So ist wohl auch *Schmidt-Kessel*, K&R 2014, 475, 479 zu verstehen. Deutlicher auch *Faust*, Digitale Wirtschaft – Analoges Recht, in: Ständige Deputation des Deutschen Juristentages, Verhandlungen des 71. Deutschen Juristentages I, S. A 20 f., A 28 f. Vgl. auch *Langhanke/Schmidt-Kessel*, EuCML 2015, 218, 220; *Schmidt-Kessel et al.*, GPR 2016, 54, 58 f. Nicht eindeutig ist, ob *Faust*, Digitale Wirtschaft – Analoges Recht, in: Ständige Deputation des Deutschen Juristentages, Verhandlungen des 71. Deutschen Juristentages I, S. A 20 f. lediglich § 28 Abs. 1 S. 1 Nr. 1 BDSG a. F. und Art. 6 Abs. 1 Buchstabe b) DS-GVO als gesetzlichen Erlaubnistatbestand benennt. Bereits aus Gründen der Rechtssicherheit ist nicht zwischen den gesetzlichen Erlaubnistatbeständen zu differenzieren.

560 *Faust*, Digitale Wirtschaft – Analoges Recht, in: Ständige Deputation des Deutschen Juristentages, Verhandlungen des 71. Deutschen Juristentages I, S. A 27 ff. Hinsichtlich

Die Abteilung Zivilrecht des Deutschen Juristentags fasste auf dem 71. Deutschen Juristentag hinsichtlich der Abgrenzung entgeltlicher und unentgeltlicher Verträge den folgenden Beschluss:

> „Von einem Entgelt ist nur auszugehen, wenn die Datenverarbeitung aufgrund des Datenschutzrechts nur mit Einwilligung des Betroffenen zulässig ist.“[561]

Die Fassung des folgenden Beschlusses wurde abgelehnt:

> „Erlangt der Anbieter Daten, die ihm vom Nutzer zur Verfügung gestellt wurden oder die er auf andere Weise erhoben hat, so ist stets von einer Gegenleistung (Entgelt) auszugehen.“[562]

Der beschriebene Ansatz bildet jene Überlegungen ab, die auch dieser Arbeit zugrunde liegen: Da die Erklärung der datenschutzrechtlichen Einwilligung die (Gegen)-Leistung ist, auf der das genannte Geschäftsmodell basiert, *kann* auch nur sie überhaupt die Entgeltlichkeit des Vertrags begründen.

V. Weiteres Beispiel: § 312 Abs. 1 BGB

Abschließend ist § 312 Abs. 1 BGB zu betrachten. Ob die Erteilung einer datenschutzrechtlichen Einwilligung die Entgeltlichkeit eines schuldrechtlichen Vertrags begründet, wird insbesondere im Hinblick auf § 312 Abs. 1 BGB diskutiert. Gemäß § 312 Abs. 1 BGB sind die §§ 312–312h BGB nur auf solche Verbraucherverträge im Sinne des § 310 Abs. 3 BGB anwendbar, denen eine entgeltliche Leistung des Unternehmers zugrunde liegt.

1. Richtlinienkonformität des § 312 Abs. 1 BGB

Die §§ 312–312k BGB setzen die Richtlinie des Europäischen Parlaments und des Rats über die Rechte der Verbraucher (RL 2011/83/EU)[563]

---

der Zurverfügungstellung digitaler Inhalte sei des Weiteren anzuführen, dass die Grenzkosten typischerweise verschwindend gering seien.

561 Ständige Deputation des Deutschen Juristentages, Verhandlungen des 71. Deutschen Juristentages II/1, S. K 74, Beschluss Nr. 5 Var. b (angenommen (23:7:2)).

562 Ständige Deputation des Deutschen Juristentages, Verhandlungen des 71. Deutschen Juristentages II/1, S. K 74, Beschluss Nr. 5 Var. a (abgelehnt (4:26:2)).

563 Richtlinie 2011/83/EU des Europäischen Parlaments und des Rats v. 25.10.2011 über die Rechte der Verbraucher, zur Abänderung der Richtlinie 93/13/EWG des Rats und der Richtlinie 1999/44/EG des Europäischen Parlaments und des Rats sowie zur Aufhebung der Richtlinie 85/577/EWG des Rats und der Richtlinie 97/7/EG des Europäischen Parlaments und des Rats, Amtsblatt der Europäischen Union v. 22.11.2011, L 304/64 ff.

um.[564] Fraglich ist bereits, ob das in § 312 Abs. 1 BGB verankerte Kriterium der Entgeltlichkeit überhaupt mit der RL 2011/83/EU vereinbar ist.[565] Die Richtlinie selbst beschränkt ihren Anwendungsbereich nicht auf entgeltliche Verträge (siehe Art. 3 Abs. 1 S. 1 RL 2011/83/EU).[566] Die Gesetzesmaterialien zu § 312 Abs. 1 BGB verweisen insoweit auf Art. 2 Nr. 5, Nr. 6 RL 2011/83/EU.[567] Dort werden Kauf- und Dienstleistungsvertrag definiert, die jeweils die Zahlung eines Preises durch den Verbraucher oder deren Zusage voraussetzen.

Teilweise wird die Richtlinienkonformität des § 312 Abs. 1 BGB verneint,[568] jedenfalls aber übereinstimmend für eine weite Auslegung des Begriffs des Entgelts plädiert.[569] Für letztere spricht sich insbesondere auch der Rechtsausschuss des Deutschen Bundestags aus.[570] Entgeltlichkeit sei nicht nur bei Entrichtung eines Geldbetrags zu bejahen.[571] Auch sei nicht entscheidend, ob Leistung und Entgelt gleichwertig seien[572] und wie diese bezeichnet würden.[573] Andere stellen darauf ab, dass der Verbraucher überhaupt „irgendeine Leist[un]g"[574]

---

564 *Wendehorst*, in: Säcker et al., MüKo BGB, § 312 Rn. 1.

565 *Wendehorst*, in: Säcker et al., MüKo BGB, § 312 Rn. 19. S. hierzu insgesamt auch Arbeitsgruppe „Digitaler Neustart", Bericht v. 15.05.2017, S. 220 ff.

566 *Wendehorst*, in: Säcker et al., MüKo BGB, § 312 Rn. 19; *Faust*, Digitale Wirtschaft – Analoges Recht, in: Ständige Deputation des Deutschen Juristentages, Verhandlungen des 71. Deutschen Juristentages I, S. A 24 f.

567 BT-Drs. 17/13951, S. 72; BT-Drs. 17/12637, S. 45; *Faust*, Digitale Wirtschaft – Analoges Recht, in: Ständige Deputation des Deutschen Juristentages, Verhandlungen des 71. Deutschen Juristentages I, S. A 25. S. auch *Grüneberg*, in: Palandt, BGB, § 312 Rn. 3.

568 *Faust*, Digitale Wirtschaft – Analoges Recht, in: Ständige Deputation des Deutschen Juristentages, Verhandlungen des 71. Deutschen Juristentages I, S. A 24 f.; *Schmidt-Kessel*, K&R 2014, 475, 479; *Schmidt-Kessel*, Stellungnahme zum Entwurf eines Gesetzes zur Umsetzung der Verbraucherrechterichtlinie und zur Änderung der Regelung über Wohnungsvermittlung, S. 28.

569 *Wendehorst*, in: MüKo BGB, § 312 Rn. 19; *Grüneberg*, in: Palandt, BGB, § 312 Rn. 3; *Schirmbacher*, in: Spindler/Schuster, Recht der elektronischen Medien, § 312 BGB Rn. 27. S. nunmehr auch Ständige Deputation des Deutschen Juristentages, Verhandlungen des 71. Deutschen Juristentages II/1, S. K 75, Beschluss Nr. 11 (angenommen (21:9:2)): „§ 312 Abs. 1 BGB (Anwendungsbereich von Verbraucherschutzvorschriften) soll dahingehend geändert werden, dass er auch unentgeltliche Verträge erfasst."

570 BT-Drs. 17/13951, S. 72.

571 BT-Drs. 17/13951, S. 72. Vgl. auch *Brönneke/Schmidt*, VuR 2014, 3, 3.

572 BT-Drs. 17/13951, S. 72; *Koch*, in: Erman, BGB, § 312 Rn. 6.

573 BT-Drs. 17/13951, S. 72; *Koch*, in: Erman, BGB, § 312 Rn. 6; *Grüneberg*, in: Palandt, BGB, § 312 Rn. 3.

574 *Grüneberg*, in: Palandt, BGB, § 312 Rn. 3. S. auch BT-Drs. 17/13951, S. 72.

erbringt.[575] Wiederum andere qualifizieren als Entgelt „alles was ein Unternehmer von einem Verbraucher erhält, das in irgendeiner Form für ihn nützlich ist“[576]. Jene verlangen insoweit auch nicht das Vorliegen eines gegenseitigen Vertrags im Sinne der §§ 320–326 BGB, sondern lassen eine kausale Verknüpfung ausreichen.[577] Nicht eindeutig ist, ob der Rechtsausschuss des Deutschen Bundestags einen gegenseitigen Vertrag im Sinne der §§ 320–326 BGB verlangt. Zwar nimmt er auf einen solchen Bezug; dagegen spricht aber, dass als Gegenbeispiel auf die Schenkung verwiesen wird[578] und in Abgrenzung zu dieser neben der synallagmatischen eben auch eine kausale und konditionale Verknüpfung von Leistung und Gegenleistung genügt.

2. Anwendungsfall: Geschäftsmodell „Personenbezogene Daten als Entgelt“

Nachdem bereits das Kriterium der Entgeltlichkeit als solches in Frage steht, wird im Rahmen des § 312 Abs. 1 BGB auch diskutiert, ob denn die Zurverfügungstellung personenbezogener Daten die Entgeltlichkeit des Vertrags begründet und somit den Anwendungsbereich der §§ 312–312h BGB eröffnet.

Eine Ansicht verneint dies. Als Beispielsfall wird insbesondere die Nutzung kostenloser Internetangebote genannt. Eine Begründung bleiben die Vertreter dieser Ansicht schuldig.[579] Beachtenswert ist, dass zuvor noch dafür gestritten wurde, den Begriff des Entgelts weit auszulegen und „irgendeine[] Leistung des Verbrauchers“[580] genügen zu lassen.[581] Andere benennen nicht ausdrücklich, dass es sich bei der Zurverfügungstellung personenbezogener Daten um ein Entgelt handelt. Sie möchten jedoch auch solche kommerziellen Internetangebote erfasst wissen, die nicht verlangen, dass ein Geldbetrag entrichtet wird, sondern an der Möglichkeit interessiert sind, personenbezogene Daten zu

575 *Grüneberg*, in: Palandt, BGB, § 312 Rn. 3. S. auch BT-Drs. 17/13951, S. 72; *Brönneke/Schmidt*, VuR 2014, 3, 3.

576 *Wendehorst*, in: Säcker et al., MüKo BGB, § 312 Rn. 19.

577 *Wendehorst*, in: Säcker et al., MüKo BGB, § 312 Rn. 18. S. auch *Koch*, in: Erman, BGB, § 312 Rn. 6.

578 S. BT-Drs. 17/13951, S. 72.

579 *Schirmbacher*, in: Spindler/Schuster, Recht der elektronischen Medien, § 312 BGB Rn. 30.

580 *Schirmbacher*, in: Spindler/Schuster, Recht der elektronischen Medien, § 312 BGB Rn. 27.

581 *Schirmbacher*, in: Spindler/Schuster, Recht der elektronischen Medien, § 312 BGB Rn. 27.

verarbeiten.[582] Wiederum andere betonen, dass personenbezogene Daten vor allem im Internet gegenwärtig als „Ersatzwährung“[583] fungierten. Für Unternehmer verkörperten die Daten einen Geldwert, sodass es sich faktisch nicht um „‚kostenlose Angebote‘ “[584] dieser handele.[585] Der Rechtsausschuss des Deutschen Bundestages erachtet ausdrücklich Verträge als ausreichend, bei denen „im Gegenzug“[586] für eine Leistung personenbezogene Daten zur Verfügung gestellt werden und eine datenschutzrechtliche Einwilligung erteilt wird. Indem Verträge ausgenommen werden, „bei denen überhaupt keine Gegenleistung geschuldet wird“[587], wird die Erklärung der datenschutzrechtlichen Einwilligung als Gegenleistung anerkannt.[588]

§ 312 Abs. 1 BGB ist eine Vorschrift des Schuldvertragsrechts des BGB. Unter Zugrundelegung der Untersuchungsergebnisse zum Begriff des Entgelts im Sinne des Schuldvertragsrechts des BGB verlieren die soeben diskutierten Fragestellungen an Brisanz. Die Erklärung der datenschutzrechtlichen Einwilligung ist ein taugliches Entgelt im Sinne des Schuldvertragsrechts des BGB. Unter teleologischen Gesichtspunkten ist schließlich auch zu berücksichtigen, dass die RL 2011/83/EU das Ziel verfolgt, ein hohes Verbraucherschutzniveau zu gewährleisten.[589]

VI. Ergebnis

Entgeltliche Schuldverträge prägt eine synallagmatische, kausale oder konditionale Verknüpfung von Leistung und Gegenleistung. Bei der Gegenleistung muss es sich nicht um eine monetäre Gegenleistung handeln. Das Nutzungsverhältnis bei sozialen Netzwerken zeichnet sich – unter Bezugnahme auf die Bedingungswerke von Facebook – gerade durch eine synallagmatische Verknüpfung von Leistung (dauerhafte Zurverfügungstellung einer technischen Plattform) und

582 *Schmidt-Kessel*, Stellungnahme zum Entwurf eines Gesetzes zur Umsetzung der Verbraucherrechterichtlinie und zur Änderung der Regelung über Wohnungsvermittlung, S. 28.

583 *Brönneke/Schmidt*, VuR 2014, 3, 3.

584 *Brönneke/Schmidt*, VuR 2014, 3, 3.

585 *Brönneke/Schmidt*, VuR 2014, 3, 3. Vgl. auch *Wendehorst*, in: Säcker et al., MüKo BGB § 312 Rn. 19; *Grüneberg*, in: Palandt, BGB, § 312 Rn. 3.

586 BT-Drs. 17/13951, S. 72.

587 BT-Drs. 17/13951, S. 72.

588 BT-Drs. 17/13951, S. 72.

589 S. Erwägungsgründe 3, 7, 65 RL 2011/83/EU. S. auch *Wendehorst*, in: Säcker et al., MüKo BGB, § 312 Rn. 19.

Gegenleistung (Erklärung der datenschutzrechtlichen Einwilligung) aus, sodass der Vertrag als entgeltlich zu qualifizieren ist. Durch die Annahme eines synallagmatischen Austauschverhältnisses werden jene wirtschaftlichen Zusammenhänge abgebildet, auf denen das Geschäftsmodell „Personenbezogene Daten als Entgelt" basiert. Dieses Ergebnis ist auch verallgemeinerungsfähig.

5. Kapitel: Der Begriff des Entgelts im Sinne des Kartellrechts am Beispiel der Diskussion um die Marktqualität

Soeben wurde untersucht, wie sich das Geschäftsmodell „Personenbezogene Daten als Entgelt“ zu dem Begriff der Leistung im Sinne des § 241 Abs. 1 BGB und dem Begriff des Entgelts im Sinne des Schuldvertragsrechts des BGB verhält.

In Anbetracht der gewonnenen Ergebnisse schließt sich die Frage an, wie gewährleistet werden kann, dass der Verantwortliche von der betroffenen Person einen angemessenen „Datenpreis“ verlangt – sich die Datenverarbeitung also in einem angemessenen Rahmen bewegt.[590] Es wird sich zeigen, dass gerade diese Frage durch eine sinnvolle Verzahnung des Schuldvertrags-, Datenschutz- und Kartellrechts beantwortet werden kann. Sie unterstreicht die einleitend benannte Notwendigkeit, einen kohärenten Rechtsrahmen zu schaffen. In der datengetriebenen Wirtschaft treffen insbesondere das Wettbewerbsrecht (im weiteren Sinne) und das Datenschutzrecht aufeinander. Wettbewerb ist ein wichtiges Schutzinstrument.[591] Um einen angemessenen „Datenpreis“ zu gewährleisten, dienen sogleich Art. 102 AEUV und § 19 GWB als Anknüpfungspunkte.[592] In diesem Zusammenhang stellen sich zwei maßgebliche Vorfragen, denen an dieser Stelle nachgegangen wird.

Es ist zu untersuchen, ob ein kartellrechtlich relevanter Markt vorliegt, wenn als Gegenleistung kein Geldbetrag entrichtet, sondern die datenschutzrechtliche Einwilligung erklärt wird. Ebenfalls ist zu fragen, ob die datenschutzrechtliche Einwilligung auch im Kartellrecht Entgeltqualität hat. Diese beiden Fragen sind eng miteinander verknüpft. Auf der einen Seite ermöglicht die Auseinandersetzung mit der Frage, ob in der genannten Fallkonstellation ein kartellrechtlich relevanter Markt vorliegt, den Gewinn grundlegender Erkenntnisse darüber, ob die datenschutzrechtliche Einwilligung auch im Kartellrecht als Entgelt zu qualifizieren ist. Auf der anderen Seite kann die zuerst genannte Frage nach der Marktqualität nicht sachgerecht beantwortet werden, ohne dass eine

---

590 S. *Schweitzer*, Neue Machtlagen in der digitalen Welt? Das Beispiel unentgeltlicher Leistungen, in: Körber/Kühling, Regulierung – Wettbewerb – Innovation, S. 278 ff.

591 S. auch schon 1. Kapitel, A. II.

592 S. 6. Kapitel, B. III.

Auseinandersetzung mit dem Begriff des Entgelts im Sinne des Kartellrechts erfolgt.

Den Ausgangspunkt der Untersuchung bildet die 9. GWB-Novelle[593]. Der neu eingefügte § 18 Abs. 2a GWB betrifft ausdrücklich die Frage der Marktqualität. Sodann wird der Marktbegriff als solcher betrachtet. Nachdem sich insbesondere mit der Entscheidungspraxis des Bundeskartellamts und der Kommission auseinandergesetzt wurde, ist der Begriff des Entgelts im Sinne des Kartellrechts zu beleuchten. Schließlich sind die alternativen Ansätze zur Begründung von Marktqualität zu diskutieren.

A. 9. GWB-Novelle

Die 9. GWB-Novelle soll unter anderem vor dem Hintergrund der fortschreitenden „Digitalisierung der Wirtschaft"[594] und „den sich dynamisch entwickelnden Märkten"[595] die Zukunftstauglichkeit des GWB gewährleisten.[596] Das GWB soll als Vorbild für andere Rechtsordnungen fungieren.[597]

Angesichts der Frage, ob ein kartellrechtlich relevanter Markt vorliegt, wenn als Gegenleistung kein Geldbetrag entrichtet wird, sondern die datenschutzrechtliche Einwilligung erklärt wird, darf insbesondere der neu in das GWB eingefügte § 18 Abs. 2a GWB nicht unberücksichtigt bleiben. Die ausgewählten weiteren Vorschriften vermitteln einen Eindruck, welcher Stellenwert dem Zugang zu Daten im GWB zuteil wird.

I. § 18 Abs. 2a GWB

Durch die 9. GWB-Novelle fand jüngst § 18 Abs. 2a GWB Eingang in das GWB:

> „Der Annahme eines Marktes steht nicht entgegen, dass eine Leistung unentgeltlich erbracht wird."

Ausweislich der Gesetzesbegründung wird das wirtschaftswissenschaftliche Verständnis zugrunde gelegt, dass sich ein Markt durch das Zusammentreffen

593 Neuntes Gesetz zur Änderung des Gesetzes gegen Wettbewerbsbeschränkungen v. 01.06.2017, BGBl. Teil I, 2017, Nr. 33 v. 08.06.2017, S. 1416 ff.

594 BT-Drs. 18/10207, S. 1.

595 BT-Drs. 18/10207, S. 39.

596 BT-Drs. 18/10207, S. 1, 38 f.

597 *Kersting/Podszun*, in: Kersting/Podszun, Die 9. GWB-Novelle, S. VI; *Pohlmann*, WuW 2016, 563, 563.

von Angebot und Nachfrage und das Vorliegen einer Austauschbeziehung auszeichne.[598] In der Gesetzesbegründung heißt es weiter:

> „Ein Markt liegt demzufolge nicht nur vor, wenn für die angebotene Leistung eine Geldzahlung verlangt wird, sondern kann auch gegeben sein, wenn bei der Transaktion kein Entgelt übertragen wird. Die Regelung erfasst damit Geschäftsmodelle, bei denen Leistungen ohne direkte monetäre Gegenleistung angeboten werden."[599]

§ 18 Abs. 2a GWB sei insbesondere im Hinblick auf sogenannte mehrseitige Märkte von Bedeutung. Im Rahmen der Untersuchung der Marktverhältnisse müsse die Gesamtheit des wirtschaftlichen Handelns eines Unternehmens erfasst werden. Nur so könnten Ergebnisse erzielt werden, die die Wirklichkeit abbilden.[600]

Wird eine Leistung unentgeltlich erbracht, führe dies jedoch nicht dazu, dass immer das Vorliegen eines kartellrechtlich relevanten Markts zu bejahen ist. Vielmehr sei unter Berücksichtigung aller Umstände des Einzelfalls zu untersuchen, ob es sich um einen kartellrechtlich relevanten Markt handelt. Dies sei insbesondere dann erforderlich, wenn kein mehrseitiger Markt vorliegt. Bei unentgeltlichen Leistungen, deren Erbringung nicht auf einer wirtschaftlichen Motivation beruht und die sich nicht in eine Strategie einfügen, die mittelbar oder längerfristig Erwerbszwecken dient, könne gerade kein kartellrechtlich relevanter Markt bejaht werden.[601]

Auf den ersten Blick verliert die Frage, ob ein kartellrechtlich relevanter Markt vorliegt, wenn als Gegenleistung kein Geldbetrag entrichtet, sondern die datenschutzrechtliche Einwilligung erklärt wird, durch den neu in das GWB eingefügten § 18 Abs. 2a GWB an Brisanz. Gleiches gilt für die Frage, ob die datenschutzrechtliche Einwilligung auch im Kartellrecht als Entgelt zu qualifizieren ist. Denn gemäß § 18 Abs. 2a GWB ist es nunmehr für die Annahme eines Markts nicht mehr schädlich, dass eine Leistung unentgeltlich erbracht wird. Es wird sich allerdings zeigen, dass § 18 Abs. 2a GWB dem Gesetzgeber nicht gelungen ist. Eine ausführliche Betrachtung des § 18 Abs. 2a GWB folgt, nachdem sogleich grundlegende Erkenntnisse zur Marktqualität erarbeitet worden sind. Trotz der Existenz des § 18 Abs. 2a GWB sind die aufgeworfenen Fragen somit weiterzuverfolgen.

---

598 BT-Drs. 18/10207, S. 47.

599 BT-Drs. 18/10207, S. 47.

600 BT-Drs. 18/10207, S. 47 f. S. zu mehrseitigen Märkten 5. Kapitel, E. II. 1.

601 BT-Drs. 18/10207, S. 48.

II. Weitere Vorschriften

Für eine sachgerechte Beantwortung der Frage, ob ein kartellrechtlich relevanter Markt auch dann vorliegt, wenn als Gegenleistung kein Geldbetrag entrichtet, sondern die datenschutzrechtliche Einwilligung erklärt wird, ist es notwendig, sich zu vergegenwärtigen, welche Bedeutung der Zugang zu Daten im GWB hat. Hier hilft die Betrachtung weiterer Vorschriften, die im Rahmen der 9. GWB-Novelle Eingang in das GWB gefunden haben.

1. § 18 Abs. 3a GWB

Der neu eingefügte § 18 Abs. 3a GWB benennt nunmehr beispielhaft Kriterien, denen bei der Beurteilung der Marktstellung eines Unternehmens bei mehrseitigen Märkten und Netzwerken Rechnung zu tragen ist. Unter anderem werden direkte und indirekte Netzwerkeffekte, der Zugang eines Unternehmens zu wettbewerbsrelevanten Daten und innovationsgetriebener Wettbewerbsdruck als entscheidende Faktoren benannt. § 18 Abs. 3a GWB berücksichtigt, „dass Wettbewerbsvorteile von Unternehmen mit internetbasierten Geschäftsmodellen auf speziellen Ressourcen und Fähigkeiten beruhen können“[602]. Die Gesetzesbegründung betont an dieser Stelle – unter gleichzeitiger Feststellung der Grenzen bisheriger Konzepte zur Bestimmung der Marktmacht – insbesondere noch einmal einen möglichen Zusammenhang zwischen dem Zugang zu Daten und der Marktmacht eines Unternehmens.[603]

2. § 35 Abs. 1a GWB

Im Jahr 2014 übernahm Facebook WhatsApp für 19 Milliarden US-Dollar. Eine Zuständigkeit der Kommission ergab sich aufgrund des geringen Umsatzes von WhatsApp lediglich aus Art. 4 Abs. 5 FKVO.[604] § 35 Abs. 1a GWB soll in diesem Zusammenhang eine Regelungslücke schließen.[605] Gemäß § 35 Abs. 1a GWB sind die Vorschriften der Zusammenschlusskontrolle nun auch dann anwendbar, wenn zwar die zweite Umsatzschwelle des § 35 Abs. 1 Nr. 2 GWB nicht erreicht wird, die Gegenleistung für den Zusammenschluss 400 Millionen Euro

602 BT-Drs. 18/10207, S. 49.
603 BT-Drs. 18/10207, S. 48 f.
604 S. hierzu Kommission, Entscheidung v. 03.10.2014 – COMP/M.7217 (Facebook/WhatsApp).
605 BT-Drs. 18/10207, S. 70 ff.

aber übersteigt.[606] Übersteigt die Gegenleistung für den Zusammenschluss 400 Millionen Euro, sei regelmäßig davon auszugehen, dass es sich um eine „innovative[] Geschäftsidee[] mit einem hohen wettbewerblichen Marktpotential“[607] handelt. Das Missverhältnis zwischen der Höhe des Umsatzes und des Werts der Gegenleistung sei an dieser Stelle ein Zeichen für den wirtschaftlichen und wettbewerblichen Stellenwert, den der Erwerber dem Vorgang zuschreibt.[608]

3. § 50c Abs. 1 S. 1 GWB

§ 50c Abs. 1 S. 1 GWB ermöglicht einen Informationsaustausch zwischen den Kartellbehörden, Regulierungsbehörden, dem oder der Bundesbeauftragten für den Datenschutz und die Informationsfreiheit und den Landesbeauftragten für den Datenschutz sowie den zuständigen Behörden im Sinne des § 2 des EG-Verbraucherschutzdurchsetzungsgesetzes. Die oder der Bundesbeauftragte für den Datenschutz und die Informationsfreiheit und die Landesbeauftragten für den Datenschutz wurden an dieser Stelle neu eingefügt. Geschuldet ist auch dies der Erkenntnis, dass sich der Zugang zu Daten auf die Marktmarkt eines Unternehmens auswirke.[609]

4. Zwischenergebnis

Die ausgewählten Vorschriften spiegeln die steigende Bedeutung des Zugangs zu Daten im GWB wider.

606 S. auch *Rinne*, in: Gersdorf/Paal, Beck'scher OK Informations- und Medienrecht, § 35 GWB Rn. 1 (Stand: 01.11.2017).

607 BT-Drs. 18/10207, S. 71.

608 BT-Drs. 18/10207, S. 70 ff. Ein Schwellenwert von 400 Millionen Euro gewährleiste zunächst, dass nur solche Sachverhalte der Fusionskontrolle unterliegen, die von einer hinreichenden wirtschaftlichen Relevanz sind. Zudem werde ein sachgerechter Ausgleich zwischen „Innovationsförderung und notwendigem Schutz vor einer Vermachtung von Märkten“ ermöglicht, s. BT-Drs. 18/10207, S. 73.

609 BT-Drs. 18/10207, S. 81.

B. Zum Marktbegriff als solchem

An dieser Stelle wird nun der Marktbegriff als solcher untersucht. Traditionell bezeichnet „Markt“ den „Ort, an dem sich Angebot und Nachfrage *zu einem Preis* [Hervorh. im Original] treffen“[610].

Der Marktbegriff ist für das Kartellrecht zentral.[611] Die kartellrechtliche Beurteilung eines Sachverhalts baut auf der Abgrenzung des relevanten Markts auf.[612] Mithilfe der Marktabgrenzung sollen die Wettbewerbskräfte identifiziert werden, die auf die Unternehmen einwirken.[613] Die Abgrenzung des relevanten Markts fordert Rechts- und Wirtschaftswissenschaften seit jeher heraus.[614]

Ausgehend von der wirtschaftswissenschaftlichen Definition des Markts ist zu identifizieren, was für den Marktbegriff als solchen prägend ist.

I. Grundsatz der kartellrechtlich-funktionalen Auslegung

Das Kartellrecht weist begrifflich Überschneidungen zum Zivilrecht, zu den Wirtschaftswissenschaften und zur Wirtschaft als solcher auf. In diesem Zusammenhang ist dem Grundsatz der kartellrechtlich-funktionalen Auslegung Beachtung zu zollen.

Die im Kartellrecht verwendeten Begriffe sind unter Berücksichtigung ihres kartellrechtsspezifischen Sinngehalts auszulegen. Dies bedeutet, dass einem Begriff im Rahmen des Kartellrechts ein anderer Aussagegehalt zukommen kann. Es bedeutet jedoch nicht, dass insbesondere wirtschaftswissenschaftliche

---

610 *Podszun/Franz*, NZKart 2015, 121, 121. S. auch BGH, Beschl. v. 12.07.1973 – KRB 2/72, NJW 1973, 1609, 1610; *Zimmerlich*, Marktmacht in dynamischen Märkten, S. 114; *Klotz*, WuW 2016, 58, 58 m. w. N.

611 *Schmidt*, ZUM 1997, 472, 472.

612 *Bosch*, in: Bechtold/Bosch, GWB, § 18 Rn. 5; *Lettl*, Kartellrecht, § 1 Rn. 22.

613 BGH, Beschl. v. 16.01.2007 – KVR 12/06, BGHZ 170, 299, 305 f. = NJW 2007, 1823, 1825 m. w. N.; *Bosch*, in: Bechtold/Bosch, GWB, § 18 Rn. 5; *Lettl*, Kartellrecht, § 1 Rn. 22, § 7 Rn. 12. Abhängig von dem Zweck der einschlägigen Norm hat die Abgrenzung des relevanten Markts jeweils eine andere Stoßrichtung, s. *Emmerich/Lange*, Kartellrecht, § 4 Rn. 54; *Lettl*, Kartellrecht, § 1 Rn. 23 ff. Die Bedeutung der Marktabgrenzung hinterfragt kritisch *Wingerter*, Abgrenzung des relevanten Marktes: notwendig, nützlich, überflüssig?, passim.

614 *Emmerich/Lange*, Kartellrecht, § 4 Rn. 55.

Erkenntnisse gänzlich unbeachtet bleiben müssen.[615] Vielmehr können diese als Ausgangspunkt dienen.[616]

II. Wirtschaftswissenschaftliche Definition

In den Wirtschaftswissenschaften ist „Markt" der „Ort des Zusammentreffens von Angebot und Nachfrage"[617]. Es bilden sich Preise. Diese bestimmen den Marktprozess.[618] In der Regel wird sich der Preis in Geld bemessen.[619] Es findet sich auch die Definition des Markts „als den ökonomischen Ort des Tausches"[620].

III. Relevanter Markt als normativer Zweckbegriff

Es handelt sich bei dem Begriff „Markt" um einen sogenannten normativen Zweckbegriff, der unter Berücksichtigung des Zwecks der jeweils einschlägigen Vorschrift zu verstehen ist.[621] Er ist keine feststehende Größe.[622] Durch die Abgrenzung des relevanten Markts sollen die maßgeblichen Wettbewerbskräfte identifiziert werden.[623]

Auch die Kommission nennt in ihrer „Bekanntmachung über die Definition des relevanten Marktes im Sinne des Wettbewerbsrechts der Gemeinschaft"[624] als Hauptzweck der Definition des Markts ausdrücklich die Identifikation der

---

615 *Thomas*, in: Kling/Thomas, Kartellrecht, § 15 Rn. 4 ff. S. auch zu BT-Drs. 3644, S. 13 f.; *Kumkar*, Online-Märkte und Wettbewerbsrecht, S. 105 m. Verweis auf *Engel*, Marktabgrenzung als soziale Konstruktion, in: Fuchs/Schwintowski/Zimmer, Festschrift für Immenga zum 70. Geburtstag, S. 127 ff.; *Podszun/Franz*, NZKart 2015, 121, 125; *Thomas*, NZKart 2017, 92, 95.

616 *Kumkar*, Online-Märkte und Wettbewerbsrecht, S. 105.

617 *Hanusch/Kuhn/Cantner*, Volkswirtschaftslehre I, S. 54. S. hierzu auch *Podszun/Franz*, NZKart 2015, 121, 124 f.

618 *Hanusch/Kuhn/Cantner*, Volkswirtschaftslehre I, S. 53 ff.

619 Vgl. *Belleflamme/Peitz*, Industrial Organization – Markets and Strategies, S. 3.

620 *Ott*, in: Albers et al., HdWW V, S. 105. S. auch *Schmidt*, ZUM 1997, 472, 473.

621 *Füller*, in: Bornkamm/Montag/Säcker, MüKo Kartellrecht I, Einleitung, Rn. 1033; *Wolf*, in: Bornkamm/Montag/Säcker, MüKo Kartellrecht II, § 18 GWB Rn. 8.

622 *Wolf*, in: Bornkamm/Montag/Säcker, MüKo Kartellrecht II, § 18 GWB Rn. 8.

623 BGH, Beschl. v. 16.01.2007 – KVR 12/06, NJW 2007, 1823, 1825 m. w. N.; *Bosch*, in: Bechtold/Bosch, GWB, § 18 Rn. 5; *Füller*, in: Bornkamm/Montag/Säcker, MüKo Kartellrecht I, Einleitung, Rn. 1033; *Lettl*, Kartellrecht, § 1 Rn. 22, § 7 Rn. 12.

624 Bekanntmachung der Kommission über die Definition des relevanten Marktes im Sinne des Wettbewerbsrechts der Gemeinschaft, Amtsblatt v. 09.12.1997, C 372/5 ff.

maßgeblichen Wettbewerbskräfte.[625] Der Begriff des relevanten Markts stehe im Kontext der Ziele der Wettbewerbspolitik.[626]

IV. Wettbewerbsfunktionen

Aus diesem Grund wird an dieser Stelle betrachtet, welche Ziele die Wettbewerbspolitik verfolgt. Diese bilden sich in den Funktionen wirksamen Wettbewerbs ab.[627] Hieran wird sogleich angeknüpft. Es ist zwischen den wirtschaftspolitischen und gesellschaftspolitischen Funktionen wirksamen Wettbewerbs zu differenzieren.

1. Wirtschaftspolitische Funktionen

Unter wirtschaftspolitischen Gesichtspunkten übernimmt wirksamer Wettbewerb eine Steuerungs- und Ordnungsfunktion, eine Antriebsfunktion und eine Verteilungsfunktion.

a) Steuerungs- und Ordnungsfunktion

Wirksamer Wettbewerb wirkt auf eine optimale Faktorallokation hin. Die Produktionskapazitäten orientieren sich am technischen Fortschritt und der Nachfrage, das Waren- und Dienstleistungsangebot an den Kauferpräferenzen.[628]

b) Antriebsfunktion

Des Weiteren dient wirksamer Wettbewerb der Kosten- und Ressourceneffizienz, also letztlich der Verbesserung der Leistungen.[629]

---

625 Bekanntmachung der Kommission über die Definition des relevanten Marktes im Sinne des Wettbewerbsrechts der Gemeinschaft, Rn. 2.

626 Bekanntmachung der Kommission über die Definition des relevanten Marktes im Sinne des Wettbewerbsrechts der Gemeinschaft, Rn. 10.

627 S. hierzu auch insgesamt *Kerber/Schwalbe*, in: Bornkamm/Montag/Säcker, MüKo Kartellrecht I, Einleitung, Rn. 131 ff.; *Schmidt*, ZUM 1997, 472, 474 f.

628 *Säcker*, in: Bornkamm/Montag/Säcker, MüKo Kartellrecht I, Einleitung, Rn. 4; *Wiedemann*, in: Wiedemann, Kartellrecht, § 1 Rn. 2; *Knieps*, Wettbewerbsökonomie, S. 4 f.; *Schmidt*, ZUM 1997, 472, 474.

629 *Säcker*, in: Bornkamm/Montag/Säcker, MüKo Kartellrecht I, Einleitung, Rn. 4; *Wiedemann*, in: Wiedemann, Kartellrecht, § 1 Rn. 2; *Knieps*, Wettbewerbsökonomie, S. 4 f.

c) *Verteilungsfunktion*

Schließlich gewährleistet wirksamer Wettbewerb eine Verteilung des Einkommens nach der Marktleistung.[630]

2. *Gesellschaftspolitische Funktionen*

Unter gesellschaftspolitischen Gesichtspunkten dient wirksamer Wettbewerb dem Schutz der Freiheit des Einzelnen. Insoweit gilt es insbesondere, Monopolbildungen zu verhindern.[631]

V. Austauschbeziehung als wesentlicher Bestandteil des Markts

Unter Berücksichtigung der soeben gewonnenen Erkenntnisse wird an dieser Stelle zunächst der Frage nachgegangen, ob eine Austauschbeziehung wesentlicher Bestandteil des Markts ist. Im Ergebnis ist dies zu bejahen. Aus diesem Grund wird sodann untersucht, welche Anforderungen an die Gegenleistung zu stellen sind. Es geht um die Frage, ob eine monetäre Gegenleistung vorliegen muss. Auf § 18 Abs. 2a GWB wird im Hinblick auf diese Aspekte sogleich noch eingegangen.

1. *Austauschbeziehung als solche*

Zielführend ist es, die Definitionen des Markts als Ausgangspunkt zu nehmen. „Markt“ ist der „Ort des Zusammentreffens von Angebot und Nachfrage“[632] oder der „ökonomische Ort des Tausches“[633]. Diese Definitionen streiten dafür, die Austauschbeziehung als solche, bei der einer Leistung eine Gegenleistung gegenübersteht, als wesentlichen Bestandteil des Markts zu begreifen.[634] Sie umschreiben den gegenseitigen Leistungsaustausch (Zusammentreffen von Angebot und Nachfrage) oder benennen diesen sogar ausdrücklich (Tausch).[635] Andere

---

630 *Säcker*, in: Bornkamm/Montag/Säcker, MüKo Kartellrecht I, Einleitung, Rn. 4; *Wiedemann*, in: Wiedemann, Kartellrecht, § 1 Rn. 2; *Knieps*, Wettbewerbsökonomie, S. 4 f.; *Schmidt*, ZUM 1997, 472, 474.

631 *Säcker*, in: Bornkamm/Montag/Säcker, MüKo Kartellrecht I, Einleitung, Rn. 5; *Wiedemann*, in: Wiedemann, Kartellrecht, § 1 Rn. 2. S. auch *Knieps*, Wettbewerbsökonomie, S. 4 f.

632 *Hanusch/Kuhn/Cantner*, Volkswirtschaftslehre I, S. 54.

633 *Ott*, in: Albers et al., HdWW V, S. 105. S. auch *Schmidt*, ZUM 1997, 472, 473 f.

634 S. auch *Höppner/Grabenschröer*, NZKart 2015, 162, 163 f.; *Schmidt*, ZUM 1997, 472, 474.

635 S. auch *Kumkar*, Online-Märkte und Wettbewerbsrecht, S. 105.

sprechen davon, dass das „Synallagma zwischen Anbieter und Nachfrager“[636] charakteristisch für die unternehmerische Betätigung sei.[637] Das Synallagma zeichnet sich dadurch aus, dass einer Leistung eine Gegenleistung gegenübersteht und jede Leistung gerade um der anderen Leistung willen erbracht wird.[638] Auch diese Charakterisierung indiziert, dass die Austauschbeziehung wesentlicher Bestandteil des Markts ist.

Der Begriff des Markts steht in engem Zusammenhang mit den Funktionen wirksamen Wettbewerbs.[639] Unter Berücksichtigung der Wettbewerbsfunktionen verfestigt sich der Befund, dass die Austauschbeziehung wesentlicher Bestandteil des Markts ist. Eine zentrale Funktion wirksamen Wettbewerbs ist eine optimale Faktorallokation.[640] Diese setzt denklogisch voraus, dass dem Marktbegriff eine Austauschbeziehung immanent ist.[641] Wirksamer Wettbewerb übernimmt auch die Funktion, die Bildung von Monopolen zu verhindern.[642] Marktmacht spiegelt sich insbesondere in der Fähigkeit von Unternehmen wider, solche Preise zu diktieren, die über dem Wettbewerbsniveau liegen. Abnehmer befinden sich in einer wirtschaftlichen Abhängigkeit. Eine solche wirtschaftliche Abhängigkeit, der wirksamer Wettbewerb entgegenwirken soll, ist jedoch nur zu bejahen, wenn ein gegenseitiger Leistungsaustausch stattfindet. Bleibt ein solcher aus, liegt lediglich eine „rein tatsächliche[] – reflexhafte[] – Abhängigkeit“[643] vor. Vor einer solchen schützt wirksamer Wettbewerb nicht.[644]

In dem Verfahren Axel Springer/ProSiebenSat1 verneinte das Bundeskartellamt einen Fernsehzuschauermarkt für das Free-TV, da „es wegen des fehlenden Entgelts an einer für den Leistungsaustausch im Marktprozess wesentlichen Voraussetzung“[645] mangele.[646] Ähnlich hieß es in dem Verfahren Kabel Deutschland/Orion Cable, dass „eine unentgeltliche Leistung […] nicht als Marktleistung

636 *Paal*, Medienvielfalt und Wettbewerbsrecht, S. 197.
637 *Paal*, Medienvielfalt und Wettbewerbsrecht, S. 197.
638 S. 4. Kapitel, C. II. 1. b) aa).
639 S. 5. Kapitel, B. III.
640 S. 5. Kapitel, B. IV. 1. a).
641 *Kumkar*, Online-Märkte und Wettbewerbsrecht, S. 105.
642 S. 5. Kapitel, B. IV. 2.
643 *Kumkar*, Online-Märkte und Wettbewerbsrecht, S. 106.
644 *Kumkar*, Online-Märkte und Wettbewerbsrecht, S. 106.
645 BKartA, Beschl. v. 19.01.2006 – B 6–92202 – Fa – 103/05 (Axel Springer/ProSiebenSat1), S. 23.
646 BKartA, Beschl. v. 19.01.2006 – B 6–92202 – Fa – 103/05 (Axel Springer/ProSiebenSat1), S. 23.

angesehen werden [kann], da letztere begrifflich eine entgeltliche Austauschbeziehung voraussetzt“[647]. Wenngleich in den Verfahren Axel Springer/ProSiebenSat1 und Kabel Deutschland/Orion Cable das Merkmal der Entgeltlichkeit fokussiert wurde, verdeutlichte das Bundeskartellamt zugleich die Notwendigkeit des Vorliegens einer Austauschbeziehung.

Im Ergebnis streiten die Definitionen des Markts, die Wettbewerbsfunktionen und die angeführte Entscheidungspraxis des Bundeskartellamts dafür, die Austauschbeziehung als wesentlichen Bestandteil des Markts zu begreifen.

2. Keine Notwendigkeit einer monetären Gegenleistung

Die Austauschbeziehung ist wesentlicher Bestandteil des Markts. Es stellt sich somit die Frage, welche Anforderungen an die Gegenleistung zu stellen sind. Genauer: Ist das Vorliegen einer monetären Gegenleistung – im Sinne der Entrichtung eines Geldbetrags – notwendig?

Preise bestimmen den Marktprozess.[648] Der Preis wird sich regelmäßig in Geld bemessen.[649] Wenngleich dies den vorrangigen wirtschaftlichen Gegebenheiten gerecht werde, erachten *Podszun/Franz* – unter erneutem Rückgriff auf die Definition des Markts – das Vorliegen einer monetären Gegenleistung nicht als zwingend. Der Definition des Markts als der Ort, an dem sich durch das Zusammentreffen von Angebot und Nachfrage ein Preis bildet, könne nicht entnommen werden, wie dieser Preis ausgestaltet sein muss.[650]

Ott bezeichnet den Markt „als den ökonomischen Ort des Tausches“[651]. Diese Bezeichnung des Markts bestärkt die von *Podszun/Franz* getroffene Aussage.[652] Der Kaufvertrag im Sinne des § 433 BGB und der Tauschvertrag im Sinne des § 480 BGB grenzen sich dadurch voneinander ab, dass im Rahmen des Tauschvertrags beide Vertragsparteien Gegenstände schulden. Die Gegenleistung einer Vertragspartei besteht gerade nicht in der Zahlung eines Geldbetrags.[653]

---

647 BKartA, Beschl. v. 03.04.2008 – B7–200/07 (Kabel Deutschland/Orion Cable), BeckRS 2009, 8244 Rn. 138.

648 *Hanusch/Kuhn/Cantner*, Volkswirtschaftslehre I, S. 53 ff.

649 Vgl. *Belleflamme/Peitz*, Industrial Organization – Markets and Strategies, S. 3.

650 *Podszun/Franz*, NZKart 2015, 121, 124.

651 *Ott*, in: Albers et al., HdWW V, S. 105. S. auch *Schmidt*, ZUM 1997, 472, 473 f.

652 S. auch *Kumkar*, Online-Märkte und Wettbewerbsrecht, S. 107; *Klotz*, WuW 2016, 58, 60.

653 S. 4. Kapitel, C. II. 4. a).

An dieser Stelle reiht sich auch *Schmidt* ein, der davon spricht, dass der Austauschbeziehung kein allgemeines Tauschmittel zugrunde liegen müsse.[654] Aus wirtschaftswissenschaftlicher Sicht ist gerade für Geld charakteristisch, dass es unter anderem als allgemeines Tausch- und Zahlungsmittel fungiert.[655] Vielmehr betont *Schmidt*, dass insbesondere ein Naturaltausch vorliegen könne. Für ihn kommt jedweder wirtschaftliche Vorteil als Gegenleistung in Betracht. Der normative Marktbegriff des GWB stelle keine Mindestanforderungen an die Gegenleistung.[656] Der Begriff des Markts sei vielmehr als deskriptiv zu begreifen.[657]

Für *Körber* ist es „in der Ökonomie ein Allgemeinplatz“[658], dass auf eine monetäre Gegenleistung verzichtet werden könne.[659]

Unter Zuhilfenahme der Wettbewerbsfunktionen wurde bereits begründet, dass eine Austauschbeziehung wesentlicher Bestandteil eines Markts ist. Die Wettbewerbsfunktionen können auch fruchtbar gemacht werden, um die Notwendigkeit einer monetären Gegenleistung zu verneinen. Gerade am Beispiel von Internetdiensten, für die keine monetäre Gegenleistung entrichtet wird, wird dies deutlich. Die Nachfrage nach und das Angebot an Gütern resultieren aus einem Bedarf an ebendiesen. Ein solcher Bedarf besteht wiederum nur an Wirtschaftsgütern, denn im Gegensatz zu freien Gütern sind Wirtschaftsgüter begrenzt.[660] Auch an Internetdiensten, für die keine monetäre Gegenleistung entrichtet wird, besteht ein Bedarf. Es handelt sich um Wirtschaftsgüter.[661] Ein Verhalten, das sich auf den Wettbewerb auswirkt, muss sodann aber auch mit Hilfe des Wettbewerbsrechts erfasst werden können. Preiswettbewerb ist nicht über Qualitätswettbewerb zu stellen.[662]

Zwar orientieren sich die Konzepte, die zur Abgrenzung des relevanten Markts herangezogen werden, nicht selten am Preis – „Preis“ im Sinne einer

---

654 *Schmidt*, ZUM 1997, 472, 474.

655 S. 4. Kapitel, A. II.

656 *Schmidt*, ZUM 1997, 472, 474 ff.

657 *Podszun/Franz*, NZKart 2015, 121, 124.

658 *Körber*, WuW 2015, 120, 125.

659 *Körber*, WuW 2015, 120, 125.

660 *Schmidt*, ZUM 1997, 472, 473.

661 *Klotz*, WuW 2016, 58, 60.

662 S. auch *Kumkar*, Online-Märkte und Wettbewerbsrecht, S. 106; *Klotz*, WuW 2016, 58, 60; *Schmidt*, ZUM 1997, 472, 476; BKartA, Arbeitspapier – Marktmacht von Plattformen und Netzwerken, S. 41. Im Ergebnis so auch *Wiedmann/Jäger*, K&R 2016, 217, 217 f. S. zudem *Ott*, MMR 2006, 195, 197 und *Ott*, K&R 2007, 375, 378 zur Aufnahme in den Index einer Suchmaschine.

monetären Gegenleistung.[663] Leistungen, für die eine solche nicht entrichtet wird, stellen das „preis-orientierte[] Wettbewerbskonzept[]“[664] vor Herausforderungen.[665] Dies allein ist jedoch kein Grund, eine monetäre Gegenleistung als notwendig zu erachten.

Die Austauschbeziehung, die wesentlicher Bestandteil des Markts ist, verlangt unter Berücksichtigung der soeben gewonnenen Erkenntnisse gerade keine monetäre Gegenleistung.

C. Abkehr vom klassisch-kartellrechtlichen Marktbegriff

Nachdem soeben der Marktbegriff als solcher betrachtet wurde, wird nun sowohl die Entscheidungspraxis des Bundeskartellamts und deutscher Gerichte als auch jene der Kommission beleuchtet. Die Frage, ob ein kartellrechtlich relevanter Markt vorliegt, wenn als Gegenleistung kein Geldbetrag entrichtet, sondern die datenschutzrechtliche Einwilligung erklärt wird, entzündet sich am klassisch-kartellrechtlichen Marktbegriff.[666] Dieser prägte insbesondere die Entscheidungspraxis des Bundeskartellamts und jene der Kommission. Nunmehr ist jedoch ein Wandel in der Entscheidungspraxis zu erkennen.[667] In diesem spiegelt sich die Tendenz wider, dass unentgeltliche Leistungsbeziehungen eine wettbewerbliche Relevanz haben.[668]

663 Vgl. *Emmerich/Lange*, Kartellrecht, § 4 Rn. 55, 57; *Podszun/Franz*, NZKart 2015, 121, 125 f.

664 *Podszun/Franz*, NZKart 2015, 121, 126.

665 *Podszun*, in: Kersting/Podszun, Die 9. GWB-Novelle, Kap. 1 Rn. 41; *Podszun/Franz*, NZKart 2015, 121, 126; *Thomas*, NZKart 2017, 92, 92 ff. Zu den Grenzen des sog. SSNIP-Tests, s. *Kumkar*, Online-Märkte und Wettbewerbsrecht, S. 112; *Bischke/Brack*, NZG 2016, 502, 504; *Körber*, WuW 2015, 120, 125; *Paal*, GRUR Int. 2015, 997, 1000; *Podszun/Schwalbe*, NZKart 2017, 98, 102; *Telle*, InTeR 2017, 3, 4 m. w. N.; BKartA, Arbeitspapier – Marktmacht von Plattformen und Netzwerken, S. 44 ff.

666 S. auch *Kumkar*, Online-Märkte und Wettbewerbsrecht, S. 98 ff.; BKartA, Arbeitspapier – Marktmacht von Plattformen und Netzwerken, S. 36 ff.

667 S. zur Entscheidungspraxis auch BT-Drs. 18/10207, S. 48; *Kumkar*, Online-Märkte und Wettbewerbsrecht, S. 100; *Paal*, WuW 2016, 453, 453; *Paal/Hennemann*, NJW 2017, 1697, 1699; *Podszun/Franz*, NZKart 2015, 121, 121 ff.; *Pohlmann*, WuW 2016, 563, 563; *Pohlmann/Wismann*, NZKart 2016, 555, 556; BKartA, Arbeitspapier – Marktmacht von Plattformen und Netzwerken, S. 36 ff.

668 *Podszun/Franz*, NZKart 2015, 121, 124.

I. Entscheidungspraxis des Bundeskartellamts und deutscher Gerichte

Soeben wurde bereits auf die Verfahren Axel Springer/ProSiebenSat1 und Kabel Deutschland/Orion Cable des Bundeskartellamts Bezug genommen.

In dem Verfahren Axel Springer/ProSiebenSat1 bejahte das Bundeskartellamt einen Fernsehzuschauermarkt für das Pay-TV. Es verneinte jedoch einen Fernsehzuschauermarkt für das Free-TV mangels Entgeltlichkeit. Für das Pay-TV bezahle der Zuschauer entweder im Rahmen eines Abonnements oder für einzelne Sendungen. Die Grundlage der Finanzierung des Free-TV sei hingegen Werbung, die während des Programms gesendet wird.[669]

In dem Verfahren Kabel Deutschland/Orion Cable betrachtete das Bundeskartellamt unter anderem den Markt für die Belieferung von Endkunden mit Rundfunksignalen. Es bezog die Übertragungswege Breitbandkanal und IPTV in den Markt ein, schloss jedoch die Übertragungswege Satellit und DVB-T von diesem aus.[670] Zwischen dem Endkunden und dem Betreiber der zum Signaltransport eingesetzten Satellitentransponder liege keine entgeltliche Austauschbeziehung vor. Der Endkunde zahle nicht für den Satellitenempfang, sondern für die eigene Empfangsinfrastruktur, zum Beispiel die Satellitenanlage.[671] Dies gelte gleichermaßen im Hinblick auf DVB-T.[672]

Konstitutives Element des klassisch-kartellrechtlichen Marktbegriffs, den das Bundeskartellamt in den genannten Verfahren zugrunde legt, ist das Vorliegen einer entgeltlichen Austauschbeziehung. Den ausgewählten Verfahren ist zu entnehmen, dass der Begriff des Entgelts seitens des Bundeskartellamts eng verstanden wird, nämlich im Sinne einer monetären Gegenleistung. Die Möglichkeit, Pay-TV-Inhalte zu sehen, die Belieferung mit Rundfunksignalen mittels Breitbandkabel und IPTV und der Erwerb einer Satelittenanlage setzen (üblicherweise) voraus, dass ein Geldbetrag entrichtet wird.

In dem Verfahren OCPE II/EliteMedianet nahm das Bundeskartellamt nunmehr einen Markt für Online-Dating-Plattformen an, in den auch

---

669 BKartA, Beschl. v. 19.01.2006 – B 6–92202 – Fa – 103/05 (Axel Springer/ProSiebenSat1), S. 23.

670 BKartA, Beschl. v. 03.04.2008 – B7–200/07 (Kabel Deutschland/Orion Cable), BeckRS 2009, 8244 Rn. 128 ff.

671 BKartA, Beschl. v. 03.04.2008 – B7–200/07 (Kabel Deutschland/Orion Cable), BeckRS 2009, 8244 Rn. 138.

672 BKartA, Beschl. v. 03.04.2008 – B7–200/07 (Kabel Deutschland/Orion Cable), BeckRS 2009, 8244 Rn. 139.

Online-Dating-Plattformen miteinzubeziehen seien, die auf einem werbefinanzierten oder einem sogenannten gestuften Geschäftsmodell basieren.[673] Bei dem gestuften Geschäftsmodell zahlt der Nutzer ein Entgelt, um ausgewählte Sonderfunktionen nutzen zu können und/oder um keiner Werbung ausgesetzt zu sein.[674] Das Bundeskartellamt setzte in dem genannten Verfahren „werbefinanziert" mit „unentgeltlich" gleich[675] und verdeutlichte einmal mehr, dass es den Begriff des Entgelts auf monetäre Gegenleistungen beschränkt. Das Verfahren OCPE II/EliteMedianet zeigt jedoch auf, dass das Bundeskartellamt von der Entgeltlichkeit – im Sinne der Erbringung einer monetären Gegenleistung – als konstitutives Element des Markts Abstand nimmt. Diese Entwicklung spiegelt sich auch in einem im Juni 2016 veröffentlichten Arbeitspapier des Bundeskartellamts wider.[676]

Das Oberlandesgericht Düsseldorf hielt im Hinblick auf den Markt für die Vermittlung von Hotelzimmerbuchungen durch Hotelportale (Hotelportalmarkt) allerdings jüngst an dem klassisch-kartellrechtlichen Marktbegriff fest.[677]

II. Entscheidungspraxis der Kommission

In ihrer Entscheidung RTL/Veronica/Endemol verzichtete die Kommission auf die Klärung der Frage, ob ein Zuschauermarkt für das Free-TV existiert.[678] Ebenso ließ die Kommission in ihrer Entscheidung Microsoft/Yahoo! Search Business offen, ob die Internetsuche als relevanter Markt zu qualifizieren ist.[679] Nunmehr benannte die Kommission den Marktanteil von Google in Bezug auf die allgemeine Online-Suche,[680] sodass auch die Internetsuche einen relevanten

673 BKartA, Beschl. v. 22.10.2015 – B 6-57 /15 (OCPE II/EliteMedianet), Rn. 70, 81 ff.

674 BKartA, Beschl. v. 22.10.2015 – B 6-57 /15 (OCPE II/EliteMedianet), Rn. 82.

675 BKartA, Beschl. v. 22.10.2015 – B 6-57 /15 (OCPE II/EliteMedianet), Rn. 81.

676 BKartA, Arbeitspapier – Marktmacht von Plattformen und Netzwerken, S. 40 ff.

677 OLG Düsseldorf, Beschl. v. 09.01.2015 – VI-Kart 1/14 (V), BeckRS 2015, 3467 Rn. 15, 27.

678 Kommission, Entscheidung v. 20.09.1995 – IV/M.533 (RTL/Veronica/Endemol), Rn. 17.

679 Kommission, Entscheidung v. 18.02.2010 – COMP/M.5727 (Microsoft/Yahoo! Search Business), Rn. 87. Zuvor stellte sie fest, dass Internetsuchdienste in der Regel für Nutzer kostenlos seien („internet search services are today generally provided free of charge to users"), s. Kommission, Entscheidung v. 18.02.2010 – COMP/M.5727 (Microsoft/Yahoo! Search Business), Rn. 33.

680 Kommission, Pressemitteilung v. 25.04.2013 – Case 39740 (Google Search (Shopping)). Vgl. jüngst auch Kommission, Pressemitteilung v. 27.06.2017 – Case 39740 (Google Search (Shopping)).

Markt darstellt. Noch in ihrer Entscheidung Google/DoubleClick untersuchte die Kommission lediglich Werbemärkte.[681] In ihrer Entscheidung Microsoft/Skype nahm die Kommission sodann unter anderem das Vorliegen eines Markts für durch Verbraucher genutzte Kommunikationsdienste an,[682] obwohl für diese in der Regel kein Geldbetrag seitens der Verbraucher entrichtet werden muss.[683] Diese Praxis setzt sich nunmehr unter anderem in der Entscheidung Facebook/WhatsApp fort.[684]

Dass auch die Kommission den Begriff des Entgelts auf monetäre Gegenleistungen beschränkt, verdeutlicht die soeben genannte Entscheidung Microsoft/Skype. In dieser nahm sie das Vorliegen eines Markts für durch Verbraucher genutzte Kommunikationsdienste an, *obwohl* für diese in der Regel *kein Geldbetrag* seitens der Verbraucher entrichtet werden muss.[685]

Die beispielhaft angeführten Entscheidungen der Kommission zeigen auf, dass auch die Kommission – ebenso wie das Bundeskartellamt – Abstand vom klassisch-kartellrechtlichen Marktbegriff nimmt.

D. Begriff des Entgelts im Sinne des Kartellrechts

Bevor sogleich die Ansätze zur alternativen Begründung von Marktqualität beleuchtet werden, wird aufgrund der bisherigen Erkenntnisse zunächst der Begriff des Entgelts im Sinne des Kartellrechts betrachtet.

Das Bundeskartellamt und die Kommission verstehen den Begriff des Entgelts eng und beschränken ihn auf monetäre Gegenleistungen. Dies geht aus der soeben vorgestellten Entscheidungspraxis hervor. Fraglich ist jedoch, ob dieses

---

681 Kommission, Entscheidung v. 11.03.2008 – COMP/M.4731 (Google/DoubleClick), Rn. 44 ff.

682 Kommission, Entscheidung v. 07.10.2011 – COMP/M.6281 (Microsoft/Skype), Rn. 18 ff.

683 Kommission, Entscheidung v. 07.10.2011 – COMP/M.6281 (Microsoft/Skype), Rn. 75: „Consumer communications services are mostly offered for free." S. hierzu auch *Wiedemann*, in: Wiedemann, Handbuch des Kartellrechts, § 23 Rn. 10 Fn. 43.

684 Kommission, Entscheidung v. 03.10.2014 – COMP/M.7217 (Facebook/WhatsApp), Rn. 13 ff., 31. Die Kommission nimmt außerdem einen Markt für „Soziale Netzwerkdienste" („social networking services") an und stellt auch hier fest, dass diese meistens ohne eine finanzielle Gegenleistung zur Verfügung gestellt würden („The vast majority of social networking services are provided free of monetary charges."), s. Kommission, Entscheidung v. 03.10.2014 – COMP/M.7217 (Facebook/WhatsApp), Rn. 45 ff.

685 Kommission, Entscheidung v. 07.10.2011 – COMP/M.6281 (Microsoft/Skype), Rn. 18 ff., 75.

Verständnis des Begriffs des Entgelts unter Berücksichtigung kartellrechtsspezifischer Wertungen zwingend ist.

Den Ausgangspunkt bilden jene Erkenntnisse, die soeben zum Marktbegriff als solchem gewonnen wurden. Wesentlicher Bestandteil des Markts ist die Austauschbeziehung. Einer Leistung muss also eine Gegenleistung gegenüberstehen. Die Gegenleistung muss jedoch nicht in der Entrichtung eines Geldbetrags bestehen. Der Marktbegriff als solcher verlangt nicht, den Begriff des Entgelts im Sinne des Kartellrechts auf monetäre Gegenleistungen zu beschränken.

Die Wettbewerbsfunktionen streiten darüber hinaus sogar dafür, den Begriff des Entgelts im Sinne des Kartellrechts nicht auf monetäre Gegenleistungen zu beschränken, sondern insbesondere in der Erklärung der datenschutzrechtlichen Einwilligung ein taugliches Entgelt zu sehen. Personenbezogene Daten verkörpern einen wirtschaftlichen Wert. Datengetriebene Geschäftsmodelle im Allgemeinen und das in dieser Arbeit betrachtete Geschäftsmodell im Speziellen prägen die Wirtschaftswelt. Wirksamer Wettbewerb übernimmt insbesondere die Funktion, die Freiheit des Einzelnen zu schützen. Damit er dieser gerecht werden kann, muss das Wettbewerbsrecht sodann aber auch dort wirksam eingreifen können, wo Wettbewerb existiert oder existieren sollte.[686] Bereits im Hinblick auf die viel diskutierte Frage, ob ein Fernsehzuschauermarkt für das Free-TV existiert, wurde vorgebracht, dass die Gegenleistung des Zuschauers in der Rezeption des Fernsehprogramms bestehe, und deren wirtschaftlicher Wert hervorgehoben.[687] Letztlich wurde sich damit beholfen, den Zuschaueranteil jedenfalls hinsichtlich dessen Bedeutung für den Fernsehwerbemarkt in Anschlag zu bringen.[688] Gerade in Bezug auf die Internetökonomie stellt die bloß indirekte Berücksichtigung einer wirtschaftlich relevanten Seite auf einem anderweitigen Markt im klassisch-kartellrechtlichen Sinne jedoch ein Hindernis dar. Der Preiswettbewerb wird auf diese Weise über den Innovations- und Qualitätswettbewerb gestellt.[689]

Dem Kartellrecht liegt – wie bereits kurz erwähnt – ein Wettbewerbskonzept zugrunde, das auf Preise, also bezifferbare Geldwerte, ausgerichtet ist.[690]

---

686 Vgl. auch *Klotz*, WuW 2016, 58, 60; BKartA, Arbeitspapier – Marktmacht von Plattformen und Netzwerken, S. 41.

687 *Schmidt*, ZUM 1997, 472, 474.

688 Vgl. BKartA, Beschl. v. 19.01.2006 – B 6-92202 – Fa – 103/05 (Axel Springer/ProSiebenSat1), S. 23.

689 BKartA, Arbeitspapier – Marktmacht von Plattformen und Netzwerken, S. 41. A. A. *Kersting/Dworschak*, ifo Schnelldienst 16/2014, 7.

690 *Podszun/Franz*, NZKart 2015, 121, 126.

Leistungen, für die keine monetäre Gegenleistung erbracht wird, stellen dieses Wettbewerbskonzept vor Herausforderungen. Anlässlich der Einführung des § 18 Abs. 2a GWB im Rahmen der 9. GWB-Novelle wird die Fixierung des Kartellrechts auf Preise sogar als „ein über Jahre eingeschliffenes Defizit des Kartellrechts“[691] ausdrücklich benannt. Die Ausrichtung des Kartellrechts auf Preise mag dazu geführt haben, dass gerade das Bundeskartellamt den Begriff des Entgelts in seiner Entscheidungspraxis auf monetäre Gegenleistungen beschränkt. Diesen Verdacht legen die vom Bundeskartellamt in den Verfahren Axel Springer/ProSiebenSat1 und Kabel Deutschland/Orion gewählten Formulierungen nahe („fehlt es wegen des fehlenden Entgelts an einer für den Leistungsaustausch im Marktprozess wesentlichen Voraussetzung“[692]/ „Eine unentgeltliche Leistung kann […] nicht als Marktleistung angesehen werden, da letztere begrifflich eine entgeltliche Austauschbeziehung voraussetzt.“[693]). Der Begriff „Entgelt“ bezieht sich unmittelbar auf den Begriff „Leistungsaustausch“, der Begriff „entgeltlich“ unmittelbar auf den Begriff „Austauschbeziehung“. Es drängt sich daher die Frage auf, ob das Bundeskartellamt nicht vielmehr herausstellen wollte, dass einer Leistung eine Gegenleistung gegenüberstehen muss. Unter Berücksichtigung des am Preis orientierten Konzepts des GWB besteht die Gegenleistung sodann eben üblicherweise in Geld. Diese Überlegung wird durch das im Juni 2016 veröffentlichte Arbeitspapier des Bundeskartellamts gestützt. In diesem erkannte das Bundeskartellamt an, dass personenbezogene Daten eine „geldwerte Gegenleistung“[694] sind und insoweit bereits nicht von einer unentgeltlichen Gegenleistung gesprochen werden kann.[695]

Im Ergebnis ist unter Berücksichtigung kartellrechtsspezifischer Wertungen der Begriff des Entgelts nicht auf monetäre Gegenleistungen zu beschränken. Vielmehr handelt es sich auch bei der Erklärung der datenschutzrechtlichen Einwilligung um ein taugliches Entgelt im Sinne des Kartellrechts. Da Verträge, denen das im Rahmen der vorliegenden Arbeit betrachtete Geschäftsmodell zugrunde liegt, durch eine synallagmatische Verknüpfung von Leistung und Gegenleistung gekennzeichnet sind und die Erklärung der datenschutzrechtlichen Einwilligung

691 *Podszun*, in: Kersting/Podszun, Die 9. GWB-Novelle, Kap. 1 Rn. 41.

692 BKartA, Beschl. v. 19.01.2006 – B 6–92202 – Fa – 103/05 (Axel Springer/ProSiebenSat1), S. 23.

693 BKartA, Beschl. v. 03.04.2008 – B 7-200/07 (Kabel Deutschland/Orion Cable), BeckRS 2009, 8244 Rn. 138.

694 BKartA, Arbeitspapier – Marktmacht von Plattformen und Netzwerken, S. 42.

695 BKartA, Arbeitspapier – Marktmacht von Plattformen und Netzwerken, S. 41 f. S. hierzu auch sogleich.

somit auch ein taugliches Entgelt im Sinne des Schuldvertragsrechts des BGB ist, fördert dieses Ergebnis die Einheit der Rechtsordnung und die Schaffung eines kohärenten Rechtsrahmens.

E. Alternative Ansätze zur Begründung von Marktqualität

In Fortführung der Abkehr vom klassisch-kartellrechtlichen Marktbegriff haben sich alternative Ansätze zur Begründung von Marktqualität herausgebildet.[696] Namentlich wird an dieser Stelle auf den Ansatz der sogenannten Aufmerksamkeitsökonomie, den Ansatz der Annahme eines mehrseitigen Markts und den Ansatz der Zurverfügungstellung personenbezogener Daten näher eingegangen. Die genannten alternativen Ansätze zur Begründung von Marktqualität schließen sich gegenseitig nicht aus. Es ist jedoch zu fragen, welcher Ansatz dem Marktbegriff am gerechtesten wird.

I. Ansatz: Aufmerksamkeitsökonomie

Der vorliegende Ansatz wird am Beispiel der Internet-Suchmaschinen erörtert. Die angestellten Überlegungen gelten im gleichen Maße jedoch auch im Hinblick auf andere Plattformen.[697]

Für die Inanspruchnahme einer Internet-Suchmaschine müssen deren Nutzer an den Internet-Suchmaschinenbetreiber keinen Geldbetrag entrichten. Ein Markt im klassisch-kartellrechtlichen Sinne ist aus diesem Grund zu verneinen.[698] Internet-Suchmaschinenbetreiber stellen Werbetreibenden Werbeflächen zur Verfügung, um die Finanzierung der Internet-Suchmaschine zu sichern.[699] Bisweilen wird aus diesem Grund vorgebracht, die Gegenleistung des Nutzers bestehe in der „Investition von Aufmerksamkeit“ und das Vorliegen

696 Instruktiv hierzu BKartA, Arbeitspapier – Marktmacht von Plattformen und Netzwerken, S. 38 ff.

697 *Telle*, InTeR 2017, 3, 4. S. zu dem hier erörterten Begründungsansatz auch die Darstellungen bei *Kumkar*, Online-Märkte und Wettbewerbsrecht, S. 103; *Siegmund*, Suchmaschinenalgorithmen im Kartellrecht der EU und der USA, S. 198 f.; *Telle*, InTeR 2017, 3, 4.

698 S. auch *Siegmund*, Suchmaschinenalgorithmen im Kartellrecht der EU und der USA, S. 195.

699 *Siegmund*, Suchmaschinenalgorithmen im Kartellrecht der EU und der USA, S. 177 ff. S. auch *Telle*, InTeR 2017, 3, 4. Das Vorliegen eines werbefinanzierten Geschäftsmodells ist Grundvoraussetzung für den Ansatz der Aufmerksamkeitsökonomie, s. auch *Kumkar*, Online-Märkte und Wettbewerbsrecht, S. 107.

eines Markts aus diesem Grund bejaht.[700] Der Plattform-Betreiber erhalte für das Anklicken der Werbung durch den Nutzer einen bestimmten Geldbetrag vom Werbetreibenden (sogenanntes Pay-per-Click-Verfahren). Somit sei eine Vermögensverfügung zugunsten des Plattform-Betreibers gegeben.[701]

Die Aufmerksamkeitsökonomie erfasst die datengetriebenen Geschäftsmodellen zugrunde liegenden Überlegungen.[702] Jedoch rechtfertigen „bloße Interdependenzen"[703] nicht die Annahme eines kartellrechtlich relevanten Markts.[704] Wird die „Investition von Aufmerksamkeit" als Gegenleistung qualifiziert, so ist diese zudem „kaum greifbar[], kaum überprüfbar[] und kaum berechenbar[]"[705]. Dem Begriff der Gegenleistung wird dieser Zustand nicht gerecht.[706] Die kartellrechtliche Beurteilung wird erschwert.[707] Kann nur bei einem tatsächlichen Anklicken der Werbung durch den Nutzer ein Markt im Sinne des Kartellrechts angenommen werden, führt dies zu nicht haltbaren Einzelfallentscheidungen.[708] Zudem werden die Beziehungen zwischen Nutzern, Internet-Suchmaschinenbetreiber und Werbetreibenden vermischt.[709] Gegen den Ansatz der Aufmerksamkeitsökonomie wird auch vorgebracht, dass die Beteiligten nicht verpflichtet seien, zu leisten. Sie bewegten sich somit im „Bereich der Unverbindlichkeit"[710]. Die Annahme eines kartellrechtlich relevanten Markts sei insoweit nicht angebracht.[711]

---

700 *Dewenter/Rösch/Terschüren*, NZKart 2014, 387, 389; *Kühling/Gauß*, MMR 2007, 751, 752; *Ott*, K&R 2007, 375, 378; *Weber/Volz*, WuW 2015, 356, 358 f. *Pohlmann/Wismann*, NZKart 2016, 555, 559 scheinen zumindest aufgeschlossen.

701 *Kühling/Gauß*, MMR 2007, 751, 752. *Siegmund*, Suchmaschinenalgorithmen im Kartellrecht der EU und der USA, S. 198 ff. unterscheidet zwischen dem Modell der reinen Aufmerksamkeitsökonomie und jenem eines monetär unterfütterten Aufmerksamkeitskonzepts.

702 *Siegmund*, Suchmaschinenalgorithmen im Kartellrecht der EU und der USA, S. 211.

703 *Paal*, AfP 2011, 521, 525.

704 *Paal*, AfP 2011, 521, 525.

705 *Podszun/Franz*, NZKart 2015, 121, 121. S. auch *Siegmund*, Suchmaschinenalgorithmen im Kartellrecht der EU und der USA, S. 211. Im Ergebnis ebenfalls ablehnend *Telle*, InTeR 2017, 3, 4.

706 *Podszun/Franz*, NZKart 2015, 121, 121.

707 *Siegmund*, Suchmaschinenalgorithmen im Kartellrecht der EU und der USA, S. 211.

708 *Kumkar*, Online-Märkte und Wettbewerbsrecht, S. 107; *Siegmund*, Suchmaschinenalgorithmen im Kartellrecht der EU und der USA, S. 200 f.; *Paal*, GRUR Int. 2015, 997, 1000. S. auch *Paal*, GRUR 2013, 873, 876; *Paal*, AfP 2011, 521, 525.

709 *Paal*, GRUR Int. 2015, 997, 1000; *Paal*, GRUR 2013, 873, 876; *Paal*, AfP 2011, 521, 525.

710 *Kersting/Dworschak*, ifo Schnelldienst 16/2014, 7.

711 *Kersting/Dworschak*, ifo Schnelldienst 16/2014, 7 f.

II. Ansatz: Annahme eines mehrseitigen Markts

Vermehrt werden auch die Besonderheiten mehrseitiger Märkte als Ausgangspunkt genommen, Marktqualität zu begründen. Dieser Ansatz beruht im Kern auf der Betrachtung der Auswirkungen sogenannter indirekter Netzwerkeffekte.[712]

1. Besonderheiten mehrseitiger Märkte

Ein mehrseitiger Markt – es wird insoweit auch von einer Plattform gesprochen – ist typisch für die Digitalökonomie. Er fungiert als Verbindungsglied zwischen mindestens zwei verschiedenen Nutzergruppen. Charakteristisch ist das Vorliegen indirekter Netzwerkeffekte. Liegen indirekte Netzwerkeffekte vor, hat das Handeln einzelner Nutzer Einfluss auf das Handeln von Nutzern, die einer anderen Nutzergruppe angehören. Je höher die Anzahl der Nutzer (Nutzergruppe 1) einer Plattform ist, desto attraktiver ist diese beispielweise für Werbetreibende (Nutzergruppe 2), da mehr Nutzer erreicht werden können – und desto mehr ist der Werbetreibende bereit zu zahlen. Die Plattform berücksichtigt das Vorliegen indirekter Netzwerkeffekte im Rahmen ihrer Bepreisungsstrategie. Häufig wird eine Nutzergruppe gar keine monetäre Gegenleistung erbringen müssen. Typische Beispiele für einen mehrseitigen Markt sind Suchmaschinen, soziale Netzwerke und Handelsplattformen.[713]

2. Begründungsansatz

Auch wenn auf einem mehrseitigen Markt eine Nutzergruppe keine monetäre Gegenleistung erbringt, stehe dies der Annahme eines kartellrechtlich relevanten Markts nicht entgegen. Vielmehr sei das Vorliegen indirekter Netzwerkeffekte Grund genug, einen kartellrechtlich relevanten (mehrseitigen) Markt anzunehmen. Der kartellrechtlich relevante Markt erfasse alle Marktseiten und somit mindestens eine weitere Nutzergruppe, die als Gegenleistung einen Geldbetrag entrichtet.[714]

---

712 S. hierzu auch *Kumkar*, Online-Märkte und Wettbewerbsrecht, S. 102 f.; *Siegmund*, Suchmaschinenalgorithmen im Kartellrecht der EU und der USA, S. 205 ff.

713 *Dewenter/Rösch/Terschüren*, NZKart 2014, 387, 388 f.; *Telle*, InTeR 2017, 3, 3 f. m. w. N.

714 *Dewenter/Rösch/Terschüren*, NZKart 2014, 387, 389; *Telle*, InTeR 2017, 3, 3 ff. *Dewenter/Rösch/Terschüren*, NZKart 2014, 387, 389 arbeiten bereits heraus, dass die Gegenleistung der Nutzer, die keinen Geldbetrag entrichten, an sich in der Investition von Aufmerksamkeit und der Zurverfügungstellung personenbezogener Daten zu sehen sei. Sie sprechen von der Zahlung eines „hedonischen Preis[es]“.

Teilweise wird betont, dass der vorliegende Ansatz nicht als Gegenentwurf zu dem Ansatz der Aufmerksamkeitsökonomie zu verstehen sei. Letzterer spiegele jedoch die bestehenden Wechselwirkungen nicht hinreichend wider.[715]

3. *Positionierung des Bundeskartellamts*

In seinem im Juni 2016 veröffentlichten Arbeitspapier zeigte sich das Bundeskartellamt offen, einen kartellrechtlich relevanten Markt auch bei Fehlen einer monetären Gegenleistung anzunehmen – jedenfalls bei Plattformen. Einschränkend stellte es jedoch die Voraussetzung auf, dass die Nutzerseite, die keine monetäre Gegenleistung erbringt, „mit einer zahlungspflichtigen Nutzerseite verknüpft ist"[716]. Als Begründung nannte das Bundeskartellamt die wirkenden Netzwerkeffekte – einschließlich der auf diesen basierenden Bepreisungsstrategien. Überdies sei von der Verfolgung eines einheitlichen Erwerbszwecks auszugehen.[717]

4. *Bewertung*

Diejenigen, die die Annahme eines kartellrechtlich relevanten Markts auf die Besonderheiten mehrseitiger Märkte stützen, begründen ihre Entscheidung häufig damit, dass auf diese Weise den Wechselwirkungen zwischen den verschiedenen Marktseiten Rechnung getragen werde.[718] Indirekte Netzwerkeffekte prägen mehrseitige Märkte. Es ist auch angezeigt, diese Wechselwirkungen im Rahmen der kartellrechtlichen Würdigung hinreichend zu berücksichtigen. Nicht zwingend erscheint es jedoch, bereits die Frage, ob Marktqualität zu bejahen oder zu verneinen ist, an den Besonderheiten mehrseitiger Märkte auszurichten. Eine umfassende Berücksichtigung dieser Besonderheiten kann vielmehr auch im Rahmen der weiteren kartellrechtlichen Bewertung erfolgen. Hierfür streitet auch § 18 Abs. 3a GWB, der – wie bereits erwähnt – ebenfalls im Rahmen der 9. GWB-Novelle Einzug in das GWB fand. § 18 Abs. 3a Nr. 1 GWB fordert die Berücksichtigung direkter und indirekter Netzwerkeffekte bei der Bewertung der Marktstellung eines Unternehmens ein und somit im Rahmen der *weiteren*

---

715 *Siegmund*, Suchmaschinenalgorithmen im Kartellrecht der EU und der USA, S. 215.

716 BKartA, Arbeitspapier – Marktmacht von Plattformen und Netzwerken, S. 40.

717 BKartA, Arbeitspapier – Marktmacht von Plattformen und Netzwerken, S. 40. S. auch schon BKartA, Digitale Ökonomie, S. 16.

718 *Siegmund*, Suchmaschinenalgorithmen im Kartellrecht der EU und der USA, S. 215; *Dewenter/Rösch/Terschüren*, NZKart 2014, 387, 389; *Telle*, InTeR 2017, 3, 3 ff.

kartellrechtlichen Bewertung eines Sachverhalts *im Nachgang* zur Abgrenzung des relevanten Markts.

Nicht zuletzt wird auch gerade hinsichtlich der verschiedenen Leistungen einer Plattform diskutiert, ob jede Marktseite einen gesonderten Markt bildet oder ob ein einheitlicher Markt anzunehmen ist.[719]

III. Ansatz: Zurverfügungstellung personenbezogener Daten

Schließlich wird vertreten, dass die Zurverfügungstellung personenbezogener Daten Marktqualität begründe.

1. Begründungsansatz

Für *Paal* sind „wirtschaftlich verwertbare Nutzerdaten oder Informationen"[720] taugliche Gegenleistungen, obwohl es sich um nicht-monetäre Leistungen handele.[721] Im Rahmen der Auseinandersetzung mit der Frage, ob ein kartellrechtlich relevanter Markt für Suchmaschinendienste existiert, argumentierte *Paal* bereits 2011, dass zwischen Suchmaschinenbetreiber und Nutzer – anders als im Hinblick auf einen etwaigen Zuschauermarkt im Free-TV – eine „hinreichende entgeltliche Austauschbeziehung"[722] vorliege, die für die Annahme eines relevanten Markts erforderlich ist. Indem der Betreiber vom Nutzer „(werbe) relevante, kommerzialisierbare persönliche Daten"[723] – mithin Daten, die einen wirtschaftlichen Wert verkörperten – erhält, komme es zu einer „unmittelbare[n] Interaktion"[724] zwischen diesen.[725]

---

719 BKartA, Arbeitspapier – Marktmacht von Plattformen und Netzwerken, S. 28 ff.

720 *Paal*, WuW 2016, 453, 453.

721 *Paal*, WuW 2016, 453, 453. S. auch jüngst *Paal/Hennemann*, Big Data as an Asset – Daten und Kartellrecht, Gutachten im Rahmen des ABIDA-Projekts, S. 46. So auch *Klotz*, WuW 2016, 58, 60; *Wiedmann/Jäger*, K&R 2016, 217, 217 f. In diese Richtung auch *Hoeren*, WuW 2013, 463, 463; *Körber*, WRP 2012, 761, 764; *Weber/Volz*, WuW 2015, 356, 359. Diesem Ansatz zumindest gegenüber offen auch *Pohlmann/Wismann*, WuW 2017, 257, 258. *Podszun/Franz*, NZKart 2015, 121, 121 f. stellen das synallagmatische Austauschverhältnis in Abrede. Zu dem hier erörterten Begründungsansatz s. auch die Darstellung bei *Kumkar*, Online-Märkte und Wettbewerbsrecht, S. 103.

722 *Paal*, AfP 2011, 521, 525. S. auch *Paal*, GRUR Int. 2015, 997, 1000; *Paal*, GRUR 2013, 873, 876.

723 *Paal*, AfP 2011, 521, 525. S. auch *Paal*, GRUR Int. 2015, 997, 1000.

724 *Paal*, AfP 2011, 521, 525. S. auch *Paal*, GRUR 2013, 873, 876.

725 *Paal*, GRUR 2013, 873, 876; *Paal*, AfP 2011, 521, 525. Vgl. auch *Hoeren*, WuW 2013, 463, 463; *Paal*, GRUR Int. 2015, 997, 1000; *Paal/Hennemann*, NJW 2017, 1697, 1699; *Spindler*, AfP 2012, 328, 330. *Höppner/Grabenschröer*, NZKart 2015, 162, 164 sehen

2. *Positionierung des Bundeskartellamts*

Wie bereits kurz erwähnt, kommt auch das Bundeskartellamt mittlerweile zu dem Schluss, dass es sich bei personenbezogenen Daten um eine „geldwerte Gegenleistung“[726] handelt und nicht von einer unentgeltlichen Gegenleistung gesprochen werden kann – obwohl kein Geldbetrag entrichtet wird.[727]

Im Hinblick auf Plattformen stellte das Bundeskartellamt fest, dass die Möglichkeit personifizierter Werbung für Werbetreibende einen Mehrwert verkörpere. Aus diesem Grund seien sie bereit, an Plattformbetreiber einen (höheren) Geldbetrag zu entrichten. Bei Plattformen sei die Nutzerseite, die keine monetäre Gegenleistung erbringt, bereits regelmäßig mit einer entgeltlichen Nutzerseite verknüpft. Schon aus diesem Grund sei ein kartellrechtlich relevanter Markt anzunehmen. Zudem handele es sich schließlich um denselben Begründungsansatz, der an den „Grund für die Monetarisierbarkeit“[728] anknüpfe.[729]

Das Bundeskartellamt stellte also fest, dass es sich bei personenbezogenen Daten nicht um eine unentgeltliche Leistung handelt. Sodann ist aber zu fragen, warum der „Umweg“ gewählt werden sollte, auf eine Verknüpfung mit einer entgeltlichen Nutzerseite abzustellen.

3. *Konkretisierung*

Teilweise wird angemahnt, Kriterien zu formulieren, unter welchen Umständen die Zurverfügungstellung personenbezogener Daten als Gegenleistung zu begreifen ist. Denn bisweilen sei die Verarbeitung personenbezogener Daten erforderlich, damit der Nutzer eine Anwendung in Anspruch nehmen kann, und es erfolge keine weitergehende Verarbeitung der personenbezogenen Daten – und somit auch keine Nutzung deren wirtschaftlichen Werts. Es wird vorgeschlagen, sich beispielsweise daran zu orientieren, ob das Finanzierungsmodell der in Frage stehenden Anwendung die Verarbeitung personenbezogener Daten voraussetzt.[730]

---

in der Zurverfügungstellung personenbezogener Daten zwar eine hinreichende Austauschbeziehung, um einen kartellrechtlich relevanten Markt anzunehmen. Sie kommen jedoch nicht zu dem Schluss, dass Entgeltlichkeit vorliegt. Diese sei für einen kartellrechtlich relevanten Markt jedoch auch nicht konstitutiv.

726 BKartA, Arbeitspapier – Marktmacht von Plattformen und Netzwerken, S. 42.

727 BKartA, Arbeitspapier – Marktmacht von Plattformen und Netzwerken, S. 41 f.

728 BKartA, Arbeitspapier – Marktmacht von Plattformen und Netzwerken, S. 42.

729 BKartA, Arbeitspapier – Marktmacht von Plattformen und Netzwerken, S. 41 f.

730 *Kumkar*, Online-Märkte und Wettbewerbsrecht, S. 108.

An dieser Stelle ist erneut an die wirtschaftlichen Zusammenhänge anzuknüpfen, auf denen das Geschäftsmodell „Personenbezogene Daten als Entgelt" beruht. Da das genannte Geschäftsmodell von diesen seine Existenzberechtigung ableitet, basieren der folgende Ansatz und jener, der vorschlägt, sich an der Frage zu orientieren, ob das Finanzierungsmodell der in Frage stehenden Anwendung die Verarbeitung personenbezogener Daten voraussetzt, auf demselben Grundgedanken.

Unter Berücksichtigung des dem Datenschutzrecht zugrunde liegenden Verbots mit Erlaubnisvorbehalt kann die *rein tatsächliche* Zurverfügungstellung personenbezogener Daten nicht genügen.[731] Den wirtschaftlichen Wert personenbezogener Daten macht der Verantwortliche für sich gerade dann nutzbar, wenn er solche Verarbeitungen durchführt, die auf eine datenschutzrechtliche Einwilligung zu stützen sind und nicht bereits auf einem gesetzlichen Erlaubnistatbestand beruhen können.[732] Die Erteilung der datenschutzrechtlichen Einwilligung, die dem Verantwortlichen die *rechtmäßige* Verarbeitung personenbezogener Daten für seine Zwecke ermöglicht, ist somit als Gegenleistung zu begreifen.[733]

4. *Bewertung*

Unter Berücksichtigung der gewonnenen Erkenntnisse zum Marktbegriff als solchem kann die Erklärung der datenschutzrechtlichen Einwilligung zunächst als Gegenleistung im Rahmen der Austauschbeziehung, die wesentlicher Bestandteil des Markts ist, begriffen werden. Sie ist ein taugliches Entgelt im Sinne des Kartellrechts. Die Erklärung der datenschutzrechtlichen Einwilligung im Rahmen eines Leistungsaustauschs, der auf dem in dieser Arbeit betrachteten Geschäftsmodell basiert, begründet also Marktqualität. Es muss insoweit nicht gefragt werden, ob das Vorliegen indirekter Netzwerkeffekte die Annahme eines kartellrechtlich relevanten Markts rechtfertigt – welche zunächst zu identifizieren wären.[734] Datengetriebene Geschäftsmodelle und mit diesen zusammenhängende Marktprozesse können auf diese Weise unmittelbar rechtlich erfasst werden.[735]

---

731 S. 4. Kapitel, B. III.

732 S. hierzu 6. Kapitel, B. II.

733 S. 4. Kapitel, B. III. *Klotz*, WuW 2016, 58, 60 Fn. 36 weist ebenfalls bereits darauf hin, dass es sich bei der Gegenleistung um die Einwilligung in die Verarbeitung personenbezogener Daten handeln müsse.

734 Vgl. auch *Kumkar*, Online-Märkte und Wettbewerbsrecht, S. 104 ff.

735 Vgl. auch *Höppner/Grabenschröer*, NZKart 2015, 162, 163.

F. § 18 Abs. 2a GWB

Abschließend wird nun der im Rahmen der 9. GWB-Novelle in das GWB eingefügte § 18 Abs. 2a GWB an den gewonnenen Ergebnissen gemessen.

I. Verzicht auf das Vorliegen einer Austauschbeziehung?

Unter Bezugnahme auf den Marktbegriff ist zunächst zu fragen, ob § 18 Abs. 2a GWB überhaupt noch das Vorliegen einer Austauschbeziehung verlangt.

Der Wortlaut der Vorschrift hilft insoweit nicht weiter,[736] jedoch die Gesetzesbegründung: Es werde das wirtschaftswissenschaftliche Verständnis zugrunde gelegt, dass „ein Markt durch das Zusammentreffen von Angebot und Nachfrage [entsteht] und [...] durch das Vorliegen einer Austauschbeziehung gekennzeichnet [ist]“[737]. Mithilfe der in § 18 Abs. 2a GWB getroffenen Feststellung solle deutlich gemacht werden, „dass auch unentgeltliche Austauschbeziehungen einen kartellrechtlich relevanten Markt darstellen können“[738].

Der Gesetzesbegründung ist also zu entnehmen, dass auf das Vorliegen einer Austauschbeziehung nicht verzichtet wird. Eine Austauschbeziehung verlangt nach einer Gegenleistung – sei es auch eine nicht-monetäre Gegenleistung.[739] Es schließt sich also die Frage an, ob es sachgerecht ist, in jenen Fällen, die § 18 Abs. 2a GWB erfassen soll, von einer „unentgeltliche[n] Austauschbeziehung[]“[740] zu sprechen. In diesem Zusammenhang ist zu klären, was die genannte Vorschrift unter „Entgelt“ versteht.

II. Enges Verständnis des Begriffs des Entgelts

Auch um zu ergründen, was § 18 Abs. 2a GWB unter „Entgelt“ versteht, ist auf die Gesetzesbegründung Bezug zu nehmen:

> „Ein Markt liegt [...] nicht nur vor, wenn für die angebotene Leistung eine *Geldzahlung* [jeweils Hervorh. d. Verf.] verlangt wird, sondern kann auch gegeben sein, wenn bei der

736 Vgl. auch *Kumkar*, Online-Märkte und Wettbewerbsrecht, S. 111; *Paal*, WuW 2016, 453, 453. *Kumkar*, Online-Märkte und Wettbewerbsrecht, S. 111 wünscht sich eine Klarstellung, dass auf eine Austauschbeziehung nicht verzichtet werden kann.

737 BT-Drs. 18/10207, S. 47.

738 BT-Drs. 18/10207, S. 48.

739 S. auch *Pohlmann/Wismann*, NZKart 2016, 555, 557 f.

740 BT-Drs. 18/10207, S. 48.

> Transaktion *kein Entgelt* übertragen wird. Die Regelung erfasst damit Geschäftsmodelle, bei denen Leistungen *ohne direkte monetäre Gegenleistung* angeboten werden.“[741]

Zunächst werden die Worte „Geldzahlung“ und „kein Entgelt“ zueinander in Beziehung gesetzt. Unter Berücksichtigung des Wortlauts des § 18 Abs. 2a GWB („Der Annahme eines Marktes steht nicht entgegen, dass eine Leistung *unentgeltlich* [Hervorh. d. Verf.] erbracht wird.“) erfolgt sodann Gleiches im Hinblick auf die Worte „unentgeltlich“ und „ohne direkte monetäre Gegenleistung“. Dies führt zu der Annahme, dass der Begriff des Entgelts eng zu verstehen ist und eine monetäre Gegenleistung verlangt. Insoweit greift § 18 Abs. 2a GWB jenes enge Verständnis des Begriffs des Entgelts auf, das auch das Bundeskartellamt und die Kommission in ihrer Entscheidungspraxis zugrunde legen.

Angesichts des § 18 Abs. 2a GWB wird teilweise vorgebracht, die Regelung berge die Gefahr, der Frage, ob die Zurverfügungstellung personenbezogener Daten als Gegenleistung qualifiziert werden kann, die Relevanz abzusprechen.[742] In der Tat wird vertreten, dass durch die Vorschrift nunmehr bei der Bestimmung des relevanten Markts die Frage dahinstehen könne, ob personenbezogene Daten als Entgelt zu qualifizieren sind.[743] Andere qualifizieren die Leistungserbringung bei den in Frage stehenden Geschäftsmodellen als unentgeltlich, da dies nun im Hinblick auf die Feststellung eines relevanten Markts unschädlich sei.[744]

Vor dem Hintergrund, dass die 9. GWB-Novelle gerade im Kontext der fortschreitenden Digitalisierung zu sehen ist, birgt § 18 Abs. 2a GWB nicht nur in der Tat die Gefahr, der Frage, ob die Zurverfügungstellung personenbezogener

---

741 BT-Drs. 18/10207, S. 47.

742 Vgl. auch *Pohlmann*, WuW 2016, 563, 563; *Pohlmann/Wismann*, NZKart 2016, 555, 559. *Pohlmann*, WuW 2016, 563, 563 erachtet die Regelung des § 18 Abs. 2a GWB insgesamt als kritisch und möglicherweise „innovationshemmend“. S. auch *Pohlmann/Wismann*, NZKart 2016, 555, 556 ff.

743 *Rempe*, K&R 2017, 149, 150. *Podszun*, in: Kersting/Podszun, Die 9. GWB-Novelle, Kap. 1 Rn. 9 lässt offen, ob die Investition von Aufmerksamkeit oder die Zurverfügungstellung personenbezogener Daten für die Annahme eines Austauschverhältnisses genüge. Vielmehr betont er, dass die unentgeltliche Leistungserbringung eine unternehmerische Entscheidung sei, insbesondere auf mehrseitigen Märkten. Ob ein Austauschverhältnis vorliegt, sei erst im Rahmen der weiteren kartellrechtlichen Beurteilung von Interesse.

744 *Thomas*, NZKart 2017, 92, 93 geht für seine weiteren Untersuchungen „vom Vorliegen eines relevanten‚unentgeltlichen‘ aber dennoch wettbewerbsunterworfenen […] Marktes“ aus.

Daten als Entgelt zu qualifizieren ist, die Relevanz abzusprechen. Der Vorschrift liegt ein enges Verständnis des Begriffs des Entgelts zugrunde. Insoweit birgt § 18 Abs. 2a GWB sogar vielmehr die Gefahr, die Entgeltqualität der Erklärung der datenschutzrechtlichen Einwilligung zu verneinen – entgegen der im Rahmen dieser Untersuchung unter Berücksichtigung kartellrechtsspezifischer Wertungen gefundenen Ergebnisse.

III. Leistungserbringung aus wirtschaftlichen Erwägungen

In der Formulierung des § 18 Abs. 2a GWB spiegelt sich zudem nicht wider, was unter Berücksichtigung der Gesetzesbegründung für das Vorliegen eines relevanten Markts gerade entscheidend ist.

Ein relevanter Markt müsse dann verneint werden, wenn unentgeltliche Leistungen erbracht werden, die nicht auf einer wirtschaftlichen Motivation beruhen und die sich nicht in eine Strategie einfügen, die mittelbar oder längerfristig Erwerbszwecken dient.[745] An dieser Stelle wird deutlich, dass nicht das Vorliegen einer entgeltlichen oder unentgeltlichen Leistungserbringung – oder die Qualifikation einer Leistungserbringung als solche – ausschlaggebend ist, sondern vielmehr das Handeln – genauer: eine Leistungserbringung – aus wirtschaftlichen oder nichtwirtschaftlichen Erwägungen, unter oder nicht unter Verfolgung von Erwerbszwecken.[746]

Noch während des Gesetzgebungsverfahrens schlugen *Pohlmann/Wismann* vor, § 18 Abs. 2a GWB folgendermaßen zu formulieren:[747]

---

745 BT-Drs. 18/10207, S. 48.

746 S. auch *Podszun*, in: Kersting/Podszun, Die 9. GWB-Novelle, Kap. 1 Rn. 6 ff.; *Pohlmann/Wismann*, WuW 2017, 257, 257 f.; *Pohlmann/Wismann*, NZKart 2016, 555, 557. Für *Pohlmann/Wismann*, NZKart 2016, 555, 557 verfolge derjenige Erwerbszwecke, der „mit einer Leistung einen Vermögenswert, letztlich also doch ein Entgelt, erwerben will". *Podszun*, in: Kersting/Podszun, Die 9. GWB-Novelle, Kap. 1 Rn. 6 spricht von der Notwendigkeit „wirtschaftlicher Aktivität". Diese äußere sich in der Verfolgung eines Erwerbszwecks. Auch längerfristige Unternehmensstrategien seien an dieser Stelle zu berücksichtigen. Bei unternehmerischen Handeln sei die Verfolgung eines Erwerbszwecks zudem zu vermuten. Das BKartA, Arbeitspapier – Marktmacht von Plattformen und Netzwerken, S. 41 stellt – wenn auch in einem anderen Zusammenhang – ebenfalls auf die „wirtschaftliche Zielsetzung der Handlungen des Unternehmens" ab.

747 *Pohlmann/Wismann*, NZKart 2016, 555, 557.

„Der Annahme eines Marktes steht nicht entgegen, dass eine Leistung unentgeltlich erbracht wird, solange mit ihr ein Erwerbszweck verfolgt wird.' [Hervorh. im Original]"[748]

Pohlmann/Wismann bleiben dem Begriff der Unentgeltlichkeit verhaftet und unterscheiden zwischen der Unentgeltlichkeit im engeren Sinne (keine direkte Gegenleistung des Abnehmers) und der Unentgeltlichkeit im weiteren Sinne (kein Erwerbszweck). Bei mehrseitigen Märkten könne davon gesprochen werden, dass das Entgelt lediglich verlagert oder mittelbar erbracht werde. Es liege zwar Unentgeltlichkeit im engeren Sinne, jedoch keine Unentgeltlichkeit im weiteren Sinne vor.[749] Da auch *Pohlmann/Wismann* die Gefahr benennen, dass der Frage, ob die Zurverfügungstellung personenbezogener Daten als Gegenleistung zu qualifizieren ist, die Relevanz abgesprochen wird,[750] überzeugt das Festhalten an der Formulierung „dass eine Leistung unentgeltlich erbracht wird"[751] nicht.

IV. Abschließende Bewertung

Der neu in das GWB eingefügte § 18 Abs. 2a GWB bestätigt die Entscheidungspraxis des Bundeskartellamts und der Kommission – also deren Abkehr vom klassisch-kartellrechtlichen Marktbegriff.[752] Seine Einfügung in das GWB sei bereits aus Gründen der Rechtssicherheit zu begrüßen.[753] Dem ist nicht zuzustimmen.

Die Intention des Gesetzgebers, einen kartellrechtlich relevanten Markt nicht nur dann zu bejahen, wenn eine monetäre Gegenleistung erbracht wird, ist zu befürworten. § 18 Abs. 2a GWB ist allerdings nicht gelungen.

Zunächst und vor allem birgt die Vorschrift die Gefahr, die Entgeltqualität der Erklärung der datenschutzrechtlichen Einwilligung fälschlicherweise zu verneinen. § 18 Abs. 2a GWB liegt ein enges Verständnis des Begriffs des Entgelts zugrunde. Dieses widerspricht der im Rahmen dieser Arbeit gefundenen

748 *Pohlmann/Wismann*, NZKart 2016, 555, 557. *Pohlmann/Wismann*, WuW 2017, 257, 257 erklären den Erwerbszweck zu einem Bestandteil des Marktbegriffs.

749 *Pohlmann/Wismann*, NZKart 2016, 555, 557. S. auch *Pohlmann/Wismann*, WuW 2017, 257, 257 f.

750 *Pohlmann/Wismann*, NZKart 2016, 555, 559. S. auch *Pohlmann*, WuW 2016, 563, 563.

751 *Pohlmann/Wismann*, NZKart 2016, 555, 557.

752 *Paal/Hennemann*, NJW 2017, 1697, 1699. Vgl. auch *Pohlmann/Wismann*, WuW 2017, 257, 257.

753 *Paal/Hennemann*, NJW 2017, 1697, 1699. Vgl. auch *Pohlmann/Wismann*, WuW 2017, 257, 257.

Ergebnisse hinsichtlich jener Anforderungen, die das Kartellrecht an den Begriff des Entgelts stellt.

Überdies spiegelt sich in der Formulierung des § 18 Abs. 2a GWB bereits nicht wider, was unter Berücksichtigung der Gesetzesbegründung für das Vorliegen eines relevanten Markts gerade entscheidend ist: Es kommt nicht zum Ausdruck, dass es nicht darauf ankommt, ob eine entgeltliche oder unentgeltliche Leistungserbringung vorliegt, sondern ob aus wirtschaftlichen oder nichtwirtschaftlichen Erwägungen, unter oder nicht unter Verfolgung von Erwerbszwecken gehandelt wird.

G. Ergebnis

Die fortschreitende Digitalisierung verlangt, die etablierten rechtlichen Herangehensweisen und Lösungsansätze des Kartellrechts dahingehend zu untersuchen, ob diese den sich stellenden Anforderungen noch gerecht werden.[754]

Die soeben untersuchten Fragen verlieren durch § 18 Abs. 2a GWB und die bereits zuvor in der Entscheidungspraxis der Kartellbehörden zu erkennende Abkehr vom klassisch-kartellrechtlichen Marktbegriff nur auf den ersten Blick an Brisanz. § 18 Abs. 2a GWB ist dem Gesetzgeber nicht gelungen.

Der Marktbegriff ist im Kartellrecht zentral. Ein kartellrechtlich relevanter Markt liegt auch dann vor, wenn als Gegenleistung kein Geldbetrag entrichtet wird, sondern die datenschutzrechtliche Einwilligung erklärt wird. Wesentlicher Bestandteil des Markts ist die Austauschbeziehung. Wenngleich die Entscheidungspraxis der Kartellbehörden und der Gerichte verdeutlicht, dass diese den Begriff des Entgelts im Sinne des Kartellrechts eng verstehen und auf eine monetäre Gegenleistung beschränken, verlangt der Marktbegriff eine solche Beschränkung gerade nicht. Unter Berücksichtigung kartellrechtsspezifischer Wertungen ergibt sich vielmehr, dass auch die Erklärung der datenschutzrechtlichen Einwilligung ein taugliches Entgelt im Sinne des Kartellrechts ist. Auch das Bundeskartellamt erkennt mittlerweile an, dass es sich bei der Zurverfügungstellung personenbezogener Daten nicht um eine unentgeltliche (Gegen-)Leistung handelt.

Sowohl im Schuldvertragsrecht des BGB als auch im Kartellrecht – unter Berücksichtigung des Grundsatzes der kartellrechtlich-funktionalen Auslegung und somit kartellrechtsspezifischer Wertungen – wird die Erklärung

---

754 S. auch *Hoeren*, WuW 2013, 463, 463.

der datenschutzrechtlichen Einwilligung, die als Gegenleistung im Rahmen eines datengetriebenen Geschäftsmodells fungiert, dem Begriff des Entgelts gerecht.

Im Hinblick auf die Frage, wie ein angemessener „Datenpreis" gewährleistet werden kann, wird an diese Ergebnisse sogleich angeknüpft.

6. Kapitel: DS-GVO und das Geschäftsmodell „Personenbezogene Daten als Entgelt“

Unter Bezugnahme auf die bereits gewonnenen Erkenntnisse wird nun aufgezeigt, wie eine Verzahnung des Schuldvertrags-, Datenschutz- und Kartellrechts Antworten auf jene Fragen gibt, die sich angesichts des Untersuchungsgegenstands dieser Arbeit stellen. Die Grundlage bilden gerade die Ergebnisse der Untersuchung, ob die Erklärung der datenschutzrechtlichen Einwilligung als Entgelt qualifiziert werden kann – sowohl im Sinne des Schuldvertragsrechts des BGB als auch im Sinne des Kartellrechts.

Anlass hierzu gibt die Frage, ob Art. 7 Abs. 4 DS-GVO dem Geschäftsmodell „Personenbezogene Daten als Entgelt“ entgegensteht. Da nunmehr die DS-GVO jene Maßstäbe vorgibt, an denen datenschutzrechtliche Sachverhalte zu messen sind, ist diese Frage von entscheidender Bedeutung.

Zwar greift der Vorschlag der Kommission für eine Richtlinie über bestimmte vertragsrechtliche Aspekte der Bereitstellung digitaler Inhalte das Geschäftsmodell „Personenbezogene Daten als Entgelt“ gerade ausdrücklich auf. Stünde die DS-GVO diesem Geschäftsmodell entgegen, wäre dies widersinnig.[755] Die Durchschlagskraft dieses Arguments ist jedoch begrenzt, da in diesem Zusammenhang auf Art. 3 Abs. 8 COM (2015) 634 final hinzuweisen ist. Danach wird der Schutz natürlicher Personen bei der Verarbeitung personenbezogener Daten nicht berührt. Erwägungsgrund 22 COM (2015) 634 final unterstreicht, dass die Vorschriften zum Schutz natürlicher Personen bei der Verarbeitung personenbezogener Daten uneingeschränkt beachtet werden sollten.

Teilweise wird selbstverständlich davon ausgegangen, dass die DS-GVO dem Geschäftsmodell „Personenbezogene Daten als Entgelt“ nicht entgegenstehe.[756] Andere benennen, dass mit der Geltung der DS-GVO das Ende jener Geschäftsmodelle einhergehe, die auf dem Konzept des „Bezahlens mit personenbezogenen Daten“ beruhen. Diese Schlussfolgerung wurzelt in der Annahme, dass in Art. 7 Abs. 4 DS-GVO ein striktes Kopplungsverbot verankert sei.[757] Die Frage,

---

755 S. auch *Heckmann/Paschke*, in: Ehmann/Selmayr, DS-GVO, Art. 7 Rn. 94.

756 Arbeitsgruppe „Digitaler Neustart“, Bericht v. 15.05.2017, S. 202 f.

757 *Schantz*, NJW 2016, 1841, 1845. S. auch *Dammann*, ZD 2016, 307, 311; *Dix*, ZEuP 2017, 1, 4.

welche Auswirkungen Art. 7 Abs. 4 DS-GVO auf das Geschäftsmodell „Personenbezogene Daten als Entgelt“ hat, bedarf somit einer genauen Untersuchung. An anderer Stelle wurde auf das Spannungsverhältnis zwischen dem Geschäftsmodell „Personenbezogene Daten als Entgelt“ und Art. 7 Abs. 4 DS-GVO bereits kurz Bezug genommen.[758]

Zunächst wird Art. 7 Abs. 4 DS-GVO als solcher betrachtet. Im Mittelpunkt der Untersuchung steht die Frage, ob die DS-GVO ein Kopplungsverbot beinhaltet und, wenn ja, wie ein solches ausgestaltet ist. Es schließt sich die Untersuchung an, welche Schlussfolgerungen für das Geschäftsmodell „Personenbezogene Daten als Entgelt“ zu ziehen sind. In diesem Zusammenhang wird auf die soeben angesprochene Verzahnung des Schuldvertrags-, Datenschutz- und Kartellrechts Bezug genommen.

A. Art. 7 Abs. 4 DS-GVO

Art. 7 Abs. 4 DS-GVO lautet:

> „Bei der Beurteilung, ob die Einwilligung freiwillig erteilt wurde, muss dem Umstand in größtmöglichem Umfang Rechnung getragen werden, ob unter anderem die Erfüllung eines Vertrags, einschließlich der Erbringung einer Dienstleistung, von der Einwilligung zu einer Verarbeitung von personenbezogenen Daten abhängig ist, die für die Erfüllung des Vertrags nicht erforderlich sind.“

An dieser Stelle liegt ein Übersetzungsfehler vor („die für die Erfüllung des Vertrags nicht erforderlich *ist*“).[759] In der englischen Fassung heißt es:

> „When assessing whether consent is freely given, utmost account shall be taken of whether, *inter alia* [Hervor. im Original], the performance of a contract including the provision of a service, is conditional on consent to the processing of personal data that *is* [Hervorh. d. Verf.] not necessary for the performance of that contract.“

Da die inhaltliche Bewertung des Art. 7 Abs. 4 DS-GVO von dieser sprachlichen Ungenauigkeit unberührt bleibt, wird sich im Rahmen der weiteren Arbeit dennoch an der amtlichen deutschen Fassung der DS-GVO orientiert.

Die Kernfrage, ob die DS-GVO ein Kopplungsverbot beinhaltet und, wenn ja, wie ein solches gegebenenfalls ausgestaltet ist, knüpft an die Freiwilligkeit als

---

758 S. 4. Kapitel, C. III. 2. b).

759 S. auch *Feiler/Forgó*, EU-DSGVO, Art. 7 Rn. 10.

Voraussetzung einer wirksamen Einwilligung an.[760] Diese bildet somit den Ausgangspunkt.

I. Freiwilligkeit als Voraussetzung einer wirksamen Einwilligung

Aus Art. 4 Nr. 11 DS-GVO geht hervor, dass die Einwilligung freiwillig erfolgen muss. Eine Definition des Begriffs der Freiwilligkeit findet sich in der DS-GVO nicht.[761] Erwägungsgrund 42 S. 5 DS-GVO füllt das Merkmal der Freiwilligkeit ganz grundlegend aus: Die betroffene Person müsse eine „echte oder freie Wahl" haben.

Dass die in Erwägungsgrund 42 S. 5 DS-GVO benannte „echte oder freie Wahl" der betroffenen Person das Merkmal der Freiwilligkeit prägt,[762] unterstreicht auch die Betrachtung des Gesetzgebungsverfahrens zu Art. 4 Nr. 11 DS-GVO. Art. 4 Nr. 8 DS-GVO-Vorschlag (Kommission)[763], Art. 4 Nr. 8 DS-GVO-Entwurf-Entschließung (Europäisches Parlament)[764] und Art. 4 Nr. 8 DS-GVO-Ausrichtung (Rat)[765], die die Legaldefinition des Begriffs „Einwilligung" zuvor

---

760 Vgl. auch *Schulz*, in: Gola, DS-GVO, Art. 7 Rn. 25; *Frenzel*, in: Paal/Pauly, DS-GVO/BDSG, Art. 7 DS-GVO Rn. 18; *Stemmer*, in: Wolff/Brink, Beck'scher OK Datenschutzrecht, Art. 7 DS-GVO Rn. 40 (Stand: 01.05.2018).

761 S. auch *Stemmer*, in: Wolff/Brink, Beck'scher OK Datenschutzrecht, Art. 7 DS-GVO Rn. 37 (Stand: 01.05.2018).

762 S. auch *Ernst*, in: Paal/Pauly, DS-GVO/BDSG, Art. 4 DS-GVO Rn. 69; *Schild*, in: Wolff/Brink, Beck'scher OK Datenschutzrecht, Art. 4 DS-GVO Rn. 127 (Stand: 01.02.2018); *Stemmer*, in: Wolff/Brink, Beck'scher OK Datenschutzrecht, Art. 7 Rn. 38 (Stand: 01.05.2018). Instruktiv zur Freiwilligkeit als Voraussetzung einer wirksamen Einwilligung *Buchner/Kühling*, in: Kühling/Buchner, DS-GVO/BDSG, Art. 7 DS-GVO Rn. 41 ff.

763 Kommission, Vorschlag für Verordnung des Europäischen Parlaments und des Rats zum Schutz natürlicher Personen bei der Verarbeitung personenbezogener Daten und zum freien Datenverkehr (Datenschutz-Grundverordnung) v. 25.01.2012, KOM (2012) 11 endgültig.

764 Europäisches Parlament, Ausschuss für bürgerliche Freiheiten, Justiz und Inneres, Bericht über den Vorschlag für eine Verordnung des Europäischen Parlaments und des Rats zum Schutz natürlicher Personen bei der Verarbeitung personenbezogener Daten und zum freien Datenverkehr (allgemeine Datenschutzverordnung) v. 21.11.2013, A7-0402/2013.

765 Rat der Europäischen Union, Vorschlag für eine Verordnung des Europäischen Parlaments und des Rats zum Schutz natürlicher Personen bei der Verarbeitung personenbezogener Daten und zum freien Datenverkehr (Datenschutz-Grundverordnung) – Vorbereitung einer allgemeinen Ausrichtung v. 11.06.2015, 9565/15.

enthielten, bedienten sich noch nicht des Worts „freiwillig“. Vielmehr fand sich dort der Ausdruck „ohne Zwang“ – wie schon in Art. 2 Buchstabe h) RL 95/46/EG. Erwägungsgrund 33 DS-GVO-Vorschlag (Kommission), Erwägungsgrund 33 S. 1 DS-GVO-Entwurf-Entschließung (Europäisches Parlament) und Erwägungsgrund 32 S. 4 Hs. 2 DS-GVO-Ausrichtung (Rat) stellten ebenfalls heraus, dass die betroffene Person „eine echte Wahlfreiheit“ haben muss.

Weitere Fallkonstellation, durch die das Merkmal der Freiwilligkeit präzisiert wird, enthalten der bereits genannte Art. 7 Abs. 4 DS-GVO und Erwägungsgrund 43 DS-GVO.[766] Mit jener, an die in Art. 7 Abs. 4 DS-GVO und Erwägungsgrund 43 S. 2 Alt. 2 DS-GVO angeknüpft wird, wird sich im Folgenden ausführlich beschäftigt. Sinn und Zweck des Art. 7 Abs. 4 DS-GVO und des Erwägungsgrund 43 S. 2 Alt. 2 DS-GVO sind vor diesem Hintergrund, die Freiwilligkeit der Einwilligung zu gewährleisten und der betroffenen Person eine echte Wahl zu ermöglichen. Hierauf wird in der folgenden Untersuchung Bezug genommen.

II. Kopplungsverbot

Letztlich geht es um die Frage, ob die DS-GVO ein Kopplungsverbot beinhaltet und, wenn ja, wie ein solches ausgestaltet ist.

1. *Bisherige Rechtslage*

Die RL 95/46/EG beinhaltete kein Kopplungsverbot.[767] Das deutsche Recht bediente sich mit § 28 Abs. 3b BDSG a. F. und § 95 Abs. 5 TKG bisher bereichsspezifischer Kopplungsverbote.[768] § 28 Abs. 3b BDSG a. F. ging auf § 95 Abs. 5 TKG zurück[769] und lautete:

> „Die verantwortliche Stelle darf den Abschluss eines Vertrags nicht von einer Einwilligung des Betroffenen nach Absatz 3 Satz 1 [Anm. d. Verf.: für Zwecke des Adresshandels oder der Werbung] abhängig machen, wenn dem Betroffenen ein anderer Zugang

---

766 S. auch *Stemmer*, in: Wolff/Brink, Beck'scher OK Datenschutzrecht, Art. 7 Rn. 37 (Stand: 01.05.2018).

767 *Schulz*, in: Gola, DS-GVO, Art. 7 Rn. 24; *Krohm/Müller-Peltzer*, ZD 2017, 551, 551.

768 *Schulz*, in: Gola, DS-GVO, Art. 7 Rn. 24; *Ingold*, in: Sydow, DS-GVO, Art. 7 Rn. 30; *Stemmer*, in: Wolff/Brink, Beck'scher OK Datenschutzrecht, Art. 7 DS-GVO Rn. 41 (Stand: 01.05.2018), der wohl versehentlich § 28 Abs. 3*a* BDSG a. F. benennt; *Krohm/Müller-Peltzer*, ZD 2017, 551, 551.

769 *Simitis*, in: Simitis, BDSG a. F., § 28 Rn. 223; *Wolff*, in: Wolff/Brink, Beck'scher OK Datenschutzrecht, § 28 BDSG a. F., Rn. 166 (Stand: 01.08.2015).

> zu gleichwertigen vertraglichen Leistungen ohne die Einwilligung nicht oder nicht in zumutbarer Weise möglich ist. Eine unter solchen Umständen erteilte Einwilligung ist unwirksam."

Auch § 28 Abs. 3b BDSG a. F. trug der in § 4a Abs. 1 S. 1 BDSG a. F. verankerten Voraussetzung der Freiwilligkeit der Einwilligung Rechnung.[770] Die Vorschrift beschränkte die Vertragsfreiheit der verantwortlichen Stelle.[771]

Bereits § 28 Abs. 3b BDSG a. F. wurde angesichts des Konzepts des „Bezahlens mit personenbezogenen Daten" vermehrt problematisiert.[772]

2. Gesetzgebungsverfahren zu Art. 7 Abs. 4 DS-GVO

An dieser Stelle wird das Gesetzgebungsverfahren zu Art. 7 Abs. 4 DS-GVO betrachtet, das sodann als Ausgangspunkt dient, um das „Ob" und „Wie" eines Kopplungsverbots in der DS-GVO zu bewerten.

a) Vorschlag der Kommission vom 25.01.2012

Art. 7 Abs. 4 DS-GVO-Vorschlag (Kommission) lautete:

> „Die Einwilligung bietet keine Rechtsgrundlage für die Verarbeitung, wenn zwischen der Position der betroffenen Person und des für die Verarbeitung Verantwortlichen ein erhebliches Ungleichgewicht besteht."

Erwägungsgrund 34 DS-GVO-Vorschlag (Kommission) flankierte diese Regelung. Ein erhebliches Ungleichgewicht – Erwägungsgrund 34 S. 1 DS-GVO-Vorschlag (Kommission) sprach von einem „klare[n] Ungleichgewicht" – zwischen der betroffenen Person und dem für die Verarbeitung Verantwortlichen liege vor, wenn die betroffene Person zu dem für die Verarbeitung Verantwortlichen in einem Abhängigkeitsverhältnis steht. Erwägungsgrund 34 S. 2 DS-GVO-Vorschlag (Kommission) nannte an dieser Stelle beispielhaft das Verhältnis Arbeitnehmer – Arbeitgeber.

---

770 *Simitis*, in: Simitis, BDSG a. F., § 28 Rn. 223; *Wolff* in: Wolff/Brink, Beck'scher OK Datenschutzrecht, § 28 BDSG a. F., Rn. 167 f. (Stand: 01.08.2015). S. auch *Gola/Klug/Körffer*, in: Gola/Schomerus, BDSG a. F., § 28 Rn. 46.

771 *Wolff* in: Wolff/Brink, Beck'scher OK Datenschutzrecht, § 28 BDSG a. F., Rn. 165 (Stand: 01.08.2015).

772 S. z. B. *Bräutigam*, MMR 2012, 635, 636; *Buchner*, DuD 2010, 39, 41.

b) Entwurf einer legislativen Entschließung des Europäischen Parlaments vom 21.11.2013

Art. 7 Abs. 4 DS-GVO-Vorschlag (Kommission) konnte vor dem Europäischen Parlament nicht bestehen. Gleiches galt für Erwägungsgrund 34 DS-GVO-Vorschlag (Kommission). Dieser entfiel.

In Art. 7 Abs. 4 S. 2 DS-GVO-Entwurf-Entschließung (Europäisches Parlament) hieß es nun:

> „Die Erfüllung eines Vertrages oder die Erbringung einer Dienstleistung darf nicht von der Einwilligung in eine Verarbeitung von Daten abhängig gemacht werden, die für die Erfüllung des Vertrages oder die Erbringung der Dienstleistung nicht im Sinne von Artikel 6 Absatz 1 Buchstabe b erforderlich ist."

Das Europäische Parlament strebte ein striktes Kopplungsverbot an.[773] Art. 7 Abs. 4 S. 2 DS-GVO-Entwurf-Entschließung (Europäisches Parlament) ließ einen Beurteilungsspielraum nur hinsichtlich der Frage erkennen, ob die Verarbeitung von Daten im Sinne des Art. 6 Abs. 1 Buchstabe b) DS-GVO erforderlich ist. „Darf nicht" ordnete sodann eine klare Rechtsfolge an.

Lediglich Erwägungsgrund 33 S. 4 DS-GVO-Entwurf-Entschließung (Europäisches Parlament) war etwas weicher formuliert. Dort wurde davon gesprochen, dass sich einer Einwilligung in der genannten Fallkonstellation nicht bedient werden „sollte[]".

c) Vorschlag des Vorsitzes des Rats der Europäischen Union für eine allgemeine Ausrichtung vom 11.06.2015

Art. 7 DS-GVO-Ausrichtung (Rat) beinhaltete keinen vierten Absatz.

Auch Erwägungsgrund 34 DS-GVO-Ausrichtung (Rat) benannte jedoch Fallkonstellationen, in denen die Einwilligung keine taugliche Rechtsgrundlage sei. In Erwägungsgrund 34 S. 1 DS-GVO-Ausrichtung (Rat) wurde nunmehr der Begriff „klares Ungleichgewicht", dessen sich bereits Erwägungsgrund 34 S. 1 DS-GVO-Vorschlag (Kommission) bediente, erneut aufgegriffen. Liegt zwischen der betroffenen Person und dem für die Verarbeitung Verantwortlichen ein klares Ungleichgewicht vor und ist unter Berücksichtigung aller Umstände des Einzelfalls nicht davon auszugehen, dass die Einwilligung ohne Zwang erfolgt ist, sei sie keine taugliche Rechtsgrundlage.

---

773 *Schulz*, in: Gola, DS-GVO, Art. 7 Rn. 26; *Frenzel*, in: Paal/Pauly, DS-GVO/BDSG, Art. 7 DS-GVO Rn. 5; *Albrecht/Jotzo*, Das neue Datenschutzrecht der EU, Teil 3 Rn. 40; *Dammann*, ZD 2016, 307, 311; *Schantz*, NJW 2016, 1841, 1845.

Erwägungsgrund 34 S. 2 Alt. 2 DS-GVO-Ausrichtung (Rat) ähnelte § 28 Abs. 3 b S. 1 BDSG a. F. und § 95 Abs. 5 S. 1 TKG.

d) DS-GVO vom 27.04.2016

Art. 7 Abs. 4 DS-GVO stellt einen Kompromiss dar.[774] Auch den Ausgangspunkt des Erwägungsgrunds 43 DS-GVO bildet das Vorliegen eines „klare[n] Ungleichgewicht[s]" zwischen der betroffenen Person und dem Verantwortlichen. Erwägungsgrund 43 S. 1 DS-GVO hält – ebenso wie Erwägungsgrund 34 S. 1 DS-GVO-Ausrichtung (Rat) – weiterhin dazu an, alle Umstände des Einzelfalls zu berücksichtigen. Erwägungsgrund 43 S. 2 Alt. 2 DS-GVO verneint die Freiwilligkeit der Einwilligung, wenn die Erfüllung eines Vertrags – erfasst ist auch die Erbringung einer Dienstleistung – von einer Einwilligung abhängt, die für die Erfüllung nicht erforderlich ist. Anders als Erwägungsgrund 34 S. 2 Alt. 2 DS-GVO-Ausrichtung (Rat) ähnelt Erwägungsgrund 43 S. 2 Alt. 2 DS-GVO nicht mehr § 28 Abs. 3b S. 1 BDSG a. F. und § 95 Abs. 5 S. 1 TKG.

3. „Ob" und „Wie" eines Kopplungsverbots

Diskutiert wird bereits, ob Art. 7 Abs. 4 DS-GVO überhaupt ein allgemeines Kopplungsverbot verankert.[775] Für die Frage, welche Auswirkungen Art. 7 Abs. 4 DS-GVO auf das Geschäftsmodell „Personenbezogene Daten als Entgelt" hat, ist allerdings vielmehr entscheidend, welche rechtlichen Maßstäbe die Vorschrift für die Bewertung von Sachverhalten aufstellt. Dies wird an dieser Stelle untersucht.

a) Vorliegen eines strikten Kopplungsverbots?

Teilweise wird vertreten, dass die DS-GVO zumindest im Ergebnis ein striktes Kopplungsverbot beinhalte. Knüpft die Erfüllung eines Vertrags, einschließlich der Erbringung einer Dienstleistung, an die Einwilligung zu einer

---

774 *Dammann*, ZD 2016, 307, 311. S. auch *Schulz*, in: Gola, DS-GVO, Art. 7 Rn. 26.

775 Bejahend: *Schulz*, in: Gola, DS-GVO, Art. 7 Rn. 24; *Stemmer*, in: Wolff/Brink, Beck'scher OK Datenschutzrecht, Art. 7 DS-GVO Rn. 40 (Stand: 01.05.2018). S. auch *Kühling/Martini*, EuZW 2016, 448, 451, die ein „umfassendes Kopplungsverbot" annehmen. *Buchner/Kühling*, in: Kühling/Buchner, DS-GVO/BDSG, Art. 7 DS-GVO Rn. 41 sprechen davon, dass Art. 7 Abs. 4 DS-GVO den „Grundsatz des Koppelungsverbots fortschreibt". Für *Schantz*, NJW 2016, 1841, 1845 verkörpert Art. 7 Abs. 4 DS-GVO den „Rechtsgedanken des Kopplungsverbots". Verneinend: *Frenzel*, in: Paal/Pauly, DS-GVO/BDSG, Art. 7 DS-GVO Rn. 18; *Engeler*, ZD 2018, 55, 58 f.

Verarbeitung von personenbezogenen Daten, die für die Erfüllung des Vertrags nicht erforderlich sind, stehe dies der Freiwilligkeit der Einwilligung entgegen. In Art. 7 Abs. 4 DS-GVO sei zwar kein direktes Kopplungsverbot verankert. Die Vorschrift stehe jedoch in engem Zusammenhang mit Erwägungsgrund 43 S. 2 Alt. 2 DS-GVO. Unter Einbeziehung ebendieses Erwägungsgrunds sei letztlich ein striktes Kopplungsverbot zu bejahen, wenngleich es diesem „verkappte[n] Kopplungsverbot“[776] an Normenklarheit fehle.[777]

Andere verneinen das Vorliegen eines strikten Kopplungsverbots. Art. 7 Abs. 4 DS-GVO verlange lediglich, dass der Umstand, ob die Erfüllung eines Vertrags von der Einwilligung zu einer Verarbeitung von personenbezogenen Daten abhängt, die für die Erfüllung des Vertrags nicht erforderlich sind, „in größtmöglichem Umfang“ berücksichtigt wird. Hierdurch werde deutlich, dass Kopplungen dennoch möglich sind.[778] Art. 7 Abs. 4 DS-GVO sei „nicht im Sinne eines obligatorischen Optionsrechts (entgeltlich/unentgeltlich bei Einwilligung)“[779] zu begreifen. Schließlich habe Art. 7 Abs. 4 DS-GVO-Entwurf-Entschließung (Europäisches Parlament), der ein striktes Kopplungsverbot normierte, gerade keinen Bestand gehabt.[780] Die Annahme eines strikten Kopplungsverbots laufe auch Art. 8 Abs. 1 GRCh zuwider, der das Recht des Einzelnen enthält, seine personenbezogenen Daten freiwillig preiszugeben. Ein striktes Kopplungsverbot widerspreche dem Grundsatz der Verhältnismäßigkeit.[781]

---

776 *Dammann*, ZD 2016, 307, 311.

777 *Funke*, Dogmatik und Voraussetzungen der datenschutzrechtlichen Einwilligung im Zivilrecht, S. 268 f.; *Dammann*, ZD 2016, 307, 311. In diese Richtung äußern sich wohl auch *Gierschmann*, ZD 2016, 51, 54; *Schantz*, NJW 2016, 1841, 1845, der jedoch eine Regelung präferiert hätte, die sich an § 28 Abs. 3b BDSG a. F. orientiert; *Wybitul*, BB 2016, 1077, 1081. Im Ergebnis wohl auch *Albrecht/Jotzo*, Das neue Datenschutzrecht der EU, Teil 3 Rn. 40; *Buchner*, DuD 2016, 155, 158; *Dix*, ZEuP 2017, 1, 4.

778 *Schulz*, in: Gola, DS-GVO, Art. 7 Rn. 26. Auch *Plath*, in: Plath, DSGVO/BDSG, Art. 7 DSGVO Rn. 19 orientiert sich am Wortlaut des Art. 7 Abs. 4 DS-GVO („in größtmöglichem Umfang Rechnung […] tragen“) – und nicht an jenem von Erwägungsgrund 43 S. 2 Alt. 2 DS-GVO – und verneint das Vorliegen eines strikten Kopplungsverbots. S. auch *Heckmann/Paschke*, in: Ehmann/Selmayr, DS-GVO, Art. 7 Rn. 95 ff.; *Buchner/Kühling*, in: Kühling/Buchner, DS-GVO/BDSG, Art. 7 DS-GVO Rn. 52; *Ingold*, in: Sydow, DS-GVO, Art. 7 Rn. 30 ff.; *Spindler*, MMR 2016, 147, 150.

779 *Schulz*, in: Gola, DS-GVO, Art. 7 Rn. 26.

780 *Schulz*, in: Gola, DS-GVO, Art. 7 Rn. 26. S. auch *Buchner/Kühling*, in: Kühling/Buchner, DS-GVO/BDSG, Art. 7 DS-GVO Rn. 46.

781 *Heckmann/Paschke*, in: Ehmann/Selmayr, DS-GVO, Art. 7 Rn. 95. S. auch *Schulz*, in: Gola, DS-GVO, Art. 7 Rn. 27; *Buchner/Kühling*, in: Kühling/Buchner, DS-GVO/

Gleiches gelte auch im Hinblick auf die Grundrechte des Verantwortlichen, namentlich Art. 15, 16 GRCh als auch Art. 12, 14 GG. Art. 7 Abs. 4 DS-GVO sei aus diesem Grund dahingehend zu verstehen, dass er solche Kopplungen verbiete, bei denen es sich um „sachfremde Begleiterscheinung[en]"[782] handelt.[783]

Teilweise wird vertreten, der Aufforderung des Art. 7 Abs. 4 DS-GVO („dem Umstand in größtmöglichem Umfang Rechnung []tragen") sei jedoch zumindest zu entnehmen, dass die Freiwilligkeit der Einwilligung regelmäßig zu verneinen ist, wenn die Erfüllung eines Vertrags von der Einwilligung zu einer Verarbeitung von personenbezogenen Daten abhängt, die für die Erfüllung des Vertrags nicht erforderlich sind. Ein anderes Ergebnis sei lediglich bei Vorliegen solcher besonderen Umstände gerechtfertigt, die für die Freiwilligkeit der Einwilligung streiten, zum Beispiel bei einer im Interesse der betroffenen Person liegenden Verarbeitung.[784]

b) Merkmal der Freiwilligkeit als Ausgangspunkt

Auch diejenigen, die in Art. 7 Abs. 4 DS-GVO weder ein „direktes Kopplungsverbot"[785] noch ein „generelles Kopplungsverbot"[786] sehen, betonen, dass die Beantwortung der Frage, ob eine Einwilligung freiwillig erteilt wurde, die Betrachtung aller Umstände des Einzelfalls verlange. Ausgangspunkt ihrer Überlegungen ist

---

BDSG, Art. 7 DS-GVO Rn. 41; *Schantz*, NJW, 2016, 1841, 1845. Vgl. auch *Engeler*, ZD 2018, 55, 56, der ausführt, dass ein Kopplungsverbot die Privatautonomie beschränke.

782 *Schulz*, in: Gola, DS-GVO, Art. 7 Rn. 28.

783 *Schulz*, in: Gola, DS-GVO, Art. 7 Rn. 27 f. Auch „Nachteile" im Sinne des Erwägungsgrunds 42 S. 5 DS-GVO seien eng auszulegen, s. *Schulz*, in: Gola, DS-GVO, Art. 7 Rn. 29.

784 *Stemmer*, in: Wolff/Brink, Beck'scher OK Datenschutzrecht, Art. 7 DS-GVO Rn. 46 (Stand: 01.05.2018). Ähnlich im Ergebnis auch *Ernst*, in: Paal/Pauly, DS-GVO/BDSG, Art. 4 DS-GVO Rn. 73, der annimmt, Art. 7 Abs. 4 DS-GVO beinhalte eine gesetzliche Vermutung. In Art. 7 Abs. 4 DS-GVO als auch in Erwägungsgrund 43 S. 2 Alt. 2 DS-GVO wird auch von weiteren eine gesetzliche Vermutung gesehen, s. *Feiler/Forgó*, EU-DSGVO, Art. 7 Rn. 7; *Schantz*, NJW 2016, 1841, 1845.

785 *Frenzel*, in: Paal/Pauly, DS-GVO/BDSG, Art. 7 DS-GVO Rn. 18.

786 *Frenzel*, in: Paal/Pauly, DS-GVO/BDSG, Art. 7 DS-GVO Rn. 18, der auf *Rogosch*, Die Einwilligung im Datenschutzrecht, S. 81 ff. verweist. Bei Vorliegen eines generellen Kopplungsverbots sei „eine Koppelung von Vertragsleistung und datenschutzrechtlicher Einwilligung […] generell unzulässig", s. *Rogosch*, Die Einwilligung im Datenschutzrecht, S. 82. Die Begriffe „generelles Kopplungsverbot" und „striktes Kopplungsverbot" dürften sich somit vorliegend entsprechen.

umso mehr das Merkmal der Freiwilligkeit.[787] Auch *Schulz*, der ein allgemeines Kopplungsverbot bejaht, versteht dieses als „Subsumtionsanleitung“[788], um zu prüfen, ob die Einwilligung freiwillig erteilt wurde.[789]

Orientiere man sich am Wortlaut des Art. 7 Abs. 4 DS-GVO, diene der Umstand, ob die Erfüllung eines Vertrags von der Einwilligung zu einer Verarbeitung von personenbezogenen Daten abhängig ist, die für die Erfüllung des Vertrags nicht erforderlich sind, lediglich als Orientierungspunkt („unter anderem“). Art. 7 Abs. 4 DS-GVO verdeutliche vorrangig, dass insbesondere bei vertraglichen Beziehungen zwischen Privaten die Freiwilligkeit der Einwilligung einer besonders sorgfältigen Prüfung bedarf. Ob ein „klares Ungleichgewicht“ im Sinne des Erwägungsgrunds 43 S. 1 DS-GVO zwischen der betroffenen Person und dem Verantwortlichen besteht, könne nur dann sachgerecht beurteilt werden, wenn alle Umstände des Einzelfalls berücksichtigt werden.[790]

c) Bewertung

Die vorangehenden Ausführungen verdeutlichen, dass entscheidend ist, welche rechtlichen Maßstäbe für die Bewertung von Sachverhalten aus Art. 7 Abs. 4 DS-GVO resultieren. Es ist eine Entscheidung dahingehend zu treffen, ob ein striktes Kopplungsverbot vorliegt oder ob vielmehr alle Umstände des Einzelfalls zu berücksichtigen sind. Die Frage, ob alle Umstände des Einzelfalls zu würdigen sind, darf in diesem Zusammenhang keinesfalls als banal bezeichnet werden. Wird das Vorliegen eines strikten Kopplungsverbots bejaht, bleibt kein Raum mehr, alle Umstände des Einzelfalls zu berücksichtigen.

Das Vorliegen eines strikten Kopplungsverbots ist allerdings zu verneinen. Zunächst ist das Gesetzgebungsverfahren zu Art. 7 Abs. 4 DS-GVO aufzugreifen. Art. 7 Abs. 4 S. 2 DS-GVO-Entwurf-Entschließung (Europäisches Parlament) enthielt ein striktes Kopplungsverbot. Sowohl der Vorschlag der Kommission als auch der Vorschlag des Vorsitzes des Rats der Europäischen Union für eine allgemeine Ausrichtung waren demgegenüber liberaler. Art. 7 Abs. 4 DS-GVO-Vorschlag (Kommission) betonte, dass zwischen der betroffenen Person und dem Verantwortlichen kein erhebliches Ungleichgewicht bestehen darf.

---

787 *Frenzel*, in: Paal/Pauly, DS-GVO/BDSG, Art. 7 DS-GVO Rn. 18. S. auch *Kugelmann*, DuD 2016, 566, 567; *Piltz*, K&R 2016, 557, 562.

788 *Schulz*, in: Gola, DS-GVO, Art. 7 Rn. 25.

789 *Schulz*, in: Gola, DS-GVO, Art. 7 Rn. 25.

790 *Frenzel*, in: Paal/Pauly, DS-GVO/BDSG, Art. 7 DS-GVO Rn. 18. S. auch *Plath*, in: Plath, DSGVO/BDSG, Art. 7 DSGVO Rn. 20.

Erwägungsgrund 34 S. 2 DS-GVO-Vorschlag (Kommission) benannte zwar beispielhaft, dass im Verhältnis Arbeitgeber – Arbeitnehmer ein Ungleichgewicht vorliegt, äußerte sich jedoch nicht zu dem nunmehr im Rahmen des Art. 7 Abs. 4 DS-GVO diskutierten Sachverhalt. Der Weg, der im Vorschlag des Vorsitzes des Rats der Europäischen Union präferiert wurde, ist mit jenem zu vergleichen, den § 28 Abs. 3b S. 1 BDSG a. F. ging und § 95 Abs. 5 S. 1 TKG geht. Art. 7 Abs. 4 DS-GVO stellt einen Kompromiss dar.

Auch der Wortlaut des Art. 7 Abs. 4 DS-GVO widerspricht eindeutig der Annahme eines strikten Kopplungsverbots („in größtmöglichem Umfang Rechnung [ ]tragen", „unter anderem").

Richtig ist, dass Art. 7 Abs. 4 DS-GVO in einem engen Zusammenhang mit Erwägungsgrund 43 DS-GVO steht. Gleiches gilt für die weiteren Erwägungsgründe, die auf die Freiwilligkeit der Einwilligung Bezug nehmen. Anders als der Wortlaut des Art. 7 Abs. 4 DS-GVO streitet der Wortlaut des genannten Erwägungsgrunds in der Tat für die Annahme eines strikten Kopplungsverbots („Die Einwilligung gilt nicht als freiwillig erteilt [...]"). Bei der Auslegung von Rechtsakten der Europäischen Union spielen die Erwägungsgründe zwar eine besondere Rolle. Gemäß Art. 296 Abs. 2 AEUV ist Rechtsakten eine Begründung beizufügen. Die Erwägungsgründe geben Auskunft über Ausgangspunkt und Zielsetzung und bilden die Grundlage jeder teleologischen Auslegung.[791] Gleichwohl sind sie nicht bindend.[792] Bereits unter alleiniger Berücksichtigung des Gesetzgebungsverfahrens zu Art. 7 Abs. 4 DS-GVO und des Wortlauts der Vorschrift ist nicht gerechtfertigt, lediglich im Hinblick auf Erwägungsgrund 43 S. 2 Alt. 2 DS-GVO im Ergebnis ein striktes Kopplungsverbot zu bejahen. Schließlich mahnt auch Erwägungsgrund 43 S. 1 DS-GVO die Berücksichtigung aller Umstände des Einzelfalls an („in Anbetracht aller Umstände in dem speziellen Fall").

---

791 *Wegener*, in: Calliess/Ruffert, EUV/AEUV, Art. 19 EUV Rn. 16; *Gaitanides*, in: v. der Groeben/Schwarze/Hatje, Europäisches Unionsrecht, Art. 19 EUV Rn. 45; *Köndgen*, in: Riesenhuber, Europäische Methodenlehre, § 6 Rn. 51; *Bleckmann*, RIW 1987, 929, 931.

792 *Wolf*, Anlegerschutz durch Inhaltskontrolle von Emissionsbedingungen bei Kapitalmarkttiteln, in: Lieb et al., Festschrift für Zöllner zum 70. Geburtstag, S. 657. S. auch *Gaitanides*, in: v. der Groeben/Schwarze/Hatje, Europäisches Unionsrecht, Art. 19 EUV Rn. 45; *Bleckmann*, RIW 1987, 929, 931, der zu bedenken gibt, dass die Erwägungsgründe nicht zwingend alle mit dem jeweiligen Rechtsakt verfolgten Zwecke nennen.

Gegen die Annahme eines strikten Kopplungsverbots spricht nicht zuletzt auch, dass hieraus ein Spannungsverhältnis zu den Grundrechten sowohl der betroffenen Person als auch des Verantwortlichen resultiert, namentlich zu dem Recht auf informationelle Selbstbestimmung als Ausprägung des allgemeinen Persönlichkeitsrechts gemäß Art. 2 Abs. 1 GG in Verbindung mit Art. 1 Abs. 1 GG, Art. 8 Abs. 1 EMRK und Art. 7, 8 Abs. 1 GRCh sowie Art. 12 Abs. 1 GG und Art. 16 GRCh.[793] Ein striktes Kopplungsverbot, das gerade absolute Rechtsfolgen nach sich zieht, ist nicht verhältnismäßig.

Im Ergebnis ist das Vorliegen eines strikten Kopplungsverbots somit zu verneinen. Vielmehr sind alle Umstände des Einzelfalls zu berücksichtigen. Ob die Erfüllung eines Vertrags, einschließlich der Erbringung einer Dienstleistung, an die Einwilligung zu einer Verarbeitung von personenbezogenen Daten knüpft, die für die Erfüllung des Vertrags nicht erforderlich sind, ist ein richtungsweisender Aspekt. Es handelt sich jedoch lediglich um *einen* Aspekt, der neben *weiteren* Aspekten bei der Beurteilung, ob die Einwilligung freiwillig erteilt wurde, zu berücksichtigen ist. Ob „sachfremde Begleiterscheinung[en]"[794] vorliegen, ist insoweit ebenfalls nur ein Aspekt, der im Rahmen einer Gesamtschau zu würdigen ist.

Auch jener Ansatz, der Art. 7 Abs. 4 DS-GVO die Aufforderung entnimmt, dass die Freiwilligkeit der Einwilligung im dort genannten Fall jedenfalls regelmäßig entfalle, verlangt letztlich, sich mit allen Umständen des Einzelfalls auseinanderzusetzen, um beurteilen zu können, ob besondere Umstände vorliegen, die ein anderes Ergebnis rechtfertigen.

Vergleicht man den Tatbestand des Art. 7 Abs. 4 DS-GVO mit dem Tatbestand des § 28 Abs. 3b S. 1 BDSG a. F., erfasst Art. 7 Abs. 4 DS-GVO mehr Sachverhalte und stellt insoweit eine Verschärfung dar. Das Vorliegen der Tatbestandsvoraussetzungen des § 28 Abs. 3b S. 1 BDSG a. F. führte gemäß § 28 Abs. 3b S. 2 BDS G a. F. zur Unwirksamkeit der Einwilligung. Im Rahmen des Art. 7 Abs. 4 DS-GVO ist die Verneinung der Freiwilligkeit der Einwilligung – und somit deren Unwirksamkeit – nicht zwingende Rechtsfolge. Auch wenn die Erfüllung eines Vertrags von der Einwilligung zu einer Verarbeitung von personenbezogenen Daten abhängt, die für die Erfüllung des Vertrags nicht erforderlich sind, sind noch die weiteren Umstände des Einzelfalls zu betrachten.[795] Prägnant ist auch

793 S. 3. Kapitel, A.

794 *Schulz*, in: Gola, DS-GVO, Art. 7 Rn. 28.

795 *Stemmer*, in: Wolff/Brink, Beck'scher OK Datenschutzrecht, Art. 7 DS-GVO Rn. 42 (Stand: 01.05.2018). Im Ergebnis sind so wohl auch *Kühling/Martini*, EuZW 2016,

die Rede von einem „im Verhältnis zum deutschen Recht tatbestandlich weiter reichende[n], in den Rechtsfolgen hingegen relativierte[n] allgemeine[n] Kopplungsverbot“[796].

4. *Monopolstellung des Verantwortlichen*

Diskussionen ranken auch um die Frage, ob das Kopplungsverbot überhaupt nur greift, wenn der Verantwortliche eine Monopolstellung innehat. Gerade im Hinblick auf soziale Netzwerke, die paradigmatisch für das in dieser Arbeit diskutierte Geschäftsmodell sind, ist diese Frage bedeutsam.[797] Das Bundeskartellamt nahm jüngst an, dass Facebook eine marktbeherrschende Stellung auf dem deutschen Markt für soziale Netzwerke innehabe.[798]

a) Meinungsbild

Teilweise wird bejaht, dass das Kopplungsverbot überhaupt nur greife, wenn der Verantwortliche eine Monopolstellung innehat. Art. 7 Abs. 4 DS-GVO sei dahingehend zu verstehen, dass für die Beurteilung, ob die Einwilligung freiwillig erteilt wurde, auch zu fragen ist, wie stark die betroffene Person von der Leistung abhängt. Da Erwägungsgrund 43 S. 1 DS-GVO ein klares Ungleichgewicht fordert, werde verdeutlicht, dass die Freiwilligkeit nicht vorschnell verneint werden darf.[799]

Zum Teil wird eine solche Lesart – oder eine vergleichbare Einschränkung des Kopplungsverbots – dringend angemahnt.[800] Nur auf diese Weise könne den auf Seiten des Verantwortlichen betroffenen Grundrechten und -freiheiten hinreichend Rechnung getragen werden.[801]

448, 451 zu verstehen. S. hinsichtlich § 28 Abs. 3b BDSG a. F. auch *Gierschmann*, ZD 2016, 51, 54, die ebenfalls wohl versehentlich von § 28 Abs. 3*a* BDSG a. F. spricht.

796 *Stemmer*, in: Wolff/Brink, Beck'scher OK Datenschutzrecht, Art. 7 DS-GVO Rn. 40 (Stand: 01.05.2018).

797 S. auch *Schulz*, in: Gola, DS-GVO, Art. 7 Rn. 27; *Ernst*, in: Paal/Pauly, DS-GVO/BDSG, Art. 4 DS-GVO Rn. 76.

798 BKartA, Vorläufige Einschätzung im Facebook-Verfahren, Pressemitteilung v. 19.12.2017.

799 *Plath*, in: Plath, DSGVO/BDSG, Art. 7 DSGVO Rn. 20.

800 *Schulz*, in: Gola, DS-GVO, Art. 7 Rn. 27.

801 *Schulz*, in: Gola, DS-GVO, Art. 7 Rn. 27 ff., der ferner benennt, dass ein so ausgestaltetes Kopplungsverbot beispielsweise auch bei Verträgen mit Suchmaschinen greifen könne. S. auch *Ernst*, in: Paal/Pauly, DS-GVO/BDSG, Art. 4 DS-GVO Rn. 76.

Unter Berufung auf den Wortlaut des Art. 7 Abs. 4 DS-GVO wird sich der Ansicht, dass das Kopplungsverbot nur bei Vorliegen einer Monopolstellung greife, aber auch eindeutig entgegengestellt. Auch Erwägungsgrund 43 S. 1 DS-GVO gewähre keine Erkenntnisse darüber, ob das Kopplungsverbot das Vorliegen einer Monopolstellung voraussetzt.[802]

Wiederum andere vermuten hinter der Formulierung „klares Ungleichgewicht" in Erwägungsgrund 43 S. 1 DS-GVO zwar einen Hinweis auf jene Fälle, in denen eine Monopolstellung gegeben sei; zwingende Voraussetzung sei eine solche für das Greifen des Kopplungsverbots jedoch nicht.[803]

Auch andere kommen zu dem Schluss, dass Erwägungsgrund 43 S. 1 DS-GVO einerseits dahingehend verstanden werden könne, kartellrechtliche Wertungen zugrunde zu legen. Andererseits könne er jedoch auch verlangen, sich an jenen Wertungen zu orientieren, die der Inhaltskontrolle gemäß §§ 305 ff. BGB zugrunde liegen. Letztlich bleibe Erwägungsgrund 43 S. 1 DS-GVO die Antwort auf die Frage schuldig, worauf sich die Formulierung „klares Ungleichgewicht" bezieht.[804]

Schließlich findet sich der Ansatz, das Vorliegen einer Monopolstellung lediglich als *einen* Aspekt bei der Beantwortung der Frage, ob die Einwilligung freiwillig erteilt wurde, zu berücksichtigen.[805]

b) Bewertung

Weder der Wortlaut des Art. 7 Abs. 4 DS-GVO noch der Wortlaut des Erwägungsgrunds 43 S. 1 DS-GVO geben letztlich Aufschluss darüber, ob das Kopplungsverbot nur bei Vorliegen einer Monopolstellung greift. Dass Erwägungsgrund 43 S. 1 DS-GVO das Bestehen eines klaren Ungleichgewichts zwischen der betroffenen Person und dem Verantwortlichen fordert, kann als Hinweis auf eine Monopolstellung verstanden werden. Diese Schlussfolgerung ist aber keinesfalls zwingend.

§ 28 Abs. 3b BDSG a. F. setzte einen sogenannten Monopolvertrag im weiteren Sinne voraus.[806] Von einem solchen konnte dann gesprochen werden, wenn

---

802 *Stemmer*, in: Wolff/Brink, Beck'scher OK Datenschutzrecht, Art. 7 DS-GVO Rn. 44 (Stand: 01.02.2018).

803 *Gierschmann*, ZD 2016, 51, 54.

804 *Spindler*, Privatrechtsdogmatik und Herausforderungen der ‚IT-Revolution', in: Auer et al., Privatrechtsdogmatik im 21. Jahrhundert, S. 717; *Spindler*, DB 2016, 937, 940.

805 *Heckmann/Paschke*, in: Ehmann/Selmayr, DS-GVO, Art. 7 Rn. 98; *Buchner/Kühling*, in: Kühling/Buchner, DS-GVO/BDSG, Art. 7 DS-GVO Rn. 44.

806 *Gola/Klug/Körffer*, in: Gola/Schomerus, BDSG a. F., Art. 28 Rn. 46; *Wolff*, in: Wolff/Brink, Beck'scher OK Datenschutzrecht, § 28 BDSG a. F. Rn. 165 (Stand: 01.08.2015).

der Vertragspartner eine Monopolstellung bezüglich der in Frage stehenden Leistung innehatte. Des Weiteren lag ein Monopolvertrag aber auch dann vor, wenn alle Anbieter der in Frage stehenden Leistung eine Einwilligung verlangten.[807] Der Vorschlag des Vorsitzes des Rats der Europäischen Union für eine allgemeine Ausrichtung, der § 28 Abs. 3b BDSG a. F. und § 95 Abs. 5 TKG ähnelte, konnte sich im Gesetzgebungsverfahren gerade nicht durchsetzen. Dieser Umstand streitet dafür, das Greifen des Kopplungsverbots nicht auf jene Fälle zu beschränken, in denen eine Monopolstellung vorliegt.

Ziel des Art. 7 Abs. 4 DSGVO ist der Schutz der Freiwilligkeit der Einwilligung. Der Grund für Beeinträchtigungen kann eine Monopolstellung sein. Beeinträchtigungen können aber auch auf anderen Umständen beruhen. Zielführend ist somit auch an dieser Stelle unter Berücksichtigung aller Umstände des Einzelfalls eine Entscheidung dahingehend zu treffen, ob die Einwilligung freiwillig erteilt wurde. Ob der Verantwortliche eine Monopolstellung innehat, kann auf diese Weise umfassend gewürdigt werden.[808] Auf diese Weise kann ein interessensgerechter Ausgleich der (widerstreitenden) Grundrechtspositionen herbeigeführt werden.

5. *Zwischenergebnis*

Im Hinblick auf Art. 7 Abs. 4 DS-GVO ist entscheidend, welche rechtlichen Maßstäbe dieser für die Bewertung von Sachverhalten aufstellt.

Art. 7 Abs. 4 DS-GVO beinhaltet kein striktes Kopplungsverbot. Um die Frage zu beantworten, ob die Einwilligung freiwillig erteilt wurde, sind vielmehr alle Umstände des Einzelfalls zu betrachten. Ob die Erfüllung eines Vertrags, einschließlich der Erbringung einer Dienstleistung, von der Einwilligung zu einer Verarbeitung personenbezogener Daten abhängt, die für die Erfüllung des Vertrags nicht erforderlich sind, ist *ein* Aspekt – wenn auch ein richtungsweisender –, der neben *weiteren* Aspekten zu würdigen ist. In die Einzelfallbetrachtung muss auch einfließen, ob der Verantwortliche eine Monopolstellung innehat.

---

807 *Wolff*, in: Wolff/Brink, Beck'scher OK Datenschutzrecht, § 28 BDSG a. F. Rn. 170 (Stand: 01.08.2015).

808 S. auch *Buchner/Kühling*, in: Kühling/Buchner, DS-GVO/BDSG, Art. 7 DS-GVO Rn. 52 f.

„die Einwilligung für die Erfüllung des Vertrags (wirtschaftlich) erforderlich“[817]. Zahlt der Vertragspartner für die Leistung des Anbieters jedoch einen angemessenen Preis, könne der Gedanke der wirtschaftlichen Erforderlichkeit der Einwilligung nicht mehr zugrunde gelegt werden.[818]

Anders als der zuerst genannte Ansatz stellt dieser Ansatz ebenjene wirtschaftlichen Zusammenhänge, von denen das Geschäftsmodell „Personenbezogene Daten als Entgelt“ seine Existenzberechtigung ableitet, heraus. Unberücksichtigt bleiben jedoch die rechtlichen Zusammenhänge, die dem genannten Geschäftsmodell zugrunde liegen.

3. *Ansatz: Qualifizierung der Einwilligung als Gegenleistung*

Stringent ist es, an die schuldrechtliche Bewertung datengetriebener Geschäftsmodelle anzuknüpfen. Das Geschäftsmodell, das im Rahmen dieser Arbeit betrachtet wird, zeichnet sich durch eine synallagmatische Verknüpfung von Leistung und Gegenleistung aus. Es liegt ein entgeltlicher Vertrag vor. Auf diese Weise werden die wirtschaftlichen Zusammenhänge, auf denen das Geschäftsmodell basiert, abgebildet.

Dies muss der Verantwortliche benennen. Dem Nutzer muss transparent gemacht werden, dass die Einwilligung als Gegenleistung fungiert. Der Kopplungstatbestand des Art. 7 Abs. 4 DS-GVO ist dann nicht erfüllt. Die Erfüllung eines Vertrags ist nicht von der Einwilligung zu einer Verarbeitung von personenbezogenen Daten abhängig, die für die Erfüllung des Vertrags nicht erforderlich sind. Vielmehr ist die Einwilligung selbst der Leistungsgegenstand.[819]

---

817 *Feiler/Forgó*, EU-DS-GVO, Art. 7 Rn. 11.

818 *Feiler/Forgó*, EU-DS-GVO, Art. 7 Rn. 11.

819 *Buchner/Kühling*, in: Kühling/Buchner, DS-GVO/BDSG, Art. 7 DS-GVO Rn. 48, 50 f.; *Frenzel*, in: Paal/Pauly, DS-GVO/BDSG, Art. 7 DS-GVO Rn. 21; *Buchner*, DuD 2016, 155, 158 f.; *Schmidt-Kessel/Grimm*, ZfPW 2017, 84, 91. S. auch *Funke*, Dogmatik und Voraussetzungen der datenschutzrechtlichen Einwilligung im Zivilrecht, S. 270 f., der in diesem Zusammenhang von einem „Zwang zu mehr Vertragsehrlichkeit“ spricht; *Langhanke*, Daten als Leistung, S. 136 f. *Frenzel*, in: Paal/Pauly, DS-GVO/BDSG, Art. 7 DS-GVO Rn. 21 spricht zudem davon, dass er dies für eine „realistische[] Rekonstruktion des Rechtsverhältnisses“ halte. S. auch *Schulz*, in: Gola, DS-GVO, Art. 7 Rn. 30, der jedoch weiterhin von „entgeltfreie[n] Angebote[n]“ spricht und unter anderem aus sozialpolitischen Erwägungen für deren Fortbestand votiert. Kritisch zu dem hier genannten Ansatz *Stemmer*, in: Wolff/Brink, Beck'scher OK Datenschutzrecht, Art. 7 DS-GVO Rn. 41.1 (Stand: 01.05.2018); *Golland*, MMR 2018, 130, 131 f.

Art. 7 Abs. 4 DS-GVO fragt danach, ob die *Einwilligung* freiwillig erteilt wurde. Schließt die betroffene Person einen Vertrag, in dessen Rahmen sie als Gegenleistung eine datenschutzrechtliche Einwilligung erteilt, ist zu fragen, ob der *Vertrag als solcher* freiwillig eingegangen wurde.[820] Denn die betroffene Person macht von ihrer Vertragsfreiheit Gebrauch.[821] Als Anknüpfungspunkte dienen §§ 134, 138 BGB, Art. 102 AEUV und § 19 GWB.[822]

Sowohl der Ansatz, dem die Überlegung zugrunde liegt, dass die Einwilligung für die Erfüllung des Vertrags unter wirtschaftlichen Gesichtspunkten erforderlich sei, als auch der zuletzt genannte Ansatz berücksichtigen die wirtschaftlichen Zusammenhänge, von denen das Geschäftsmodell „Personenbezogene Daten als Entgelt" seine Existenzberechtigung ableitet. Die genannten Ansätze ähneln sich. Letzterer knüpft nunmehr aber an die schuldvertragsrechtliche Bewertung des Geschäftsmodells „Personenbezogene Daten als Entgelt" an. Dies fördert die Schaffung eines kohärenten Rechtsrahmens.

An dieser Stelle wird auch noch einmal deutlich, dass der Teilung des Nutzungsverhältnisses bei sozialen Netzwerken durch das Kopplungsverbot seine Grenzen aufgezeigt werden. Wird zwischen der unentgeltlichen Zurverfügungstellung einer technischen Plattform und der datenschutzrechtlichen Einwilligung als Grundlage der Verarbeitung personenbezogener Daten getrennt, verfängt die angeführte Argumentation gerade nicht. Zwar wäre unter Berücksichtigung der zu Art. 7 Abs. 4 DS-GVO gewonnenen Erkenntnisse die Freiwilligkeit der Einwilligung mangels striktem Kopplungsverbot nicht per se zu verneinen. Es bliebe jedoch nur eine Würdigung in Anbetracht aller Umstände des Einzelfalls.

II. Rückgriff auf gesetzliche Erlaubnistatbestände?

An die Feststellung, dass Art. 7 Abs. 4 DS-GVO dem Geschäftsmodell „Personenbezogene Daten als Entgelt" nicht entgegensteht, schließt sich die Frage an, wie gewährleistet werden kann, dass der Verantwortliche einen angemessenen

---

820 *Frenzel*, in: Paal/Pauly, DS-GVO/BDSG, Art. 7 DS-GVO Rn. 21; *Specht*, Datenverwertungsverträge zwischen Datenschutz und Vertragsfreiheit, S. 12 f.

821 *Specht*, Datenverwertungsverträge zwischen Datenschutz und Vertragsfreiheit, S. 12 f.

822 *Frenzel*, in: Paal/Pauly, DS-GVO/BDSG, Art. 7 DS-GVO Rn. 21, der allerdings nur auf Art. 102 AEUV und § 19 GWB Bezug nimmt; *Specht*, Datenverwertungsverträge zwischen Datenschutz und Vertragsfreiheit, S. 12 f.

„Datenpreis" verlangt – sich die Datenverarbeitung also in einem angemessenen Rahmen bewegt.[823]

Auch *Feiler/Forgó*, auf die jener Ansatz zurückgeht, der daran anknüpft, dass die Einwilligung für die Erfüllung des Vertrags unter wirtschaftlichen Gesichtspunkten erforderlich sei, adressieren diese Frage. Sie stellen heraus, dass sich bei wirksamen Wettbewerb ein angemessener „Datenpreis" herausbilden müsste. Bei der Preisbildung seien der „Wert" der Erklärung der datenschutzrechtlichen Einwilligung und jener einer etwaigen sonstigen Gegenleistung zu berücksichtigen. Datenschutzrechtliche Einwilligungen, die für die Finanzierung des Geschäftsmodells vor diesem Hintergrund nicht erforderlich sind, könnten auf dem Markt keinen Bestand haben.[824]

Um einen angemessenen „Datenpreis" gewährleisten zu können, wird teilweise geraten, das Geschäftsmodell „Personenbezogene Daten als Entgelt" nicht auf eine Einwilligung zu stützen, sondern auf gesetzliche Erlaubnistatbestände zurückzugreifen.[825]

Bevor sogleich betrachtet wird, wie ein angemessener „Datenpreis" gewährleistet werden kann, wird an dieser Stelle zunächst aufgezeigt, dass es sich verbietet, das Geschäftsmodell „Personenbezogene Daten als Entgelt" auf gesetzliche Erlaubnistatbestände zu stützen.

1. Art. 6 Abs. 1 Buchstabe b) DS-GVO

Teilweise wird befürchtet, Art. 6 Abs. 1 Buchstabe a) DS-GVO – dies gilt insbesondere auch für die an Art. 6 Abs. 1 Buchstabe a) DS-GVO anknüpfenden Schutzmechanismen – könne durch Art. 6 Abs. 1 Buchstabe b) DS-GVO ausgehebelt werden. Art. 6 Abs. 1 Buchstabe b) DS-GVO ermöglicht die Verarbeitung, wenn sie für die Erfüllung eines Vertrags oder zur Durchführung vorvertraglicher Maßnahmen erforderlich ist. Der Verantwortliche könne seine eigenen vertraglichen Leistungspflichten derart ausgestalten, dass die Verarbeitung personenbezogener Daten auch dann noch für die Erfüllung des Vertrags erforderlich ist, wenn der Verantwortliche selbst bereits seine eigenen wirtschaftlichen Interessen befriedigt. Beispielsweise könne sich der Verantwortliche dazu verpflichten, personalisierte Werbung anzubieten.[826]

---

823 *Schweitzer*, Neue Machtlagen in der digitalen Welt? Das Beispiel unentgeltlicher Leistungen, in: Körber/Kühling, Regulierung – Wettbewerb – Innovation, S. 278 ff.

824 *Feiler/Forgó*, EU-DSGVO, Art. 7 Rn. 11.

825 S. hierzu 6. Kapitel, B. II.

826 *Wendehorst/v. Westphalen*, NJW 2016, 3745, 3746 f.; *v. Westphalen/Wendehorst*, BB 2016, 2179, 2179 ff. S. auch *Gierschmann*, MMR 2018, 7, 8. Vgl. auch

Dieses Szenario ist deutlich von jenem soeben beschriebenen Szenario zu unterscheiden, in dem die Einwilligung als Gegenleistung qualifiziert wird.[827] In letzterem wird die Möglichkeit der Verarbeitung personenbezogener Daten nicht auf Art. 6 Abs. 1 Buchstabe b) DS-GVO, sondern auf Art. 6 Abs. 1 Buchstabe a) DS-GVO gestützt.[828]

2. *Art. 6 Abs. 1 Buchstabe f) DS-GVO*

Es wird auch vertreten, Art. 6 Abs. 1 Buchstabe f) DS-GVO könne als Rechtsgrundlage herangezogen werden.[829] Art. 6 Abs. 1 Buchstabe f) DS-GVO knüpft an die Wahrung berechtigter Interessen des Verantwortlichen oder eines Dritten.

Die „Refinanzierung"[830] durch die Verarbeitung personenbezogener Daten sei ein berechtigtes Interesse des Verantwortlichen im Sinne des Art. 6 Abs. 1 Buchstabe f) DS-GVO.[831] Die Interessen oder Grundrechte und Grundfreiheiten der betroffenen Person überwiegten nicht.[832]

BT-Protokoll-Nr. 18/99, S. 31. *Wendehorst/v. Westphalen*, NJW 2016, 3745, 3747 ff. wollen einer solchen Praxis unter Anwendung des Verbots des Rechtsmissbrauchs, einer teleologischen Reduktion des Art. 6 Abs. 1 Buchstabe b) DS-GVO, die sich an § 2 Abs. 2 Nr. 11 UKlaG orientiert – und gleichsam auch für Art. 6 Abs. 1 Buchstabe f) DS-GVO gelten soll – oder mittels AGB-Kontrolle entgegentreten.

827 S. 6. Kapitel, B. I. 3.

828 *Buchner/Kühling*, in: Kühling/Buchner, DS-GVO/BDSG, Art. 7 DS-GVO Rn. 51 benennen die Einwilligung ausdrücklich als „Grundlage". S. zu § 28 Abs. 1 S. 1 Nr. 1 BDSG a. F. *Langhanke*, Daten als Leistung, S. 100 ff. Kritisch *Funke*, Dogmatik und Voraussetzungen der datenschutzrechtlichen Einwilligung im Zivilrecht, S. 271.

829 *Schweitzer*, Neue Machtlagen in der digitalen Welt? Das Beispiel unentgeltlicher Leistungen, in: Körber/Kühling, Regulierung – Wettbewerb – Innovation, S. 281 ff.; *Roßnagel*, DuD 2016, 561, 563; *Schweitzer/Peitz*, NJW 2018, 275, 277. *Wybitul*, BB 2016, 1077, 1081 empfiehlt ebenfalls, auf Art. 6 Abs. 1 Buchstabe f) DS-GVO zurückzugreifen – sofern dies möglich sei. S. auch *Heckmann/Paschke*, in: Ehmann/Selmayr, DS-GVO, Art. 7 Rn. 100; Datenschutzkonferenz, Kurzpapier Nr. 3: Verarbeitung personenbezogener Daten für Werbung (Stand: 29.06.2017), S. 1 ff. S. hierzu insgesamt auch *Schweitzer*, Daten als neue Währung?, FAZ v. 24.02.2017, S. 18. *Schweitzer/Peitz*, NJW 2018, 275, 275 ff. basiert auf *Schweitzer/Peitz*, Datenmärkte in der digitalisierten Wirtschaft: Funktionsdefizite und Regelungsbedarf?, ZEW Discussion Paper No. 17–043.

830 *Roßnagel*, DuD 2016, 561, 563.

831 *Schweitzer*, Neue Machtlagen in der digitalen Welt? Das Beispiel unentgeltlicher Leistungen, in: Körber/Kühling, Regulierung – Wettbewerb – Innovation, S. 281; *Roßnagel*, DuD 2016, 561, 563; *Schweitzer/Peitz*, NJW 2018, 275, 277.

832 *Roßnagel*, DuD 2016, 561, 563.

Teilweise wird betont, dass gerade bei der Nutzung digitaler Dienste nicht mehr davon gesprochen werden könne, dass die Einwilligung Ausdruck des Selbstbestimmungsrechts der betroffenen Person ist.[833] Insbesondere aufgrund der „rationale[n] Apathie“[834] des Nutzers sei auch nicht zu erwarten, dass sich an diesem Befund etwas ändert – trotz vorhandener Bestrebungen, das Instrument der Einwilligung zu stärken.[835] Durch den Rückgriff auf einen gesetzlichen Erlaubnistatbestand könne diesem Missstand entgegengewirkt werden. Mithilfe der im Rahmen des Art. 6 Abs. 1 Buchstabe f) DS-GVO durchzuführenden Interessensabwägung könne gewährleistet werden, dass sich der Umfang der Datenverarbeitung in einem angemessenen Rahmen bewegt – ein Ergebnis, das der Einzelne nicht erzielen könne. In die vorzunehmende Interessenabwägung könnten auch die Interessen Dritter einbezogen werden, auf die sich eine Verarbeitung personenbezogener Daten ebenfalls auswirken könne.[836] Ein Rückgriff auf den gesetzlichen Erlaubnistatbestand des Art. 6 Abs. 1 Buchstabe f) DS-GVO bedeute für die Unternehmen zwar, dass sich diese zunächst großer Rechtsunsicherheit aussetzen. Dieser könne aber entgegengewirkt werden, indem die Art. 40 ff. DS-GVO fruchtbar gemacht werden.[837] Schließlich sei der Rückgriff auf Art. 6 Abs. 1 Buchstabe f) DS-GVO auch nicht als Abkehr von dem „Konzept der datenschutzrechtlichen Selbstbestimmung“[838] zu begreifen. Denn der Einzelne entscheide weiterhin, ob er eine bestimmte Leistung nutzen möchte. Lediglich „die Höhe des ‚Datenpreises‘ “[839] ergebe sich nunmehr aus der

833 *Schweitzer*, Neue Machtlagen in der digitalen Welt? Das Beispiel unentgeltlicher Leistungen, in: Körber/Kühling, Regulierung – Wettbewerb – Innovation, S. 278 ff.; *Schweitzer/Peitz*, NJW 2018, 275, 277. S. auch *Veil*, NVwZ 2018, 686, 688.

834 *Schweitzer*, Neue Machtlagen in der digitalen Welt? Das Beispiel unentgeltlicher Leistungen, in: Körber/Kühling, Regulierung – Wettbewerb – Innovation, S. 278.

835 *Schweitzer*, Neue Machtlagen in der digitalen Welt? Das Beispiel unentgeltlicher Leistungen, in: Körber/Kühling, Regulierung – Wettbewerb – Innovation, S. 278 f.

836 *Schweitzer*, Neue Machtlagen in der digitalen Welt? Das Beispiel unentgeltlicher Leistungen, in: Körber/Kühling, Regulierung – Wettbewerb – Innovation, S. 281 f.; *Schweitzer/Peitz*, NJW 2018, 275, 277.

837 *Schweitzer*, Neue Machtlagen in der digitalen Welt? Das Beispiel unentgeltlicher Leistungen, in: Körber/Kühling, Regulierung – Wettbewerb – Innovation, S. 282 f.; *Schweitzer/Peitz*, NJW 2018, 275, 277.

838 *Schweitzer*, Neue Machtlagen in der digitalen Welt? Das Beispiel unentgeltlicher Leistungen, in: Körber/Kühling, Regulierung – Wettbewerb – Innovation, S. 283.

839 *Schweitzer*, Neue Machtlagen in der digitalen Welt? Das Beispiel unentgeltlicher Leistungen, in: Körber/Kühling, Regulierung – Wettbewerb – Innovation, S. 283.

im Rahmen eines gesetzlichen Tatbestands durchzuführenden Interessenabwägung.[840]

3. *Bewertung*

Die Gefahr eines Rückgriffs auf Art. 6 Abs. 1 Buchstabe b) DS-GVO ist schon unter Verweis auf allgemeine zivilrechtliche Grundsätze zu verneinen. Rechte können nicht beliebig als Pflichten, Pflichten nicht beliebig als Rechte bezeichnet werden.[841]

Dieses Ergebnis unterstreichen auch Ausführungen der Artikel-29-Datenschutzgruppe zu Art. 7 Buchstabe b) RL 95/46/EG. Art. 6 Abs. 1 Buchstabe b) DS-GVO entspricht Art. 7 Buchstabe b) RL 95/46/EG. In den englischen Fassungen stimmen Art. 6 Abs. 1 Buchstabe b) DS-GVO und Art. 7 Buchstabe b) RL 95/46/EG sogar wörtlich überein. Zu Art. 7 Buchstabe b) RL 95/46/EG führte die Artikel-29-Datenschutzgruppe aus, dass die Vorschrift eng auszulegen sei. In Fallkonstellationen, in denen die Verarbeitung personenbezogener Daten nicht wirklich für die Erfüllung des Vertrags erforderlich ist, sondern der betroffenen Person einseitig von dem für die Verarbeitung Verantwortlichen auferlegt wird, könne Art. 7 Buchstabe b) RL 95/46/EG nicht herangezogen werden.[842] Diese Ausführungen der Artikel-29-Datenschutzgruppe widersprechen der Annahme, dass es möglich ist, Art. 6 Abs. 1 Buchstabe a) DS-GVO durch eine umfassende Ausgestaltung der eigenen Leistungspflichten und somit letztlich durch einen Rückgriff auf Art. 6 Abs. 1 Buchstabe b) DS-GVO zu umgehen.

Art. 6 Abs. 1 Buchstabe f) DS-GVO basiert auf einer umfassenden Interessenabwägung.[843] Die Vorschrift ermöglicht die Verarbeitung personenbezogener Daten, wenn 1. ein berechtigtes Interesse des Verantwortlichen oder eines Dritten existiert, 2. die Verarbeitung erforderlich ist und 3. die Interessen oder Grundrechte und Grundfreiheiten der betroffenen Person, die den Schutz personenbezogener Daten erfordern, nicht überwiegen.[844] Der Begriff des berechtigten

---

840 *Schweitzer*, Neue Machtlagen in der digitalen Welt? Das Beispiel unentgeltlicher Leistungen, in: Körber/Kühling, Regulierung – Wettbewerb – Innovation, S. 283.

841 Arbeitsgruppe „Digitaler Neustart", Bericht v. 15.05.2017, S. 217 ff. Ebenso abwegig sei ein Rückgriff auf Art. 6 Abs. 1 Buchstabe f) DS-GVO, s. Arbeitsgruppe „Digitaler Neustart", Bericht v. 15.05.2017, S. 219.

842 Article 29 Data Protection Working Party, Opinion 06/2014 on the notion of legitimate interests of the data controller under Article 7 of Directive 95/46/EC, S. 16 f.

843 *Schulz*, in: Gola, DS-GVO, Art. 6 Rn. 56; *Albers/Veit*, in: Wolff/Brink, Beck'scher OK Datenschutzrecht, Art. 6 DS-GVO Rn. 45 (Stand: 01.05.2018).

844 S. auch *Frenzel*, in: Paal/Pauly, DS-GVO/BDSG, Art. 6 DS-GVO Rn. 27.

Interesses ist sehr weit zu verstehen. Erfasst ist jedes rechtliche, wirtschaftliche oder ideelle Interesse des Verantwortlichen oder eines Dritten.[845]

Art. 6 Abs. 1 Buchstabe f) DS-GVO darf gleichwohl nicht als Auffangtatbestand angesehen werden, aufgrund dessen eine grenzenlose Verarbeitung personenbezogener Daten möglich ist, „wenn nur eine argumentative Fassade errichtet wird“[846]. Dies gilt gerade dann, wenn es sich um ein datengetriebenes Geschäftsmodell handelt und es für den Verantwortlichen somit darum geht, sich den wirtschaftlichen Wert der personenbezogenen Daten zunutze zu machen.[847]

Art. 7 Buchstabe f) RL 95/46/EG ist die Vorgängerregelung zu Art. 6 Abs. 1 Buchstabe f) DS-GVO. Gleichwohl Art. 6 Abs. 1 Buchstabe f) DS-GVO autonom auszulegen ist, kann sich an jenen Fallgruppen, die zum bisherigen Recht entwickelt wurden, zumindest orientiert werden.[848] Zu Art. 7 Buchstabe f) RL 95/46/EG stellte die Artikel-29-Datenschutzgruppe fest, dass die Vorschrift nicht herangezogen werden könne, damit die für die Verarbeitung Verantwortlichen die Online- und Offline-Aktivitäten der betroffenen Personen übermäßig überwachen können, große Datenmengen über diese aus verschiedenen Quellen zusammenführen können und komplexe Persönlichkeitsprofile erstellen können.[849] Bei umfassendem Profiling, Datenaustausch, Online-Direktmarketing oder verhaltensbezogener Werbung sei eine Einwilligung einzuholen.[850] Die von der Artikel-29-Datenschutzgruppe genannten Verarbeitungszwecke sind gerade tragende Säulen datengetriebener Geschäftsmodelle.

In diesem Zusammenhang ist auf Erwägungsgrund 47 S. 7 DS-GVO Bezug zu nehmen. Aus Erwägungsgrund 47 S. 7 DS-GVO ergibt sich, dass Direktwerbung als ein berechtigtes Interesse anzusehen ist. Es ist jedoch noch nicht

---

845 *Schulz*, in: Gola, DS-GVO, Art. 6 Rn. 57; *Gierschmann*, MMR 2018, 7, 9 f.

846 *Frenzel*, in: Paal/Pauly, DS-GVO/BDSG, Art. 6 DS-GVO Rn. 26. S. auch *Schulz*, in: Gola, DS-GVO, Art. 6 Rn. 13; *Frenzel*, in: Paal/Pauly, DS-GVO/BDSG, Art. 7 DS-GVO Rn. 26.

847 Vgl. auch *Schulz*, in: *Gola*, DS-GVO, Art. 6 Rn. 67.

848 *Schulz*, in: Gola, DS-GVO, Art. 6 Rn. 59; *Gierschmann*, MMR 2018, 7, 7; *Weidert/Klar*, BB 2017, 1858, 1860. S. auch *Albers/Veit*, in: Wolff/Brink, Beck'scher OK Datenschutzrecht, Art. 6 DS-GVO Rn. 48 (Stand: 01.05.2018).

849 Article 29 Data Protection Working Party, Opinion 06/2014 on the notion of legitimate interests of the data controller under Article 7 of Directive 95/46/EC, S. 26.

850 Article 29 Data Protection Working Party, Opinion 06/2014 on the notion of legitimate interests of the data controller under Article 7 of Directive 95/46/EC, S. 18, 26.

vorweggenommen, dass die Verarbeitung erforderlich ist und dass die Interessen oder Grundrechte und Grundfreiheiten der betroffenen Person nicht überwiegen.[851]

§ 28 Abs. 3 S. 2 Nr. 1 BDSG a. F. ermöglichte die Verarbeitung oder Nutzung personenbezogener Daten für Zwecke der Werbung für *eigene* Angebote der verantwortlichen Stelle. Erwägungsgrund 47 S. 2 DS-GVO stellt für die Frage, ob ein berechtigtes Interesse vorliegt, (ebenfalls) darauf ab, ob zwischen der betroffenen Person und dem Verantwortlichen eine Beziehung existiert. Dies legt nahe, die § 28 Abs. 3 S. 2 Nr. 1 BDSG a. F. zugrunde liegenden Erwägungen auch im Rahmen des Art. 6 Abs. 1 Buchstabe f) DS-GVO zu berücksichtigen.[852] Facebook stellt Werbeflächen aber überwiegend Dritten zur Verfügung.

Dass in Erwägungsgrund 47 S. 2 DS-GVO auf die Verarbeitung personenbezogener Daten zum Zweck der Direktwerbung Bezug genommen wird, darf insoweit nicht zum Anlass genommen werden, die umfangreiche Verarbeitung personenbezogener Daten im Rahmen eines datengetriebenen Geschäftsmodells auf Art. 6 Abs. 1 Buchstabe f) DS-GVO stützen zu wollen. Gerade dann, wenn sich der Verantwortliche für seine „Refinanzierung"[853] auf Art. 6 Abs. 1 Buchstabe f) DS-GVO stützen könnte, wird der Vorschlag ad absurdum geführt, dass eine angemessene Datenverarbeitung gewährleistet werden kann.

Schließlich ist auch die Einwilligung Ausdruck des Rechts auf informationelle Selbstbestimmung.[854] Die gesetzlichen Erlaubnistatbestände hingegen beruhen auf einer Abwägungsentscheidung des Gesetzgebers. Sie ermöglichen dem Verantwortlichen die Verarbeitung personenbezogener Daten in jenen Fällen, in denen der Verantwortliche – nach dem Willen des Gesetzgebers – berechtigte Interessen verfolgt. Den tatsächlichen Willen der betroffenen Person spiegeln sie nicht wider.[855] Da die betroffene Person durch die Preisgabe personenbezogener im Rahmen des in dieser Arbeit betrachteten Geschäftsmodells insbesondere

---

851 S. auch *Albers/Veit*, in: Wolff/Brink, Beck'scher OK Datenschutzrecht, Art. 6 DS-GVO Rn. 49 (Stand: 01.05.2018).

852 S. auch *Gierschmann*, MMR 2018, 7, 10. Vgl. auch *Buchner/Petri*, in: Kühling/Buchner, DS-GVO/BDSG, Art. 6 DS-GVO Rn. 177.

853 *Roßnagel*, DuD 2016, 561, 563.

854 *Schulz*, in: Gola, DS-GVO, Art. 7 Rn. 4, 27; *Frenzel*, in: Paal/Pauly, DS-GVO/BDSG, Art. 7 DS-GVO Rn. 1; *Stemmer*, in: Wolff/Brink, Beck'scher OK Datenschutzrecht, Art. 7 DS-GVO Rn. 1 (Stand: 01.05.2018); *Albrecht*, CR 2016, 88, 91. Vgl. auch *Buchner*, DuD 2016, 155, 158; *Wendehorst/v. Westphalen*, NJW 2016, 3745, 3745.

855 *Schulz*, in: Gola, DS-GVO, Art. 6 Rn. 3 f., 10. S. auch *Sattler*, JZ 2017, 1036, 1045 f. Zur Kritik an Art. 6 Abs. 1 DS-GVO, s. *Schulz*, in: Gola, DS-GVO, Art. 6 Rn. 5 ff. m. w. N.

von ihrem Recht auf informationelle Selbstbestimmung Gebrauch macht, ist auch die Einwilligung als Rechtsgrundlage heranzuziehen.[856]

Im Ergebnis verbietet es sich also, das Geschäftsmodell „Personenbezogene Daten als Entgelt“ auf gesetzliche Erlaubnistatbestände – insbesondere Art. 6 Abs. 1 Buchstabe b) und f) DS-GVO – zu stützen.

III. Gewährleistung eines angemessenen „Datenpreises“

Art. 7 Abs. 4 DS-GVO fragt danach, ob die *Einwilligung* freiwillig erteilt wurde. Schließt die betroffene Person einen Vertrag, in dessen Rahmen sie als Gegenleistung eine datenschutzrechtliche Einwilligung erteilt, ist – wie bereits herausgearbeitet – zu fragen, ob der *Vertrag als solcher* freiwillig eingegangen wurde. Als Anknüpfungspunkte dienen §§ 134, 138 BGB, Art. 102 AEUV und § 19 GWB.[857]

An dieser Stelle wird nun aufgezeigt, dass Art. 102 AEUV und § 19 GWB fruchtbar gemacht werden können, um einen angemessenen „Datenpreis“ zu gewährleisten – und somit ohne Rückgriff auf einen gesetzlichen Erlaubnistatbestand.

Auch *Gebicka/Heinemann* verfolgen den Ansatz, dass der Nutzer eines sozialen Netzwerks mit seinen personenbezogenen Daten „bezahle“. Sie regten schon im Jahr 2014 an, eine unangemessene Ausweitung des Umfangs der Verarbeitung personenbezogener Daten mit der Erhebung überhöhter Preise gleichzustellen und gegebenenfalls den Missbrauch einer marktbeherrschenden Stellung gemäß Art. 102 AEUV zu bejahen.[858]

Das Bundeskartellamt hat jüngst ein Verfahren gegen Facebook wegen Verdachts des Missbrauchs einer marktbeherrschenden Stellung eröffnet. Es untersucht, ob Facebook durch Bestimmungen zur Verarbeitung personenbezogener Daten in seinen Nutzungsbedingungen missbräuchlich eine – dies ist ebenfalls

---

856 *Buchner*, Informationelle Selbstbestimmung im Privatrecht, S. 109 stellt heraus, dass Informations- und Machtungleichgewichte nicht nur im Datenschutzrecht existierten, sondern vielmehr auch in anderen Bereichen zu finden seien. Auch dort würde trotz dieser nicht von einem privatautonomen Ansatz abgelassen. Wenngleich für *Schweitzer*, Neue Machtlagen in der digitalen Welt? Das Beispiel unentgeltlicher Leistungen, in: Körber/Kühling, Regulierung – Wettbewerb – Innovation, S. 283 der Rückgriff auf Art. 6 Abs. 1 Buchstabe f) DS-GVO keine Abkehr von dem „Konzept der datenschutzrechtlichen Selbstbestimmung“ ist.

857 S. 6. Kapitel, B. I. 3.

858 *Gebicka/Heinemann*, 37 World Competition (2014), 149, 165. S. auch *Kerber*, GRUR Int. 2016, 639, 643; Monopolkommission, Wettbewerbspolitik: Herausforderung digitale Märkte, Sondergutachten 68, Rn. 326, 329.

noch abschließend zu untersuchen – marktbeherrschende Stellung ausnutzt. Denn Facebook könnte mit den genannten Bestimmungen gegen Datenschutzrecht verstoßen.[859] Gemäß seiner vorläufigen Einschätzung bejaht das Bundeskartellamt zunächst, dass Facebook eine marktbeherrschende Stellung auf dem deutschen Markt für soziale Netzwerke innehabe.[860]

Das Bundeskartellamt betrachtet vorliegend lediglich die Verarbeitung von Nutzerdaten aus Drittquellen. Zu diesen zählen sowohl konzerneigene Dienste, zum Beispiel WhatsApp und Instagram, als auch Webseiten und Apps anderer Betreiber, mit denen Facebook über Schnittstellen verbunden ist. Insoweit kommt das Bundeskartellamt zu der vorläufigen Einschätzung, „dass Facebook missbräuchlich handelt, indem das Unternehmen die Nutzung des sozialen Netzwerks davon abhängig macht, unbegrenzt jegliche Art von Nutzerdaten aus Drittquellen sammeln und mit dem Facebook-Konto zusammenführen zu dürfen“[861]. Die Bestimmungen zur Verarbeitung personenbezogener Daten in den Nutzungsbedingungen, auf die diese Praxis zurückzuführen sei, seien nicht angemessen und verstießen gegen Datenschutzrecht.[862]

Im Rahmen des Verfahrens untersucht das Bundeskartellamt ausdrücklich *nicht* die Verarbeitung personenbezogener Daten, die bei der Nutzung des sozialen Netzwerks selbst entstehen. Es nimmt keine Stellung dazu, ob insoweit gegen Datenschutzrecht verstoßen wird oder ein Missbrauch einer marktbeherrschenden Stellung gegeben ist.[863] Dass bei der Nutzung eines datengetriebenen Dienstes personenbezogene Daten verarbeitet werden, müsse dem Nutzer aber bewusst sein. Durch sein Nutzungsverhalten könne er zudem auf den Umfang der Datenverarbeitung Einfluss nehmen. Das Geschäftsmodell „Personenbezogene Daten als Entgelt“ als solches sei kartellrechtlich nicht zu beanstanden.[864]

---

859 BKartA, Bundeskartellamt eröffnet Verfahren gegen Facebook wegen Verdachts auf Marktmissbrauch durch Datenschutzverstöße, Meldung v. 02.03.2016, abrufbar unter: http://www.bundeskartellamt.de/SharedDocs/Meldung/DE/Pressemitteilungen/2016/02_03_2016_Facebook.html (zuletzt abgerufen am: 15.09.2018).

860 BKartA, Vorläufige Einschätzung im Facebook-Verfahren, Pressemitteilung v. 19.12.2017.

861 BKartA, Vorläufige Einschätzung im Facebook-Verfahren, Pressemitteilung v. 19.12.2017.

862 BKartA, Vorläufige Einschätzung im Facebook-Verfahren, Pressemitteilung v. 19.12.2017.

863 BKartA, Vorläufige Einschätzung im Facebook-Verfahren, Pressemitteilung v. 19.12.2017.

864 BKartA, Hintergrundinformationen zum Facebook-Verfahren des Bundeskartellamtes, S. 3.

Die Kernfrage des beschriebenen Verfahrens des Bundeskartellamts gegen Facebook ist, ob ein Konditionenmissbrauch – ein Unterfall des Ausbeutungsmissbrauchs – gegeben ist.[865] Es kann dahinstehen, ob insoweit § 19 Abs. 2 Nr. 2 GWB oder § 19 Abs. 1 GWB heranzuziehen ist.[866]

Heftig diskutiert wird in diesem Zusammenhang, ob und, wenn ja, wie Wertungen außerkartellrechtlicher Regelungen – insbesondere solche des AGB-Rechts und Datenschutzrechts – oder Verstöße gegen diese im Rahmen der kartellrechtlichen Bewertung eines Sachverhalts zu berücksichtigen sind.[867] Das Bundeskartellamt rekurriert im vorliegenden Verfahren auf Wertungen des Datenschutzrechts.[868]

Jene, die sich gegen die Fallgruppe eines „‚Machtmissbrauchs durch Rechtsbruch' "[869] aussprechen, befürchten, dass sich hierdurch von dem Regelungsplan des GWB entfernt werde. Das Kartellrecht diene dem Schutz des Wettbewerbs. Es sei kein Allheilmittel, um gegen außerwettbewerbliche Rechtsverstöße vorzugehen.[870] Für die kartellrechtliche Beurteilung eines Sachverhalts sei nicht entscheidend, ob ein Rechtsbruch als solcher vorliegt. Vielmehr müsse untersucht werden, ob mit einem bestimmten Verhalten eine Beeinträchtigung des Wettbewerbs einhergeht.[871]

Dies wirft die Frage auf, ob sich vorliegend tatsächlich vom Regelungsplan des GWB entfernt wird. Ebenso wie § 19 GWB dienen die Vorschriften der DS-GVO dem Schutz der Grundrechte und Grundfreiheiten (siehe Art. 1 Abs. 2 DS-GVO). Am Beispiel des Art. 4 Nr. 11 DS-GVO, der voraussetzt, dass die Einwilligung

---

865 BKartA, Hintergrundinformationen zum Facebook-Verfahren des Bundeskartellamtes, S. 4.

866 *Nothdurft*, in: Langen/Bunte, Kartellrecht I, § 19 GWB Rn. 186.

867 Instruktiv hierzu *Nothdurft*, in: Langen/Bunte, Kartellrecht I, § 19 GWB Rn. 187 ff. S. hierzu auch *Schweitzer*, Neue Machtlagen in der digitalen Welt? Das Beispiel unentgeltlicher Leistungen, in: Körber/Kühling, Regulierung – Wettbewerb – Innovation, S. 302 ff.; *Franck*, ZWeR 2016, 137, 137 ff.; *Körber*, ZUM 2017, 93, 100 f.; *Körber*, NZKart 2016, 348, 351 ff.; *Lettl*, WuW 2016, 214, 214 ff.; *Nyus*, WuW 2016, 512, 517 ff.; *Telle*, WRP 2016, 814, 814 ff.; *Thomas*, NZKart 2017, 92, 92 ff.; Monopolkommission, Wettbewerbspolitik: Herausforderung digitale Märkte, Sondergutachten 68, Rn. 517 ff.; *Paal/Hennemann*, Big Data as an Asset – Daten und Kartellrecht, Gutachten im Rahmen des ABIDA-Projekts, S. 37 f.

868 S. auch BKartA, Hintergrundinformationen zum Facebook-Verfahren des Bundeskartellamtes, S. 4.

869 *Körber*, NZKart 2016, 348, 355.

870 S. statt vieler: *Körber*, ZUM 2017, 93, 100; *Körber*, NZKart 2016, 348, 351 ff.

871 *Körber*, NZKart 2016, 348, 355. S. auch *Telle*, WRP 2016, 814, 818 ff.

freiwillig erteilt wird, wird deutlich, dass die DS-GVO gerade auch Machtgefällen entgegentritt. Dies gilt gleichermaßen für alle weiteren Vorschriften, die an die Freiwilligkeit der Einwilligung anknüpfen, insbesondere Art. 7 Abs. 4 DS-GVO.[872] Im Rahmen der Datenverarbeitung nicht-öffentlicher Stellen ist regelmäßig das Verhältnis Anbieter – Nachfrager betroffen.[873]

Die Relevanz für den Markt verdeutlicht in diesem Zusammenhang gerade auch die 9. GWB-Novelle. Sie greift die „Digitalisierung der Wirtschaft“[874] auf. In zahlreichen Vorschriften spiegelt sich die steigende Bedeutung des Zugangs zu Daten im GWB wider.[875] § 18 Abs. 3a Nr. 4 GWB greift bei der Bewertung der Marktstellung eines Unternehmens dessen Zugang zu wettbewerbsrelevanten Daten auf. Das Bundeskartellamt spricht insoweit davon, dass ihm „hinsichtlich der Datenverarbeitungskonditionen von marktbeherrschenden Unternehmen […] eine originäre Aufgabe“[876] zugewiesen werde.[877] § 50c Abs. 1 S. 1 GWB beschreibt ausdrücklich eine mögliche Zusammenarbeit von Kartellbehörden, Regulierungsbehörden, der oder dem Bundesbeauftragten für den Datenschutz und die Informationsfreiheit und den Landesbeauftragten für den Datenschutz sowie der zuständigen Behörden im Sinne des § 2 des EG-Verbraucherschutzdurchsetzungsgesetzes.[878] Schließlich hat das Bundeskartellamt durch die §§ 32e Abs. 5, 90 Abs. 6 GWB nunmehr auch verbraucherrechtliche Befugnisse. Auch das Datenschutzrecht ist umfasst.[879] Bereits insoweit ist festzustellen, dass die Schutzzwecke und Regelungspläne von Datenschutzrecht und Kartellrecht eine gemeinsame Schnittmenge haben.[880]

Vor allem ist in diesem Kontext aber noch einmal auf die Frage der Marktqualität Bezug zu nehmen. Zunächst sind § 18 Abs. 2a GWB und der identifizierte Wandel in der Entscheidungspraxis der Kartellbehörden herauszustellen. Wenngleich ein enges Verständnis des Begriffs des Entgelts zugrunde gelegt wird,

872 *Nothdurft*, in: Langen/Bunte, Kartellrecht, § 19 GWB Rn. 192.

873 *Nothdurft*, in: Langen/Bunte, Kartellrecht, § 19 GWB Rn. 192.

874 BT-Drs. 18/10207, S. 1.

875 S. 5. Kapitel, A.

876 BKartA, Hintergrundinformationen zum Facebook-Verfahren des Bundeskartellamtes, S. 2.

877 BKartA, Hintergrundinformationen zum Facebook-Verfahren des Bundeskartellamtes, S. 2.

878 S. auch *Nothdurft*, in: Langen/Bunte, Kartellrecht, § 19 GWB Rn. 192; *Kieck*, PinG 2017, 67, 67 ff.

879 S. hierzu *Podszun/Schmieder*, in: Kersting/Podszun, Die 9. GWB-Novelle, Kap. 6 Rn. 1 ff. S. auch *Nothdurft*, in: Langen/Bunte, Kartellrecht, § 19 GWB Rn. 200.

880 *Nothdurft*, in: Langen/Bunte, Kartellrecht, § 19 GWB Rn. 192. S. auch BKartA, Hintergrundinformationen zum Facebook-Verfahren des Bundeskartellamtes, S. 2, 4 ff.

dienen sowohl § 18 Abs. 2a GWB als auch die Abkehr der Kartellbehörden vom klassisch-kartellrechtlichen Marktbegriff dem Zweck, auch das Geschäftsmodell „Personenbezogene Daten als Entgelt“ abbilden zu können.[881]

Maßgeblich ist jedoch in diesem Zusammenhang auf die im Rahmen der vorliegenden Arbeit gefundenen Ergebnisse zum Begriff des Entgelts im Sinne des Kartellrechts und der Marktqualität zu rekurrieren. Ein kartellrechtlich relevanter Markt liegt auch dann vor, wenn als Gegenleistung kein Geldbetrag entrichtet wird, sondern die datenschutzrechtliche Einwilligung erklärt wird. Zwar verdeutlicht gerade die Entscheidungspraxis der Kartellbehörden und Gerichte, dass diese den Begriff des Entgelts im Sinne des Kartellrechts eng verstehen und auf eine monetäre Gegenleistung beschränken. Unter Berücksichtigung kartellrechtsspezifischer Wertungen ergibt sich aber vielmehr, dass auch die Erklärung der datenschutzrechtlichen Einwilligung ein taugliches Entgelt im Sinne des Kartellrechts ist.[882]

§ 19 GWB erfuhr durch die 9. GWB-Novelle zwar keine Veränderung, die im Zusammenhang mit der Digitalisierung der Wirtschaft steht. Gleichwohl ist die 9. GWB-Novelle Anlass genug, die datengetriebene Wirtschaft auch angemessen durch das Missbrauchsverbot des § 19 GWB zu erfassen.[883] In Anbetracht der steigenden Bedeutung von Daten im GWB, die gerade durch die 9. GWB-Novelle zum Ausdruck gebracht wird, und unter Berücksichtigung der im Rahmen der vorliegenden Arbeit gefundenen Ergebnisse wird sich vom Regelungsplan des GWB nicht entfernt. Vielmehr wird erneut der Missstand deutlich, dass dem GWB ein Konzept zugrunde liegt, das auf Preise ausgerichtet ist. Dies gilt gerade für § 19 GWB.

Es ist zu wünschen, dass das Bundeskartellamt in dem genannten Verfahren diesem Ansatz zum Durchbruch in der Praxis verhilft.[884]

C. Ergebnis

Art. 7 Abs. 4 DS-GVO normiert kein striktes Kopplungsverbot. Der Vorschrift ist vielmehr zu entnehmen, dass für die Beantwortung der Frage, ob eine Einwilligung freiwillig erteilt wurde, alle Umstände des Einzelfalls zu berücksichtigen sind. Ob die Erfüllung eines Vertrags, einschließlich der Erbringung einer Dienstleistung, von der Einwilligung zu einer Verarbeitung von personenbezogenen

---

881 S. hierzu insgesamt 5. Kapitel.

882 S. 5. Kapitel, D.

883 S. auch *Nothdurft*, in: Langen/Bunte, Kartellrecht, § 19 GWB Rn. 182.

884 S. auch *Pomana/Schneider*, BB 2018, 965, 975.

Daten abhängt, die für die Erfüllung des Vertrags nicht erforderlich sind, ist im Rahmen der vorzunehmenden Einzelfallbetrachtung umfassend zu würdigen. Es handelt sich jedoch lediglich um *einen* Aspekt – wenngleich auch einen maßgeblichen –, der neben *weiteren Aspekten* in die Betrachtung einfließt. Gleiches gilt für die Frage, ob der Verantwortliche eine Monopolstellung innehat.

Wird die Erteilung der datenschutzrechtlichen Einwilligung als Gegenleistung qualifiziert, ist die Erfüllung eines Vertrags, einschließlich der Erbringung einer Dienstleistung, bereits nicht im Sinne des Art. 7 Abs. 4 DS-GVO von der Einwilligung zu einer Verarbeitung von personenbezogenen Daten abhängig, die für die Erfüllung des Vertrags nicht erforderlich sind. Vielmehr ist die Einwilligung selbst der Leistungsgegenstand. Es wird an die schuldvertragsrechtliche Bewertung des Geschäftsmodells „Personenbezogene Daten als Entgelt" angeknüpft und jenen wirtschaftlichen Zusammenhängen Rechnung getragen, auf denen das genannte Geschäftsmodell basiert. Das Geschäftsmodell „Personenbezogene Daten als Entgelt" auf gesetzliche Erlaubnistatbestände zu stützen, verbietet sich.

Im Hinblick auf die sich sodann stellende Frage, ob der Vertrag *als solcher* freiwillig eingegangen wurde, ist an §§ 134, 138 BGB, Art. 102 AEUV und § 19 GWB anzuknüpfen.

Nicht zuletzt die im Rahmen der Untersuchung des Begriffs des Entgelts im Sinne des Kartellrechts gewonnenen Erkenntnisse, dass die Erklärung der datenschutzrechtlichen Einwilligung Marktqualität begründet und als Entgelt qualifiziert werden kann, streiten dafür, Art. 102 AEUV und § 19 GWB fruchtbar zu machen, um einen angemessenen „Datenpreis" zu gewährleisten.

Deutlich wird, dass eine sinnvolle Verzahnung des Schuldvertrags-, Datenschutz- und Kartellrechts Antworten auf jene Fragen geben kann, die der dieser Arbeit zugrunde liegende Untersuchungsgegenstand aufwirft. Die Grundlage hierfür ist das Ergebnis, dass die Erklärung der datenschutzrechtlichen Einwilligung sowohl im Sinne des Schuldvertragsrechts des BGB als auch im Sinne des Kartellrechts als Entgelt qualifiziert werden kann.

7. Kapitel: Kodifikationsfrage

Im Rahmen der bisherigen Ausführungen stand die Erfassung des Geschäftsmodells „Personenbezogene Daten als Entgelt“ de lege lata im Mittelpunkt. Sowohl auf Ebene der Europäischen Union als auch auf nationaler Ebene wird gegenwärtig eine Kodifikation des Konzepts des „Bezahlens mit personenbezogenen Daten“, das das in der vorliegenden Arbeit betrachtete Geschäftsmodell abbildet, diskutiert.

Vor diesem Hintergrund wird nunmehr untersucht, ob eine Kodifikation des Konzepts des „Bezahlens mit personenbezogenen Daten“ zum gegenwärtigen Zeitpunkt sinnvoll ist. In diesem Zusammenhang wird die zu Beginn dieser Arbeit angesprochene grundrechtliche Schutzpflicht des Staats noch einmal aufgegriffen. Sodann werden die sich auf Ebene der Europäischen Union und auf nationaler Ebene abzeichnenden Entwicklungen de lege ferenda betrachtet werden.

A. Ausgangsüberlegungen

Einleitend ist noch einmal hervorzuheben, dass die Erklärung der datenschutzrechtlichen Einwilligung bereits de lege lata eine taugliche (Gegen-)Leistung ist, die die Entgeltlichkeit eines Vertrags begründen kann. Diese schuldvertragsrechtliche Bewertung ergibt sich bereits dann, wenn jene wirtschaftlichen Zusammenhänge, auf denen das Geschäftsmodell „Personenbezogene Daten als Entgelt“ beruht, gewürdigt werden. Ungeachtet der rechtswissenschaftlichen Diskussion um die Schaffung eines Datenschuldrechts obliegt es bereits zum gegenwärtigen Zeitpunkt der Rechtsprechung – falls damit befasst –, interessensgerechte Lösungsansätze zu erarbeiten. Dass sich auch die Rechtsprechung der im Rahmen der vorliegenden Arbeit untersuchten Thematik annähert, wurde bereits anhand ausgewählter Entscheidungen deutlich.

Für eine Kodifikation des Konzepts des „Bezahlens mit personenbezogenen Daten“ spricht zunächst, dass das in dieser Arbeit betrachtete Geschäftsmodell im Wirtschaftsverkehr prominent in Erscheinung tritt. Es bestimmt die datengetriebene Wirtschaft.[885] Ferner folgt das Geschäftsmodell „Personenbezogene

---

885 S. auch *Stoffels*, Gesetzlich nicht geregelte Schuldverträge, S. 564 f. *Stoffels* widmet sich in seiner 2001 erschienenen Habilitation den gesetzlich nicht geregelten Vertragstypen. In diesem Zusammenhang setzt er sich u. a. mit der Frage auseinander, wann ein gesetzgeberisches Tätigwerden sinnvoll ist („Ob“). Die von *Stoffels* benannten

Daten als Entgelt“ einem gleichbleibenden Muster. Verträge, in denen sich das genannte Geschäftsmodell widerspiegelt, beruhen auf einem einheitlichen Fundament und weisen ein „homogenes Erscheinungsbild“[886] auf. Hierauf kann eine Kodifikation aufbauen.[887] Für eine Kodifikation des Konzepts des „Bezahlens mit personenbezogenen Daten“ spricht schließlich, dass für die betrachtete Austauschbeziehung gerade um die Frage gerungen wird, ob diese einem gesetzlichen Vorbild folgt.[888] Es liegt eine gewisse „rechtstypologische Eigenständigkeit“[889] vor.[890]

Um zu verhindern, dass sich eine Kodifikation in rechtlicher und/oder in wirtschaftlicher Hinsicht als abträglich erweist, sind jedoch nur solche Phänomene für eine Kodifikation in Betracht zu ziehen, die bereits klare Konturen aufweisen und auf eine detaillierte Ausformung durch Kautelarjurisprudenz, Rechtsprechung und Lehre zurückblicken – also einen „hinreichende[n] Reifegrad“[891] aufweisen.[892] Zwar ist in der Rechtsprechung die Tendenz zu erkennen, sich gegenüber jenen wirtschaftlichen Zusammenhängen, auf denen das Geschäftsmodell „Personenbezogene Daten als Entgelt“ beruht, zu öffnen und diese rechtlich abzubilden.[893] Auch die Rechtswissenschaft diskutiert über die Schaffung eines Datenschuldrechts.[894] Von einem „hinreichende[n] Reifegrad“[895] des Konzepts des „Bezahlens mit personenbezogenen Daten“ kann gegenwärtig aber nicht gesprochen werden. Eine *umfassende* Kodifikation zum gegenwärtigen Zeitpunkt würde somit die Gefahr bergen, Regelungen zu treffen, die sich als abträglich erweisen.[896]

Kriterien werden vorliegend für die Frage fruchtbar gemacht, ob eine Kodifikation des Konzepts des „Bezahlens mit personenbezogenen Daten“ sinnvoll ist.

886 *Stoffels*, Gesetzlich nicht geregelte Schuldverträge, S. 563.

887 S. auch *Stoffels*, Gesetzlich nicht geregelte Schuldverträge, S. 563 f.

888 S. 4. Kapitel, C. III. 2. a).

889 *Stoffels*, Gesetzlich nicht geregelte Schuldverträge, S. 569.

890 S. auch *Stoffels*, Gesetzlich nicht geregelte Schuldverträge, S. 569 ff.

891 *Stoffels*, Gesetzlich nicht geregelte Schuldverträge, S. 560.

892 *Martinek*, Moderne Vertragstypen I, S. 11; *Stoffels*, Gesetzlich nicht geregelte Schuldverträge, S. 560 ff.

893 S. 4. Kapitel, C. III. 2. a) und C. IV.

894 S. z. B. *Specht*, Datenverwertungsverträge zwischen Datenschutz und Vertragsfreiheit, passim.

895 *Stoffels*, Gesetzlich nicht geregelte Schuldverträge, S. 560.

896 S. auch *Körber*, ZUM 2017, 93, 93, der grundlegend vor „gesetzgeberische[m] Aktionismus“ warnt. S. aber auch Weizenbaum Institute for the Networked Society, COM (2015) 634, S. 7 f., das seinerseits davor warnt, das „Bezahlen mit (personenbezogenen) Daten“ nicht zu kodifizieren und zu riskieren, dass es insoweit zu einer

B. Privacy Paradox

Unter Rückgriff auf jene Erkenntnisse, die im Hinblick auf die zu Beginn der vorliegenden Arbeit thematisierte grundrechtliche Schutzpflicht des Staats gewonnen wurden,[897] ist aber zu fragen, ob zum gegenwärtigen Zeitpunkt die Schaffung einer solchen Regelung sinnvoll ist, die dem Verbraucher gerade jene Zusammenhänge veranschaulicht, auf denen das Geschäftsmodell „Personenbezogene Daten als Entgelt“ beruht.

Das sogenannte Privacy Paradox bestärkt in der Überlegung, die grundrechtliche Schutzpflicht des Staats als Ausgangspunkt zu nehmen, um die Frage zu beantworten, ob eine Kodifikation des Konzepts des „Bezahlens mit personenbezogenen Daten“ sinnvoll ist.

Das Privacy Paradox beschreibt einen Riss zwischen Anspruch und Wirklichkeit. Der Einzelne räumt dem Schutz seiner Privatsphäre - abstrakt betrachtet - einen hohen Stellenwert ein. Diese abstrakte Wertschätzung spiegelt sich jedoch nicht in seinem Verhalten in der Realität wider. Dieser Befund wird mit dem Begriff „Privacy Paradox“ beschrieben.[898] Er zeigt sich auch in den Ergebnissen einer Studie des Deutschen Instituts für Vertrauen und Sicherheit im Internet (DIVSI) aus dem Jahr 2014, die auf einer repräsentativen Bevölkerungsbefragung basiert und das in dieser Arbeit betrachtete Geschäftsmodell aufgreift: In der Bevölkerung existiert sehr wohl das Bewusstsein dafür, dass die Gegenleistung für Internetangebote auch in der Erklärung der datenschutzrechtlichen Einwilligung bestehen kann. Zumindest geben 67 % der Befragten an, diese Form des „Bezahlens für Internetangebote“ zu kennen; lediglich 30 % der Befragten verneinen, diese Form zu kennen.[899] Die Mehrheit der Befragten lehnt es zudem ab, jene Geschäftsmodelle, die sich durch die Verarbeitung personenbezogener Daten finanzieren, als „kostenlos“ zu bezeichnen.[900] Dies wird überwiegend mit der Sorge vor einem etwaigen Datenmissbrauch und der Ungewissheit darüber, für welche Zwecke die personenbezogenen Daten verarbeitet

---

Rechtsfragmentierung in den Mitgliedstaaten komme - und im Ergebnis zu einem unterschiedlichen Verbraucherschutzniveau.

897 S. 3. Kapitel, A. III. S. auch *Stoffels*, Gesetzlich nicht geregelte Schuldverträge, S. 566 f.

898 *Martini*, in: Paal/Pauly, DS-GVO/BDSG, Art. 25 DS-GVO Rn. 12.

899 DIVSI, Studie: Daten - Ware und Währung, S. 16.

900 DIVSI, Studie: Daten - Ware und Währung, S. 12. Der Aussage „Wenn Online-Angebote umsonst sind, zahlt man meistens mit seinen Daten“ stimmen 47 % voll zu, 29 % stimmen eher zu, 10 % stimmen eher nicht zu und 7 % stimmen gar nicht zu, s. DIVSI, Studie: Daten - Ware und Währung, S. 11.

werden, begründet.[901] Ein differenzierteres Bild zeigt sich sodann bei der Frage, ob diese Form des „Bezahlens für Internetangebote" bereits genutzt wurde: 9 % der Befragten „bezahlen" oft, 18 % manchmal, 36 % selten und 37 % nie auf diese Weise.[902]

Auch die Wirtschaft ist sich des Befunds, den das Privacy Paradox beschreibt, bewusst und nutzt ihn für sich. Die Datenschutzbestimmungen derjenigen Unternehmen, die datengetriebene Geschäftsmodelle betreiben, zielen in den meisten Fällen darauf ab, im größtmöglichen Umfang personenbezogene Daten verarbeiten zu können. Den Interessen der Nutzer bei der Verarbeitung ihrer personenbezogenen Daten wird lediglich im Hinblick auf den gesetzlich vorgeschriebenen Mindeststandard Rechnung getragen. Es existiert kein „Wettbewerb um besonders nutzerfreundliche Datenschutzregeln bzw. -standards"[903].

Der Staat hat jene Voraussetzungen zu schaffen, die ein selbstbestimmtes Handeln des Einzelnen gewährleisten. Gerade um den unter Privaten auftretenden Gefahren gerecht zu werden und diesen Grenzen aufzuzeigen, bietet es sich an, die Modifizierung des einfachen Rechts zu diskutieren. Auch unterhalb jener Schwelle, bei deren Überschreiten der Staat Maßnahmen ergreifen *muss*, *kann* der Staat tätig werden.[904]

Das Ziel staatlicher Schutzmaßnahmen muss es sein, einen „mündigen Netzbürger"[905] den Chancen und Risiken der Informations- und Kommunikationstechnologien begegnen zu lassen.[906] In die Abwägung sind sowohl die grundrechtlich geschützten Interessen der betroffenen Person als auch jene des Verantwortlichen einzustellen.[907] Wirtschaftskraft und Entwicklungspotential moderner Informations- und Kommunikationstechnologien dürfen nicht über Gebühr eingeschränkt oder sogar zum Erliegen gebracht werden. Die Regulierungskräfte auf einem Markt sind zu berücksichtigen.[908]

---

901 DIVSI, Studie: Daten – Ware und Währung, S. 12.

902 DIVSI, Studie: Daten – Ware und Währung, S. 16.

903 *Paal/Hennemann*, Big Data as an Asset – Daten und Kartellrecht, Gutachten im Rahmen des ABIDA-Projekts, S. 28.

904 S. 3. Kapitel, A. III. 1. b).

905 *Heckmann*, K&R 2010, 770, 776.

906 *Heckmann*, K&R 2010, 770, 775 f. S. auch *Di Fabio*, Grundrechtsgeltung in digitalen Systemen, S. 91. *Heckmann*, K&R 2010, 770, 777 betont, dass die im Internet auftretenden Wirtschaftsakteure auf das Vertrauen ihrer Nutzer angewiesen seien: Vertrauen sei die „Währung des web [sic!] 3.0".

907 S. *Sandfuchs*, Privatheit wider Willen?, S. 171 ff.

908 Vgl. *Heckmann*, K&R 2010, 770, 774.

Papier wirft die Frage auf, ob der Unionsgesetzgeber mit der DS-GVO ein hinreichendes Maß an Schutz der Grundrechte der betroffenen Person gewährleistet, und greift in diesem Zusammenhang unter anderem Art. 6 Abs. 1 Buchstabe a) DS-GVO heraus. *Papier* diagnostiziert eine gestörte Vertragsparität zwischen Nutzern und Diensteanbietern und kritisiert die umfassenden Datenverarbeitungen durch letztere.[909] Auch *Papier* rekurriert in diesem Zusammenhang auf den Ansatz der Alternativlösung, der bereits im Hinblick auf Art. 7 Abs. 4 DS-GVO diskutiert wird: Unternehmen könnten auf die Erteilung der datenschutzrechtlichen Einwilligung verzichten und ihre Leistung stattdessen gegen Geld anbieten.[910] Die DS-GVO hätte eine Verpflichtung des Diensteanbieters enthalten sollen, den Nutzern ausdrücklich die Möglichkeit zu eröffnen, „entweder die Dienste unentgeltlich, aber unter ‚Freigabe' der eigenen Daten, oder aber gegen Zahlung eines Nutzungsentgelts bei grundsätzlichem Ausschluss der Verarbeitung und Vermarktung der eigenen Daten in Anspruch zu nehmen"[911].

Der Regelungsvorschlag *Papiers* wird bereits dem Geschäftsmodell „Personenbezogene Daten als Entgelt" nicht gerecht, denn es handelt sich um ein *daten*basiertes Geschäftsmodell.[912] Er nährt jedoch den Gedanken, dass eine Vorschrift, die den Einzelnen für jene Zusammenhänge sensibilisiert, von denen das Geschäftsmodell „Personenbezogene Daten als Entgelt" seine Existenzberechtigung ableitet, selbstbestimmtes Handeln fördern kann.[913] Gemeint ist eine Vorschrift, die verdeutlicht, dass die Erklärung der datenschutzrechtlichen Einwilligung die Entgeltlichkeit eines Vertrags begründen kann und dem Einzelnen somit den Wert seiner personenbezogenen Daten vergegenwärtigt. Jener Befund, der mit dem Begriff des Privacy Paradox beschrieben wird, streitet dafür, dass insoweit Handlungsbedarf besteht. Über eine *solche* Kodifikation kann zum gegenwärtigen Zeitpunkt sinnvollerweise nachgedacht werden.

An den soeben genannten Erwägungen werden nun die Bestrebungen auf Ebene der Europäischen Union und auf nationaler Ebene gemessen.

---

909 *Papier*, NJW 2017, 3025, 3030 f.

910 S. 6. Kapitel, B. I. 1.

911 *Papier*, NJW 2017, 3025, 3031.

912 S. 6. Kapitel, B. I. 1.

913 S. auch *De Franceschi*, Digitale Inhalte gegen personenbezogene Daten: Unentgeltlichkeit oder Gegenleistung?, in: Schmidt-Kessel/Kramme, Geschäftsmodelle in der digitalen Welt, S. 120; *Metzger*, AcP 216 (2016), 817, 865.

C. Bestrebungen auf Ebene der Europäischen Union

Auf Ebene der Europäischen Union ist an dieser Stelle der bereits mehrfach erwähnte Vorschlag der Kommission für eine Richtlinie über bestimmte vertragsrechtliche Aspekte der Bereitstellung digitaler Inhalte zu betrachten, der wiederum im Zusammenhang mit dem (gescheiterten) Vorschlag der Kommission für eine Verordnung des Europäischen Parlaments und des Rats über ein Gemeinsames Europäisches Kaufrecht (Vorschlag Verordnung GEK)[914] steht.

Der Entstehungshintergrund dieser beiden Vorschläge wird zunächst kurz skizziert.

I. Bisherige Prozesse europäischer Rechtsvereinheitlichung

Die Gesetzgebungsaktivitäten der Europäischen Union im Bereich des Privatrechts können mit den Worten „fragmentarisch" und „pointillistisch" charakterisiert werden.[915] Die Bestrebungen dienen im Allgemeinen der Stärkung des Binnenmarkts. Ein besonderer Fokus liegt auf dem Verbraucherschutz.[916] Ein beliebtes Instrument ist die Richtlinie, die sowohl eine Mindest- als auch eine Vollharmonisierung vorschreiben kann.[917]

Das Europäische Parlament forderte bereits im Jahr 1989 die Schaffung eines Europäischen Gesetzbuchs für das Privatrecht.[918] Die Rechtswissenschaft strebte insbesondere in den letzten Jahrzehnten nach einer systematischen Durchdringung des europäischen Privatrechts.[919] Zu nennen ist an dieser Stelle zunächst die sogenannte Kommission für Europäisches Vertragsrecht um den Rechtswissenschaftler *Lando*. Sie nahm ihre Arbeit 1980 auf und veröffentlichte die sogenannten Principles of European Contract Law, die auf einer vergleichenden

---

914 Kommission, Vorschlag für eine Verordnung des Europäischen Parlaments und des Rats über ein Gemeinsames Europäisches Kaufrecht v. 11.10.2011, KOM (2011) 635 endgültig.

915 *Schulze/Zoll*, Europäisches Vertragsrecht, S. 32 f.; *Stoffels*, Gesetzlich nicht geregelte Schuldverträge, S. 588; *Eidenmüller et al.*, JZ 2008, 529, 529 f.

916 *Schulze/Zoll*, Europäisches Vertragsrecht, S. 32. S. auch *Stoffels*, Gesetzlich nicht geregelte Schuldverträge, S. 589 ff.

917 *Schulze/Zoll*, Europäisches Vertragsrecht, S. 32 ff.

918 Entschliessung zu den Bemühungen um eine Angleichung des Privatrechts der Mitgliedstaaten, Amtsblatt der Europäischen Gemeinschaften v. 26.06.1989, C 158/400 f. S. auch *Stoffels*, Gesetzlich nicht geregelte Schuldverträge, S. 601; *Tilmann*, ZEuP 1993, 613, 613 ff.

919 *Schulze/Zoll*, Europäisches Vertragsrecht, S. 39.

Betrachtung des nationalen Rechts basieren.[920] Die sogenannte Acquis Group erarbeitete seit 2002 die sogenannten Acquis Principles, indem sie das Primär- und Sekundärrecht der Europäischen Union im Hinblick auf dessen grundlegende Bestimmungen für das Vertragsrecht untersuchte.[921]

Auch die Kommission fand Gefallen an den genannten rechtswissenschaftlichen Arbeiten und den ihnen zugrunde liegenden Herangehensweisen. Unter Verbindung des rechtsvergleichenden Ansatzes mit jenem, auf dem die Acquis Principles basieren, entstand der sogenannte Draft Common Frame of Reference.[922]

II. Vorschlag der Kommission für eine Verordnung über ein Gemeinsames Europäisches Kaufrecht vom 11.10.2011

Dem Draft Common Frame of Reference folgte der Vorschlag der Kommission für eine Verordnung über ein Gemeinsames Europäisches Kaufrecht, das als ein optionales Instrument für Vertragsparteien gedacht war. Der genannte Vorschlag stieß auf erhebliche Kritik. Im Jahr 2014 kündigte die Kommission umfangreiche Änderungsarbeiten an, die den sogenannten digitalen Binnenmarkt stärken sollten.[923]

Hierzu zählt der Vorschlag der Kommission für eine Richtlinie über bestimmte vertragsrechtliche Aspekte der Bereitstellung digitaler Inhalte, der jene Erkenntnisse berücksichtigen will, die im Rahmen der Verhandlungen über die Verordnung über ein Gemeinsames Europäisches Kaufrecht erlangt wurden.[924] Er greift als erster Rechtsakt das Konzept des „Bezahlens mit personenbezogenen Daten" ausdrücklich auf. Sowohl auf Ebene der Europäischen Union als auch auf nationaler Ebene existieren dahingehende Regelungen bisher nicht.[925]

---

920 *Heiderhoff*, Europäisches Privatrecht, Rn. 598; *Schulze/Zoll*, Europäisches Vertragsrecht, S. 39 f. S. auch *Stoffels*, Gesetzlich nicht geregelte Schuldverträge, S. 601 ff.

921 *Heiderhoff*, Europäisches Privatrecht, Rn. 614; *Schulze/Zoll*, Europäisches Vertragsrecht, S. 40 ff.

922 *Schulze/Zoll*, Europäisches Vertragsrecht, S. 43 ff.

923 Kommission, Mitteilung der Kommission an das Europäische Parlament, den Rat, den Europäischen Wirtschafts- und Sozialausschuss und den Ausschuss der Regionen, Arbeitsprogramm der Kommission 2015, Ein neuer Start, COM (2014) 910 final, Anhang II, Nr. 60. S. auch *Schulze/Zoll*, Europäisches Vertragsrecht, S. 45 ff.

924 COM (2015) 634 final, S. 2.

925 S. auch *De Franceschi*, Digitale Inhalte gegen personenbezogene Daten: Unentgeltlichkeit oder Gegenleistung?, in: Schmidt-Kessel/Kramme, Geschäftsmodelle in der digitalen Welt, S. 120 f.; *Schmidt-Kessel et al.*, GPR 2016, 54, 57.

Gleichwohl näherte sich der Vorschlag der Kommission für eine Verordnung über ein Gemeinsames Europäisches Kaufrecht dieser Thematik bereits an.

1. Ausgewählte Regelungsvorschläge

Vor diesem Hintergrund werden nun ausgewählte Regelungen des Vorschlags der Kommission für eine Verordnung über ein Gemeinsames Europäisches Kaufrecht betrachtet. Es werden erste Erkenntnisse darüber gewonnen, welche Motive die Kommission hinsichtlich des Konzepts des „Bezahlens mit personenbezogenen Daten“ leitete. Auch wird herausgearbeitet, was an dem genannten Vorschlag kritisiert wurde. Da der Vorschlag der Kommission für eine Richtlinie über bestimmte vertragsrechtliche Aspekte der Bereitstellung digitaler Inhalte auf den Verhandlungen über die Verordnung über ein Gemeinsames Europäisches Kaufrecht aufbaut, knüpft dessen Betrachtung an die nun folgende Untersuchung an.

a) Sachlicher Anwendungsbereich, Art. 5 Buchstabe b) Vorschlag Verordnung GEK

Art. 5 Buchstabe b) Vorschlag Verordnung GEK eröffnet den sachlichen Anwendungsbereich des Gemeinsamen Europäischen Kaufrechts für „Verträge über die Bereitstellung digitaler Inhalte […] unabhängig davon, ob die Bereitstellung gegen Zahlung eines Preises erfolgt oder nicht“.[926]

Aus Erwägungsgrund 18 Vorschlag Verordnung GEK ging hervor, dass Art. 5 Buchstabe b) Vorschlag Verordnung GEK den besonderen Strukturen auf dem Markt für digitale Inhalte Rechnung tragen sollte.[927] Die Bereitstellung digitaler Inhalte sei oftmals nicht von der Zahlung eines Preises abhängig. Vermehrt würden digitale Inhalte im Zusammenhang mit gesondert bezahlten Waren oder Dienstleistungen bereitgestellt. Teilweise werde „eine nicht geldwerte

---

926 Teilweise wurde kritisiert, dass an dieser Stelle zwischen Verträgen über die Bereitstellung digitaler Inhalte und Verträgen über bewegliche Sachen differenziert werde. Die von der Kommission benannten und sogleich näher betrachteten Marktstrukturen existierten auch im Hinblick auf die zuletzt genannten Verträge. Aus diesem Grund wurde eine einheitliche Behandlung gefordert, s. *Perner*, Zum Anwendungsbereich des Gemeinsamen Europäischen Kaufrechts, in: Wendehorst/Zöchling-Jud, Am Vorabend eines Gemeinsamen Europäischen Kaufrechts, S. 27. S. auch *Peck*, Stellungnahme der Wirtschaftskammer Österreich, in: Wendehorst/Zöchling-Jud, Am Vorabend eines Gemeinsamen Europäischen Kaufrechts, S. 293.

927 Zur besonderen Marktstruktur s. auch *Loos*, The regulation of digital content B2C contracts in CESL, S. 3 f.

Gegenleistung wie die Einräumung des Zugangs zu persönlichen Daten“[928] erbracht. Aus Marketinggründen erfolge die Bereitstellung digitaler Inhalte teilweise aber auch „ohne jede Gegenleistung“[929]. In allen Fällen sei der Verbraucher schutzbedürftig. Unabhängig davon, ob ein Preis gezahlt wird oder nicht, könnten mangelhafte digitale Inhalte die wirtschaftlichen Interessen des Verbrauchers beeinträchtigen.

Diese Überlegungen spiegelten sich im sachlichen Anwendungsbereich wider. Der Vertrag über die Bereitstellung digitaler Inhalte im Sinne des Art. 5 Buchstabe b) Vorschlag Verordnung GEK verlangte nicht, dass Geld geschuldet wird. Vielmehr konnte dem Vertrag auch ein Austauschverhältnis zugrunde liegen, das sich durch eine andere Gegenleistung als Geld auszeichnet, insbesondere durch die Zurverfügungstellung personenbezogener Daten. Auch musste überhaupt kein Austauschverhältnis vorliegen.[930]

Die Kommission qualifizierte in Erwägungsgrund 18 S. 1 Vorschlag Verordnung GEK „die Einräumung des Zugangs zu persönlichen Daten“[931] ausdrücklich als Gegenleistung. Wenngleich sie insoweit von „eine[r] nicht geldwerte[n] Gegenleistung“[932] sprach, öffnete sie sich zaghaft gegenüber dem Konzept des „Bezahlens mit personenbezogenen Daten“. Schließlich wurde zwischen der Zahlung eines Preises, der Erbringung einer nicht geldwerten Gegenleistung und der Erbringung keiner Gegenleistung differenziert.

b) „Preis“, Art. 2 Buchstabe i) Vorschlag Verordnung GEK

Im Zusammenhang mit dem Konzept des „Bezahlens mit (personenbezogenen) Daten“ wird teilweise geäußert, die Zurverfügungstellung personenbezogener oder anderer Daten solle bereits von dem Begriff „Preis“ erfasst werden.[933] Der

---

928 Erwägungsgrund 18 S. 1 Vorschlag Verordnung GEK.

929 Erwägungsgrund 18 S. 1 Vorschlag Verordnung GEK.

930 *Schmidt-Kessel*, in: Schmidt-Kessel, Der Entwurf für ein Gemeinsames Europäisches Kaufrecht, Art. 2 GEK-VO-E Rn. 67; *Zoll*, in: Schulze, CESL, Art. 107 Rn. 1 f. *Zahn*, ZEuP 2014, 77, 89 bezeichnet den Erhalt persönlicher Daten als „wirtschaftliche Gegenleistung“. *Druschel*, Die Behandlung digitaler Inhalte im Gemeinsamen Europäischen Kaufrecht, S. 86 zieht den Schluss, die Zurverfügungstellung von Daten könne unter Berücksichtigung des Art. 5 Buchstabe b) Vorschlag Verordnung GEK nicht als Gegenleistung qualifiziert werden. Dieser Einordnung steht Erwägungsgrund 18 Vorschlag Verordnung GEK entgegen.

931 Erwägungsgrund 18 Vorschlag Verordnung GEK.

932 Erwägungsgrund 18 Vorschlag Verordnung GEK.

933 S. Verbraucherzentrale Nordrhein-Westfalen e.V., Stellungnahme zu COM (2015) 634 final, S. 2.

Vorschlag der Kommission für eine Richtlinie über bestimmte vertragsrechtliche Aspekte der Bereitstellung digitaler Inhalte und die an diesen anknüpfenden weiteren Gesetzgebungsmaterialien werden dahingehend später betrachtet.

Auch an dieser Stelle wird aus diesem Grund untersucht, was der Vorschlag der Kommission über ein Gemeinsames Europäisches Kaufrecht unter dem Begriff „Preis" verstand. Im vorliegenden Fall ist die Begriffsklärung zudem erforderlich, um den Anwendungsbereich der sogleich erörterten Vorschrift des Art. 107 Anhang I Vorschlag Verordnung GEK zu erfassen.

Gemäß Art. 2 Buchstabe i) Vorschlag Verordnung GEK bezog sich der Ausdruck „Preis" auf Geld. Er konnte folglich nicht im Sinne irgendeines wirtschaftlichen Nutzens verstanden werden.[934] Leistungen im Rahmen eines Tauschs konnten nicht als „Preis" begriffen werden.[935] Auch die Zurverfügungstellung von personenbezogenen Daten fiel nicht unter den Ausdruck „Preis".[936]

c) Beschränkung der Abhilfen, Art. 107 Anhang I Vorschlag Verordnung GEK

Art. 107 Anhang I Vorschlag Verordnung GEK beschränkte pauschal die Abhilfen, soweit kein Preis gezahlt wird.[937] Er lautete:

> „Der Käufer kann von den in Artikel 106 Absatz 1 Buchstaben a bis d) genannten Abhilfen nicht Gebrauch machen, wenn die digitalen Inhalte nicht gegen Zahlung eines Preises bereitgestellt werden. Der Käufer kann für Verluste oder Schäden an seinem Eigentum einschließlich an der Hardware, Software und an den Daten, die durch die Vertragswidrigkeit der gelieferten digitalen Inhalte verursacht wurden, nur Schadensersatz gemäß Artikel 106 Absatz 1 Buchstabe e verlangen mit Ausnahme des Ersatzes des dem Käufer durch diesen Schaden entgangenen Gewinns."

Diese Beschränkung wurde kritisch gesehen.[938] Teilweise wurde eine solche Beschränkung lediglich im nicht-kommerziellen Bereich für interessensgerecht

---

934 *Wendehorst*, in: Schulze, CESL, Art. 5 Rn. 14 („any economic benefit").

935 *Schmidt-Kessel*, in: Schmidt-Kessel, Der Entwurf für ein Gemeinsames Europäisches Kaufrecht, Art. 2 GEK-VO-E Rn. 57. Vgl. auch *Wendehorst*, in: Schulze, CESL, Art. 5 Rn. 14.

936 *Schmidt-Kessel*, in: Schmidt-Kessel, Der Entwurf für ein Gemeinsames Europäisches Kaufrecht, Art. 2 GEK-VO-E Rn. 57; *Druschel*, Die Behandlung digitaler Inhalte im Gemeinsamen Europäischen Kaufrecht, S. 86.

937 S. auch Art. 100 Buchstabe g), 130 Abs. 6, 173 Abs. 6 Anhang I Vorschlag Verordnung GEK.

938 *Loos/Mak*, Remedies for buyers in case of contracts for the supply of digital content, S. 23.

erachtet.[939] Jene Fälle, in denen der Käufer persönliche Daten zur Verfügung stellt oder Werbung ausgesetzt ist, seien mithilfe einer Verweisungsvorschrift – unter Orientierung an § 480 BGB – der entgeltlichen Bereitstellung gleichzustellen.[940]

Andere favorisierten eine teleologische Reduktion. Art. 107 Anhang I Vorschlag Verordnung GEK sei nur dann anzuwenden, wenn keinerlei Gegenleistung geschuldet wird und somit eine Schenkung[941] vorliegt. Für Fälle, in denen eine andere Gegenleistung als Geld erbracht wird – insbesondere personenbezogene Daten zur Verfügung gestellt werden – könne Art. 107 Anhang I Vorschlag Verordnung GEK nicht gelten. Denn die Beschränkung der Abhilfen gemäß Art. 107 Anhang I Vorschlag Verordnung GEK basiere auf der Erwägung, dass das zugrunde liegende Geschäft für den Vertragspartner nicht einträglich sei und sich dies in der Risikoverteilung widerspiegeln müsse. Diese Erwägung treffe aber nur dann zu, wenn keinerlei Gegenleistung erbracht wird.[942]

Auch andere betonten, dass die Beschränkung der Abhilfen nur dann gerechtfertigt sei, wenn der Bereitstellung digitaler Inhalte keinerlei Gegenleistung[943] gegenübersteht. Wird eine andere Gegenleistung als Geld erbracht, sei die Beschränkung der Abhilfen begründungsbedürftig[944]. Art. 107 Anhang I Vorschlag Verordnung GEK dürfe somit nur zur Anwendung kommen, soweit keinerlei gegenseitige Verpflichtungen bestehen. Die Vorschrift sei dahingehend zu verstehen, dass das Fehlen gegenseitiger Verpflichtungen vermutet wird, wenn kein Geld geschuldet wird. Der Käufer müsse beweisen, dass gegenseitige Verpflichtungen auch dann bestehen, wenn eine andere Gegenleistung als Geld

---

939 *Druschel*, Die Behandlung digitaler Inhalte im Gemeinsamen Europäischen Kaufrecht, S. 85; *Druschel*, GRUR Int. 2015, 125, 129.

940 *Druschel*, Die Behandlung digitaler Inhalte im Gemeinsamen Europäischen Kaufrecht, S. 86; *Druschel*, GRUR Int. 2015, 125, 129 f.

941 Hierauf zielt wohl auch *Druschel*, Die Behandlung digitaler Inhalte im Gemeinsamen Europäischen Kaufrecht, S. 87 ab, wenn er darauf abstellt, dass „rein gar nichts" geschuldet wird. S. auch European Law Institute, Statement on the Proposal for a Regulation on a Common European Sales Law, S. 30.

942 *Schmidt-Kessel*, in: Schmidt-Kessel, Der Entwurf für ein Gemeinsames Europäisches Kaufrecht, Art. 107 GEK-E Rn. 5. Vgl. auch *Faber*, Dienstleistungsverträge, in: Wendehorst/Zöchling-Jud, Am Vorabend eines Gemeinsamen Europäischen Kaufrechts, S. 212.

943 *Zoll*, in: Schulze, CESL, Art. 107 Rn. 4 („gratuitous in the real sense").

944 *Zoll*, in: Schulze, CESL, Art. 107 Rn. 4 („rationale for limiting the liabilty of the supplier [...] at least not evident").

erbracht wird. Art. 107 Anhang I Vorschlag Verordnung GEK sei daher umzuformulieren.[945]

Der Rechtsausschuss des Europäischen Parlaments entwarf zu Art. 107 Anhang I Vorschlag Verordnung GEK folgenden Änderungsantrag:

> „Der Käufer kann von den in Artikel 106 Absatz 1 Buchstaben a bis d genannten Abhilfen nicht Gebrauch machen, wenn die digitalen Inhalte nicht gegen *eine Gegenleistung* [Hervorh. im Original] bereitgestellt werden."[946]

Insoweit setzte sich jener Ansatz fort, der im Änderungsantrag zu Art. 5 Buchstabe b) Vorschlag Verordnung GEK zum Ausdruck kam:

> „[...] unabhängig davon, ob die Bereitstellung gegen Zahlung eines Preises *oder gegen eine Gegenleistung, die keine Zahlung eines Preises darstellt,* [jeweils Hervorh. im Original] erfolgt oder *ohne jede andere Gegenleistung geliefert wird.*"[947]

Das European Law Institute favorisierte folgende Änderungen:

> „Where *goods,* [jeweils Hervorh. im Original] digital content *or services are* not supplied in exchange for payment of a price, *the supply of personal data or other benefit,* the *buyer is not entitled to any remedy other than* damages [...] for personal injury or for damages caused to the buyer's property, including hardware, software and data, by the lack of conformity of *what was supplied*, except for any gain of which the buyer has been deprived by *damage to property.*"[948]

Art. 107 Anhang I Vorschlag Verordnung GEK zeigte einen Konfliktpunkt auf, der nunmehr auch im Rahmen des Vorschlags der Kommission für eine Richtlinie über bestimmte vertragsrechtliche Aspekte der Bereitstellung digitaler Inhalte und der an diesen anknüpfenden weiteren Gesetzgebungsmaterialien diskutiert wird.[949] In Erwägungsgrund 18 S. 1 Vorschlag Verordnung GEK qualifizierte die Kommission die Zurverfügungstellung personenbezogener Daten ausdrücklich

---

945 *Zoll*, in: Schulze, CESL, Art. 107 Rn. 4. Diesen Ansatz wohl unterstützend *Stieper*, Digital ist besser, in: Alexander, Festschrift für Köhler zum 70. Geburtstag, S. 742 Fn. 98.

946 Europäisches Parlament, Rechtsausschuss, Bericht über den Vorschlag für eine Verordnung des Europäischen Parlaments und des Rates über ein Gemeinsames Europäisches Kaufrecht v. 24.09.2013, A7-0301/2013, S. 100, Änderungsantrag 193.

947 Europäisches Parlament, Rechtsausschuss, Bericht über den Vorschlag für eine Verordnung des Europäischen Parlaments und des Rates über ein Gemeinsames Europäisches Kaufrecht v. 24.09.2013, A7-0301/2013, S. 41, Änderungsantrag 62.

948 European Law Institute, Statement on the Proposal for a Regulation on a Common European Sales Law, S. 278.

949 S. sogleich.

als Gegenleistung. Die pauschale Beschränkung der Abhilfen, soweit kein Preis gezahlt wird, wurde dieser Erwägung nicht gerecht. Art. 107 Anhang I Vorschlag Verordnung GEK verdeutlichte, dass die Kommission den besonderen Strukturen auf dem Markt für digitale Inhalte zwar Rechnung tragen wollte. Sie dachte diesen Ansatz jedoch nicht stringent zu Ende.

2. Zwischenergebnis

Der Vorschlag der Kommission für eine Verordnung über ein Gemeinsames Europäisches Kaufrecht näherte sich dem Konzept des „Bezahlens mit personenbezogenen Daten“ erstmals an. Ansatzpunkte waren die besonderen Strukturen auf dem Markt für digitale Inhalte und die (daraus resultierende) Schutzbedürftigkeit des Verbrauchers.

Die Kommission qualifizierte „die Einräumung des Zugangs zu persönlichen Daten“[950] ausdrücklich als Gegenleistung – wenn auch als „eine nicht geldwerte“[951]. Die Kritiker der in Art. 107 Anhang I Verordnung GEK verankerten pauschalen Beschränkung der Abhilfen bei Fehlen einer monetären Gegenleistung einte hingegen die Erwägung, dass personenbezogene Daten für den Unternehmer einen geldwerten Vorteil verkörperten und sich dies in der Risikoverteilung widerspiegeln müsse.

Unter Hervorhebung des wirtschaftlichen Werts von Daten, insbesondere persönlicher Daten, wurde teilweise bereits deren „rechtliche Anerkennung als anderer Währungstyp oder zumindest kaufähnliche Gegenleistung“[952] prognostiziert.[953]

Gerade Art. 107 Anhang I Verordnung GEK offenbarte jedoch, dass sich die Kommission dem Konzept des „Bezahlens mit personenbezogenen Daten“ erst annäherte.

---

950 Erwägungsgrund 18 Vorschlag Verordnung GEK.

951 Erwägungsgrund 18 Vorschlag Verordnung GEK.

952 *Druschel*, Die Behandlung digitaler Inhalte im Gemeinsamen Europäischen Kaufrecht, S. 86.

953 *Druschel*, Die Behandlung digitaler Inhalte im Gemeinsamen Europäischen Kaufrecht, S. 86.

III. Vorschlag der Kommission für eine Richtlinie über bestimmte vertragsrechtliche Aspekte der Bereitstellung digitaler Inhalte vom 09.12.2015

Der Vorschlag der Kommission für eine Richtlinie über bestimmte vertragsrechtliche Aspekte der Bereitstellung digitaler Inhalte ist – wie bereits kurz erwähnt – Teil der „Strategie für einen digitalen Binnenmarkt für Europa".[954] Gleiches gilt für den ebenfalls am 09.12.2015 von der Kommission vorgelegten Vorschlag für eine Richtlinie des Europäischen Parlaments und des Rats über bestimmte vertragsrechtliche Aspekte des Online-Warenhandels und anderer Formen des Fernabsatzes von Waren[955]. Auch dieser zuletzt genannte Vorschlag steht wiederum in Beziehung zu dem (gescheiterten) Vorschlag der Kommission für eine Verordnung über ein Gemeinsames Europäisches Kaufrecht und berücksichtigt jene Erkenntnisse, die im Rahmen der Verhandlungen über die Verordnung über ein Gemeinsames Europäisches Kaufrecht erlangt wurden.[956]

1. *„Strategie für einen digitalen Binnenmarkt für Europa"*

In ihrer „Strategie für einen digitalen Binnenmarkt für Europa" benennt die Kommission die Informations- und Kommunikationstechnologie als „Grundlage aller modernen, innovativen Wirtschaftssysteme"[957]. Diese Überlegung bildet zugleich den Ausgangspunkt des Strategiepapiers. Die Kommission verfolgt das Ziel, die wirtschaftliche Wettbewerbsfähigkeit Europas zu gewährleisten. Die „Strategie für einen digitalen Binnenmarkt für Europa" umfasse ein aufeinander abgestimmtes Maßnahmenpaket. Es handele sich um solche Maßnahmen, die auf Ebene der Europäischen Union angestoßen werden müssten und nicht den Mitgliedstaaten überantwortet werden könnten.[958]

---

954 COM (2015) 634 final, S. 2.

955 Kommission, Vorschlag für eine Richtlinie des Europäischen Parlaments und des Rats über bestimmte vertragsrechtliche Aspekte des Online-Warenhandels und anderer Formen des Fernabsatzes von Waren v. 09.12.2015, COM (2015) 635 final.

956 COM (2015) 635 final, S. 2. S. zu den beiden Richtlinienvorschlägen auch Kommission, Mitteilung der Kommission an das Europäische Parlament, den Rat und den Europäischen Wirtschafts- und Sozialausschuss v. 09.12.2015, Ein modernes Vertragsrecht für Europa – Das Potential des elektronischen Handels freisetzen, COM (2015) 633 final. COM (2015) 635 final greift die Erbringung einer anderen Gegenleistung als Geld in Form personenbezogener oder anderer Daten nicht auf. Die Kommission beschränkt die Thematik somit auf die Bereitstellung digitaler Inhalte.

957 COM (2015) 192 final, S. 3.

958 COM (2015) 192 final, S. 3.

Die „Strategie für einen digitalen Binnenmarkt für Europa" basiert auf den folgenden drei Säulen: 1. „Besserer Online-Zugang für Verbraucher und Unternehmen zu Waren und Dienstleistungen in ganz Europa"[959], 2. „Schaffung der richtigen Bedingungen für florierende digitale Netze und Dienste"[960] und 3. „Bestmögliche Ausschöpfung des Wachstumspotenzials [...] [der] europäischen digitalen Wirtschaft"[961].

Um den Online-Zugang für Verbraucher zu Waren und Dienstleistungen in Europa zu verbessern (1.), legte die Kommission nicht zuletzt die bereits genannten Richtlinienvorschläge vor.[962] Daneben strebt die Kommission unter anderem auch die weitere Harmonisierung des Urheberrechts an.[963] Um das Wachstumspotential der Digitalwirtschaft zu nutzen (3.), mahnt die Kommission insbesondere den „Aufbau einer Datenwirtschaft"[964] an.[965]

2. *Stand des Gesetzgebungsverfahrens*

Die Kommission legte ihren Vorschlag für eine Richtlinie über bestimmte vertragsrechtliche Aspekte der Bereitstellung digitaler Inhalte am 09.12.2015 vor. Zahlreiche Interessensgruppen äußerten sich hierzu. Am 14.03.2017 nahm der Europäische Datenschutzbeauftragte Stellung. Der Rat der Europäischen Union legte am 08.06.2017 eine allgemeine Ausrichtung fest. Am 21.11.2017 verabschiedeten der Ausschuss für Binnenmarkt und Verbraucherschutz und der Rechtsausschuss ihren gemeinsamen Bericht. Der Trilog begann am 05.12.2017.[966]

3. *Ausgewählte Regelungsvorschläge*

Als erster Rechtsakt greift der Vorschlag der Kommission für eine Richtlinie über bestimmte vertragsrechtliche Aspekte der Bereitstellung digitaler Inhalte – wie soeben erwähnt – das Konzept des „Bezahlens mit (personenbezogenen) Daten"

959 COM (2015) 192 final, S. 4.
960 COM (2015) 192 final, S. 4.
961 COM (2015) 192 final, S. 4.
962 COM (2015) 192 final, S. 4 ff.
963 COM (2015) 192 final, S. 7 ff.
964 COM (2015) 192 final, S. 16.
965 COM (2015) 192 final, S. 16 f.
966 S. hierzu European Parliamentary Research Service, Briefing, EU Legislation in Progress, Contracts for the supply of digital content and services, February 2018, S. 1 ff.; European Parliamentary Research Service, Briefing, EU Legislation in Progress, Contracts for the supply of digital content, October 2017, S. 1 ff.

ausdrücklich auf. An dieser Stelle werden nun ausgewählte Regelungsvorschläge betrachtet, die in diesem Zusammenhang von Relevanz sind. Gleiches gilt auch für den Vorschlag des Vorsitzes des Rats der Europäischen Union für eine allgemeine Ausrichtung (DI-RL-Ausrichtung (Rat))[967] und den Entwurf einer legislativen Entschließung des Europäischen Parlaments (DI-RL-Entwurf-Entschließung (Europäisches Parlament))[968], die an den Vorschlag der Kommission für eine Richtlinie über bestimmte vertragsrechtliche Aspekte der Bereitstellung digitaler Inhalte anknüpfen. Auch diese werden im Hinblick auf jene Regelungsvorschläge untersucht, die im Zusammenhang mit dem Konzept des „Bezahlens mit (personenbezogenen) Daten" bedeutsam sind.

Die folgende Untersuchung offenbart unter Berücksichtigung der eingangs angestellten Überlegungen erheblichen Überarbeitungsbedarf.

a) Anwendungsbereich

Bereits die Betrachtung des Anwendungsbereichs der geplanten Richtlinie über bestimmte vertragsrechtliche Aspekte der Bereitstellung digitaler Inhalte wirft grundlegende Probleme auf, die einer erfolgreichen Kodifikation des Konzepts des „Bezahlens mit (personenbezogenen) Daten" entgegenstehen.

aa) Erklärung der datenschutzrechtlichen Einwilligung als Leistungsgegenstand

Im Rahmen des in der vorliegenden Arbeit betrachteten Geschäftsmodells reicht es nicht, dass dem Verantwortlichen die personenbezogenen Daten lediglich *rein tatsächlich* zur Verfügung gestellt werden. Es ist dem Grundsatz des Verbots mit Erlaubnisvorbehalt Rechnung zu tragen, der dem Datenschutzrecht zugrunde liegt. Vielmehr ist eine datenschutzrechtliche Einwilligung zu erteilen, die es dem Verantwortlichen ermöglicht, die personenbezogenen Daten *rechtmäßig* zu den verschiedensten Zwecken zu verarbeiten.[969]

---

967 Rat der Europäischen Union, Vorschlag für eine Richtlinie des Europäischen Parlaments und des Rats über bestimmte vertragsrechtliche Aspekte der Bereitstellung digitaler Inhalte (erste Lesung) – Allgemeine Ausrichtung v. 01.06.2017, 9901/17 + ADD 1.

968 Europäisches Parlament, Ausschuss für Binnenmarkt und Verbraucherschutz, Rechtsausschuss, Bericht über den Vorschlag für eine Richtlinie des Europäischen Parlaments und des Rats über bestimmte vertragsrechtliche Aspekte der Bereitstellung digitaler Inhalte v. 27.11.2017, A8-0375/2017.

969 S. 4. Kapitel, B. III.

Diese Hauptpflicht bildet der Anwendungsbereich der geplanten Richtlinie über bestimmte vertragsrechtliche Aspekte der Bereitstellung digitaler Inhalte nicht ab. Statt auf die Erklärung der datenschutzrechtlichen Einwilligung nimmt Art. 3 Abs. 1 COM (2015) 634 final auf personenbezogene oder andere Daten als solche Bezug.[970] Vergleichbares gilt für den Vorschlag des Vorsitzes des Rats der Europäischen Union für eine allgemeine Ausrichtung und den Entwurf einer legislativen Entschließung des Europäischen Parlaments. Art. 3 Abs. 1 S. 2 DI-RL-Ausrichtung (Rat) benennt die Bereitstellung personenbezogener Daten, Art. 3 Abs. 1 DI-RL-Entwurf-Entschließung (Europäisches Parlament) die Bereitstellung oder Erhebung personenbezogener Daten.

Der Anwendungsbereich der geplanten Richtlinie über bestimmte vertragsrechtliche Aspekte der Bereitstellung digitaler Inhalte ist gemäß Art. 3 Abs. 4 COM (2015) 634 final nicht uneingeschränkt eröffnet. Vergleichbare Vorschriften enthalten auch der Vorschlag des Vorsitzes des Rats der Europäischen Union für eine allgemeine Ausrichtung (siehe Art. 3 Abs. 1 S. 3 DI-RL-Ausrichtung (Rat)) und der Entwurf einer legislativen Entschließung des Europäischen Parlaments (siehe Art. 3 Abs. 4 DI-RL-Entwurf-Entschließung (Europäisches Parlament).

Auch in diesem Zusammenhang wird deutlich, dass auf die Erklärung der datenschutzrechtlichen Einwilligung Bezug genommen werden sollte. In den Gesetzgebungsmaterialien werden jene Fallgestaltungen benannt, für die bereits Art. 6 Abs. 1 Buchstabe b) und c) DS-GVO die Verarbeitung personenbezogener Daten aufgrund gesetzlicher Erlaubnistatbestände ermöglicht. Die geplanten Ausnahmen vom Anwendungsbereich spiegeln somit wider, dass gerade die Erklärung der datenschutzrechtlichen Einwilligung als Gegenleistung zu qualifizieren ist.

Die benannten Ausnahmen vom Anwendungsbereich sind sodann folgerichtig. Irritierend ist jedoch, dass Art. 3 Abs. 4 S. 1 COM (2015) 634 final auf „für die Erfüllung des Vertrags oder die Erfüllung rechtlicher Anforderungen *unbedingt* [Herv. d. Verf.] erforderlich[e]“ personenbezogene Daten abstellt. Denn

970 *Schulze/Staudenmayer/Lohsse*, Contracts for the Supply of Digital Content: Regulatory Challenges and Gaps – An Introduction, in: Schulze/Staudenmayer/Lohsse, Contracts for the Supply of Digital Content: Regulatory Challenges and Gaps, S. 15 f. sehen in der Erfassung einer anderen Gegenleistung als Geld in Form personenbezogener oder anderer Daten eine große Errungenschaft („most significant achievement“). So auch European Law Institute, Statement on the European Comission's Proposed Directive on the Supply of Digital Content to Consumers, S. 3 („major step forward“).

Art. 6 Abs. 1 Buchstabe b) DS-GVO kennt dieses Tatbestandsmerkmal nicht.[971] Der Vorschlag des Vorsitzes des Rats der Europäischen Union für eine allgemeine Ausrichtung und der Entwurf einer legislativen Entschließung des Europäischen Parlaments versprechen im Hinblick auf die DS-GVO insoweit größere Kohärenz.

bb) Zum Konzept des „Bezahlens mit (personenbezogenen) Daten" als solchem

Die Kommission, der Rat der Europäischen Union und das Europäische Parlament ringen ferner bereits darum, die Bereitstellung personenbezogener Daten – oder besser: die Erklärung der datenschutzrechtlichen Einwilligung – als das anzuerkennen, was sie ist, nämlich eine Gegenleistung.

(1) Vorschlag der Kommission vom 09.12.2015

In Art. 3 Abs. 1 COM (2015) 634 final wird ausdrücklich von „eine[r] andere[n] Gegenleistung als Geld in Form personenbezogener oder anderer Daten" gesprochen.

Aus Erwägungsgrund 13 COM (2015) 634 final geht hervor, welche Überlegungen dazu führten, die Erbringung einer anderen Gegenleistung als Geld in Form personenbezogener oder anderer Daten nunmehr explizit aufzugreifen: Die Kommission nimmt auf jene Erwägungen Bezug, die auch bereits ihrem Vorschlag für eine Verordnung über ein Gemeinsames Europäisches Kaufrecht zugrunde lagen. Sie knüpft erneut an die besonderen Marktstrukturen an. Der Verbraucher sei auch dann schutzbedürftig, wenn er keinen Geldbetrag entrichtet. Den Ausgangspunkt ihrer Überlegungen bildet insoweit die Feststellung, dass (personenbezogene) Daten „einen mit Geld vergleichbaren Wert"[972] verkörperten. In ihrem Vorschlag für eine Verordnung über ein Gemeinsames Europäisches Kaufrecht qualifizierte die Kommission die Bereitstellung personenbezogener Daten noch als „nicht geldwerte Gegenleistung"[973]. Der nunmehr betrachtete Vorschlag der Kommission erkennt den wirtschaftlichen Wert personenbezogener Daten ausdrücklich an.

---

971 Europäischer Datenschutzbeauftragter, Stellungnahme 4/2017 zu dem Vorschlag für eine Richtlinie über bestimmte vertragsrechtliche Aspekte der Bereitstellung digitaler Inhalte, S. 18 f.

972 Erwägungsgrund 13 S. 1 COM (2015) 634 final.

973 Erwägungsgrund 18 S. 1 Vorschlag Verordnung GEK.

(2) Stellungnahme des Europäischen Datenschutzbeauftragten vom 14.03.2017

Auch der Europäische Datenschutzbeauftragte unterstreicht in seiner Stellungnahme zu dem Vorschlag der Kommission den Wert von Daten in der digitalen Wirtschaft. Er befürwortet, den Verbraucher auch bei der Inanspruchnahme solcher Dienste zu schützen, für die kein Geldbetrag entrichtet wird.[974]

Art. 8 GRCh und Art. 16 AEUV stellten personenbezogene Daten jedoch unter einen besonderen Schutz. Es verbiete sich, personenbezogene Daten „als Ware“[975] anzusehen und den Vergleich zu „einem Preis oder [...] Geld“[976] zu ziehen:[977]

> „Es mag wohl einen Markt für personenbezogene Daten geben, [...] doch bedeutet dies nicht, dass wir diesen Markt mit einem Rechtsinstrument absegnen können oder sollten.“[978]

Dem Europäischen Datenschutzbeauftragten missfällt daher der Ausdruck „Daten als Gegenleistung“. Um auch solche Dienste zu erfassen, für die kein Geldbetrag entrichtet wird, könne vielmehr entweder auf den Begriff der Dienstleistung im Sinne des Art. 57 AEUV zurückgegriffen werden oder sich an Art. 3 Abs. 2 Buchstabe a) DS-GVO („unabhängig davon, ob von diesen betroffenen Personen eine Zahlung zu leisten ist“) orientiert werden.[979]

---

974 Europäischer Datenschutzbeauftragter, Stellungnahme 4/2017 zu dem Vorschlag für eine Richtlinie über bestimmte vertragsrechtliche Aspekte der Bereitstellung digitaler Inhalte, S. 9, 13.

975 Europäischer Datenschutzbeauftragter, Stellungnahme 4/2017 zu dem Vorschlag für eine Richtlinie über bestimmte vertragsrechtliche Aspekte der Bereitstellung digitaler Inhalte, S. 9.

976 Europäischer Datenschutzbeauftragter, Stellungnahme 4/2017 zu dem Vorschlag für eine Richtlinie über bestimmte vertragsrechtliche Aspekte der Bereitstellung digitaler Inhalte, S. 9.

977 Europäischer Datenschutzbeauftragter, Stellungnahme 4/2017 zu dem Vorschlag für eine Richtlinie über bestimmte vertragsrechtliche Aspekte der Bereitstellung digitaler Inhalte, S. 9 ff.

978 Europäischer Datenschutzbeauftragter, Stellungnahme 4/2017 zu dem Vorschlag für eine Richtlinie über bestimmte vertragsrechtliche Aspekte der Bereitstellung digitaler Inhalte, S. 10.

979 Europäischer Datenschutzbeauftragter, Stellungnahme 4/2017 zu dem Vorschlag für eine Richtlinie über bestimmte vertragsrechtliche Aspekte der Bereitstellung digitaler Inhalte, S. 9 ff.

(3) Vorschlag des Vorsitzes des Rats der Europäischen Union für eine allgemeine Ausrichtung vom 01.06.2017

Auch der Vorschlag des Vorsitzes des Rats der Europäischen Union wählt als Ausgangspunkt die besonderen Marktstrukturen.[980]

Dem Vorschlag des Vorsitzes des Rats der Europäischen Union für eine allgemeine Ausrichtung ist ferner zu entnehmen, dass dieser gerade der Stellungnahme des Europäischen Datenschutzbeauftragten Rechnung tragen will.[981] Im Vorschlag des Vorsitzes des Rats der Europäischen Union für eine allgemeine Ausrichtung wird die Bereitstellung personenbezogener Daten nicht mehr als „eine andere Gegenleistung als Geld“[982] bezeichnet. Auch die Erwägungsgründe zu Art. 3 Abs. 1 DI-RL-Ausrichtung (Rat)[983] vermeiden – anders als noch Erwägungsgrund 13 COM (2015) 634 final („Informationen über Einzelpersonen [...] [haben] einen mit Geld vergleichbaren Wert“, „Erbringung einer anderen Leistung als Geld“, „Differenzierung nach Art der Gegenleistung“) – Begrifflichkeiten, die die Bereitstellung personenbezogener Daten ausdrücklich als Gegenleistung qualifizieren. Vielmehr wird lediglich davon gesprochen, dass die Anbieter die personenbezogenen Daten des Verbrauchers, auf die sie durch die Bereitstellung digitaler Inhalte und digitaler Dienstleistungen Zugriff haben, „nutzen“[984].

(4) Entwurf einer legislativen Entschließung des Europäischen Parlaments vom 27.11.2017

Auch im Entwurf einer legislativen Entschließung des Europäischen Parlaments wird davon Abstand genommen, die Bereitstellung personenbezogener Daten als Gegenleistung zu bezeichnen: Art. 3 Abs. 1 DI-RL-Entwurf-Entschließung (Europäisches Parlament) bejaht lediglich die Anwendbarkeit der Richtlinie „für alle Verträge, auf deren Grundlage ein Unternehmer einem Verbraucher [...] unter der Bedingung, dass der Verbraucher personenbezogene Daten bereitstellt oder der Unternehmer oder ein Dritter personenbezogene Daten erhebt, digitale

980 S. DI-RL-Ausrichtung (Rat), Fn. 15.

981 Rat der Europäischen Union, Vorschlag für eine Richtlinie des Europäischen Parlaments und des Rats über bestimmte vertragsrechtliche Aspekte der Bereitstellung digitaler Inhalte (erste Lesung) – Allgemeine Ausrichtung v. 01.06.2017, 9901/17, S. 4 (Anlage).

982 Art. 3 Abs. 1 COM (2015) 634 final.

983 Es handelt sich lediglich um Formulierungsvorschläge.

984 S. DI-RL-Ausrichtung (Rat), Fn. 15.

Inhalte oder Dienstleistungen bereitstellt oder sich zu deren Bereitstellung verpflichtet".[985]

Die Berichterstatter, auf die der Entwurf einer legislativen Entschließung des Europäischen Parlaments zurückgeht, wollen verhindern, dass der fortschreitenden Kommerzialisierung personenbezogener Daten durch die geplante Richtlinie Vorschub geleistet wird. Wenngleich ihnen das „Konzept von Daten als Gegenleistung"[986] widerstrebt, benennt Art. 3 Abs. 1 DI-RL-Entwurf-Entschließung (Europäisches Parlament) dennoch alternativ zur Zahlung eines Preises die Bereitstellung personenbezogener Daten durch den Verbraucher und die Erhebung personenbezogener Daten durch den Unternehmer oder einen Dritten, um den Marktstrukturen gerecht zu werden und nicht zuletzt den Verbraucher auch dann schützen zu können, wenn dieser keinen Geldbetrag entrichtet.[987]

(5) Gegenüberstellung

Die in den Gesetzgebungsmaterialien zum Ausdruck kommende Positionierung zum Konzept des „Bezahlens mit (personenbezogenen) Daten" als solchem verlangt eine genaue Betrachtung.

Der Vorschlag der Kommission qualifiziert die Bereitstellung personenbezogener oder anderer Daten ausdrücklich als Gegenleistung.[988] Sowohl der Vorschlag des Vorsitzes des Rats der Europäischen Union für eine allgemeine Ausrichtung als auch der Entwurf einer legislativen Entschließung des Europäischen Parlaments vermeiden es, diesen Ausdruck zu verwenden. Dies ist damit zu begründen, dass sie der fortschreitenden Kommerzialisierung personenbezogener Daten keinen Vorschub leisten wollen. Dem Entwurf einer legislativen Entschließung des Europäischen Parlaments ist diese Erwägung unmittelbar zu entnehmen. Für den Vorschlag des Vorsitzes des Rats der Europäischen Union für eine allgemeine Ausrichtung gilt dies nicht. Dieser orientiert sich jedoch an der Stellungnahme des Europäischen Datenschutzbeauftragten, der ebendiese Entwicklung kritisiert.

985 Gemäß Änderungsantrag 1 DI-RL-Entwurf-Entschließung (Europäisches Parlament) soll es sich nunmehr auch um eine „Richtlinie des Europäischen Parlaments und des Rates über bestimmte vertragsrechtliche Aspekte der Bereitstellung digitaler Inhalte und Dienstleistungen" handeln.

986 DI-RL-Entwurf-Entschließung (Europäisches Parlament), S. 100.

987 Erwägungsgrund 13 (Änderungsantrag 20) DI-RL-Entwurf-Entschließung (Europäisches Parlament); DI-RL-Entwurf-Entschließung (Europäisches Parlament), S. 100 f.

988 Diesen Ansatz befürwortend: Weizenbaum Institute for the Networked Society, COM (2015) 634, S. 3, 9.

Auch der Rat der Europäischen Union und das Europäische Parlament erkennen – wie die Kommission – jedoch an, dass datengetriebene Geschäftsmodelle die Wirtschaftswelt prägen und personenbezogene Daten einen wirtschaftlichen Wert verkörpern. Zu diesem Schluss kommt nicht zuletzt auch der Europäische Datenschutzbeauftragte. Dies eint sie.

Art. 3 Abs. 1 DI-RL-Ausrichtung (Rat) und Art. 3 Abs. 1 DI-RL-Entwurf-Entschließung (Europäisches Parlament) ist schließlich – genauso wie Art. 3 Abs. 1 COM (2015) 634 final – zu entnehmen, dass der Verbraucher auch zu schützen ist, wenn er zwar keinen Geldbetrag entrichtet, gleichwohl aber personenbezogene Daten bereitstellt. Auch die Schutzbedürftigkeit des Verbrauchers wird somit einhellig bejaht.

Der Rat der Europäischen Union und das Europäische Parlament erkennen an, dass datengetriebene Geschäftsmodelle die Wirtschaftswelt prägen und personenbezogenen Daten ein wirtschaftlicher Wert innewohnt. Ihre Überlegungen beruhen – wie gesehen – auf jenen wirtschaftlichen Zusammenhängen, die unter Berücksichtigung schuldvertragsrechtlicher Wertungen die Bereitstellung personenbezogener Daten gerade zu einer Gegenleistung werden lassen. Zwar resultiert aus dem bloßen Verzicht darauf, die Bereitstellung personenbezogener Daten als Gegenleistung zu bezeichnen, keine abweichende rechtliche Bewertung. Es kann insoweit davon gesprochen werden, dass der Rat der Europäischen Union und das Europäische Parlament den „Markt für personenbezogene Daten“[989] lediglich *begrifflich* nicht „absegnen“[990].

Mehr als fraglich ist daher auch gerade, ob dies der Erwägung dienlich ist, der Kommerzialisierung personenbezogener Daten keinen Vorschub leisten zu wollen. Letztlich verwehren sich der Rat der Europäischen Union und das Europäische Parlament hierdurch aber gegen einen Kodifikationsansatz des Konzepts des „Bezahlens mit personenbezogenen Daten“, der die Lebenswirklichkeit sachgerecht abbildet. Wie bereits einleitend erwähnt, ringen die Kommission, der Rat der Europäischen Union und das Europäische Parlament somit darum, die Bereitstellung personenbezogener Daten – besser: die Erklärung der datenschutzrechtlichen Einwilligung – als das anzuerkennen, was sie ist, nämlich eine Gegenleistung. Eine erfolgreiche Kodifikation des Konzepts des „Bezahlens mit

---

989 Europäischer Datenschutzbeauftragter, Stellungnahme 4/2017 zu dem Vorschlag für eine Richtlinie über bestimmte vertragsrechtliche Aspekte der Bereitstellung digitaler Inhalte, S. 10.

990 Europäischer Datenschutzbeauftragter, Stellungnahme 4/2017 zu dem Vorschlag für eine Richtlinie über bestimmte vertragsrechtliche Aspekte der Bereitstellung digitaler Inhalte, S. 10.

personenbezogenen Daten", die den Einzelnen für den Wert seiner personenbezogenen Daten sensibilisiert und an die durch den Gesetzgeber und -anwender angeknüpft werden kann, muss dies jedoch benennen.

b) Verhältnis zu anderen Rechtsakten der Europäischen Union, insbesondere der DS-GVO

Für den Erfolg der geplanten Richtlinie über bestimmte vertragsrechtliche Aspekte der Bereitstellung digitaler Inhalte ist zudem unverzichtbar, dass diese insbesondere mit den Vorschriften der DS-GVO in Einklang steht. Die DS-GVO gibt nunmehr den Rechtsrahmen für die Verarbeitung personenbezogener Daten vor.

Der geplanten Richtlinie über bestimmte vertragsrechtliche Aspekte der Bereitstellung digitaler Inhalt ist zunächst zuzugestehen, dass sie im Kollisionsfall der DS-GVO Vorrang einräumt. Dies ergibt sich aus Art. 3 Abs. 7, Abs. 8 COM (2015) 634 final und Erwägungsgrund 22 COM (2015) 634 final. Vergleichbare Vorschriften finden sich in Art. 3 Abs. 8 DI-RL-Ausrichtung (Rat) und Art. -1 DI-RL-Entwurf-Entschließung (Europäisches Parlament).

Gewichtiger ist jedoch, dass die geplante Richtlinie Regelungen beinhaltet, die der Schaffung eines kohärenten Rechtsrahmens dienen. Dies betont auch der Europäische Datenschutzbeauftragte. Die DS-GVO habe – wie der Vorschlag der Kommission – zum Ziel, die digitale Wirtschaft zu stärken. Der genannte Vorschlag könne die Kohärenz des gesetzlichen Rahmens für die digitale Wirtschaft unterlaufen und Rechtsunsicherheit schaffen.[991] Insbesondere der Anwendungsbereich des genannten Vorschlags werfe in diesem Zusammenhang Fragen auf.[992]

Problematisch ist, dass der Verbraucher gemäß Art. 3 Abs. 1 COM (2015) 634 final *aktiv* eine andere Gegenleistung als Geld in Form personenbezogener oder *anderer Daten* erbringen muss.

Für den Europäischen Datenschutzbeauftragten ist der Begriff der personenbezogenen Daten im Sinne des Art. 4 Nr. 1 DS-GVO denkbar weit auszulegen. Fraglich sei aus diesem Grund, ob nicht auch die „andere[n] Daten"[993], die der

---

991 Europäischer Datenschutzbeauftragter, Stellungnahme 4/2017 zu dem Vorschlag für eine Richtlinie über bestimmte vertragsrechtliche Aspekte der Bereitstellung digitaler Inhalte, S. 10 f. S. auch Erwägungsgrund 7 DS-GVO.

992 Europäischer Datenschutzbeauftragter, Stellungnahme 4/2017 zu dem Vorschlag für eine Richtlinie über bestimmte vertragsrechtliche Aspekte der Bereitstellung digitaler Inhalte, S. 15 ff. Gleiches gelte für Art. 13, 16 COM (2015) 634 final, s. Europäischer Datenschutzbeauftragter, Stellungnahme 4/2017 zu dem Vorschlag für eine Richtlinie über bestimmte vertragsrechtliche Aspekte der Bereitstellung digitaler Inhalte, S. 23 ff.

993 Art. 3 Abs. 1 COM (2015) 634 final.

Verbraucher bereitstellt, als personenbezogene Daten sind.[994] Des Weiteren sei der DS-GVO die Unterscheidung zwischen personenbezogenen Daten, die aktiv bereitgestellt werden, und solchen, die nicht aktiv bereitgestellt werden, fremd.[995]

Auch die „andere[n] Daten“ im Sinne des Art. 3 Abs. 1 COM (2015) 634 final werden vom Verbraucher erbracht. Es ist insoweit in der Tat fraglich, ob es sich nicht bereits um personenbezogene Daten im Sinne des Art. 4 Nr. 1 DS-GVO handelt. Verschärft wird diese Frage durch die gegenwärtige Diskussion, ob die Unterscheidung zwischen personenbezogenen und nicht-personenbezogenen Daten aufrechterhalten werden kann oder ob nicht vielmehr jedes Datum einen Personenbezug aufweist.[996] Da die DS-GVO nicht zwischen personenbezogenen Daten, die aktiv bereitgestellt werden, und solchen, die nicht aktiv bereitgestellt werden, differenziert, ist dieses Erfordernis der Schaffung eines kohärenten Rechtsrahmens abträglich.

Sowohl der Vorschlag des Vorsitzes des Rats der Europäischen Union für eine allgemeine Ausrichtung als auch der Entwurf einer legislativen Entschließung des Europäischen Parlaments distanzieren sich davon, auch „andere[] Daten“[997] zu erwähnen und beschränken den Anwendungsbereich auf personenbezogene Daten.[998] Der Vorschlag des Vorsitzes des Rats der Europäischen Union für eine allgemeine Ausrichtung berücksichtigt ausdrücklich die Stellungnahme des Europäischen Datenschutzbeauftragten. Es liegt aus diesem Grund nahe, dass der Beschränkung des Anwendungsbereichs jene Erwägung zugrunde liegt, die bereits der Europäische Datenschutzbeauftragte anführt, nämlich dass es sich bei den „andere[n] Daten“[999] bereits um personenbezogene Daten handele.

---

994 Europäischer Datenschutzbeauftragter, Stellungnahme 4/2017 zu dem Vorschlag für eine Richtlinie über bestimmte vertragsrechtliche Aspekte der Bereitstellung digitaler Inhalte, S. 15.

995 Europäischer Datenschutzbeauftragter, Stellungnahme 4/2017 zu dem Vorschlag für eine Richtlinie über bestimmte vertragsrechtliche Aspekte der Bereitstellung digitaler Inhalte, S. 15 f.

996 *Specht*, GRUR Int. 2017, 1040, 1042.

997 Art. 3 Abs. 1 COM (2015) 634 final.

998 Das Weizenbaum Institute for the Networked Society, COM (2015) 634, S. 9 f. sieht den Ausschluss „anderer Daten“ aus dem Anwendungsbereich kritisch. Es begründet dies u. a. damit, dass es zu Abgrenzungsschwierigkeiten kommen könne. Des Weiteren dürfe nicht unberücksichtigt bleiben, dass das „Bezahlen mit anderen Daten“ in künftigen Geschäftsmodellen eine größere Rolle spielen könnte. Der Ausschluss „anderer Daten“ könne insoweit die Zukunftstauglichkeit der Richtlinie in Frage stellen.

999 Art. 3 Abs. 1 COM (2015) 634 final.

In Art. 2 Nr. 6a DI-RL-Ausrichtung (Rat) wird nunmehr auch der Ausdruck „personenbezogene Daten“ definiert und insoweit auf Art. 4 Nr. 1 DS-GVO verwiesen. Art. 2 Abs. 1 DI-RL-Entwurf-Entschließung (Europäisches Parlament) enthält keine Begriffsbestimmung des Ausdrucks „personenbezogene Daten“. Insoweit findet sich auch kein Verweis auf Art. 4 Nr. 1 DS-GVO.

Art. 3 Abs. 1 DI-RL-Ausrichtung (Rat) beinhaltet keine Beschränkung auf lediglich solche personenbezogenen Daten, die aktiv bereitgestellt werden. Letztlich überlässt der Vorschlag des Vorsitzes des Rats die Entscheidung darüber, ob der Anwendungsbereich lediglich personenbezogene Daten erfasse, die aktiv bereitgestellt werden, den Mitgliedstaaten.[1000] Der Entwurf einer legislativen Entschließung des Europäischen Parlaments löst sich gänzlich von dem Erfordernis, dass lediglich personenbezogene Daten erfasst sind, die aktiv bereitgestellt werden.[1001]

Der Vorschlag des Rats der Europäischen Union für eine allgemeine Ausrichtung als auch der Entwurf einer legislativen Entschließung des Europäischen Parlaments nehmen auch an weiteren Stellen Anpassungen vor, um Unstimmigkeiten im Hinblick auf die DS-GVO zu vermeiden. Exemplarisch sei an dieser Stelle auf Art. 13 Abs. 2a DI-RL-Ausrichtung (Rat)[1002] und Art. 13a Abs. 2 DI-RL-Entwurf-Entschließung (Europäisches Parlament)[1003] hingewiesen.

1000 Erwägungsgründe zu Art. 3 Abs. 1 DI-RL-Ausrichtung (Rat).

1001 S. auch DI-RL-Entwurf-Entschließung (Europäisches Parlament), S. 101. Ebenfalls gegen eine Beschränkung des Anwendungsbereichs auf aktiv bereitgestellte (personenbezogene) Daten: Bundesrechtsanwaltskammer, Stellungnahme Nr. 13/2016, S. 6; *Stürner*, Stellungnahme zu COM (2015) 634 und COM (2015) 635, S. 11; Verbraucherzentrale Nordrhein-Westfalen e.V., Stellungnahme zu COM (2015) 634 final, S. 3; Weizenbaum Institute for the Networked Society, COM (2015) 634, S. 10 f. S. auch *Schmidt-Kessel et al.*, GPR 2016, 54, 59, der jedoch von einem anderen Wortlaut des Art. 3 Abs. 1 COM (2015) 634 final ausgeht; *Spindler*, MMR 2016, 147, 149 f.

1002 Art. 13a Abs. 2 DI-RL-Ausrichtung (Rat) (Pflichten des Anbieters im Falle der Beendigung des Vertrags): „In Bezug auf personenbezogene Daten des Verbrauchers hat der Anbieter die gemäß der Verordnung (EU) 2016/679 geltenden Vorschriften einzuhalten.“

1003 Art. 13a Abs. 2 DI-RL-Entwurf-Entschließung (Europäisches Parlament) (Pflichten des Unternehmers im Beendigungsfall): „In Bezug auf personenbezogene Daten des Verbrauchers hat der Unternehmer die gemäß der Verordnung (EU) 2016/6779 geltenden Verpflichtungen einzuhalten.“

c) Vertragsmäßigkeit der digitalen Inhalte

Ausdruck der eingangs benannten fehlenden Konturierungsintensität ist Art. 6 Abs. 2 Buchstabe a) COM (2015) 634 final. Hiernach ist bei der Beurteilung der Vertragsmäßigkeit der digitalen Inhalte dem Umstand Rechnung zu tragen, ob für die digitalen Inhalte ein Preis gezahlt oder eine andere Leistung als Geld erbracht wird.

Aus der gewählten Formulierung im Vorschlag der Kommission geht jedoch nicht hervor, *inwiefern* sich dies auf die Frage der Vertragsmäßigkeit der digitalen Inhalte auswirkt.[1004] Bereits unter systematischen Gesichtspunkten kann es nicht überzeugen, im Rahmen der Beurteilung der Vertragsmäßigkeit der Leistung auf die erbrachte Gegenleistung abzustellen.[1005]

Es könne zudem nicht zwangsläufig die Schlussfolgerung gezogen werden, dass der Verbraucher geringere Anforderungen an die Vertragsmäßigkeit des Leistungsgegenstands stellt, wenn kein Geldbetrag entrichtet wird. Insbesondere im Hinblick auf jene Verbraucher, denen ein verantwortungsbewusster Umgang mit ihren (personenbezogenen) Daten attestiert werden kann und die dem Datenschutz einen hohen Stellenwert zuschreiben, verbiete sich eine solche Annahme.[1006] Eine solche Differenzierung liefe auch dem Regelungsgedanken des Richtlinienvorschlags zuwider, der auf der Gleichwertigkeit der Zahlung eines Preises und der Erbringung einer anderen Gegenleistung als Geld in Form personenbezogener oder anderer Daten basiere.[1007] Eine unterschiedliche Behandlung jener Verbraucher, die einen Preis zahlen, und jener, die stattdessen (personenbezogene) Daten bereitstellen, sei nur in zwei Ausnahmefällen zu rechtfertigen. Ein solcher Ausnahmefall könne zunächst dann vorliegen, wenn eine unterschiedliche Behandlung aus den Besonderheiten der Bereitstellung

---

1004 *Spindler*, MMR 2016, 147, 152; *Stürner*, Stellungnahme zu COM (2015) 634 und COM (2015) 635, S. 14 f.

1005 Verbraucherzentrale Nordrhein-Westfalen e.V., Stellungnahme zu COM (2015) 634 final, S. 5.

1006 *Mak*, The new proposal for harmonised rules on certain aspects concerning contracts for the supply of digital contents, S. 17 f.

1007 Erwägungsgrund 13 COM (2015) 634 final. Vgl. auch *Spindler*, MMR 2016, 147, 152; Bundesrechtsanwaltskammer, Stellungnahme Nr. 13/2016, S. 8; *Stürner*, Stellungnahme zu COM (2015) 634 und COM (2015) 635, S. 14 f.; Verbraucherzentrale Nordrhein-Westfalen e.V., Stellungnahme zu COM (2015) 634 final, S. 5. Eine Differenzierung sei nur im Hinblick auf das Minderungsrecht und die Beendigung des Vertrags gerechtfertigt, s. *Schmidt-Kessel et al.*, GPR 2016, 54, 69; Bundesrechtsanwaltskammer, Stellungnahme Nr. 13/2016, S. 8.

von (personenbezogenen) Daten statt der Zahlung eines Preises resultiert. Eine unterschiedliche Behandlung sei zudem aus Gründen der öffentlichen Ordnung möglich. Es könne nicht angenommen werden, dass jene Verbraucher, die (personenbezogene) Daten bereitstellen, per se weniger schutzbedürftig seien.[1008]

In der Tat verbietet sich die Annahme, dass jene Verbraucher, die zwar keinen Preis zahlen, aber personenbezogene Daten bereitstellen, geringere Anforderungen an die Vertragsmäßigkeit der Leistung stellen oder zwangsläufig geringere Anforderungen erwarten dürfen. Wenngleich es in Art. 107 Anhang I Vorschlag Verordnung GEK um die Beschränkung der Abhilfen ging, ähnelt Art. 6 Abs. 2 Buchstabe a) COM (2015) 634 final Art. 107 Anhang I Vorschlag Verordnung GEK. Es überrascht nicht, dass sowohl Art. 6a DI-RL-Ausrichtung (Rat) als auch Art. 6a DI-RL-Entwurf-Entschließung (Europäisches Parlament) diesen Ansatz nicht mehr aufgreifen.

d) „Preis"

Sowohl gemäß Art. 2 Nr. 6 COM (2015) 634 final als auch gemäß Art. 2 Nr. 6 DI-RL-Entwurf-Entschließung (Europäisches Parlament) bedeutet der Ausdruck „Preis" lediglich Geld. Auch der Vorschlag des Vorsitzes des Rats der Europäischen Union für eine allgemeine Ausrichtung verfolgt im Grunde diesen Ansatz. Er möchte jedoch insbesondere auch virtuelle Währungen erfasst wissen (siehe Art. 2 Nr. 6 DI-RL-Ausrichtung (Rat)).

Um die Gleichstellung der Zahlung eines Geldbetrags und der Erbringung einer anderen Gegenleistung als Geld in Form personenbezogener oder anderer Daten zu vollenden, wird – wie bereits kurz benannt – im Hinblick auf den Vorschlag der Kommission für eine Richtlinie über bestimmte vertragsrechtliche Aspekte der Bereitstellung digitaler Inhalte teilweise gefordert, die Begriffsbestimmung des Ausdrucks „Preis" dementsprechend zu erweitern.[1009] Dieser Forderung kommen die Gesetzgebungsmaterialien nicht nach.

Bei (personenbezogenen) Daten handelt es sich weder um eine Währung noch erfüllen diese die für Geld typischen Funktionen.[1010] Dass der Begriff „Preis" Geld vorbehalten wird, steht der Qualifikation der Erklärung der

1008 Weizenbaum Institute for the Networked Society, COM (2015) 634, S. 26.

1009 Verbraucherzentrale Nordrhein-Westfalen e.V., Stellungnahme zu COM (2015) 634 final, S. 2. S. auch *De Franceschi*, Digitale Inhalte gegen personenbezogene Daten: Unentgeltlichkeit oder Gegenleistung?, in: Schmidt-Kessel/Kramme, Geschäftsmodelle in der digitalen Welt, S. 121.

1010 S. 4. Kapitel, A.

datenschutzrechtlichen Einwilligung als Gegenleistung und Entgelt nicht entgegen. Entscheidend ist vielmehr, sich angesichts datengetriebener Geschäftsmodelle von Ansätzen zu lösen, die lediglich an den Preis anknüpfen.

e) Vertragstypologische Einordnung

Positiv ist, dass der Vorschlag der Kommission, der Vorschlag des Vorsitzes des Rats der Europäischen Union für eine allgemeine Ausrichtung als auch der Entwurf einer legislativen Entschließung des Europäischen Parlaments es den Mitgliedstaaten überlassen, die Rechtsnatur der Verträge über die Bereitstellung digitaler Inhalte (oder digitaler Dienstleistungen) festzulegen.[1011]

In der Begründung des Vorschlags der Kommission heißt es ausdrücklich, dass nicht festgeschrieben wird, „ob der Vertrag über die Bereitstellung digitaler Inhalte als Kaufvertrag, Dienstleistungsvertrag, Mietvertrag oder Vertrag sui generis anzusehen ist“[1012]. Ähnliche Formulierungen finden sich auch im Vorschlag des Vorsitzes des Rats der Europäischen Union für eine allgemeine Ausrichtung und im Entwurf einer legislativen Entschließung des Europäischen Parlaments.[1013]

Es werden vielmehr vertragliche Rechte und Pflichten normiert.[1014] Die Mitgliedstaaten haben die Möglichkeit, die Vorschriften im Rahmen vertrauter Regelungsinstrumente umzusetzen.[1015] Im Rahmen des BGB wird sich für die Zuordnung zu einem Vertragstypen an den Leistungspflichten, nicht am Leistungsgegenstand orientiert. Hieran ist bereits unter systematischen Gesichtspunkten festzuhalten.[1016] Auch die Abteilung Zivilrecht des Deutschen Juristentags fasste auf dem 71. Deutschen Juristentag den Beschluss, dass für Verträge über digitale Inhalte kein neuer Vertragstyp Einzug in das BGB halten solle.[1017]

1011 COM (2015) 634 final, S. 7; Erwägungsgründe zu Art. 3 Abs. 9 DI-RL-Ausrichtung (Rat); DI-RL-Entwurf-Entschließung (Europäisches Parlament), S. 100.

1012 COM (2015) 634 final, S. 7.

1013 Erwägungsgründe zu Art. 3 Abs. 9 DI-RL-Ausrichtung (Rat); DI-RL-Entwurf-Entschließung (Europäisches Parlament), S. 100.

1014 *Spindler*, MMR 2016, 147, 147.

1015 *Mak*, The new proposal for harmonised rules on certain aspects concerning contracts for the supply of digital contents, S. 12.

1016 S. auch *Specht*, JZ 2017, 763, 764 ff. Vgl. auch Arbeitsgruppe „Digitaler Neustart“, Bericht v. 15.05.2017, S. 100. A. A. wohl *Metzger*, AcP 216 (2016), 817, 836 f.

1017 Ständige Deputation des Deutschen Juristentages, Verhandlungen des 71. Deutschen Juristentages II/1, S. K 73, Beschluss Nr. 2 Buchstabe b) (angenommen (29:2:3)): „Für Verträge über digitale Inhalte soll kein neuer, eigener Vertragstyp im BGB geschaffen

4. *Zwischenergebnis*

Der Vorschlag der Kommission für eine Richtlinie über bestimmte vertragsrechtliche Aspekte der Bereitstellung digitaler Inhalte knüpft an ihren (gescheiterten) Vorschlag für eine Verordnung über ein Gemeinsames Europäisches Kaufrecht an. Er greift als erster Rechtsakt das Konzept des „Bezahlens mit (personenbezogenen) Daten" ausdrücklich auf.

Die Kommission, der Rat der Europäischen Union und das Europäische Parlament legen ihren Überlegungen die Feststellung zugrunde, dass datenbasierte Geschäftsmodelle die Wirtschaftswelt prägen und personenbezogene Daten einen wirtschaftlichen Wert verkörpern.

Anhand der Mehrheit der ausgewählten Regelungen, die soeben betrachtet wurden, wird jedoch deutlich, dass erheblicher Überarbeitungsbedarf besteht. Die Betrachtung der Bestrebungen auf Ebene der Europäischen Union hinsichtlich einer Kodifikation des Konzepts des „Bezahlens mit (personenbezogenen) Daten" bestätigt, dass zum gegenwärtigen Zeitpunkt von solchen Gesetzesvorhaben Abstand genommen werden sollte, die letztlich keine Grundlage bieten, auf der die weitere rechtliche Erfassung des Konzepts des „Bezahlens mit personenbezogenen Daten" aufbauen kann.

D. Bestrebungen auf nationaler Ebene

Auf nationaler Ebene betonen die Justizministerinnen und Justizminister, dass die Aufarbeitung der Frage, ob und, wenn ja, inwiefern gesetzgeberischer Handlungsbedarf im Hinblick auf die fortschreitende Digitalisierung der Lebenswelt besteht, von besonderer Relevanz sei. Handlungsbedarf bestehe unter anderem im Hinblick auf schuldrechtliche Regelungen des „Bezahlens mit Daten". Zukünftige Gesetzesvorhaben sollten die sich in diesem Zusammenhang stellenden Fragen aufgreifen. Als Ausgangspunkt dienen die Ergebnisse der Arbeitsgruppe „Digitaler Neustart", die ihre begonnene Arbeit weiterführen solle.[1018] Die Bestrebungen auf nationaler Ebene sind den Bestrebungen auf Ebene der Europäischen Union überlegen.

---

werden. Wo besondere Sachprobleme durch die Spezifika digitaler Inhalte auftreten, sind Sonderregelungen einzufügen." S. auch 88. Konferenz der Justizministerinnen und Justizminister, Beschluss, TOP I.2 Bericht der Länderarbeitsgruppe „Digitaler Neustart", Nr. 3.

1018 88. Konferenz der Justizministerinnen und Justizminister, Beschluss, TOP I.2 Bericht der Länderarbeitsgruppe „Digitaler Neustart", Nr. 2, 4, 5, 6.

I. Ausgangsüberlegungen

Die Arbeitsgruppe „Digitaler Neustart" ist sich der Relevanz datengetriebener Geschäftsmodelle für den Wirtschaftsverkehr bewusst.[1019] Ihre Überlegungen knüpfen an die wirtschaftlichen Zusammenhänge an, auf denen das Geschäftsmodell „Personenbezogene Daten als Entgelt" basiert: Auch die Arbeitsgruppe „Digitaler Neustart" qualifiziert die Erteilung der datenschutzrechtlichen Einwilligung durch den Nutzer eines „kostenlosen" sozialen Netzwerks als Gegenleistung und bejaht das Vorliegen eines synallagmatischen Vertrags zwischen dem Anbieter eines „kostenlosen" sozialen Netzwerks und dessen Nutzer. Das Vorliegen eines den Anbieter einseitig verpflichtenden Vertrags verwirft sie.[1020]

Um die Vorbehalte des Europäischen Datenschutzbeauftragten gegenüber dem Vorschlag der Kommission für eine Richtlinie über bestimmte vertragsrechtliche Aspekte der Bereitstellung digitaler Inhalte wissend, betont die Arbeitsgruppe „Digitaler Neustart" zudem die Notwendigkeit, die Vorschriften der DS-GVO als Ausgangspunkt der rechtlichen Bewertung des Konzepts des „Bezahlens mit Daten" zu wählen.[1021] Für den Erfolg einer Kodifikation des Konzepts des „Bezahlens mit personenbezogenen Daten" ist dies entscheidend. Gemäß Art. 7 Abs. 3 S. 1 DS-GVO kann die Einwilligung jederzeit widerrufen werden. Auf die Rechtmäßigkeit der bereits erfolgten Verarbeitung hat der Widerruf gemäß Art. 7 Abs. 3 S. 2 DS-GVO keinen Einfluss. Der Möglichkeit des jederzeitigen Widerrufs der Einwilligung könne Rechnung getragen werden, indem der Widerruf der Einwilligung als auflösende Bedingung im Sinne des § 158 Abs. 2 BGB begriffen werde.[1022]

Die Einwilligung muss freiwillig abgegeben werden (Art. 4 Nr. 11 DS-GVO). Aus diesem Grund sei zunächst der Anspruch auf Erteilung der Einwilligung für unklagbar zu erklären. Darüber hinaus sei dafür Sorge zu tragen, dass auch sonstige Ansprüche gegen die betroffene Person wegen Nichterfüllung der unklagbaren Verpflichtung zur Erteilung einer Einwilligung ausgeschlossen seien.[1023]

II. Empfehlungen

Ausgehend von diesen Überlegungen bewertet die Arbeitsgruppe „Digitaler Neustart", ob und, wenn ja, wo gesetzlicher Handlungsbedarf bestehe.

1019 Arbeitsgruppe „Digitaler Neustart", Bericht v. 15.05.2017, S. 202.

1020 Arbeitsgruppe „Digitaler Neustart", Bericht v. 15.05.2017, S. 199 ff.

1021 Arbeitsgruppe „Digitaler Neustart", Bericht v. 15.05.2017, S. 201 ff.

1022 Arbeitsgruppe „Digitaler Neustart", Bericht v. 15.05.2017, S. 207 f.

1023 Arbeitsgruppe „Digitaler Neustart", Bericht v. 15.05.2017, S. 208 f.

1. Grundlegende Bestimmungen

Sie regt an, durch die Einführung einer gesetzlichen Bestimmung zu verdeutlichen, dass die „Erteilung einer datenschutzrechtlichen Einwilligung in die Verarbeitung personenbezogener Daten für kommerzielle Zwecke des Vertragspartners“[1024] eine synallagmatische Hauptleistungspflicht darstellen und als Entgelt qualifiziert werden könne. Als Regelungsort biete sich das allgemeine Schuldrecht an.[1025]

Um dem Erfordernis der Freiwilligkeit der Einwilligung Rechnung zu tragen, sollten die Unklagbarkeit des Anspruchs auf Erteilung einer Einwilligung und der Ausschluss sonstiger Ansprüche wegen Nichterfüllung der Verpflichtung, eine Einwilligung zu erteilen, festgeschrieben werden.[1026]

Zudem sei zu überlegen, gesetzlich zu normieren, dass die Erbringung einer anderen Gegenleistung als Geld in Form der Erteilung einer datenschutzrechtlichen Einwilligung der Vertragspartei nicht zum Nachteil gereiche.[1027]

Sowohl hinsichtlich § 355 BGB (Widerrufsrecht bei Verbraucherverträgen) und der mit diesem im Zusammenhang stehenden Vorschriften als auch hinsichtlich der Rechte des Nutzers bei Beendigung des Vertrags verneint die Arbeitsgruppe „Digitaler Neustart“ grundlegenden Überarbeitungsbedarf.[1028]

Indem die Arbeitsgruppe „Digitaler Neustart“ eine Regelung vorschlägt, die benennt, dass die Erklärung der datenschutzrechtlichen Einwilligung eine synallagmatische Hauptleistungspflicht darstellen und als Entgelt qualifiziert werden

1024 Arbeitsgruppe „Digitaler Neustart“, Bericht v. 15.05.2017, S. 225.

1025 Arbeitsgruppe „Digitaler Neustart“, Bericht v. 15.05.2017, S. 223, 225. *Schmidt-Kessel/ Grimm*, ZfPW 2017, 84, 104 halten dies nicht für angezeigt. S. auch *Faust*, Digitale Wirtschaft – Analoges Recht, in: Ständige Deputation des Deutschen Juristentages, Verhandlungen des 71. Deutschen Juristentages I, S. A 30, der eine Anpassung des BGB für möglich – und sodann bei den §§ 311 ff. BGB ansetzen würde –, aber nicht für nötig hält.

1026 Arbeitsgruppe „Digitaler Neustart“, Bericht v. 15.05.2017, S. 225.

1027 Arbeitsgruppe „Digitaler Neustart“, Bericht v. 15.05.2017, S. 224 f. Diese Empfehlung spricht die Arbeitsgruppe „Digitaler Neustart“ nicht zuletzt aus, um etwaigen Haftungsprivilegierungen von Anbietern „kostenloser“ sozialer Netzwerke entgegenzuwirken.

1028 Arbeitsgruppe „Digitaler Neustart“, Bericht v. 15.05.2017, S. 210 ff., 225. Lediglich § 357 Abs. 9 BGB könnte dahingehend modifiziert werden, dass auch der Anbieter keinen Wertersatz zu leisten habe. Im Hinblick auf die Rückgewähr von Daten helfe Art. 15 Abs. 3 DS-GVO; im Hinblick auf ein Recht auf Unterlassung einer weiteren Datennutzung sodann Art. 7 Abs. 3 DS-GVO.

könne, trägt sie zunächst einmal – anders als die Bestrebungen auf Ebene der Europäischen Union, die auf die personenbezogenen Daten als solche Bezug nehmen – der schuldvertragsrechtlichen Bewertung des Geschäftsmodells „Personenbezogene Daten als Entgelt" Rechnung. Zudem unterstreicht sie auch *begrifflich* – anders als der Rat der Europäischen Union und das Europäische Parlament – jene Erkenntnis, die das Konzept des „Bezahlens mit personenbezogenen Daten" prägt, nämlich dass die Erteilung der datenschutzrechtlichen Einwilligung die Gegenleistung ist.

Gerade beim allgemeinen Schuldrecht handelt es sich um den zu präferierenden Regelungsort. Die Schaffung allgemeiner Vorschriften verdient den Vorzug gegenüber der Ergänzung des BGB um solche Vorschriften, die lediglich für einen einzelnen Vertragstypen gelten. Allgemeine Vorschriften, die losgelöst von einem bestimmten Vertragstypen zur Anwendung kommen, verkörpern einen Mehrwert für das gesamte Recht der Schuldverhältnisse. Sie versprechen eine gesteigerte Systematik und weniger Wertungswidersprüche.[1029] Fragestellungen, die zunächst nur im Hinblick auf einen einzelnen Vertragstypen aufzukommen scheinen, können für viele verschiedene Vertragstypen Bedeutung erlangen. Durch die Formulierung einer allgemeinen Vorschrift kann für zahlreiche Fälle Abhilfe geschaffen werden.[1030]

Der noch fehlenden Konturierungsintensität trägt die Arbeitsgruppe „Digitaler Neustart" Rechnung, indem lediglich grundlegende Empfehlungen ausgesprochen werden. Die von der Arbeitsgruppe „Digitaler Neustart" ausgesprochenen Empfehlungen dienen vermehrt der Sensibilisierung des Verbrauchers hinsichtlich jener wirtschaftlichen Zusammenhänge, von denen das Geschäftsmodell „Personenbezogene Daten als Entgelt" seine Existenzberechtigung ableitet.

2. *Insbesondere: „Button"-Lösung*

Dem Ziel, den Verbraucher hinsichtlich jener wirtschaftlichen Zusammenhänge zu sensibilisieren, auf denen das Geschäftsmodell „Personenbezogene Daten als Entgelt" basiert, trägt insbesondere die nachfolgende Empfehlung Rechnung.[1031]

1029 *Stoffels*, Gesetzlich nicht geregelte Schuldverträge, S. 576 f. Vgl. auch *Huber*, Leistungsstörungen, in: Bundesminister der Justiz, Gutachten und Vorschläge zur Überarbeitung des Schuldrechts I, S. 777; *Engelhard*, NJW 1984, 1201, 1204 f.

1030 *Stoffels*, Gesetzlich nicht geregelte Schuldverträge, S. 576; *Wolf*, AcP 182 (1982), 80, 84.

1031 S. auch Arbeitsgruppe „Digitaler Neustart", Bericht v. 15.05.2017, S. 215.

§ 312j BGB normiert besondere Pflichten im elektronischen Geschäftsverkehr. § 312j Abs. 3 S. 2 BGB beinhaltet die sogenannte Button-Lösung:[1032] Wird eine Bestellung über eine Schaltfläche aufgegeben, muss diese mit den Wörtern „zahlungspflichtig bestellen" oder einer vergleichbaren Formulierung versehen sein. § 312j Abs. 2 BGB, an den § 312j Abs. 3 S. 2 BGB anknüpft, verlangt einen Verbrauchervertrag im elektronischen Geschäftsverkehr über eine entgeltliche Leistung des Unternehmers.

Das Tatbestandsmerkmal der entgeltlichen Leistung des Unternehmers ist im Sinne des § 312 Abs. 1 BGB zu verstehen.[1033] Auch die Erklärung der datenschutzrechtlichen Einwilligung kann – wie bereits erörtert – die Entgeltlichkeit eines Vertrags im Sinne des § 312 Abs. 1 BGB begründen.

Die Arbeitsgruppe „Digitaler Neustart" empfiehlt nun, sich der „Button"-Lösung auch dann zu bedienen, wenn die Gegenleistung in der Erteilung einer datenschutzrechtlichen Einwilligung besteht. § 312j Abs. 3 BGB sei insoweit zu ergänzen.[1034] Die Schaltfläche könne die folgende Formulierung aufgreifen:[1035]

> „Bestellen gegen Einwilligung zu einer Verarbeitung personenbezogener Daten für kommerzielle Zwecke des Anbieters."[1036]

Gemäß § 312j Abs. 4 BGB hängt die Wirksamkeit des Vertrags davon ab, dass der Unternehmer seiner Pflicht aus § 312j Abs. 3 BGB nachkommt. Handele es sich bei der Erklärung der datenschutzrechtlichen Einwilligung um die Gegenleistung, sei diese Regelung nicht interessensgerecht. In diesen Fällen sollte vielmehr lediglich der Verbraucher nicht gebunden sein.[1037]

1032 S. auch *Maume*, in: Bamberger et al., Beck'scher OK BGB, § 312j Rn. 18 ff. (Stand: 01.05.2018).

1033 *Maume*, in: Bamberger et al., Beck'scher OK BGB, § 312j Rn. 10 (Stand: 01.05.2018); *Wendehorst*, in: Säcker et al., MüKo BGB, § 312j Rn. 13.

1034 Arbeitsgruppe „Digitaler Neustart", Bericht v. 15.05.2017, S. 215. Auch sei § 312a Abs. 3 BGB für jene Fälle zu modifizieren, in denen die Erteilung einer datenschutzrechtlichen Einwilligung neben die Zahlung eines Gelbetrags tritt, s. Arbeitsgruppe „Digitaler Neustart", Bericht v. 15.05.2017, S. 216. Bereits 2013 fragte sich *Benninghoff*, VuR 2013, 361, 361 f., ob die „Button"-Lösung auszudehnen sei. S. auch *Schmidt-Kessel/Grimm*, ZfPW 2017, 84, 104. Kritischer *Specht*, Datenverwertungsverträge zwischen Datenschutz und Vertragsfreiheit, S. 15.

1035 Arbeitsgruppe „Digitaler Neustart", Bericht v. 15.05.2017, S. 215.

1036 Arbeitsgruppe „Digitaler Neustart", Bericht v. 15.05.2017, S. 215.

1037 Arbeitsgruppe „Digitaler Neustart", Bericht v. 15.05.2017, S. 216. Auch § 312a Abs. 3 BGB sei insoweit zu ergänzen. Vgl. bereits zum geltenden § 312j Abs. 4 BGB Ständige Deputation des Deutschen Juristenstages, Verhandlungen des 71. Deutschen Juristentages II/1, S. K 76, Beschluss Nr. 16 Buchstabe a)

E. Abschließende Betrachtung

Dem Vorschlag der Kommission und den an diesen anknüpfenden Gesetzgebungsmaterialien ist die Leistung zuzugestehen, dass sie bewirken, sich vertiefter mit dem Konzept des „Bezahlens mit (personenbezogenen) Daten" auseinanderzusetzen.[1038] Die geplante Richtlinie über bestimmte vertragsrechtliche Aspekte der Bereitstellung digitaler Inhalte weist jedoch Defizite auf, die einer erfolgreichen Kodifikation des Konzepts des „Bezahlens mit personenbezogenen Daten" entgegenstehen.

Ein Gesetzesvorhaben, das das Konzept des „Bezahlens mit personenbezogenen Daten" aufgreift, muss benennen, dass die Erklärung der datenschutzrechtlichen Einwilligung als Gegenleistung zu begreifen ist. Zudem muss sie in Einklang mit den Vorschriften der DS-GVO stehen. In diesem Zusammenhang ist sich zu vergegenwärtigen, dass weder in naher noch in ferner Zukunft grundlegende Änderungen des Datenschutzrechts zu erwarten sind. Um die DS-GVO wurde zu lange gerungen.[1039]

In den Ergebnissen der Arbeitsgruppe „Digitaler Neustart" spiegeln sich diese Überlegungen wider. Sie sind den Bestrebungen auf Ebene der Europäischen Union überlegen. Indem die Arbeitsgruppe „Digitaler Neustart" lediglich grundlegende Empfehlungen ausspricht, trägt sie dem Umstand Rechnung, dass sich ein solches Datenschuldrecht, das den (widerstreitenden) Interessen der Vertragsparteien Rechnung trägt, noch herausbilden muss. Gleichwohl sensibilisieren sie den Verbraucher für den wirtschaftlichen Wert seiner personenbezogenen Daten. Zudem können sowohl Gesetzgeber als auch -anwender hieran anknüpfen, um einen kohärenten Rechtsrahmen zu schaffen.

(angenommen (20:6:7)): „§ 312j Abs. 4 BGB ist dahingehend zu ändern, dass ein Vertrag zwischen Unternehmer und Verbraucher auch dann zustande kommt, wenn der Unternehmer gegen seine Pflicht aus § 312j Abs. 3 BGB verstoßen hat, dass aber der Verbraucher in diesem Fall nicht gebunden ist."

1038 S. auch *Specht*, Ordnung der Wissenschaft 2017, 121, 126 f.

1039 S. hierzu *Albrecht/Jotzo*, Das neue Datenschutzrecht der EU, Teil 1 Rn. 11 ff. Vgl. auch *Paal/Hennemann*, Big Data as an Asset – Daten und Kartellrecht, Gutachten im Rahmen des ABIDA-Projekts, S. 82.

8. Kapitel: Schlussbetrachtungen

Abschließend werden an dieser Stelle die Ergebnisse zusammengefasst und ein Ausblick gegeben.

A. Ergebnisse

I. Wirtschaftlicher Wert personenbezogener Daten

Die Möglichkeit, personenbezogene Daten zu verarbeiten, verkörpert einen wirtschaftlichen Wert. Dies wird bereits anhand der vielfältigen Anwendungsszenarien von Big Data-Analysen deutlich. Letztlich wohnt somit den personenbezogenen Daten selbst ein solcher wirtschaftlicher Wert inne. Datengetriebene Geschäftsmodelle basieren auf der Verarbeitung des größtmöglichen „Datenschatzes". Diese Feststellungen liegen den weiteren Ergebnissen zugrunde.

II. Kommerzialisierung des Rechts auf informationelle Selbstbestimmung

1. Grundrechtliche Einkleidung

Sowohl die Interessen der betroffenen Person als auch jene des Betreibers eines datengetriebenen Geschäftsmodells genießen grundrechtlichen Schutz. Die betroffene Person wird durch das Recht auf informationelle Selbstbestimmung als Ausprägung des allgemeinen Persönlichkeitsrechts gemäß Art. 2 Abs. 1 GG in Verbindung mit Art. 1 Abs. 1 GG, Art. 8 Abs. 1 EMRK und Art. 7, 8 Abs. 1 GRCh geschützt, der Betreiber eines datengetriebenen Geschäftsmodells durch Art. 12 Abs. 1 GG und Art. 16 GRCh.

Im Hinblick auf das Recht auf informationelle Selbstbestimmung rückt in der Informationsgesellschaft die grundrechtliche Schutzpflicht des Staats in den Mittelpunkt. Der Staat hat jene Voraussetzungen zu schaffen, die ein selbstbestimmtes Handeln des Grundrechtsträgers gewährleisten. Da die grundrechtliche Schutzpflicht insbesondere den Gesetzgeber anspricht, dient sie als Anknüpfungspunkt, um zu bewerten, ob eine Kodifikation des Konzepts des „Bezahlens mit personenbezogenen Daten" sinnvoll ist.

2. Kommerzialisierung von Persönlichkeitsrechten

Soweit die verfassungsrechtlichen Grenzen beachtet werden, ist auch das Recht auf informationelle Selbstbestimmung – ebenso wie jene Erscheinungsformen des allgemeinen Persönlichkeitsrechts, deren Kommerzialisierung seit jeher propagiert wird – der Kommerzialisierung zugänglich. Mithilfe der widerruflichen Einwilligung und durch schuldrechtliche Rechtsgeschäfte können Persönlichkeitsrechte, insbesondere das Recht auf informationelle Selbstbestimmung, wirtschaftlich verwertet werden. Auf diesem Ergebnis baut die rechtliche Erfassung des Geschäftsmodells „Personenbezogene Daten als Entgelt" auf.

III. Das Schuldvertragsrecht des BGB und das Geschäftsmodell „Personenbezogene Daten als Entgelt"

Der Ausdruck „Daten als Währung im Web"[1040] – stellvertretend für ähnliche Ausdrücke – ist lediglich bildlich zu verstehen. Personenbezogene Daten sind keine Währung. Unter Berücksichtigung der aus wirtschaftswissenschaftlicher Sicht für Geld charakteristischen Funktionen sind personenbezogene Daten auch nicht als Geld zu qualifizieren. Die Feststellung, dass es sich bei personenbezogenen Daten weder um eine Währung noch um Geld handelt, verbietet nicht, die Erklärung der datenschutzrechtlichen gleichwohl als Entgelt zu qualifizieren.

Der Begriff der Leistung im Sinne des § 241 Abs. 1 BGB ist sehr weit zu verstehen. Im Rahmen des in dieser Arbeit untersuchten Geschäftsmodells ist die Erklärung der datenschutzrechtlichen Einwilligung als (Gegen-)Leistung zu qualifizieren, die dem Begriff der Leistung im Sinne des § 241 Abs. 1 BGB gerecht wird.

Entgeltliche Schuldverträge zeichnet eine synallagmatische, kausale oder konditionale Verknüpfung von Leistung und Gegenleistung aus. Es muss sich nicht um eine monetäre Gegenleistung handeln. Die Untersuchung der in dieser Arbeit betrachteten Leistungen – also solche, für deren Inanspruchnahme zwar kein Geldbetrag zu entrichten, jedoch eine datenschutzrechtliche Einwilligung zu erklären ist – offenbart gerade eine synallagmatischen Verknüpfung von Leistung und Gegenleistung. Auf diese Weise werden jene wirtschaftlichen Zusammenhänge rechtlich abgebildet, die dem Geschäftsmodell „Personenbezogene Daten als Entgelt" zugrunde liegen. Dies verdeutlicht beispielhaft die Untersuchung des Nutzungsverhältnisses bei sozialen Netzwerken unter Bezugnahme auf die Bedingungswerke von Facebook. Sie belegt insoweit zugleich die einleitend formulierte Arbeitsthese.

1040 *Wintermeier*, ZD 2012, 210, 212.

IV. Der Begriff des Entgelts im Sinne des Kartellrechts am Beispiel der Diskussion um die Marktqualität

Die Entscheidungspraxis der Kartellbehörden und der Gerichte verdeutlicht, dass diese den Begriff des Entgelts im Sinne des Kartellrechts eng verstehen und auf eine monetäre Gegenleistung beschränken. Ein solches enges Begriffsverständnis liegt auch dem im Rahmen der 9. GWB-Novelle neu in das GWB eingefügten § 18 Abs. 2a GWB zugrunde. Wesentlicher Bestandteil des Markts ist die Austauschbeziehung, also das Vorliegen von Leistung und Gegenleistung. Unter Berücksichtigung kartellrechtsspezifischer Wertungen muss es sich indes nicht um eine monetäre Gegenleistung handeln. Auch bei der Erklärung der datenschutzrechtlichen Einwilligung handelt es sich um ein taugliches Entgelt im Sinne des Kartellrechts. Sie begründet Marktqualität.

V. DS-GVO und das Geschäftsmodell „Personenbezogene Daten als Entgelt"

Anlässlich der Frage, ob Art. 7 Abs. 4 DS-GVO dem Geschäftsmodell „Personenbezogene Daten als Entgelt" entgegensteht, wurde deutlich, dass eine sinnvolle Verzahnung des Schuldvertrags-, Datenschutz- und Kartellrechts Antworten auf jene Frage geben kann, die sich im Hinblick auf den Untersuchungsgegenstand der vorliegenden Arbeit stellen. Es kann daran angeknüpft werden, dass die Erklärung der datenschutzrechtlichen Einwilligung sowohl im Sinne des Schuldvertragsrechts des BGB als auch im Sinne des Kartellrechts Entgeltqualität hat.

Die DS-GVO, die nunmehr jene Maßstäbe vorgibt, an denen datenschutzrechtliche Sachverhalte zu messen sind, enthält kein striktes Kopplungsverbot. Art. 7 Abs. 4 DS-GVO verlangt vielmehr, alle Umstände des Einzelfalls zu berücksichtigen, um die Frage zu beantworten, ob eine Einwilligung freiwillig erteilt wurde. *Ein* wichtiger Aspekt ist die Frage, ob die Erfüllung eines Vertrags, einschließlich der Erbringung einer Dienstleistung, von der Einwilligung zu einer Verarbeitung von personenbezogenen Daten abhängt, die für die Erfüllung des Vertrags nicht erforderlich sind. Gleiches gilt für die Frage, ob der Verantwortliche eine Monopolstellung innehat.

Wird die Erteilung der datenschutzrechtlichen Einwilligung als Gegenleistung qualifiziert – und handelt es sich somit um den Leistungsgegenstand –, ist die Erfüllung eines Vertrags, einschließlich der Erbringung einer Dienstleistung, bereits nicht im Sinne des Art. 7 Abs. 4 DS-GVO von der Einwilligung zu einer Verarbeitung von personenbezogenen Daten abhängig, die für die Erfüllung des Vertrags nicht erforderlich sind.

Das Geschäftsmodell „Personenbezogene Daten als Entgelt“ ist nicht auf gesetzliche Erlaubnistatbestände zu stützen – auch nicht um einen angemessenen „Datenpreis“ zu gewährleisten. Hierfür bietet es sich vielmehr an, Art. 102 AEUV und § 19 GWB fruchtbar zu machen.

VI. Kodifikationsfrage

Eine *umfassende* Kodifikation des Konzepts des „Bezahlens mit personenbezogenen Daten“ ist zum gegenwärtigen Zeitpunkt nicht sinnvoll. Wünschenswert ist jedoch eine Regelung, die jene Zusammenhänge veranschaulicht, auf denen das Geschäftsmodell „Personenbezogene Daten als Entgelt“ beruht. Eine solche Regelung trägt zunächst zur Sensibilisierung des Einzelnen hinsichtlich des Werts seiner personenbezogenen Daten bei. Zudem kann der Gesetzgeber und -anwender an eine solche Reglung anknüpfen.

Der Vorschlag der Kommission für eine Richtlinie über bestimmte vertragsrechtliche Aspekte der Bereitstellung digitaler Inhalte als auch die sich an diesen anschließenden Gesetzgebungsmaterialien werden der zuletzt genannten Überlegung nicht gerecht. Etwas anderes gilt für die Bestrebungen auf nationaler Ebene, namentlich den Ergebnissen der Arbeitsgruppe „Digitaler Neustart“. Diese sind vielversprechend. Es werden grundlegende Empfehlungen ausgesprochen, die den Einzelnen für die wirtschaftlichen Zusammenhänge, von denen das Geschäftsmodell „Personenbezogene Daten als Entgelt“ seine Existenzberechtigung ableitet, sensibilisieren, und an die angeknüpft werden kann, um einen kohärenten Rechtsrahmen zu schaffen.

B. Ausblick

Gesetzgebung, Rechtswissenschaft und Rechtsprechung werden sich (weiterhin) verstärkt mit dem Konzept des „Bezahlens mit personenbezogenen Daten“ auseinandersetzen.[1041] Gerade die Kommission verdeutlicht mit ihrem jüngsten Vorschlag für eine Richtlinie des Europäischen Parlaments und des Rats unter anderem zur Änderung der Richtlinie 2011/83/EU des Europäischen Parlaments und des Rats zur besseren Durchsetzung und Modernisierung der EU-Verbraucherschutzvorschriften (COM (2018) 185 final))[1042], der erneut das Konzept

1041 Vgl. auch *Specht*, Ordnung der Wissenschaft 2017, 121, 126 f.

1042 Kommission, Vorschlag für eine Richtlinie des Europäischen Parlaments und des Rats zur Änderung der Richtlinie 93/13/EWG des Rats v. 05.04.1993, der Richtlinie 98/6/EG des Europäischen Parlaments und des Rats, der Richtlinie 2005/29/EG des Europäischen Parlaments und des Rats sowie der Richtlinie 2011/83/EU des

des „Bezahlens mit personenbezogenen Daten" aufgreift,[1043] dass sie tätig werden will.

Einen Schwerpunkt der vorliegenden Arbeit bildete die Frage, was das Schuldvertragsrecht des BGB und das Kartellrecht unter dem Begriff des Entgelts verstehen und wie sich das im Rahmen der vorliegenden Arbeit betrachtete Geschäftsmodell hierzu verhält. Vergleichbare Forschungsfragen existieren auch in anderen Rechtsbereichen.

Das bereits an anderer Stelle erwähnte Urteil des Landgerichts Berlin aus dem Januar dieses Jahres in dem Rechtsstreit zwischen dem vzbv und Facebook[1044] gibt Anlass, den Begriff der Kosten im Sinne der Nr. 21 des Anhangs zu § 3 Abs. 3 UWG zu untersuchen.

Diskutiert wird gegenwärtig auch, ob Internetdienste und Smartphone-Apps, die deren Nutzern im Austausch gegen personenbezogene Daten zur Verfügung gestellt werden, der Umsatzsteuer unterliegen.[1045] § 1 Abs. 1 Nr. 1 S. 1 UStG unterwirft Lieferungen und sonstige Leistungen, die ein Unternehmer im Inland gegen Entgelt erbringt, der Umsatzsteuer. Maßgebliches Element des § 1 Abs. 1 Nr. 1 S. 1 UStG ist der Leistungsaustausch, also das Vorliegen von Leistung (des Leistenden) und Gegenleistung (des Leistungsempfängers).[1046] Entscheidend ist auch hier nicht zuletzt, was unter „Leistung" und „Entgelt" – nun im Sinne des UStG – zu verstehen ist.[1047] Die Argumentationsmuster ähneln

---

Europäischen Parlaments und des Rates zur besseren Durchsetzung und Modernisierung der EU-Verbraucherschutzvorschriften v. 11.04.2018, COM (2018) 185 final.

1043 S. Art. 2 Nr. 1 Buchstabe d) COM (2018) 185 final. S. auch Erwägungsgrund 22 COM (2018) 185 final.

1044 LG Berlin, Urt. v. 16.01.2018 – 16 O 341/15, GRUR-RS 2018, 1060, 1060. S. auch 4. Kapitel, C. III. 2. a).

1045 Bejahend: *Dietsch*, MwStR 2017, 868, 868 ff.; *Melan/Pfeiffer*, DStR 2017, 1072, 1072 ff.; *Melan/Wecke*, DStR 2015, 2811, 2811 ff.; *Melan/Wecke*, DStR 2015, 2267, 2267 ff. So wohl auch *Pfeiffer*, International VAT Monitor, May/June 2016, 158, 158 ff. Verneinend: *Grambeck*, NWB 2016, 3931, 3936 ff.; *Grambeck*, DStR 2016, 2026, 2026 ff.; *Looks/Bergau*, MwStR 2016, 864, 864 ff. Kritisch auch *Englisch*, DB 2017, S. M4, S. M4 f. *Grambeck*, NWB 2016, 3931, 3936; *Grambeck*, DStR 2016, 2026, 2032 und *Looks/Bergau*, MwStR 2016, 864, 864 Fn. 2 scheinen sich jedoch nicht per se gegen die Qualifizierung von personenbezogenen Daten als Entgelt zu verwehren – zumindest außerhalb des Umsatzsteuerrechts.

1046 *Robisch*, in: Bunjes/Geist, UStG, § 1 Rn. 7 f.

1047 Weitere Fragen stellen sich z. B. *Melan/Pfeiffer*, DStR 2017, 1072, 1072 ff.; *Melan/Wecke*, DStR 2015, 2811, 2811 ff.; *Pfeiffer*, International VAT Monitor, May/June 2016, 158, 158 ff.

jenen, die auch im Schuldvertrags- und im Kartellrecht herangezogen werden. Werden Internetdienste und Smartphone-Apps im Austausch gegen die „Einräumung der Verwertungsrechte an den eigenen Nutzerdaten“[1048] zur Verfügung gestellt, liege ein gegenseitiger Vertrag vor.[1049] Diese Überlegung bildet den Ausgangspunkt derjenigen, die eine Umsatzsteuerpflicht bejahen. Gerade im Hinblick auf das Verhältnis von Zivilrecht und Steuerrecht wurde die Frage der Einheit der Rechtsordnung im Sinne einer einheitlichen Begrifflichkeit kontrovers diskutiert.[1050] Eine „teleologische Prävalenz des Zivilrechts“[1051] existiert jedoch auch hier nicht.[1052]

Mit ihrem Vorschlag für eine Richtlinie des Rats zur Festlegung von Vorschriften für die Unternehmensbesteuerung einer signifikanten digitalen Präsenz (COM (2018) 147 final)[1053] und ihrem Vorschlag für eine Richtlinie des Rats zum gemeinsamen System einer Digitalsteuer auf Erträge aus der Erbringung bestimmter digitaler Dienstleistungen (COM (2018) 148 final)[1054], die sie am 21.03.2018 vorstellte, greift auch die Kommission die Frage einer angemessenen Besteuerung datengetriebener Geschäftsmodelle auf.[1055] Es geht der Kommission gerade darum, zu erfassen, dass die Nutzer zur Wertschöpfung beitragen.[1056] Gemäß Art. 3 Abs. 1 COM (2018) 148 final gelten beispielsweise die Erträge, die durch die Platzierung von Werbung auf einer digitalen Schnittstelle und durch

---

1048 *Melan/Wecke*, DStR 2015, 2267, 2269. S. auch *Melan/Wecke*, DStR 2015, 2811, 2812.

1049 *Melan/Wecke*, DStR 2015, 2267, 2267 f. S. auch *Melan/Wecke*, DStR 2015, 2811, 2812. *Melan/Wecke*, DStR 2015, 2267, 2267 f. stützen sich u. a. auf das LG Berlin, Urt. v. 19.11.2013 – 15 O 402/12, MMR 2014, 563, 563 ff. und gehen über dieses hinaus, indem sie auch bei Ausbleiben einer persönlichen Anmeldung durch den Nutzer ein Gegenseitigkeitsverhältnis bejahen.

1050 *Felix*, Einheit der Rechtsordnung, S. 110 ff.

1051 *Seer*, in: Tipke/Lang, Steuerrecht, § 1 Rn. 34.

1052 BVerfG, Beschl. v. 27.12.1991 – 2 BvR 72/90, NJW 1992, 1219, 1219 f.; *Seer*, in: Tipke/Lang, Steuerrecht, § 1 Rn. 31 ff.; *Meyer*, Steuerliches Leistungsfähigkeitsprinzip und zivilrechtliches Ausgleichssystem, S. 19 f. S. auch 1. Kapitel, A. II.

1053 Kommission, Vorschlag für eine Richtlinie des Rats zur Festlegung von Vorschriften für die Unternehmensbesteuerung einer signifikanten digitalen Präsenz v. 21.03.2018, COM (2018) 147 final.

1054 Kommission, Vorschlag für eine Richtlinie des Rats zum gemeinsamen System einer Digitalsteuer auf Erträge aus der Erbringung bestimmter digitaler Dienstleistungen v. 21.03.2018, COM (2018) 148 final.

1055 COM (2018) 147 final, S. 1; COM (2018) 148 final, S. 1.

1056 COM (2018) 148 final, S. 8. S. auch COM (2018) 147 final, S. 10.

die Übermittlung gesammelter Nutzerdaten erwirtschaftet werden, als steuerbare Erträge.[1057]

Im Rahmen der vorliegenden Arbeit wurde deutlich, dass datengetriebene Geschäftsmodelle Konzepte, die von der Erbringung einer monetären Gegenleistung ausgehen, auf den Prüfstand stellen. Für die soeben benannten weiteren Forschungsfragen gilt dies gleichermaßen. Diese Entwicklung wird somit auch die weitere Diskussion prägen.

Die Qualifikation der Erklärung der datenschutzrechtlichen Einwilligung als taugliche Gegenleistung und Entgelt im Sinne des Schuldvertragsrechts des BGB und im Sinne des Kartellrechts ist als entscheidende Weichenstellung zu begreifen, durch die Antworten auf jene Fragen gefunden werden können, die sich im Hinblick auf das Geschäftsmodell „Personenbezogene Daten als Entgelt" stellen. Hieran ist anzuknüpfen.

1057 S. auch Art. 5 Abs. 5 COM (2018) 147 final. In Zeiten von „Fake News" wird teilweise in der Besteuerung der Weiterveräußerung von Daten sogar die Möglichkeit gesehen, externe Effekte des Datenhandels zu kompensieren, zum Beispiel solche auf das demokratische System, s. *Guggenberger*, Diese Steuer könnte Facebook & Co. zähmen, SZ v. 20.08.2018, abrufbar unter: https://www.sueddeutsche.de/digital/social-media-diese-steuer-koennte-facebook-co-zaehmen-1.4096703 (zuletzt abgerufen am: 15.09.2018).

Literaturverzeichnis

Ahlberg, Hartwig/Götting, Horst-Peter (beide Hrsg.), Beck'scher Online-Kommentar Urheberrecht, 21. Edition München, Stand: 04.06.2018 (zit.: *Bearbeiter*, in: Ahlberg/Götting, Beck'scher OK UrhG)

Albers, Willi et al. (Hrsg.), Handwörterbuch der Wirtschaftswissenschaft (HdWW), 5. Band, Lagerhaltung bis Oligopoltheorie, Stuttgart 1980 (zit.: *Bearbeiter*, in: Albers et al., HdWW V)

Albrecht, Jan Philipp, Das neue EU-Datenschutzrecht – von der Richtlinie zur Verordnung, Überblick und Hintergründe zum finalen Text für die Datenschutz-Grundverordnung der EU nach der Einigung im Trilog, CR 2016, 88–98

Albrecht, Jan Philipp/Jotzo, Florian, Das neue Datenschutzrecht der EU – Grundlagen, Gesetzgebungsverfahren, Synopse, Baden-Baden 2017 (zit.: *Albrecht/Jotzo*, Das neue Datenschutzrecht der EU)

Arbeitsgruppe „Digitaler Neustart" der Konferenz der Justizministerinnen und Justizminister der Länder, Bericht vom 15. Mai 2017, abrufbar unter: https://www.justiz.nrw.de/JM/schwerpunkte/digitaler_neustart/zt_bericht_arbeitsgruppe/bericht_ag_dig_neustart.pdf (zit.: Arbeitsgruppe „Digitaler Neustart", Bericht v. 15.05.2017)

Article 29 Data Protection Working Party, Guidelines on Consent under Regulation 2016/679, 17/EN, WP259 rev.01, 10.04.2018, abrufbar unter: http://ec.europa.eu/newsroom/article29/item-detail.cfm?item_id=623051 (zit.: Article 29 Data Protection Working Party, Guidelines on Consent under Regulation 2016/679)

Article 29 Data Protection Working Party, Opinion 06/2014 on the notion of legitimate interests of the data controller under Article 7 of Directive 95/46/EC, 844/14/EN, WP 217, 09.04.2014, abrufbar unter: http://ec.europa.eu/justice/article-29/documentation/opinion-recommendation/files/2014/wp217_en.pdf (zit.: Article 29 Data Protection Working Party, Opinion 06/2014 on the notion of legitimate interests of the data controller under Article 7 of Directive 95/46/EC)

Artz, Markus et al. (Hrsg.), beck-online.GROSSKOMMENTAR – BGB, München 2018 (zit.: *Bearbeiter*, in: Artz et al., beck-online.GK BGB)

Badura, Peter, Das Unternehmenseigentum unter den Bedingungen der staatlichen Wachstumsvorsorge und der sozialen Arbeitsordnung – Ein Grundriss der Fragestellungen, in: Durner, Wolfgang/Peine, Franz-Joseph/Shirvani, Foroud (alle Hrsg.), Freiheit und Sicherheit in Deutschland und Europa, Festschrift für Hans-Jürgen Papier zum 70. Geburtstag, Berlin 2013, S. 207–222 (zit.: *Badura*, Das Unternehmenseigentum, in: Durner/Peine/Shirvani, Festschrift für Papier zum 70. Geburtstag)

Bamberger, Heinz Georg et al. (Hrsg.), Beck'scher Online-Kommentar BGB, 46. Edition München, Stand: 01.05.2018 (zit.: *Bearbeiter*, in: Bamberger et al., Beck'scher OK BGB)

Belleflamme, Paul/Peitz, Martin, Industrial Organization – Markets and Strategies, 2. Aufl. Cambridge 2015 (zit.: *Belleflamme/Peitz*, Industrial Organization – Markets and Strategies)

Benninghoff, Sonja, Brauchen wir eine „Button"-Lösung für das Datenschutzrecht?, VuR 2013, 361–362

Beuthien, Volker, Was ist vermögenswert, die Persönlichkeit oder ihr Image? – Begriffliche Unstimmigkeiten in den Marlene-Dietrich-Urteilen, NJW 2003, 1220–1222

Bischke, Alf-Henrik/Brack, Sebastian, Neuere Entwicklungen im Kartellrecht – „Big data" zunehmend im Visier der Kartellbehörden: Das BKartA untersucht das Geschäftsverhalten von Facebook, NZG 2016, 502–505

Bisges, Marcel, Personendaten, Wertzuordnung und Ökonomie – Kein Vergütungsanspruch Betroffener für die Nutzung von Personendaten, MMR 2017, 301–306

BITKOM, Management von Big-Data-Projekten – Leitfaden, 2013, abrufbar unter: https://www.bitkom.org/noindex/Publikationen/2013/Leitfaden/Management-von-Big-Data-Projekten/130618-Management-von-Big-Data-Projekten.pdf (zit.: BITKOM, Management von Big-Data-Projekten)

BITKOM, Big Data im Praxiseinsatz – Szenarien, Beispiele, Effekte, 2012, abrufbar unter: https://www.bitkom.org/noindex/Publikationen/2012/Leitfaden/Leitfaden-Big-Data-im-Praxiseinsatz-Szenarien-Beispiele-Effekte/BITKOM-LF-big-data-2012-online1.pdf (zit.: BITKOM, Big Data im Praxiseinsatz)

Bleckmann, Albert, Probleme der Auslegung von EWG-Richtlinien, RIW 1987, 929–935

Bornkamm, Joachim/Montag, Frank/Säcker, Franz Jürgen (alle Hrsg.), Münchener Kommentar – Europäisches und Deutsches Wettbewerbsrecht, Kartellrecht, Missbrauchs- und Fusionskontrolle, 1. Band, 2. Aufl. München 2015 (zit.: *Bearbeiter*, in: Bornkamm/Montag/Säcker, MüKo Kartellrecht I)

Bornkamm, Joachim/Montag, Frank/Säcker, Franz Jürgen (alle Hrsg.), Münchener Kommentar – Europäisches und Deutsches Wettbewerbsrecht, Kartellrecht, Missbrauchs- und Fusionskontrolle, 2. Band, 2. Aufl. München 2015 (zit.: *Bearbeiter*, in: Bornkamm/Montag/Säcker, MüKo Kartellrecht II)

Bosch, Wolfgang, Kartellgesetz – Gesetz gegen Wettbewerbsbeschränkungen (§§ 1–96, 185, 186), 9. Aufl. München 2018 (zit.: *Bearbeiter*, in: Bechtold/Bosch, GWB)

Bräutigam, Peter, Das Nutzungsverhältnis bei sozialen Netzwerken – Zivilrechtlicher Austausch von IT-Leistungen gegen personenbezogene Daten, MMR 2012, 635–641

Bräutigam, Peter/Rücker, Daniel (beide Hrsg.), E-Commerce Rechtshandbuch, München 2017 (zit.: *Bearbeiter*, in: Bräutigam/Rücker, E-Commerce Rechtshandbuch)

Brink, Stefan/Wolff, Heinrich Amadeus (beide Hrsg.), Beck'scher Online-Kommentar Datenschutzrecht, 24. Edition München, Stand: 01.05.2018 (zit.: *Bearbeiter*, in: Wolff/Brink, Beck'scher OK Datenschutzrecht)

Brinkert, Maike/Stolze, Michael/Heidrich, Joerg, Der Tod und das soziale Netzwerk – Digitaler Nachlass in Theorie und Praxis, ZD 2013, 153–157

Brönneke, Tobias/Schmidt, Fabian, Der Anwendungsbereich der Vorschriften über die besonderen Vertriebsformen nach Umsetzung der Verbraucherrechterichtlinie, VuR 2014, 3–9

Brudermüller, Gerd et al., Palandt – Bürgerliches Gesetzbuch mit Nebengesetzen, 77. Aufl. München 2018 (zit.: *Bearbeiter*, in: Palandt, BGB)

Buchmann, Felix, Das neue Fernabsatzrecht 2014 (Teil 3) – Anwendungsbereich und Ausnahmen vom Widerrufsrecht bei Fernabsatzverträgen über Waren, K&R 2014, 369–375

Buchner, Benedikt, Grundsätze und Rechtmäßigkeit der Datenverarbeitung unter der DS-GVO, DuD 2016, 155–161

Buchner, Benedikt, Die Einwilligung im Datenschutzrecht – vom Rechtfertigungsgrund zum Kommerzialisierungsinstrument, DuD 2010, 39–43

Buchner, Benedikt, Informationelle Selbstbestimmung im Privatrecht (zugleich Habil. München 2005/2006), Tübingen 2006 (zit.: *Buchner*, Informationelle Selbstbestimmung im Privatrecht)

Bull, Hans Peter, Sinn und Unsinn des Datenschutzes – Persönlichkeitsrecht und Kommunikationsfreiheit in der digitalen Gesellschaft, Tübingen 2015 (zit.: *Bull*, Sinn und Unsinn des Datenschutzes)

Bull, Hans Peter, Persönlichkeitsschutz im Internet: Reformeifer mit neuen Ansätzen, NVwZ 2011, 257–263

Bundeskartellamt, Hintergrundinformationen zum Facebook-Verfahren des Bundeskartellamtes, 19.12.2017, abrufbar unter: http://www.bundeskartellamt.de/SharedDocs/Publikation/DE/Diskussions_Hintergrundpapier/Hintergrundpapier_Facebook.pdf?__blob=publicationFile&v=5

(zit.: BKartA, Hintergrundinformationen zum Facebook-Verfahren des Bundeskartellamtes)

Bundeskartellamt, Vorläufige Einschätzung im Facebook-Verfahren: Das Sammeln und Verwerten von Daten aus Drittquellen außerhalb der Facebook Website ist missbräuchlich, Pressemitteilung v. 19.12.2017, abrufbar unter: http://www.bundeskartellamt.de/SharedDocs/Meldung/DE/Pressemitteilungen/2017/19_12_2017_Facebook.html (zit.: BKartA, Vorläufige Einschätzung im Facebook-Verfahren, Pressemitteilung v. 19.12.2017)

Bundeskartellamt, Arbeitspapier – Marktmacht von Plattformen und Netzwerken, Juni 2016, abrufbar unter: https://www.bundeskartellamt.de/SharedDocs/Publikation/DE/Berichte/Think-Tank-Bericht.pdf?__blob=publicationFile&v=2 (zit.: BKartA, Arbeitspapier – Marktmacht von Plattformen und Netzwerken)

Bundeskartellamt, Digitale Ökonomie – Internetplattformen zwischen Wettbewerbsrecht, Privatsphäre und Verbraucherschutz, Tagung des Arbeitskreises Kartellrecht, Hintergrundpapier, 01.10.2015, abrufbar unter: https://www.bundeskartellamt.de/SharedDocs/Publikation/DE/Diskussions_Hintergrundpapier/AK_Kartellrecht_2015_Digitale_Oekonomie.pdf%3F__blob%3DpublicationFile%26v%3D2 (zit.: BKartA, Digitale Ökonomie)

Bundesrat, Beschluss des Bundesrates, Entschließung des Bundesrates zur Verbesserung der Übersichtlichkeit von Allgemeinen Geschäftsbedingungen (AGB), Drucksache 577/16, 04.11.2016 (zit.: BR-Drs. 577/16)

Bundesrechtsanwaltskammer, Stellungnahme Nr. 13/2016, Juni 2016, abrufbar unter: https://www.brak.de/zur-rechtspolitik/stellungnahmen-pdf/stellungnahmen-deutschland/2016/juni/stellungnahme-der-brak-2016-13.pdf (zit.: Bundesrechtsanwaltskammer, Stellungnahme Nr. 13/2016)

Bunte, Hermann-Josef (Hrsg.), Kartellrecht – Kommentar, 1. Band, Deutsches Kartellrecht, 13. Aufl. Köln 2018 (zit.: *Bearbeiter*, in: Langen/Bunte, Kartellrecht I)

Calliess, Christian/Ruffert, Matthias (beide Hrsg.), EUV/AEUV – Das Verfassungsrecht der Europäischen Union mit Europäischer Grundrechtecharta, Kommentar, 5. Aufl. München 2016 (zit.: *Bearbeiter*, in: Calliess/Ruffert, EUV/AEUV)

Chiusi, Tiziana J., von Staudinger – Kommentar zum Bürgerlichen Gesetzbuch mit Einführungsgesetz und Nebengesetzen, Buch 2, Recht der Schuldverhältnisse, §§ 516–534 (Schenkungsrecht), Berlin 2013 (zit.: *Bearbeiter*, in: v. Staudinger, BGB)

Dammann, Ulrich, Erfolge und Defizite der EU-Datenschutzgrundverordnung – Erwarteter Fortschritt, Schwächen und überraschende Innovationen, ZD 2016, 307–314

Datenschutzkonferenz, Kurzpapier Nr. 3: Verarbeitung personenbezogener Daten für Werbung, Stand: 29.06.2017, abrufbar unter: https://www.datenschutzzentrum.de/uploads/dsgvo/kurzpapiere/DSK_KPNr_3_Werbung.pdf (zit.: Datenschutzkonferenz, Kurzpapier Nr. 3: Verarbeitung personenbezogener Daten für Werbung (Stand: 29.06.2017))

Dauner-Lieb, Barbara/Langen, Werner (beide Hrsg.), BGB – Schuldrecht, 2. Band, 2. Halbband, 3. Aufl. Baden-Baden 2016 (zit.: *Bearbeiter*, in: Dauner-Lieb/Langen, BGB)

De Franceschi, Alberto, Digitale Inhalte gegen personenbezogene Daten: Unentgeltlichkeit oder Gegenleistung?, in: Schmidt-Kessel, Martin/Kramme, Malte (beide Hrsg.), Geschäftsmodelle in der digitalen Welt, Jena 2017, S. 113–138 (zit.: *De Franceschi*, Digitale Inhalte gegen personenbezogene Daten: Unentgeltlichkeit oder Gegenleistung?, in: Schmidt-Kessel/Kramme, Geschäftsmodelle in der digitalen Welt)

Dernburg, Heinrich, Das bürgerliche Recht des Deutschen Reichs und Preußens, 2. Band, Die Schuldverhältnisse nach dem Rechte des Deutschen Reichs und Preußens, 1. Abteilung, Allgemeine Lehren, 3. Aufl. Halle (Saale) 1905 (zit.: *Dernburg*, Das Bürgerliche Recht des Deutschen Reichs und Preußens II)

Dernburg, Heinrich, Pandekten, 2. Band, Obligationenrecht, 7. Aufl. Berlin 1903 (zit.: *Dernburg*, Pandekten II)

Deutscher Bundestag, Gesetzentwurf der Bundesregierung, Entwurf eines Neunten Gesetzes zur Änderung des Gesetzes gegen Wettbewerbsbeschränkungen, Drucksache 18/10207, 07.11.2016 (zit.: BT-Drs. 18/10207)

Deutscher Bundestag, Ausschuss für Recht und Verbraucherschutz, Wortprotokoll der 99. Sitzung, Protokoll-Nr. 18/99, 11.05.2016 (zit.: BT-Protokoll-Nr. 18/99)

Deutscher Bundestag, Beschlussempfehlung und Bericht des Rechtsausschusses (6. Ausschuss) zu dem Gesetzesentwurf der Bundesregierung – Drucksache 17/12637 –, Entwurf eines Gesetzes zur Umsetzung der Verbraucherrechterichtlinie und zur Änderung des Gesetzes zur Regelung der Wohnungsvermittlung, Drucksache 17/13951, 12.06.2013 (zit.: BT-Drs. 17/13951)

Deutscher Bundestag, Gesetzentwurf der Bundesregierung, Entwurf eines Gesetzes zur Umsetzung der Verbraucherrechterichtlinie und zur Änderung des Gesetzes zur Regelung der Wohnungsvermittlung, Drucksache 17/12637, 06.03.2013 (zit.: BT-Drs. 17/12637)

Deutscher Bundestag, Schriftlicher Bericht des Ausschusses für Wirtschaftspolitik (21. Ausschuß) über den Entwurf eines Gesetzes gegen Wettbewerbsbeschränkungen, Drucksachen 3644, 1158 (zit.: zu BT-Drs. 3644)

Dewenter, Ralf/Rösch, Jürgen/Terschüren, Anna, Abgrenzung zweiseitiger Märkte am Beispiel von Internetsuchmaschinen, NZKart 2014, 387–394

Dietsch, David R., Umsatzsteuerpflicht von kostenlosen sozialen Netzwerken, MwStR 2017, 868–874

Di Fabio, Udo, Grundrechtsgeltung in digitalen Systemen – Selbstbestimmung und Wettbewerb im Netz, München 2016 (zit.: *Di Fabio*, Grundrechtsgeltung in digitalen Systemen)

DIVSI, Studie: Daten – Ware und Währung, 2014, abrufbar unter: https://www.divsi.de/wp-content/uploads/2014/11/DIVSI-Studie-Daten-Ware-Waehrung.pdf (zit.: DIVSI, Studie: Daten – Ware und Währung)

Dix, Alexander, Daten als Bezahlung – Zum Verhältnis zwischen Zivilrecht und Datenschutzrecht, ZEuP 2017, 1–5

Dorschel, Joachim (Hrsg.), Praxishandbuch Big Data, Wirtschaft – Recht – Technik, Wiesbaden 2015 (zit.: *Bearbeiter*, in: Dorschel, Praxishandbuch Big Data)

Dreier, Horst (Hrsg.), Grundgesetz – Kommentar, Band I, 3. Aufl. Tübingen 2013 (zit.: *Bearbeiter*, in: Dreier, GG)

Dreier, Thomas/Schulze, Gernot (beide Hrsg.), Urheberrechtsgesetz, 6. Aufl. München 2018 (zit.: *Bearbeiter*, in: Dreier/Schulze, UrhG)

Druschel, Johannes, Die Regelung digitaler Inhalte im Gemeinsamen Europäischen Kaufrecht (GEKR), GRUR Int. 2015, 125–137

Druschel, Johannes, Die Behandlung digitaler Inhalte im Gemeinsamen Europäischen Kaufrecht (GEKR) (zugleich Diss. München 2014), München 2014 (zit.: *Druschel*, Die Behandlung digitaler Inhalte im Gemeinsamen Europäischen Kaufrecht)

EFI, Gutachten zu Forschung, Innovation und technologischer Leistungsfähigkeit Deutschlands, 2016, abrufbar unter: https://www.e-fi.de/fileadmin/Gutachten_2016/EFI_Gutachten_2016.pdf (zit.: EFI, Gutachten zu Forschung, Innovation und technologischer Leistungsfähigkeit Deutschlands)

Ehmann, Eugen/Selmayr, Martin (beide Hrsg.), DS-GVO – Datenschutz-Grundverordnung, 2. Aufl. München 2018 (zit.: *Bearbeiter*, in: Ehmann/Selmayr, DS-GVO)

Eidenmüller, Horst et al., Der Gemeinsame Referenzrahmen für das Europäische Privatrecht – Wertungsfragen und Kodifikationsprobleme –, JZ 2008, 529–550

Emmerich, Volker/Lange, Knut Werner, Kartellrecht – Ein Studienbuch, 14. Aufl. München 2018 (zit.: *Emmerich/Lange*, Kartellrecht)

Engel, Christoph, Marktabgrenzung als soziale Konstruktion, in: Fuchs, Andreas/Schwintowski, Hans-Peter/Zimmer, Daniel (alle Hrsg.), Wirtschafts- und Privatrecht im Spannungsfeld von Privatautonomie, Wettbewerb und Regulierung – Festschrift für Ulrich Immenga zum 70. Geburtstag, München

2004, S. 127–147 (zit.: *Engel*, Marktabgrenzung als soziale Konstruktion, in: Fuchs/Schwintowski/Zimmer, Festschrift für Immenga zum 70. Geburtstag)

Engeler, Malte, Das überschätzte Kopplungsverbot – Die Bedeutung des Art. 7 Abs. 4 DS-GVO in Vertragsverhältnissen, ZD 2018, 55–62

Engelhard, Hans A., Zu den Aufgaben einer Kommission für die Überarbeitung des Schuldrechts, NJW 1984, 1201–1206

Englisch, Joachim, Daten als Entgelt – Ein mehrwertsteuerlich fragwürdiger Ansatz, DB, S. M4–M5

Epping, Volker/Hillgruber, Christian (beide Hrsg.), Beck'scher Online-Kommentar Grundgesetz, 37. Edition München, Stand: 15.05.2018 (zit.: *Bearbeiter*, in: Epping/Hillgruber, Beck'scher OK GG)

Ernst, Wolfgang, Entgeltlichkeit – Eine Untersuchung am Beispiel des Tauschs, der gemischten Schenkung und anderer Verträge, in: Lobinger, Thomas (Hrsg.), Festschrift für Eduard Picker zum 70. Geburtstag am 3. November 2010, Tübingen 2010, S. 139–183 (zit.: *Ernst*, Entgeltlichkeit, in: Lobinger, Festschrift für Picker zum 70. Geburtstag)

Ernst, Wolfgang, Geld – Ein Überblick aus historischer Sicht, in: Ebner, Martin et al. (Hrsg.), Jahrbuch für Biblische Theologie (JBTh), 21. Band (2006), Gott und Geld, Neukirchen-Vluyn 2007, S. 3–21 (zit.: *Ernst*, Geld, in: Ebner et al., JBTh XXI)

Europäischer Datenschutzbeauftragter, Stellungnahme 4/2017 zu dem Vorschlag für eine Richtlinie über bestimmte vertragsrechtliche Aspekte der Bereitstellung digitaler Inhalte, 14.03.2017, abrufbar unter: https://edps.europa.eu/sites/edp/files/publication/17-03-14_opinion_digital_content_de.pdf (zit.: Europäischer Datenschutzbeauftragter, Stellungnahme 4/2017 zu dem Vorschlag für eine Richtlinie über bestimmte vertragsrechtliche Aspekte der Bereitstellung digitaler Inhalte)

European Law Institute, Statement on the European Comission's Proposed Directive on the Supply of Digital Content to Consumers, 2016, abrufbar unter: https://www.europeanlawinstitute.eu/fileadmin/user_upload/p_eli/Publications/ELI_Statement_on_DCD.pdf (zit.: European Law Institute, Statement on the European Comission's Proposed Directive on the Supply of Digital Content to Consumers)

European Law Institute, Statement on the Proposal for a Regulation on a Common European Sales Law, 2012, abrufbar unter: https://www.europeanlawinstitute.eu/fileadmin/user_upload/p_eli/Publications/S-2-2012_Statement_on_the_Proposal_for_a_Regulation_on__a_Common_European_Sales_Law.pdf (zit.: European Law Institute, Statement on the Proposal for a Regulation on a Common European Sales Law)

European Parliamentary Research Service, Briefing, EU Legislation in Progress, Contracts for the supply of digital content and services, February 2018, abrufbar unter: http://www.europarl.europa.eu/RegData/etudes/BRIE/2018/614707/EPRS_BRI(2018)614707_EN.pdf (zit.: European Parliamentary Research Service, Briefing, EU Legislation in Progress, Contracts for the supply of digital content and services, February 2018)

European Parliamentary Research Service, Briefing, EU Legislation in Progress, Contracts for the supply of digital content, October 2017, abrufbar unter: http://www.europarl.europa.eu/RegData/etudes/BRIE/2017/608748/EPRS_BRI%282017%29608748_EN.pdf (zit.: European Parliamentary Research Service, Briefing, EU Legislation in Progress, Contracts for the supply of digital content, October 2017)

Faber, Wolfang, Dienstleistungsverträge (Teil V CESL-Entwurf), in: Wendehorst, Christiane/Zöchling-Jud, Brigitta (beide Hrsg.), Am Vorabend eines Gemeinsamen Europäischen Kaufrechts – Zum Verordnungsentwurf der Europäischen Kommission vom 11.10.2011, Wien 2012, S. 147–224 (zit.: *Faber*, Dienstleistungsverträge, in: Wendehorst/Zöchling-Jud, Am Vorabend eines Gemeinsamen Europäischen Kaufrechts)

Faust, Florian, Digitale Wirtschaft – Analoges Recht: Braucht das BGB ein Update?, Gutachten A zum 71. Deutschen Juristentag, in: Ständige Deputation des Deutschen Juristentages (Hrsg.), Verhandlungen des 71. Deutschen Juristentages, Essen 2016, Band I, Gutachten, München 2016, S. A 5–A 92 (zit.: *Faust*, Digitale Wirtschaft – Analoges Recht, in: Ständige Deputation des Deutschen Juristentages, Verhandlungen des 71. Deutschen Juristentages I)

Feiler, Lukas/Forgó, Nikolaus, EU-DSGVO – EU-Datenschutz-Grundverordnung, Wien 2017 (zit.: *Feiler/Forgó*, EU-DS-GVO)

Felix, Dagmar, Einheit der Rechtsordnung – Zur verfassungsrechtlichen Relevanz einer juristischen Argumentationsfigur (zugleich Habil. Passau 1997), Tübingen 1998 (zit.: *Felix*, Einheit der Rechtsordnung)

Fezer, Karl-Heinz, Dateneigentum – Theorie des immaterialgüterrechtlichen Eigentums an verhaltensgenerierten Personendaten der Nutzer als Datenproduzenten, MMR 2017, 3–5

Fischer, Michael, Die Unentgeltlichkeit im Zivilrecht (zugleich Habil. Erlangen-Nürnberg 2000), Köln 2002 (zit.: *Fischer*, Die Unentgeltlichkeit im Zivilrecht)

Fischer, Peter, Die letztwillig verfügte Rente – Zum BFH-Urteil vom 27.2.1992 X R 139/88, FR 1992, 765–770

Forkel, Hans, Lizenzen an Persönlichkeitsrechten durch gebundene Rechtsübertragung, GRUR 1988, 491–501

Franck, Jens-Uwe, Eine Frage des Zusammenhangs: Marktbeherrschungsmissbrauch durch rechtswidrige Konditionen, ZWeR 2016, 137–164

Friedman, David Adam, Free Offers: A New Look, 38 New Mexico Law Review (2008), 49–94

Friedman, Milton, There's no such thing as a free lunch, La Salle (Illinois/USA) 1975 (zit.: *Friedman, M.*, There's no such thing as a free lunch)

Funke, Michael, Dogmatik und Voraussetzung der datenschutzrechtlichen Einwilligung im Zivilrecht – Unter besonderer Berücksichtigung der Datenschutz-Grundverordnung (zugleich Diss. Göttingen 2016), Baden-Baden 2017 (zit.: *Funke*, Dogmatik und Voraussetzungen der datenschutzrechtlichen Einwilligung im Zivilrecht)

Gal, Michael/Rubinfeld, Daniel L., The Hidden Costs of Free Goods: Implications for Antitrust Enforcement, 80 Antitrust Law Journal (2016), 521–562

Gebicka, Aleksandra/Heinemann, Andreas, Social Media & Competition Law, 37 World Competition (2014), 149–172

Geiger, Andreas, Die Einwilligung in die Verarbeitung von persönlichen Daten als Ausübung des Rechts auf informationelle Selbstbestimmung, NVwZ 1989, 35–38

Gersdorf, Hubertus/Paal, Boris P. (beide Hrsg.), Beck'scher Online-Kommentar Informations- und Medienrecht, 20. Edition München, Stand: 01.05.2018 (zit.: *Bearbeiter*, in: Gersdorf/Paal, Beck'scher OK Informations- und Medienrecht)

Gierschmann, Sybille, Gestaltungsmöglichkeiten bei Verwendung von personenbezogenen Daten in der Werbung – Auslegung des Art. 6 Abs. 1 lit. f DS-GVO und Lösungsvorschläge, MMR 2018, 7–12

Gierschmann, Sybille, Was "bringt" deutschen Unternehmen die DS-GVO? – Mehr Pflichten, aber die Rechtsunsicherheit bleibt, ZD 2016, 51–55

Götting, Horst-Peter, Persönlichkeitsrechte als Vermögensrechte (zugleich Habil. München 1993), Tübingen 1995 (zit.: *Götting*, Persönlichkeitsrechte als Vermögensrechte)

Götting, Horst-Peter/Schertz, Christian/Seitz, Walter (alle Hrsg.), Handbuch des Persönlichkeitsrechts, München 2008 (zit.: *Bearbeiter*, in: Götting/Schertz/Seitz, Handbuch des Persönlichkeitsrechts)

Gola, Peter (Hrsg.), Datenschutz-Grundverordnung – VO (EU) 2016/679, Kommentar, 2. Aufl. München 2018 (zit.: *Bearbeiter*, in: Gola, DS-GVO)

Gola, Peter/Klug, Christoph/Körffer, Barbara, Bundesdatenschutzgesetz, 12. Aufl. München 2015 (zit.: *Bearbeiter*, in: Gola/Schomerus, BDSG a. F.)

Golland, Alexander, Das Kopplungsverbot in der Datenschutz-Grundverordnung – Anwendungsbereich, ökonomische Auswirkungen auf Web 2.0-Dienste und Lösungsvorschlag, MMR 2018, 130–135

Grambeck, Hans-Martin, Auf elektronischem Wege erbrachte Dienstleistungen – Eine neue Großbaustelle im Umsatzsteuerrecht, NWB 2016, 3931–3944

Grambeck, Hans-Martin, Keine Umsatzsteuerpflicht bei kostenlosen Internetdiensten und Smartphone-Apps – Erwiderung auf den Beitrag von *Melan/Wecke* DStR 2015, 2267, DStR 2016, 2026–2032

Grigoleit, Hans Christoph, Unentgeltliche Verträge und Gefälligkeitsverhältnisse, VersR 2018, 769–789

Grimm, Dieter, Claus-Wilhelm Canaris: Systemdenken und Systembegriff in der Jurisprudenz, entwickelt am Beispiel des deutschen Privatrechts, AcP 171 (1971), 266–269

Grützmacher, Malte, Dateneigentum – ein Flickenteppich, Wem gehören die Daten bei Industrie 4.0, Internet der Dinge und Connected Cars?, CR 2016, 485–495

Gurlit, Elke, Verfassungsrechtliche Rahmenbedingungen des Datenschutzes, NJW 2010, 1035–1041

Häde, Ulrich, Währungsrecht, 2. Aufl. München 2010 (zit.: *Hahn/Häde*, Währungsrecht)

Hanusch, Horst/Kuhn, Thomas/Cantner, Uwe, Volkswirtschaftslehre I, Grundlegende Mikro- und Makroökonomie, 5. Aufl. Berlin 2000 (zit.: *Hanusch/Kuhn/Cantner*, Volkswirtschaftslehre I)

Heck, Philipp, Begriffsbildung und Interessenjurisprudenz, Tübingen 1932 (zit.: *Heck*, Begriffsbildung und Interessenjurisprudenz)

Heck, Philipp, Gesetzesauslegung und Interessenjurisprudenz, AcP 112 (1914), 1–318

Heckmann, Dirk, Öffentliche Privatheit – Der Schutz der Schwächeren im Internet, K&R 2010, 770–777

Heidel, Thomas et al. (Hrsg.), BGB, 1. Band, 3. Aufl. Baden-Baden 2016 (zit.: *Bearbeiter*, in: Heidel et al., BGB)

Heiderhoff, Bettina, Europäisches Privatrecht, 4. Aufl. Heidelberg 2016 (zit.: *Heiderhoff*, Europäisches Privatrecht)

Heidner, Hans-Herrmann et al., Umsatzsteuergesetz – Kommentar, 17. Aufl. München 2018 (zit.: *Bearbeiter*, in: Bunjes/Geist, UStG)

Helberger, Natali et al., The perfect match? A closer look at the relationship between EU consumer law and data portection law, 54 Common Market Law Review (2017), 1427–1465

Heldt, Amélie, Anmerkung zum Urteil des LG Berlin v. 16.01.2018 – 16 O 341/15, Facebook verstößt gegen Impressumpflicht und deutsches Datenschutzrecht, MMR 2018, 328–333

Herzog, Roman et al. (Hrsg.), Grundgesetz – Kommentar, Band I, Loseblattsammlung, 82. Ergänzungslieferung München Januar 2018 (zit.: *Bearbeiter*, in: Maunz/Dürig, Grundgesetz)

Höppner, Thomas/Grabenschröer, Jan Felix, Marktabgrenzung bei mehrseitigen Märkten am Beispiel der Internetsuche, NZKart 2015, 162–168

Hoeren, Thomas, Personenbezogene Daten als neue Währung der Internetwirtschaft, WuW 2013, 463

Hoeren, Thomas, Was ist das „Grundrecht auf Integrität und Vertraulichkeit informationstechnischer Systeme"?, MMR 2008, 365–366

Hoeren, Thomas/Sieber, Ulrich/Holznagel, Bernd (alle Hrsg.), Handbuch Multimedia-Recht, Loseblattsammlung, 46. Ergänzungslieferung München Januar 2018 (zit.: *Bearbeiter*, in: Hoeren/Sieber/Holznagel, Handbuch Multimedia-Recht)

Hoffmann, Christian et al., Die digitale Dimension der Grundrechte – Das Grundgesetz im digitalen Zeitalter, Baden-Baden 2015 (zit.: *Hoffmann et al.*, Die digitale Dimension der Grundrechte)

Hoffmann, Christian/Schulz, Sönke E./Borchers, Kim Corinna, Grundrechtliche Wirkungsdimensionen im digitalen Raum – Bedrohungslagen im Internet und staatliche Reaktionsmöglichkeiten, MMR 2014, 89–95

Hoffmann-Riem, Wolfgang, Rechtliche Rahmenbedingungen für und regulative Herausforderungen durch Big Data, in: Hoffmann-Riem, Wolfgang (Hrsg.), Big Data – Regulative Herausforderungen, Baden-Baden 2018, S. 11–78 (zit.: *Hoffmann-Riem*, Rechtliche Rahmenbedingungen für und regulative Herausforderungen durch Big Data, in: Hoffmann-Riem, Big Data – Regulative Herausforderungen)

Hofmann, Hans/Henneke, Hans-Günter (beide Hrsg.), GG, 14. Aufl. Köln 2018 (zit.: *Bearbeiter*, in: Schmidt-Bleibtreu/Klein, GG)

Hornung, Gerrit/Müller-Terpitz, Ralf (beide Hrsg.), Rechtshandbuch Social Media, Heidelberg 2015 (zit.: *Bearbeiter*, in: Hornung/Müller-Terpitz, Rechtshandbuch Social Media)

Huber, Ulrich, Leistungsstörungen – Empfiehlt sich die Einführung eines Leistungsstörungsrechts nach dem Vorbild des Einheitlichen Kaufgesetzes? Welche Änderungen im Gesetzestext und welche praktischen Auswirkungen im Schuldrecht würden sich dabei ergeben?, in: Bundesminister der Justiz (Hrsg.), Gutachten und Vorschläge zur Überarbeitung des Schuldrechts, 1. Band, Köln 1981, S. 647–909 (zit.: *Huber*, Leistungsstörungen, in: Bundesminister der Justiz, Gutachten und Vorschläge zur Überarbeitung des Schuldrechts I)

Hugenholtz, P. Bernt, Data Property in the System of Intellectuell Property Law: Welcome Guest or Misfit?, in: Lohsse, Sebastian/Schulze, Reiner/Staudenmayer, Dirk (alle Hrsg.), Trading Data in the Digital Economy: Legal Concepts and Tools, Baden-Baden 2018, S. 75–99 (zit.: *Hugenholtz*, Data Property in the System of Intellectuell Property Law, in: Lohsse/Schulze/Staudenmayer, Trading Data in the Digital Economy)

Isensee, Josef/Kirchhof, Paul (beide Hrsg.), Handbuch des Staatsrechts der Bundesrepublik Deutschland, Band IX, Allgemeine Grundrechtslehren, 3. Aufl. Heidelberg 2011 (zit.: *Bearbeiter*, in: Isensee/Kirchhof, Handbuch des Staatsrechts IX)

Jandt, Silke/Roßnagel, Alexander, Social Networks für Kinder und Jugendliche – Besteht ein ausreichender Datenschutz?, MMR 2011, 637–642

Jarass, Hans D., Charta der Grundrechte der Europäischen Union, 3. Aufl. München 2016 (zit.: *Jarass*, GRCh)

Jarass, Hans D./Pieroth, Bodo, Grundgesetz für die Bundesrepublik Deutschland – Kommentar, 15. Aufl. München 2018 (zit.: *Bearbeiter*, in: Jarass/Pieroth, GG)

Jhering, Rudolf von, Ein Rechtsgutachten, betreffend die Gäubahn, in: Jhering, Rudolf von, Jahrbücher für die Dogmatik des heutigen römischen und deutschen Privatrechts, 18. Band, Jena 1880, S. 1–128 (zit.: *v. Jhering*, Ein Rechtsgutachten, in: v. Jhering, Jahrbücher für die Dogmatik des heutigen römischen und deutschen Privatrechts, 18. Band)

Karpenstein, Ulrich/Mayer, Franz C. (beide Hrsg.), Konvention zum Schutz der Menschenrechte und Grundfreiheiten – Kommentar, 2. Aufl. München 2015 (zit.: *Bearbeiter*, in: Karpenstein/Mayer, EMRK)

Kerber, Wolfgang, Digital Markets, Data and Privacy: Competition Law, Consumer Law and Data Protection, GRUR Int. 2016, 639–647

Kersting, Christian/Dworschak, Sebastian, Google als Marktbeherrscher? – zur (geringen) Aussagekraft hoher Nutzerzahlen im Internet, ifo Schnelldienst 16/2014, 7–10

Kersting, Christian/Podszun, Rupprecht (beide Hrsg.), Die 9. GWB-Novelle, Kartellschadensersatz – Digitale Ökonomie – Fusionskontrolle – Bußgeldrecht – Verbraucherschutz, München 2017 (zit.: *Bearbeiter*, in: Kersting/Podszun, Die 9. GWB-Novelle)

Kieck, Annika, Zum Verhältnis von Datenschutz- und Kartellaufsicht, PinG 2017, 67–72

King, Stefanie, Big Data – Potential und Barrieren der Nutzung im Unternehmenskontext (zugleich Diss. Innsbruck 2013), Wiesbaden 2014 (zit.: *King*, Big Data)

Kingreen, Thorsten/Poscher, Ralf, Grundrechte – Staatsrecht II, 33. Aufl. Heidelberg 2017 (zit.: *Kingreen/Poscher*, Grundrechte)

Klein, Eckart, Grundrechtliche Schutzpflicht des Staates, NJW 1989, 1633–1640

Klein, Florian, Personenbilder im Spannungsfeld von Datenschutzgrundverordnung und Kunsturhebergesetz (zugleich Diss. Münster (Westf.) 2017), Frankfurt am Main 2017 (zit.: *Klein*, Personenbilder im Spannungsfeld von Datenschutzgrundverordnung und Kunsturhebergesetz)

Kling, Michael/Thomas, Stefan, Kartellrecht, 2. Aufl. München 2016 (zit.: *Bearbeiter*, in: Kling/Thomas, Kartellrecht)

Klotz, Marius, Google und Facebook im Kontext von Art. 102 AEUV – Missbrauch von Marktmacht auf unentgeltlichen Nutzermärkten, WuW 2016, 58–65

Knieps, Günter, Wettbewerbsökonomie – Regulierungstheorie, Industrieökonomie, Wettbewerbspolitik, 3. Aufl. Berlin 2008 (zit.: *Knieps*, Wettbewerbsökonomie)

Körber, Torsten, Konzeptionelle Erfassung digitaler Plattformen und adäquate Regulierungsstrategien, ZUM 2017, 93–101

Körber, Torsten, „Ist Wissen Marktmacht?" – Überlegungen zum Verhältnis von Datenschutz, „Datenmacht" und Kartellrecht – Teil 2, NZKart 2016, 348–356

Körber, Torsten, Analoges Recht für digitale Märkte?, WuW 2015, 120–133

Körber, Torsten, Google im Fokus des Kartellrechts, WRP 2012, 761–772

Kolany-Raiser, Barbara et al. (Hrsg.), Big Data und Gesellschaft – Eine multidisziplinäre Annäherung, Wiesbaden 2018 (zit.: *Bearbeiter*, in: Kolany-Raiser et al., Big Data und Gesellschaft)

Krohm, Niclas/Müller-Peltzer, Philipp, Auswirkungen des Kopplungsverbots auf die Praxistauglichkeit der Einwilligung – Das Aus für das Modell „Service gegen Daten"?, ZD 2017, 551–556

Krüger, Philipp-L., Datensouveränität und Digitalisierung – Probleme und rechtliche Lösungsansätze, ZRP 2016, 190–192

Kühling, Jürgen, Datenschutz und die Rolle des Rechts, in: Stiftung Datenschutz (Hrsg.), Zukunft der informationellen Selbstbestimmung, Berlin 2016, S. 49–62 (zit.: *Kühling*, Datenschutz und die Rolle des Rechts, in: Stiftung Datenschutz, Zukunft der informationellen Selbstbestimmung)

Kühling, Jürgen/Buchner, Benedikt (beide Hrsg.), DS-GVO/BDSG – Kommentar, 2. Aufl. München 2018 (zit.: *Bearbeiter*, in: Kühling/Buchner, DS-GVO/BDSG)

Kühling, Jürgen/Gauß, Nicolas, Expansionslust von Google als Herausforderung für das Kartellrecht, MMR 2007, 751–757

Kühling, Jürgen/Martini, Mario, Die Datenschutz-Grundverordnung: Revolution oder Evolution im europäischen und deutschen Datenschutzrecht?, EuZW 2016, 448–454

Kühnl, Christina, Persönlichkeitsschutz 2.0 – Profilbildung und -nutzung durch Soziale Netzwerke am Beispiel von Facebook im Rechtsvergleich zwischen Deutschland und den USA (zugleich Diss. Köln 2015), Berlin 2016 (zit.: *Kühnl*, Persönlichkeitsschutz 2.0)

Kugelmann, Dieter, Datenfinanzierte Internetangebote – Regelungs- und Schutzmechanismen der DSGVO, DuD 2016, 566–570

Kuhlenbeck, Ludwig, Von den Pandekten zum Bürgerlichen Gesetzbuch, Eine dogmatische Einführung in das Studium des Bürgerlichen Rechts, 2. Theil, Berlin 1899 (*Kuhlenbeck*, Von den Pandekten zum BGB II)

Kumkar, Lea Katharina, Online-Märkte und Wettbewerbsrecht – Implikationen der *Platform Revolution* für das EU-Vertriebskartellrecht (zugleich Diss. Freiburg i. Brg. 2017), Baden-Baden 2017 (zit.: *Kumkar*, Online-Märkte und Wettbewerbsrecht)

Kutscha, Martin, Grundrechtlicher Persönlichkeitsschutz bei der Nutzung des Internet – Zwischen individueller Selbstbestimmung und staatlicher Verantwortung, DuD 2011, 461–464

Kutscha, Martin/Thomé, Sarah, Grundrechtsschutz im Internet?, Baden-Baden 2013 (zit.: *Kutscha/Thomé*, Grundrechtsschutz im Internet?)

Kutscher, Antonia, Der digitale Nachlass (zugleich Diss. Kiel 2015), Göttingen 2015 (zit.: *Kutscher*, Der digitale Nachlass)

Ladeur, Karl-Heinz, Schutz von Prominenz als Eigentum – Zur Kritik der Caroline-Rechtsprechung des Bundesverfassungsgerichts, ZUM 2000, 879–891

Langhanke, Carmen, Daten als Leistung – Eine rechtsvergleichende Untersuchung zu Deutschland, Österreich und der Schweiz (zugleich Diss. Bayreuth 2017), Tübingen 2018 (zit.: *Langhanke*, Daten als Leistung)

Langhanke, Carmen/Schmidt-Kessel, Martin, Consumer Data as Consideration, EuCML 2015, 218–223

Lettl, Tobias, Kartellrecht, 4. Aufl. München 2017 (zit.: *Lettl*, Kartellrecht)

Lettl, Tobias, Missbräuchliche Ausnutzung einer marktbeherrschenden Stellung nach Art. 102 AEUV, § 19 GWB und Rechtsbruch, WuW 2016, 214–221

Leutheusser-Schnarrenberger, Sabine, Verantwortung der Internet-Giganten – Algorithmen und Selbstbestimmung, in: Stiftung Datenschutz (Hrsg.), Zukunft der informationellen Selbstbestimmung, Berlin 2016, S. 63–74 (zit.: *Leutheusser-Schnarrenberger*, Verantwortung der Internet-Giganten – Algorithmen und Selbstbestimmung, in: Stiftung Datenschutz, Zukunft der informationellen Selbstbestimmung)

Looks, Nicole/Bergau, Benjamin, Tauschähnlicher Umsatz mit Nutzerdaten – Kein Stück vom Kuchen, MwStR 2016, 864–870

Loos, Marco, The regulation of digital content B2C contracts in CESL, Amsterdam Law School Legal Studies Research Paper No. 2013-60, Centre for the Study of European Contract Law Working Paper No. 2013-10, 2013, abrufbar unter: https://papers.ssrn.com/sol3/papers.cfm?abstract_id=2343176 (zit.: *Loos*, The regulation of digital content B2C contracts in CESL)

Loos, Marco/Mak, Chantal, Remedies for buyers in case of contracts for the supply of digital content, Amsterdam Law School Research Paper No. 2012-71, Centre for the Study of European Contract Law Working Paper Series No. 2012-08, 2012, abrufbar unter: https://papers.ssrn.com/sol3/papers.cfm?abstract_id=2087626 (zit.: *Loos/Mak*, Remedies for buyers in case of contracts for the supply of digital content)

Looschelders, Dirk, Schuldrecht Allgemeiner Teil, 15. Aufl. München 2017 (zit.: *Looschelders*, Schuldrecht AT)

Looschelders, Dirk/Olzen, Dirk/Schiemann, Gottfried, von Staudinger – Kommentar zum Bürgerlichen Gesetzbuch mit Einführungsgesetz und Nebengesetzen, Buch 2, Recht der Schuldverhältnisse, Einleitung zum Schuldrecht, §§ 241–243, Berlin 2015 (zit.: *Bearbeiter*, in: v. Staudinger, BGB)

Looschelders, Dirk/Roth, Wolfgang, Juristische Methodik im Prozeß der Rechtanwendung – Zugleich ein Beitrag zu den verfassungsrechtlichen Grundlagen von Gesetzesauslegung und Rechtsfortbildung, Berlin 1996 (zit.: *Looschelders/Roth*, Juristische Methodik im Prozeß der Rechtsanwendung)

Lorenz, Stephan, Schuldrecht I, Allgemeiner Teil, 21. Aufl. München 2015 (zit.: *Medicus/Lorenz*, Schuldrecht I)

Luch, Anika D./Schulz, Sönke E./Kuhlmann, Florian, Ein Recht auf Vergessenwerden als Ausprägung einer selbstbestimmten digitalen Persönlichkeit – Anmerkung zum Urteil des EuGH v. 13.05.2014 (Google), Rs. C-131/12, EuR 2014, 698–716

Mak, Vanessa, The new proposal for harmonised rules on certain aspects concerning contracts for the supply of digital contents, 2016, abrufbar unter: http://www.epgencms.europarl.europa.eu/cmsdata/upload/a6bdaf0a-d4cf-4c30-a7e8-31f33c72c0a8/pe__536.494_en.pdf (zit.: *Mak*, The new proposal for harmonised rules on certain aspects concerning contracts for the supply of digital contents)

Martinek, Michael, Moderne Vertragstypen, 1. Band, Leasing und Factoring, München 1991 (zit.: *Martinek*, Moderne Vertragstypen I)

Masing, Johannes, Herausforderungen des Datenschutzes, NJW 2012, 2305–2311

Maurer, Hermann, Google – Freund oder Feind?, Informatik-Spektrum 2007, 273–278

Melan, Nevada/Pfeiffer, Sebastian, Bezahlen mit Rechten, nicht mit Daten: Weitere offene Fragen zur Umsatzsteuerpflicht „kostenloser" Internetdienste und Smartphone-Apps, DStR 2017, 1072–1078

Melan, Nevada/Wecke, Bertram, Einzelfragen der Umsatzsteuerpflicht „kostenloser" Internetdienste und Smartphone-Apps, DStR 2015, 2811–2817

Melan, Nevada/Wecke, Bertram, Umsatzsteuerpflicht von „kostenlosen" Internetdiensten und Smartphone-Apps, DStR 2015, 2267–2269

Merten, Detlef/Papier, Hans-Jürgen (beide Hrsg.), Handbuch der Grundrechte in Deutschland und Europa, Band II, Grundrechte in Deutschland: Allgemeine Lehren I, Heidelberg 2006 (zit.: *Bearbeiter*, in: Merten/Papier, Handbuch der Grundrechte II)

Metzger, Axel, Dienst gegen Daten: Ein synallagmatischer Vertrag, AcP 216 (2016), 817–865

Meyer, André, Steuerliches Leistungsfähigkeitsprinzip und zivilrechtliches Ausgleichssystem – Zum zivilrechtlichen Ausgleich von Steuerfolgen (zugleich Habil. Bonn 2013), Köln 2013 (zit.: *Meyer*, Steuerliches Leistungsfähigkeitsprinzip und zivilrechtliches Ausgleichssytem)

Meyer, Jürgen (Hrsg.), Charta der Grundrechte der Europäischen Union, 4. Aufl. Baden-Baden 2014 (zit.: *Bearbeiter*, in: Meyer, GRCh)

Meyer-Ladewig, Jens/Nettesheim, Martin/Raumer, Stefan von (alle Hrsg.), EMRK, 4. Aufl. Baden-Baden 2017 (zit.: *Bearbeiter*, in: Meyer-Ladewig/Nettesheim/v. Raumer, EMRK)

Michael, Lothar/Morlok, Martin, Grundrechte, 6. Aufl. Baden-Baden 2017 (zit.: *Michael/Morlok*, Grundrechte)

Mitglieder des Bundesgerichtshofes (Hrsg.), Das Bürgerliche Gesetzbuch mit besonderer Berücksichtigung der Rechtsprechung des Reichsgerichts und des Bundesgerichtshofes, Kommentar, 2. Band, 2. Teil, §§ 414–610, 12. Aufl. Berlin 1978 (zit.: *Bearbeiter*, in: BGB, RGRK)

Monopolkommission, Wettbewerbspolitik: Herausforderung digitale Märkte, Sondergutachten 68, Juni 2015, abrufbar unter: http://www.monopolkommission.de/images/PDF/SG/SG68/S68_volltext.pdf (zit.: Monopolkommission, Wettbewerbspolitik: Herausforderung digitale Märkte, Sondergutachten 68)

Müller-Erzbach, Rudolf, Die Relativität der Begriffe und ihre Begrenzung durch den Zweck des Gesetzes. Zur Beleuchtung der Begriffsjurisprudenz, in: Jhering, Rudolf von, Jahrbücher für die Dogmatik des bürgerlichen Rechts, 61. Band = 2. F. 25. Band, Jena 1912, S. 343–384 (zit.: *Müller-Erzbach*, Die Relativität der Begriffe und ihre Begrenzung durch den Zweck des Gesetzes, in: v. Jhering, Jahrbücher für die Dogmatik des bürgerlichen Rechts, 61. Band)

Münch, Ingo von, Grundrechtsschutz gegen sich selbst?, in: Stödter, Rolf/Thieme, Werner (beide Hrsg.), Hamburg, Deutschland, Europa – Beiträge zum deutschen und europäischen Verfassungs-, Verwaltungs- und Wirtschaftsrecht, Festschrift für Hans Peter Ipsen zum siebzigsten Geburtstag, Tübingen 1977, S. 113–128 (zit.: *v. Münch*, Grundrechtsschutz gegen sich selbst?, in: Stödter/Thieme, Festschrift für Ipsen zum 70. Geburtstag)

Mugdan, Benno (Hrsg.), Die gesammten Materialien zum Bürgerlichen Gesetzbuch für das Deutsche Reich, 2. Band, Recht der Schuldverhältnisse, Berlin 1899 (zit.: *Mugdan*, Materialien II)

Nebel, Maxi, Schutz der Persönlichkeit – Privatheit oder Selbstbestimmung? – Verfassungsrechtliche Zielsetzungen im deutschen und europäischen Recht, ZD 2015, 517–522

Neuner, Carl, Wesen und Arten der Privatrechtsverhältnisse, Eine civilistische Ausführung, Kiel 1866 (zit.: *Neuner*, Wesen und Arten der Privatrechtsverhältnisse)

Noll, Peter, Gesetzgebungslehre, Reinbek bei Hamburg 1973 (zit.: *Noll*, Gesetzgebungslehre)

Nuys, Marcel, „Big Data" – Die Bedeutung von Daten im Kartellrecht, WuW 2016, 512–520

OECD, Exploring the Economics of Personal Data: A Survey of Methodologies for Measuring Monetary Value, OECD Digital Economy Papers No. 220, 2013, abrufbar unter: http://www.oecd-ilibrary.org/docserver/download/5k486qtxldmq-en.pdf?expires=1516355029&id=id&accname=guest&checksum=CE48E49D53297E08A9BE03A7266874FD (zit.: OECD, Exploring the Economics of Personal Data: A Survey of Methodologies for Measuring Monetary Value, OECD Digital Economy Papers No. 220)

Oertmann, Paul, Entgeltliche Geschäfte, München 1912 (zit.: *Oertmann*, Entgeltliche Geschäfte)

Ohly, Ansgar, „Volenti non fit iniuria" – Die Einwilligung im Privatrecht (zugleich Habil. München 2001), Tübingen 2002 (zit.: *Ohly*, „Volenti non fit iniuria")

Omlor, Sebastian, von Staudinger – Kommentar zum Bürgerlichen Gesetzbuch mit Einführungsgesetz und Nebengesetzen, Buch 2, Recht der Schuldverhältnisse, §§ 244–248 (Geldrecht), Berlin 2016 (zit.: *Bearbeiter*, in: v. Staudinger, BGB)

Ott, Stephan, Marktbeherrschende und öffentlich-rechtliche Suchmaschinen, K&R 2007, 375–380

Ott, Stephan, Ich will hier rein! Suchmaschinen und das Kartellrecht, MMR 2006, 195–202

Paal, Boris P., GWB-Update für die Digitalisierung: Zur Erweiterung des Missbrauchstatbestands, WuW 2016, 453

Paal, Boris P., Internet-Suchmaschinen im Kartellrecht, GRUR Int. 2015, 997–1005

Paal, Boris P., Immaterialgüter, Internetmonopole und Kartellrecht, GRUR 2013, 873–881

Paal, Boris P., Netz- und Suchmaschinenneutralität im Wettbewerbsrecht, AfP 2011, 521–881

Paal, Boris P., Medienvielfalt und Wettbewerbsrecht (zugleich Habil. Heidelberg 2008/2009), Tübingen 2010 (zit.: *Paal*, Medienvielfalt und Wettbewerbsrecht)

Paal, Boris P./Hennemann, Moritz, Big Data as an Asset – Daten und Kartellrecht, Gutachten im Rahmen des ABIDA-Projekts, 2018, abrufbar unter: http://www.abida.de/sites/default/files/Gutachten_ABIDA_Big_Data_as_an_Asset.pdf (zit.: *Paal/Hennemann*, Big Data as an Asset – Daten und Kartellrecht, Gutachten im Rahmen des ABIDA-Projekts)

Paal, Boris P./Hennemann, Moritz, Big Data im Recht – Wettbewerbs- und daten(schutz)rechtliche Herausforderungen, NJW 2017, 1697–1701

Paal, Boris P./Pauly, Daniel A. (beide Hrsg.), Datenschutz-Grundverordnung – Bundesdatenschutzgesetz, 2. Aufl. München 2018 (zit.: *Bearbeiter*, in: Paal/Pauly, DS-GVO/BDSG)

Paeffgen, Hans-Ullrich, Verwaltungsakt-Akzessorietät im Umweltstrafrecht – Oder: Über Argumentations-Spielräume im Strafrecht, in: Küper, Wilfried/Welp, Jürgen (beide Hrsg.), Beiträge zur Rechtswissenschaft, Festschrift für Walter Stree und Johannes Wessels zum 70. Geburtstag, Heidelberg 1993, S. 587–611 (zit.: *Paeffgen*, Verwaltungsakt-Akzessorietät im Umweltstrafrecht, in: Küper/Welp, Festschrift für Stree und Wessels zum 70. Geburtstag)

Papier, Hans-Jürgen, Rechtsstaatlichkeit und Grundrechtsschutz in der digitalen Gesellschaft, NJW 2017, 3025–3031

Peck, Elke, Stellungnahme der Wirtschaftskammer Österreich, in: Wendehorst, Christiane/Zöchling-Jud, Brigitta (beide Hrsg.), Am Vorabend eines Gemeinsamen Europäischen Kaufrechts – Zum Verordnungsentwurf der Europäischen Kommission vom 11.10.2011, Wien 2012, S. 289–296 (zit.: *Peck*, Stellungnahme der Wirtschaftskammer Österreich, in: Wendehorst/Zöchling-Jud, Am Vorabend eines Gemeinsamen Europäischen Kaufrechts)

Peifer, Karl-Nikolaus, Eigenheit oder Eigentum – Was schützt das Persönlichkeitsrecht?, GRUR 2002, 495–500

Perner, Stefan, Zum Anwendungsbereich des Gemeinsamen Europäischen Kaufrechts (Art 1 – Art 16 VO-Entwurf), in: Wendehorst, Christiane/Zöchling-Jud, Brigitta (beide Hrsg.), Am Vorabend eines Gemeinsamen Europäischen Kaufrechts – Zum Verordnungsentwurf der Europäischen Kommission vom 11.10.2011, Wien 2012, S. 21–40 (zit.: *Perner*, Zum Anwendungsbereich des Gemeinsamen Europäischen Kaufrechts, in: Wendehorst/Zöchling-Jud, Am Vorabend eines Gemeinsamen Europäischen Kaufrechts)

Peukert, Alexander, Persönlichkeitsbezogene Immaterialgüterrechte?, ZUM 2000, 710–721

Pfeiffer, Sebastian, VAT on "Free" Electronic Services?, International VAT Monitor, May/June 2016, 158–164

Piltz, Carlo, Die Datenschutz-Grundverordnung – Teil 1: Anwendungsbereich, Definitionen und Grundlagen der Datenverarbeitung, K&R 2016, 557–567

Planck, Gottlieb, Bürgerliches Gesetzbuch nebst Einführungsgesetz, 2. Band, Recht der Schuldverhältnisse, 3. Aufl. Berlin 1907 (zit.: *Planck*, Bürgerliches Gesetzbuch II)

Plath, Kai-Uwe (Hrsg.), DSGVO/BDSG – Kommentar zu DSGVO, BDSG und den Datenschutzbestimmungen von TMG und TKG, 3. Aufl. Köln 2018 (zit.: *Bearbeiter*, in: Plath, DSGVO/BDSG)

Podszun, Rupprecht, Praxishinweis zu BGH, Urteil vom 14.03.2017 – VI ZR 721/15, Strenge Anforderungen an Werbe-E-Mails – und die Folgenbeseitigung, GWR 2017, 244

Podszun, Rupprecht/Franz, Benjamin, Was ist ein Markt? – Unentgeltliche Leistungsbeziehungen im Kartellrecht, NZKart 2015, 121–127

Podszun, Rupprecht/Schwalbe, Ulrich, Digitale Plattformen und GWB-Novelle: Überzeugende Regeln für die Internetökonomie?, NZKart 2017, 98–106

Pohlmann, Petra, 9. GWB-Novelle und Digitalisierung: Innovative oder innovationshemmende Gesetzgebung?, WuW 2016, 563

Pohlmann, Petra/Wismann, Thomas, Markt, Marktmacht und Transaktionswertschwelle in der 9. GWB-Novelle, WuW 2017, 257–261

Pohlmann, Petra/Wismann, Thomas, Digitalisierung und Kartellrecht – Der Regierungsentwurf zur 9. GWB-Novelle, NZKart 2016, 555–563

Pomana, Andrea/Schneider, Maren, Wettbewerbsrecht und Datenschutz: Facebook im Visier des Bundeskartellamts, BB 2018, 965–975

Redeker, Helmut, IT-Recht, 6. Aufl. München 2017 (zit.: *Redeker*, IT-Recht)

Rempe, Christoph, Marktmissbrauch durch Datenschutzverstöße, K&R 2017, 149–153

Riesenhuber, Karl (Hrsg.), Europäische Methodenlehre, 3. Aufl. Berlin 2015 (zit.: *Bearbeiter*, in: Riesenhuber, Europäische Methodenlehre)

Robbers, Gerhard, Der Grundrechtsverzicht – Zum Grundsatz ‚volenti non fit iniura' im Verfassungsrecht, JuS 1985, 925–931

Rogosch, Patricia Maria, Die Einwilligung im Datenschutzrecht (zugleich Diss. Münster (Westf.) 2012), Baden-Baden 2013 (zit.: *Rogosch*, Die Einwilligung im Datenschutzrecht)

Roßnagel, Alexander, Wie zukunftsfähig ist die Datenschutz-Grundverordnung? – Welche Antworten bietet sie für die neuen Herausforderungen des Datenschutzrechts?, DuD 2016, 561–565

Roßnagel, Alexander/Schnabel, Christoph, Das Grundrecht auf Gewährleistung der Vertraulichkeit und Integrität informationstechnischer Systeme und sein Einfluss auf das Privatrecht, NJW 2008, 3534–3538

Säcker, Franz Jürgen et al. (Hrsg.), Münchener Kommentar zum Bürgerlichen Gesetzbuch, 1. Band, 7. Aufl. München 2015 (zit.: *Bearbeiter*, in: Säcker et al., MüKo BGB)

Säcker, Franz Jürgen et al. (Hrsg.), Münchener Kommentar zum Bürgerlichen Gesetzbuch, 2. Band, 7. Aufl. München 2016 (zit.: *Bearbeiter*, in: Säcker et al., MüKo BGB)

Säcker, Franz Jürgen et al. (Hrsg.), Münchener Kommentar zum Bürgerlichen Gesetzbuch, 3. Band, 7. Aufl. München 2016 (zit.: *Bearbeiter*, in: Säcker et al., MüKo BGB)

Säcker, Franz Jürgen et al. (Hrsg.), Münchener Kommentar zum Bürgerlichen Gesetzbuch, 4. Band, 7. Aufl. München 2016 (zit.: *Bearbeiter*, in: Säcker et al., MüKo BGB)

Säcker, Franz Jürgen et al. (Hrsg.), Münchener Kommentar zum Bürgerlichen Gesetzbuch, 5. Band, 1. Halbband, 7. Aufl. München 2018 (zit.: *Bearbeiter*, in: Säcker et al., MüKo BGB)

Säcker, Franz Jürgen et al. (Hrsg.), Münchener Kommentar zum Bürgerlichen Gesetzbuch, 5. Band, 2. Halbband, 7. Aufl. München 2017 (zit.: *Bearbeiter*, in: Säcker et al., MüKo BGB)

Säcker, Franz Jürgen et al. (Hrsg.), Münchener Kommentar zum Bürgerlichen Gesetzbuch, 6. Band, 7. Aufl. München 2017 (zit.: *Bearbeiter*, in: Säcker et al., MüKo BGB)

Säcker, Franz Jürgen et al. (Hrsg.), Münchener Kommentar zum Bürgerlichen Gesetzbuch, 8. Band, 7. Aufl. München 2017 (zit.: *Bearbeiter*, in: Säcker et al., MüKo BGB)

Sandfuchs, Barbara, Privatheit wider Willen? – Verhinderung informationeller Preisgabe im Internet nach deutschem und US-amerikanischem Verfassungsrecht (zugleich Diss. Passau 2015), Tübingen 2015 (zit.: *Sandfuchs*, Privatheit wider Willen?)

Sattler, Andreas, Personenbezogene Daten als Leistungsgegenstand – Die Einwilligung als Wegbereiter des Datenschuldrechts, JZ 2017, 1036–1046

Schack, Haimo, Horst-Peter Götting: Persönlichkeitsrechte als Vermögensrechte, AcP 195 (1995), 594–600

Schantz, Peter, Die Datenschutz-Grundverordnung – Beginn einer neuen Zeitrechnung im Datenschutzrecht, NJW 2016, 1841–1847

Schantz, Peter/Wolff, Heinrich Amadeus, Das neue Datenschutzrecht – Datenschutz-Grundverordnung und Bundesdatenschutzgesetz in der Praxis, München 2017 (*Bearbeiter*, in: Schantz/Wolff, Das neue Datenschutzrecht)

Schlichting, Anja, Inkohärenzen im Geldschuldrecht (zugleich Diss. Münster (Westf.) 2016), Münster 2017 (zit.: *Schlichting*, Inkohärenzen im Geldschuldrecht)

Schliesky, Utz et al., Schutzpflichten und Drittwirkung im Internet – Das Grundgesetz im digitalen Zeitalter, Baden-Baden 2014 (zit.: *Schliesky et al.*, Schutzpflichten und Drittwirkung im Internet)

Schmidt, Klaus-Eberhard, Gibt es einen Fernsehzuschauermarkt im Sinne des Gesetzes gegen Wettbewerbsbeschränkungen?, ZUM 1997, 472–478

Schmidt-Kessel, Martin (Hrsg.), Der Entwurf für ein Gemeinsames Europäisches Kaufrecht – Kommentar, München 2014 (zit.: *Bearbeiter*, in: Schmidt-Kessel, Der Entwurf für ein Gemeinsames Europäisches Kaufrecht)

Schmidt-Kessel, Martin, Verträge über digitale Inhalte – Einordnung und Verbraucherschutz, K&R 2014, 475–483

Schmidt-Kessel, Martin, Stellungnahme zum Entwurf eines Gesetzes zur Umsetzung der Verbraucherrechterichtlinie und zur Änderung der Regelung über Wohnungsvermittlung, abrufbar unter: http://www.schmidt-kessel.uni-bayreuth.de/pool/dokumente/gutachten_stellungnahmen/Stellungnahme_VRRL.pdf (zit.: *Schmidt-Kessel*, Stellungnahme zum Entwurf eines Gesetzes zur Umsetzung der Verbraucherrechterichtlinie und zur Änderung der Regelung über Wohnungsvermittlung)

Schmidt-Kessel, Martin et al., Die Richtlinienvorschläge der Kommission zu Digitalen Inhalten und Online-Handel – Teil 2, GPR 2016, 54–71

Schmidt-Kessel, Martin/Grimm, Anna, Unentgeltlich oder entgeltlich? – Der vertragliche Austausch von digitalen Inhalten gegen personenbezogene Daten, ZfPW 2017, 84–108

Schramm, Julia, Im Zeitalter von Post-Privacy, in: Stiftung Datenschutz (Hrsg.), Zukunft der informationellen Selbstbestimmung, Berlin 2016, S. 103–110 (zit.: *Schramm*, Im Zeitalter von Post-Privacy, in: Stiftung Datenschutz, Zukunft der informationellen Selbstbestimmung)

Schubert, Werner (Hrsg.), Die Vorlagen der Redaktoren für die erste Kommission zur Ausarbeitung des Entwurfs eines Bürgerlichen Gesetzbuches, Recht der Schuldverhältnisse, Teil 1, Allgemeiner Teil, Berlin 1980 (zit.: *v. Kübel*, in: Schubert, Vorlagen der Redaktoren, Recht der Schuldverhältnisse I)

Schuler-Harms, Margarete, Die kommerzielle Nutzung statistischer Persönlichkeitsprofile als Herausforderung für den Datenschutz, in: Sokol, Bettina (Hrsg.), Living by numbers – Leben zwischen Statistik und Wirklichkeit, Düsseldorf 2005, S. 5–37 (zit.: *Schuler-Harms*, Die kommerzielle Nutzung statistischer Persönlichkeitsprofile als Herausforderung für den Datenschutz, in: Sokol, Living by numbers)

Schulz, Sönke E., Rechtsprobleme des Identitätsmanagements, DuD 2009, 601–606

Schulz, Werner/Hauß, Jörn (beide Hrsg.), Familienrecht – Handkommentar, 3. Aufl. Baden-Baden 2018 (zit.: *Bearbeiter*, in: Schulz/Hauß, Familienrecht)

Schulze, Reiner (Schriftleitung), Bürgerliches Gesetzbuch – Handkommentar, 9. Aufl. Baden-Baden 2017 (zit.: *Bearbeiter*, in: Schulze, BGB)

Schulze, Reiner (Hrsg.), Common European Sales Law (CESL) – Commentary –, Baden-Baden 2012 (zit.: *Bearbeiter*, in: Schulze, CESL)

Schulze, Reiner/Staudenmayer, Dirk/Lohsse, Sebastian, Contracts for the Supply of Digital Content: Regulatory Challenges and Gaps – An Introduction, in: Schulze, Reiner/Staudenmayer, Dirk/Lohsse, Sebastian (alle Hrsg.), Contracts for the Supply of Digital Content: Regulatory Challenges and Gaps, Baden-Baden 2017, S. 11–30 (zit.: *Schulze/Staudenmayer/Lohsse*, Contracts for the Supply of Digital Content: Regulatory Challenges and Gaps – An Introduction, in: Schulze/Staudenmayer/Lohsse, Contracts for the Supply of Digital Content: Regulatory Challenges and Gaps)

Schulze, Reiner/Zoll, Fryderyk, Europäisches Vertragsrecht, 2. Aufl. Baden-Baden 2017 (zit.: *Schulze/Zoll*, Europäisches Vertragsrecht)

Schwarze, Jürgen et. al (Hrsg.), EU-Kommentar, 3. Aufl. Baden-Baden 2012 (zit.: *Bearbeiter*, in: Schwarze et al., EU-Kommentar)

Schwarze, Jürgen/Hatje, Armin (beide Hrsg.), Europäisches Unionsrecht, 7. Aufl. Baden-Baden 2015 (zit.: *Bearbeiter*, in: v. der Groeben/Schwarze/Hatje, Europäisches Unionsrecht)

Schweitzer, Heike, Neue Machtlagen in der digitalen Welt? Das Beispiel unentgeltlicher Leistungen, in: Körber, Torsten/Kühling, Jürgen (beide Hrsg.), Regulierung – Wettbewerb – Innovation, Baden-Baden 2017, S. 269–305 (zit.: *Schweitzer*, Neue Machtlagen in der digitalen Welt? Das Beispiel unentgeltlicher Leistungen, in: Körber/Kühling, Regulierung – Wettbewerb – Innovation)

Schweitzer, Heike/Peitz, Martin, Ein neuer europäischer Ordnungsrahmen für Datenmärkte?, NJW 2018, 275–280

Schweitzer, Heike/Peitz, Martin, Datenmärkte in der digitalisierten Wirtschaft: Funktionsdefizite und Regelungsbedarf?, ZEW Discussion Paper No. 17–043, 18.10.2017, abrufbar unter: http://ftp.zew.de/pub/zew-docs/dp/dp17043.pdf (zit.: *Schweitzer/Peitz*, Datenmärkte in der digitalisierten Wirtschaft: Funktionsdefizite und Regelungsbedarf?, ZEW Discussion Paper No. 17–043)

Seer, Roman et al., Steuerrecht, 23. Aufl. Köln 2018 (zit.: *Bearbeiter*, in: Tipke/Lang, Steuerrecht)

Siegmund, Julian, Suchmaschinenalgorithmen im Kartellrecht der EU und der USA, Untersuchung der Möglichkeiten einer Ausgestaltungskontrolle im Spannungsfeld der Implikationen wesentlicher Einrichtungen und bestehender Schutzdimensionen (zugleich Diss. Freiburg i. Brg. 2017), Baden-Baden 2017 (zit.: *Siegmund*, Suchmaschinenalgorithmen im Kartellrecht der EU und der USA)

Simitis, Spiros (Hrsg.), Bundesdatenschutzgesetz, 8. Aufl. Baden-Baden 2014 (zit.: *Bearbeiter*, in: Simitis, BDSG a. F.)

Simson, Walter, Der Begriff des Entgeltes (zugleich Diss. Halle (Saale) 1909), Halle (Saale) 1909 (zit.: *Simson*, der Begriff des Entgeltes)

Specht, Louisa, Datenverwertungsverträge zwischen Datenschutz und Vertragsfreiheit – Eckpfeiler eines neuen Datenschuldrechts, Beitrag in DGRI Jahrbuch 2017, erscheint voraussichtlich 2018, bis dahin abrufbar unter: https://www.jura.uni-bonn.de/fileadmin/Fachbereich_Rechtswissenschaft/Einrichtungen/Lehrstuehle/Specht/Specht_Datenschuldrecht4.pdf (zit.: *Specht*, Datenverwertungsverträge zwischen Datenschutz und Vertragsfreiheit)

Specht, Louisa, Das Verhältnis möglicher Datenrechte zum Datenschutzrecht, GRUR Int. 2017, 1040–1047

Specht, Louisa, Daten als Gegenleistung – Verlangt die Digitalisierung nach einem neuen Vertragstypus?, JZ 2017, 763–770

Specht, Louisa, „Bezahlen mit Daten“ – mögliche Auswirkungen des Richtlinienvorschlags über bestimmte vertragsrechtliche Aspekte der Bereitstellung digitaler Inhalte auf das nationale Vertrags- und Datenschutzrecht, Ordnung der Wissenschaft 2017, 121–128

Specht, Louisa, Ausschließlichkeitsrechte an Daten – Notwendigkeit, Schutzumfang, Alternativen, Eine Erläuterung des gegenwärtigen Meinungsstands und Gedanken für eine zukünftige Ausgestaltung, CR 2016, 288–296

Specht, Louisa, Konsequenzen der Ökonomisierung informationeller Selbstbestimmung: Die zivilrechtliche Erfassung des Datenhandels (zugleich Diss. Freiburg 2011), Köln 2012 (zit.: *Specht*, Konsequenzen der Ökonomisierung informationeller Selbstbestimmung)

Spindler, Gerald, Privatrechtsdogmatik und Herausforderungen der ‚IT-Revolution‘, in: Auer, Marietta et al. (Hrsg.), Privatrechtsdogmatik im 21. Jahrhundert, Festschrift für Claus-Wilhelm Canaris zum 80. Geburtstag, Berlin 2017, S. 709–737 (zit.: *Spindler*, Privatrechtsdogmatik und Herausforderungen der ‚IT-Revolution‘, in: Auer et al., Privatrechtsdogmatik im 21. Jahrhundert)

Spindler, Gerald, Die neue EU-Datenschutzgrundverordnung, DB 2016, 937–947

Spindler, Gerald, Verträge über digitale Inhalte – Anwendungsbereich und Ansätze, Vorschlag der EU-Kommission zu einer Richtlinie über Verträge zur Bereitstellung digitaler Inhalte, MMR 2016, 147–153

Spindler, Gerald, Persönlichkeitsschutz im Internet – Anforderungen und Grenzen einer Regulierung, Gutachten F zum 69. Deutschen Juristentag, in: Ständige Deputation des Deutschen Juristentages (Hrsg.), Verhandlungen des 69. Deutschen Juristentages, München 2012, Band I, Gutachten, München 2012, S. F 5–F 136 (zit.: *Spindler*, Persönlichkeitsschutz im Internet, in: Ständige Deputation des Deutschen Juristentages, Verhandlungen des 69. Deutschen Juristentages I)

Spindler, Gerald, Zivilrechtliche Vorgaben für den medienwirtschaftlichen Wettbewerb im Internet, AfP 2012, 328–336

Spindler, Gerald/Schuster, Fabian, Recht der elektronischen Medien, 3. Aufl. München 2015 (zit.: *Bearbeiter*, in: Spindler/Schuster, Recht der elektronischen Medien)

Ständige Deputation des Deutschen Juristentages (Hrsg.), Verhandlungen des 71. Deutschen Juristentages, Essen 2016, Band II/1, Sitzungsberichte – Referate und Beschlüsse, München 2017 (zit.: Ständige Deputation des Deutschen Juristentages, Verhandlungen des 71. Deutschen Juristentages II/1)

Stammler, Rudolf, Das Recht der Schuldverhältnisse in seinen allgemeinen Lehren, Studien zum Bürgerlichen Gesetzbuche für das Deutsche Reich, Berlin 1897 (zit.: *Stammler*, Das Recht der Schuldverhältnisse)

Steinrötter, Björn, Vermeintliche Ausschließlichkeitsrechte an binären Codes – Justizministerkonferenz spricht sich gegen „Dateneigentum" aus, MMR 2017, 731–736

Stern, Klaus, Das Staatsrecht der Bundesrepublik Deutschland, Band III, Allgemeine Lehren der Grundrechte, 1. Halbband, München 1988 (zit.: *Stern*, Staatsrecht III/1)

Stern, Klaus/Becker, Florian (beide Hrsg.), Grundrechte-Kommentar, 2. Aufl. Köln 2016 (zit.: *Bearbeiter*, in: Stern/Becker, GG)

Stern, Klaus/Sachs, Michael (beide Hrsg.), Europäische Grundrechte-Charta – Kommentar, München 2016 (zit.: *Bearbeiter*, in: Stern/Sachs, GRCh)

Stieper, Malte, Digital ist besser – Die Bereitstellung digitaler Inhalte als eigenständiger Vertragstypus?, in: Alexander, Christian et al. (Hrsg.), Festschrift für Helmut Köhler zum 70. Geburtstag, München 2014, S. 729–743 (zit.: *Stieper*, Digital ist besser, in: Alexander, Festschrift für Köhler zum 70. Geburtstag)

Stinner, Julia, Informationelle Selbstbestimmung und Grenzen rechtlicher Regulierung, in: Stiftung Datenschutz (Hrsg.), Zukunft der informationellen Selbstbestimmung, Berlin 2016, S. 151–157 (zit.: *Stinner*, Informationelle Selbstbestimmung und Grenzen rechtlicher Regulierung, in: Stiftung Datenschutz, Zukunft der informationellen Selbstbestimmung)

Stoffels, Markus, Gesetzlich nicht geregelte Schuldverträge, Rechtsfindung und Inhaltskontrolle (zugleich Habil. Hagen 2000/2001), Tübingen 2001 (zit.: *Stoffels*, Gesetzlich nicht geregelte Schuldverträge)

Stürner, Michael, Stellungnahme zu den Kommissionsvorschlägen COM (2015) 634 und COM (2015) 635 im Rahmen der öffentlichen Anhörung des Ausschusses für Recht und Verbraucherschutz im Deutschen Bundestag, 04.05.2016, abrufbar unter: https://www.bundestag.de/blob/422106/efd7cdf67eb00e2c82d577d7c480bcfb/stuerner-data.pdf (zit.: *Stürner*, Stellungnahme zu COM (2015) 634 und COM (2015) 635)

Stürner, Rolf (Hrsg.), Bürgerliches Gesetzbuch, 17. Aufl. München 2018 (zit.: *Bearbeiter*, in: Jauernig, BGB)

Sydow, Gernot (Hrsg.), Europäische Datenschutzgrundverordnung – Handkommentar, 2. Aufl. Baden-Baden 2018 (zit.: *Bearbeiter*, in: Sydow, DS-GVO)

Taeger, Jürgen/Gabel, Detlev (beide Hrsg.), Kommentar zum BDSG und zu den Datenschutzvorschriften des TKG und TMG, 2. Aufl. Frankfurt am Main 2013 (zit.: *Bearbeiter*, in: Taeger/Gabel, BDSG a. F.)

Telle, Sebastian, Big Data und Kartellrecht – Relevanz datenbasierter Geschäftsmodelle im europäischen und deutschen Kartellrecht, InTeR 2017, 3–10

Telle, Sebastian, Konditionenmissbrauch durch Ausplünderung von Plattform-Nutzerdaten – Kartellrechtliche Bewertung des Vorwurfs exzessiver Datenerhebung durch Online-Plattformen aus Anlass der Ermittlungen des Bundeskartellamts gegenüber Facebook, WRP 2016, 814–820

Tettinger, Peter J./Stern, Klaus (beide Hrsg.), Kölner Gemeinschaftskommentar zur Europäischen Grundrechte-Charta, München 2006 (zit.: *Bearbeiter*, in: Tettinger/Stern, GRCh)

Thomas, Stefan, Wettbewerb in der digital economy: Verbraucherschutz durch AGB-Kontrolle im Kartellrecht?, NZKart 2017, 92–98

Tilmann, Winfried, Entschließung des Europäischen Parlaments über die Angleichung des Privatrechts der Mitgliedstaaten vom 26.05.1989, ZEuP 1993, 613–615

Ullmann, Elke, Persönlichkeitsrechte in Lizenz?, AfP 1999, 209–214

Unseld, Florian, Die Übertragbarkeit von Persönlichkeitsrechten, GRUR 2011, 982–988

Unseld, Florian, Die Kommerzialisierung personenbezogener Daten (zugleich Diss. München 2009/2010), München 2010 (zit.: *Unseld*, Die Kommerzialisierung personenbezogener Daten)

Vedder, Christoph/Heintschel von Heinegg, Wolff (beide Hrsg.), Europäisches Unionsrecht, 2. Aufl. Baden-Baden 2018 (zit.: *Bearbeiter*, in: Vedder/Heintschel v. Heinegg, Europäisches Unionsrecht)

Veil, Winfried, Die Datenschutz-Grundverordnung: des Kaisers neue Kleider – Der gefährliche Irrweg des alten wie des neuen Datenschutzrechts, NVwZ 2018, 686–696

Verbraucherzentrale Nordrhein-Westfalen e.V., Stellungnahme zum Vorschlag für eine Richtlinie des Europäischen Parlaments und des Rates über bestimmte vertragsrechtliche Aspekte der Bereitstellung digitaler Inhalte [COM (2015) 634 final], 28.01.2016, abrufbar unter: https://www.verbraucherzentrale.nrw/sites/default/files/migration_files/media239296A.pdf (zit.: Verbraucherzentrale Nordrhein-Westfalen e.V., Stellungnahme zu COM (2015) 634 final)

Walker, Wolf-Dietrich, Allgemeines Schuldrecht, 42. Aufl. München 2018 (zit.: *Brox/Walker*, Allgemeines Schuldrecht)

Wandtke, Artur-Axel, Ökonomischer Wert von persönlichen Daten – Diskussion des „Warencharakters“ von Daten aus persönlichkeits- und urheberrechtlicher Sicht, MMR 2017, 6–12

Weber, Rolf H./Volz, Stephanie, Kartellrechtlicher Handlungsbedarf im Lichte potenzieller Meinungsmacht von Suchmaschinen, WuW 2015, 356–368

Weichert, Thilo, Die Ökonomisierung des Rechts auf informationelle Selbstbestimmung, NJW 2001, 1463–1469

Weidert, Stefan/Klar, Manuel, Datenschutz und Werbung – gegenwärtige Rechtslage und Änderungen durch die Datenschutz-Grundverordnung, BB 2017, 1858–1864

Weigend, Andreas, Data for the People – Wie wir die Macht über unsere Daten zurückerobern, Hamburg 2017 (zit.: *Weigend*, Data for the People)

Weigl, Michaela, Meinungsfreiheit contra Persönlichkeitsschutz am Beispiel von Web 2.0-Applikationen (zugleich Diss. Passau 2010), Hamburg 2011 (zit.: *Weigl*, Meinungsfreiheit contra Persönlichkeitsschutz am Beispiel von Web 2.0-Applikationen)

Weizenbaum Institute for the Networked Society (Research Group 4), Statement on the proposal for a Directive of the European Parliament and of the Council on certain aspects concerning contracts for the supply of digital content, COM (2015) 634 (Digital Content Directive), March 2018, abrufbar unter: https://vernetzung-und-gesellschaft.de/wp-content/uploads/11/2018/03/Weizenbaum-RG4-Statement-on-DCD-March2018.pdf (zit.: Weizenbaum Institute for the Networked Society, COM (2015) 634)

Wendehorst, Christiane/Westphalen, Friedrich Graf von, Das Verhältnis von Datenschutz-Grundverordnung und AGB-Recht, NJW 2016, 3745–3750

Westermann, Harm Peter/Grunewald, Barbara/Maier-Reimer, Georg (alle Hrsg.), Bürgerliches Gesetzbuch, 1. Band, 15. Aufl. Köln 2017 (zit.: *Bearbeiter*, in: Erman, BGB)

Westermann, Harm Peter/Grunewald, Barbara/Maier-Reimer, Georg (alle Hrsg.), Bürgerliches Gesetzbuch, 2. Band, 15. Aufl. Köln 2017 (zit.: *Bearbeiter*, in: Erman, BGB)

Westphalen, Friedrich Graf von/Wendehorst, Christiane, Hergabe personenbezogener Daten für digitale Inhalte – Gegenleistung, bereitzustellendes Material oder Zwangsbeitrag zum Binnenmarkt?, BB 2016, 2179–2187

Wiedemann, Gerhard, Handbuch des Kartellrechts, 3. Aufl. München 2016 (zit.: *Bearbeiter*, in: Wiedemann, Handbuch des Kartellrechts)

Wiedmann, Daniel/Jäger, Tobias, Bundeskartellamt gegen Facebook: Marktmachtmissbrauch durch Datenschutzverstöße?, K&R 2016, 217–220

Windscheid, Bernhard, Lehrbuch des Pandektenrechts, 2. Band, 7. Aufl. Frankfurt am Main 1891 (zit.: *Windscheid*, Lehrbuch des Pandektenrechts II)

Windscheid, Bernhard/Kipp, Theodor, Lehrbuch des Pandektenrechts (unter vergleichender Darstellung des deutschen bürgerlichen Rechts), 2. Band, 8. Aufl. Frankfurt am Main 1900 (zit.: *Windscheid/Kipp*, Lehrbuch des Pandektenrechts II – Vergleich)

Wingerter, Eugen, Abgrenzung des relevanten Marktes: notwendig, nützlich, überflüssig? – Eine interdisziplinäre Untersuchung der Bedeutung der Marktabgrenzung und des ökonomischen Konzepts der Marktmacht für die Bestimmung der beherrschenden Stellung eines Unternehmens gemäß Art. 102 AEUV (zugleich Diss. Münster (Westf.) 2014), Baden-Baden 2016 (zit.: *Wingerter*, Abgrenzung des relevanten Marktes: notwendig, nützlich, überflüssig?)

Wintermeier, Martin, Inanspruchnahme sozialer Netzwerke durch Minderjährige – Datenschutz aus dem Blickwinkel des Vertragsrechts, ZD 2012, 210–214

Wolf, Alfred, Die Überarbeitung des Schuldrechts – Anlässe und Stand der Überlegungen, AcP 182 (1982), 80–100

Wolf, Manfred, Anlegerschutz durch Inhaltskontrolle von Emissionsbedingungen bei Kapitalmarkttiteln, in: Lieb, Manfred et al. (Hrsg.), Festschrift für Wolfgang Zöllner – Zum 70. Geburtstag, 1. Band, Köln 1998, S. 651–666 (zit.: *Wolf*, Anlegerschutz durch Inhaltskontrolle von Emissionsbedingungen bei Kapitalmarkttiteln, in: Lieb et al., Festschrift für Zöllner zum 70. Geburtstag)

Würtenberger, Thomas/Otto, Dirk (beide Hrsg.), Einführung in das juristische Denken, 10. Aufl. Stuttgart 2005 (zit.: *Engisch*, Einführung in das juristische Denken)

Wybitul, Tim, EU-Datenschutz-Grundverordnung in der Praxis – Was ändert sich durch das neue Datenschutzrecht?, BB 2016, 1077–1081

Zahn, Bastian, Die Anwendbarkeit des Gemeinsamen Europäischen Kaufrechts auf Verträge über digitale Inhalte, ZEuP 2014, 77–96

Zech, Herbert, „Industrie 4.0" – Rechtsrahmen für eine Datenwirtschaft im digitalen Binnenmarkt, GRUR 2015, 1151–1160

Zimmerlich, Antje, Marktmacht in dynamischen Märkten – Die Abgrenzung des sachlich relevanten Marktes in Märkten der Internetökonomie (zugleich Diss. Münster (Westf.) 2005), Frankfurt am Main 2007 (zit.: *Zimmerlich*, Marktmacht in dynamischen Märkten)

88. Konferenz der Justizministerinnen und Justizminister, Beschluss, TOP I.2 Bericht der Länderarbeitsgruppe „Digitaler Neustart", abrufbar unter: https://www.justiz.nrw.de/JM/jumiko/beschluesse/2017/Fruehjahrskonferenz_2017/I_2_Bericht_der_Laenderarbeitsgruppe_-Digitaler_Neustart.pdf (zit.: 88. Konferenz der Justizministerinnen und Justizminister, Beschluss, TOP I.2 Bericht der Länderarbeitsgruppe „Digitaler Neustart")

Alle Internetquellen wurden zuletzt abgerufen am: 15.09.2018.